Marek Fuchs · Siegfried Lamnek · Jens Luedtke · Nina Baur

Gewalt an Schulen

Marek Fuchs · Siegfried Lamnek
Jens Luedtke · Nina Baur

Gewalt an Schulen

1994 – 1999 – 2004

VS VERLAG FÜR SOZIALWISSENSCHAFTEN

Bibliografische Information Der Deutschen Bibliothek
Die Deutsche Bibliothek verzeichnet diese Publikation in der Deutschen Nationalbibliografie;
detaillierte bibliografische Daten sind im Internet über <http://dnb.ddb.de> abrufbar.

1. Auflage November 2005

Alle Rechte vorbehalten
© VS Verlag für Sozialwissenschaften/GWV Fachverlage GmbH, Wiesbaden 2005

Lektorat: Frank Engelhardt

Der VS Verlag für Sozialwissenschaften ist ein Unternehmen von Springer Science+Business Media.
www.vs-verlag.de

Das Werk einschließlich aller seiner Teile ist urheberrechtlich geschützt. Jede Verwertung außerhalb der engen Grenzen des Urheberrechtsgesetzes ist ohne Zustimmung des Verlags unzulässig und strafbar. Das gilt insbesondere für Vervielfältigungen, Übersetzungen, Mikroverfilmungen und die Einspeicherung und Verarbeitung in elektronischen Systemen.

Die Wiedergabe von Gebrauchsnamen, Handelsnamen, Warenbezeichnungen usw. in diesem Werk berechtigt auch ohne besondere Kennzeichnung nicht zu der Annahme, dass solche Namen im Sinne der Warenzeichen- und Markenschutz-Gesetzgebung als frei zu betrachten wären und daher von jedermann benutzt werden dürften.

Umschlaggestaltung: KünkelLopka Medienentwicklung, Heidelberg
Druck und buchbinderische Verarbeitung: MercedesDruck, Berlin
Gedruckt auf säurefreiem und chlorfrei gebleichtem Papier
Printed in Germany

ISBN 3-531-14628-9

Inhaltsverzeichnis

Vorwort 9

1. Zur Forschung über Gewalt an Schulen 11
   1.1 Die Veränderung des Leitthemas der Forschung 12
   1.2 Veränderung bei
       Design, Feldzugang und Reichweite der Aussagen 14
   1.3 Was wissen wir über Gewalt an Schulen? 21
   1.4 Was steht hinter der Gewalt? 30
   1.5 Gewalt in der Familie 33
   1.6 Integration in (deviante) Peergroups 36
   1.7 Die Bedeutung des (Anti-)Gewaltmilieus 36
   1.8 Das Tabu:
       Gewalt als Verarbeitung von Schüler-Lehrer-Interaktionen ... 40
   1.9 „Hegemoniale Männlichkeiten":
       Bewerkstelligung von Geschlecht mit Hilfe von Gewalt 42
   1.10 Politisch inkorrekt? Gewalt durch Migranten 43
   1.11 Ein theoretisches Modell 45

2. Methodische Anlage der Untersuchung 51
   2.1 Design der Untersuchung 52
   2.2 Die Grundgesamtheit 55
   2.3 Stichprobenverfahren 59
   2.4 Der Fragebogen 61
   2.5 Die Feldphase 63
   2.6 Die Brutto- und Nettostichprobe 64

3. Verbreitung von Gewalt an Schulen 71
   3.1 Schüler als „Gewalttäter" 71
   3.2 Gewaltindizes 80
   3.3 Opfer von Gewalt an Schulen 87
   3.4 Opferindizes 93
   3.5 Täter und Opfer 99
   3.6 Der „kleine harte Kern": Kern des Problems? 106
   3.7 Zusammenfassung 107

4.	Gewalt in der Familie – Gewalt in der Schule?............................ 109	
4.1	Gewalt in der Familie als Hintergrundfaktor................................ 110	
4.2	Das Eltern-Kind-Verhältnis.. 111	
4.3	Elterliche Sorge um die Kinder... 117	
4.4	Gewalt in der Familie... 122	
4.5	Familiale Gewalt und Gewalt in der Schule................................ 136	
	4.5.1 „Harte" Erziehung – „hart" in der Schule?...................... 136	
	4.5.2 Gewalt in der Familie: Risikofaktor für die Gewalt in der Schule........................ 139	
	4.5.3 Gewalt in der Familie, Einstellung zur Gewalt und Gewalt in der Schule........... 145	
	4.5.4 Positive Haltung zur Gewalt – mehr ausgeübte Gewalt?... 152	
4.6	Zusammenfassung.. 156	

5. Medien und Gewalt.. 159
   5.1 Die Mediennutzung.. 164
   5.2 Die Verarbeitung von Mediengewalt.. 173
   5.3 Mediennutzung und Gewalttätigkeit... 177
   5.4 Die Verarbeitung von Mediengewalt und Gewalttätigkeit......... 186
   5.5 Medienwirkung zusammengefasst.. 188

6. Migrationshintergrund und Gewalt... 191
   6.1 Staatsangehörigkeit 192
   6.2 Migrationshintergrund... 200
   6.3 Aussiedler und Ausländer im Vergleich...................................... 203
   6.4 Zusammenfassung.. 207

7. Waffenbesitz in der Schule.. 208
   7.1 Waffenbesitz im Zeitverlauf... 208
   7.2 Verwendung der Waffen 214
   7.3 Waffenbesitz und Gewalt.. 216
   7.4 Zusammenfassung.. 218

Inhaltsverzeichnis

8. Drogen und Gewalt 220
   - 8.1 Forschungsergebnisse zum Drogenumgang unter Jugendlichen 224
   - 8.2 Zum Drogenumgang bayerischer Schülerinnen und Schüler 227
   - 8.3 Veränderungen bei den Drogenkonsummustern 242
   - 8.4 Drogenumgang und Probleme im Eltern-Kind-Verhältnis 244
   - 8.5 Drogenumgang und (problematische) Peers 248
   - 8.6 Drogenumgang und Schulschwänzen 251
   - 8.7 Umgang mit Drogen – mehr Neigung zur Gewalt? 253
   - 8.8 Drogenkonsum und Gewalt 256
   - 8.9 Zusammenfassung 262

9. Schwänzen und Gewalt 265
   - 9.1 Schwänzen an bayerischen Schulen 270
   - 9.2 Einstellungen der Schwänzer zur Schule 273
   - 9.3 Schwänzen und Eltern-Kind-Verhältnis 275
   - 9.4 Integration von Schwänzern in deviante Peergruppen 279
   - 9.5 Schwänzen als Prädiktor für Gewalt? 282
   - 9.6 Zusammenfassung 290

10. Gewaltopfer 292
    - 10.1 Methodisches Vorgehen 292
    - 10.2 Eigene Täterschaft und Opferstatus 295
    - 10.3 Schulklima, Klassenverband und Lehrerverhalten 295
    - 10.4 Reproduktion der Marginalisierung 305
    - 10.5 Devianz 310
    - 10.6 Gewaltaffinität 314
    - 10.7 Gesamtmodell 320
    - 10.8 Zusammenfassung: Empfehlungen für die Praxis 323

Literatur 326

Verzeichnis der Abbildungen 340

Verzeichnis der Tabellen 342

Fragebogen 347

Vorwort

Jugend als Problemgruppe ist ein gesellschaftliches Dauerthema. Gewalttätige Schüler als junge Menschen sind in jüngerer Zeit ein Teil davon, dem sich Medien, Politik, Wissenschaft und Öffentlichkeit mit wechselnder, aber wiederkehrender Aufmerksamkeit und Intensität widmen. Die aus dieser Beschäftigung resultierenden Bilder und Vorstellungen von Art und Ausmaß der Gewalt an Schulen lassen sich – so holzschnittartig wie sie sind – grob charakterisieren mit den Sätzen: „Es gibt immer mehr Gewalt an Schulen", „die Schüler werden immer brutaler" und „immer mehr jüngere Schüler werden gewalttätig" Dieses undifferenzierte Bild ist vielfach auch Ausgangspunkt und Anlass für die verschiedensten (sozial-)wissenschaftlichen Disziplinen gewesen, empirisch der Frage nachzugehen, wie die Schulrealität hinsichtlich des Phänomens Gewalt tatsächlich aussieht. Mit dieser Veröffentlichung versuchen auch wir erneut, diese Frage aus soziologischer Perspektive zu beantworten.

1994 haben wir erstmals eine repräsentative Erhebung an allgemein- und berufsbildenden Schulen in Bayern zur Gewaltlage als schriftlich-postalische Befragung von Schülern (paper & pencil) und Lehrern sowie parallele Gruppendiskussionen jeweils mit Schülern und Lehrern durchgeführt (vgl. Fuchs/Lamnek/Luedtke 1996). 1999 erfolgte eine Replikationsstudie, bei der vergleichbare, ebenfalls repräsentative Stichproben von Schülern und Lehrern mit fast unveränderten Instrumenten und mit der gleichen Methode befragt wurden (vgl. Fuchs/Lamnek/Luedtke 2001). Mit diesem Band legen wir nun die Ergebnisse einer dritten Befragungswelle vor, die sich nur insoweit von den vorausgegangenen Studien unterscheidet, als wir dieses Mal nur Schüler befragt haben und den Fragebogen zwar im Wesentlichen zum Zwecke der Vergleichbarkeit beibehalten, ihn aber auch durch neue Module ergänzt haben. Durch den Vergleich der Befunde von 1994, 1999 und 2004 sind wir in der glücklichen Lage, dezidiert Aussagen über die Gewaltentwicklung an Schulen in der letzten Dekade zu machen. Auch wenn unsere Ergebnisse nur für den Freistaat Bayern repräsentativ sind, erscheinen sie doch – gerade unter Rekurs auf empirische Studien in anderen Bundesländern – über diese regionale Eingrenzung hinaus durchaus Erkenntniswert zu haben.

Dass nun absolut vergleichbare Daten und mithin begründete Erkenntnisse über die Gewaltentwicklung an Schulen vorliegen, ist nicht zuletzt dem Bayerischen Staatsministerium für Unterricht und Kultus geschuldet, das uns erneut die Genehmigung für die Befragung problemlos erteilt hat, wofür wir ein herzliches „Dankeschön" sagen. Zu danken ist auch der Katholischen Universität Eichstätt-Ingolstadt, die die Mittel für diese Studie bereitgestellt hat. Während wir davon ausgehen, dass wir auch bei einer weiteren (geplanten und sinnvollen) Erhebungswelle 2009 die Unterstützung des bayerischen Kultusministeriums erfahren würden, ist – nachdem die Katholische Universität die in Bleibeverhandlungen zugesagten Mittel gestrichen hat –, nicht davon auszugehen, dass eine Fortschreibung der Gewaltentwicklung möglich sein wird.

Unser ganz besonderer Dank gebührt Frau Beate Silber, die höchst kompetent und nicht minder gelassen den Satz des Manuskriptes unter erheblichem Zeitdruck – den die Autoren zu verantworten haben – bewerkstelligt hat. Jedwede Mängel gehen selbstverständlich zu Lasten der Autoren.

Das Autorenteam, das wohl nicht mehr in dieser Konstellation kooperieren wird, hofft, mit dieser Veröffentlichung einen Beitrag zu einer realitätsgerechten Erfassung – bei allen methodischen und theoretischen Restriktionen – der Gewalt an Schulen sowie ihrer Entwicklung und damit auch zu einer Versachlichung der Diskussion beitragen zu können.

Eichstätt, im August 2005

1. Zur Forschung über Gewalt an Schulen

Gewalt an Schulen wurde vor allem durch öffentlich-politisches Vorgehen zum Forschungsgegenstand gemacht: Der Bericht der Gewaltkommmission der Bundesregierung (1990), der Gewalt von Jugendlichen und Heranwachsenden auf öffentlichen Straßen und Plätzen zum Schwerpunkt hatte, thematisierte auch die Gewalt an Schulen. Als sog. seriöse Medien in den Jahren 1990 und 1991 immer wieder Berichte über die scheinbar ausfernde Gewalt von Schülern bzw. Gewalt an Schulen brachten, entstand in der Öffentlichkeit ein Bedrohlichkeitsszenario. Dieses löste in den 1990er-Jahren einen Boom empirischer Untersuchungen aus (zur „Gewaltwelle" und zum Gewaltdiskurs: vgl. Schubarth 1999).

Gewalt an Schulen ist jedoch kein prinzipiell neues Thema für die Forschung. Die Projekte über Schulgewalt, die ab den 1960er-Jahren durchgeführt wurden, beschränkten sich auf einzelne Städte oder Schulen (vgl. Holtappels 1983; Fend et al. 1975; Brusten/Hurrelmann 1973; Franz/Schlesinger 1974) oder auf einzelne Gewaltformen wie z. B. Vandalismus (Klockhaus/Habermann-Morbey 1986; Klockhaus/Trapp-Michel 1987). Allgemein verschob sich der Tenor der Studien ab den 1970er-Jahren in Richtung auf den Schüler als Gewalttäter (vgl. Melzer et al. 2002). Statt des prügelnden Dorfschulmeisters, der politisch obsolet geworden war, geriet nunmehr der jugendliche Schläger in den Mittelpunkt des Interesses. Eine andere, mehr kriminalpsychologische Richtung befasste sich Anfang der 1980er-Jahre mit der Schulgewaltprävention, verstanden als Kriminalprävention (vgl. z. B. Bäuerle/Lerchenmüller 1981).

Prägend für den Beginn der Schulgewaltforschung Anfang der 1990er-Jahre war die Arbeit mit der „heißen Nadel". Es galt, relativ zügig auf den Druck aus dem öffentlich-politischen Diskurs zu reagieren, zum einen, um „harte Fakten" neben die Generalisierungen, Mutmaßungen und Spekulationen zu stellen, zum anderen, um darüber nicht zuletzt auch die Existenz der Sozialwissenschaften zu legitimieren. Der Blick auf die letzten 10-15 Jahre empirischer Forschung zur Gewalt an Schulen macht allerdings auch deutlich, dass dieses Arbeitsfeld eine sehr positive Entwicklung durchlaufen hat, denn die Forschung ist inzwischen in der Lage, fundierte und stabile Aussagen zur Gewaltlage und in Teilen auch zur Gewaltentwicklung zu machen. (Inwieweit diese dann öffentlich-politisch Gehör finden, ist ein anderes Thema, denn die Autorität wissenschaftlichen Wissens endet an den Grenzen des Wissenschaftssystems; zur analogen Problematik bei der Forschung zur Gewaltkriminalität: vgl. Albrecht 2001). Methodisch und theoretisch ist die Forschung ein gutes Stück vorangekommen: mit der Konzentration auf den Selbstbericht, mit der sukzessiven Einführung von Längsschnittstudien, mit bundeslandrepräsentativen Untersuchungen. Vor allem aber hat sie sich von den massenmedial verstärkten Zyklen öffentlicher Aufmerksamkeit weitgehend gelöst, die durch extreme Gewaltereignisse an einzelnen Schulen ausgelöst wurden (und werden) (vgl. Fuchs/Luedtke 2003: 175).

Dennoch bleiben z. T. noch aus den Anfängen dieser Forschungen eine Heterogenität und Unsystematik zurück, aus der eine Reihe von Defiziten resultiert, die trotz der Konsolidierung der Forschung bis heute noch nicht oder nur bedingt abgearbeitet wurden:

Im *methodischen* Bereich ist einmal Uneinheitlichkeit und teilweise auch Unvereinbarkeit der Konstrukte und Instrumente zu erwähnen, das Fehlen einer bundesweiten, repräsentativen Erhebung zur Gewaltsituation an Schulen und die Venachlässigung der Analyse von Langzeitentwicklungen.

Bei der Betrachtung der *Gewaltakteure* wird das Opfer immer noch unzureichend einbezogen – auch mit Blick auf die Gewaltdefinition – und eine intensive Analyse des „kleinen harten Kerns" der Intensivtäter, der eigentlichen Problemkategorie bei der Gewalt an Schulen, steht immer noch aus.

Themen, die in der Schulgewaltforschung zwar vorkommen, in Zukunft aber intensiver behandelt werden müssten, wären die Analyse „weiblicher" Gewalt, die Analyse der Gewalt durch Migranten, aber auch das Tabu-Thema Lehrer-Schüler-Gewalt.

Außerdem gilt es, mehr *Evaluationsforschung* bei Präventionskonzeptionen zu betreiben, um gesichertes Wissen über die (Un-)Wirksamkeit der ergriffenen Maßnahmen zu erhalten. Dies impliziert wissenschaftliche Begleitforschung, die bereits bei der Konzeption der Präventionsmaßnahmen zu berücksichtigen ist. Erst bei laufenden Maßnahmen mit der Begleitforschung einsteigen zu können (als Beispiel: vgl. Behn et al. 2003) oder eine reine Zufriedenheitsmessung unter den Teilnehmern oder Adressaten vorzunehmen,[1] analog zu häufig verwendeten Verfahren der Lehrevaluation (dazu kritisch: Kromrey 1999), ist unzureichend. Holthusen und Lüders kritisieren an der vorliegenden Evaluationsforschung die fehlende Systematik der Konzepte, den Mangel an Standards bei Methode und Planung und die nicht vorhandene Verallgemeinerbarkeit der Ergebnisse (Holthusen/Lüders 2003: 11). Dies ist aber kein prinzipieller Mangel, sondern vielmehr Ausdruck unzureichender Motivation zur Umsetzung: Verallgemeinerbare Standards für eine Evaluation liegen mit dem „Handbuch für Evaluationsstandards" (Joint Committee on Evaluation/Sanders 1999) vor und wurden auch für den deutschsprachigen Raum übertragen (vgl. DeGEval 2002).

1.1 Die Veränderung des Leitthemas der Forschung

Über die inzwischen etwa 15 Jahre Schulgewaltforschung hinweg hat sich das zentrale Thema der Forschung immer wieder verändert, wobei neben der differenzierteren Erfassung des Gegenstandes das Erkenntnisinteresse der Forscher sowie die Möglichkeiten und Erfordernisse einer Verwertbarkeit der Befunde hineingespielt haben dürften.

Bis Mitte der 1990er-Jahre war die Forschung von der Erfassung der Gewaltlage an den Schulen einschließlich der Hintergrundfaktoren geprägt. Ein durchgehender Theoriebezug, der sich auf einen ausgearbeiteten Ansatz berief, war selten und trat am deutlichsten bei der Nürnberger Studie von Funk (1995) mit der Anwendung eines Rational-

---

[1] Z. B. bereits bei Lerchenmüller (1982), die eine präventive Trainingsmaßnahme von den einbezogenen Schülern und Lehrern bewerten ließ.

Gewalt an Schulen

Choice-Konzeptes hervor (zur Kritik an der unzureichenden theoretischen Durchdringung: vgl. Krumm 1997; Holtappels 1997). Vom Design her bestand die Einschränkung darin, dass fast ausschließlich Querschnitterhebungen durchgeführt wurden, so dass keine validen Aussagen zum Prozess der Gewaltentwicklung über die Zeit gemacht werden konnten. In den Studien, in denen dies dennoch versucht wurde, beschränkte sich der Zugang auf Expertenurteile (Schulleiter, Lehrer, z. T. auch Schüler), mit deren Hilfe versucht wurde, Einschätzungen über die längerfristige Entwicklung zu erheben. Damit wurde aber nicht die Gewalt als solche abgebildet, sondern es wurde nur die subjektive Wahrnehmung der befragten Experten erfasst.

Zu den Ausnahmen gehörten: die Repräsentativerhebung für Brandenburg, die 1993 und 1996 verglich (und dann um weitere Wellen ergänzt wurde) (vgl. Sturzbecher 1997; Sturzbecher et al. 1994); eine regional begrenzte, wiederholte Vergleichsuntersuchung in Frankfurt/Oder und Slubice (Wenzke 1995); eine Trendbefragung 1988 und 1995 in strukturtypischen Regionen von NRW und Sachsen, die sich aber eher mit außerschulischer Gewalt(kriminalität) befasste (Mansel/Hurrelmann (1998). Jährliche Erhebungen zwischen 1993 und 1996 führte auch Busch (1998) durch, wobei die Studie eine wissenschaftliche Begleitforschung zu einem regional begrenzten Modellversuch zur Gewaltprävention war.

Ab Mitte der 90er-Jahre kam vor allem von pädagogischer, aber auch von psychologischer Seite die Frage nach der Prävention verstärkt auf: Was wirkt nachhaltig und vorbeugend gegen Gewalt in der Schule (vgl. dazu Schubarth 2000; 2000a; 1999)? Dies wurde von der überwiegend pädagogisch ausgerichteten Schulklimaforschung angegangen (vgl. Tillmann et al. 1999; Arbeitsgruppe Schulevaluation 1998). Die psychologische Forschungslinie wendete das Bullying-Konzept von Olweus (1997; 1995; 1991) zur Analyse der Gewalt und zu ihrer Prävention an (vgl. z. B. Schäfer/Albrecht 2004, Scheithauer et al. 2003; Schäfer/Frey 1999; Schuster 1999; Hanewinkel/Knaak 1997; Petermann et al. 1997).

Deutschlandweit relativ weit verbreitet ist inzwischen die Mediation/Streitschlichtung. Sie wurde mit der Hoffnung und Erwartung eingeführt, ein universelles Verfahren der Konflikt- und Gewaltbewältigung an Schulen gefunden zu haben, das außerdem eine Alternative zu Erziehungs- und Ordnungsmaßnahmen bilde (vgl. Simsa 2000). Wie die Analyse von Schubarth (2003) und Schubarth et al. (2002) für Mecklenburg-Vorpommern gezeigt hat, ist dem Konzept anscheinend kein großer Erfolg beschieden, weil die innerschulischen Rahmenbedingungen für eine gelingende Umsetzung oft nicht oder nur in unzureichendem Maße gegeben sind.[2]

Gegen Mitte der 1990er-Jahre kamen Präventionsansätze mit Geschlechtsbezug auf, wobei der Blick – wenn er denn geschlechtsdifferenziert war – vorrangig auf die

---

[2] Mit einem bundesweiten, vom BMSFSJ in Auftrag gegebenen und von dem Verbund aus isp (Hamburg), Camino (Berlin) und ism (Mainz) bis August 2005 durchgeführten (Meta-)Evaluationsprojekt soll u. a. versucht werden, Programmstandards für eine „gelingende" Mediation zu finden (vgl. http://www.soziale-praxis.de/).

Mädchen fiel (Stärkung); Maßnahmen, die explizit auf Jungen gerichtet sind, sind dem gegenüber neu und immer noch wenig verbreitet. Immer noch ein gutes Beispiel für ein Präventionskonzept, das spezifisch auf beide Geschlechter zielt und wissenschaftlich begleitet wurde, ist das Modellprojekt „Konfliktbewältigung für Mädchen und Jungen", das zwischen 1994 und 1997 in Ost- und West-Berlin in der Primar- und beginnenden Sekundarstufe I lief (20 Klassen) (vgl. Welz/Dussa 1998).

Dies kann möglicherweise auch in einen Zusammenhang gestellt werden mit einer sich ausweitenden Perspektive in der Gewaltforschung allgemein: (junge) Männer geraten nicht mehr nur als Täter, sondern auch als Gewaltopfer in den Blick; Frauen sind nicht mehr nur Opfer, sondern es wird auch – leider immer noch begleitet von den normativ engen Grenzen politischer Korrektheit – die Frage nach ihrer Täterschaft gestellt (vgl. Lamnek/Boatcă 2003; Boatcă 2003;. Bruhns 2003; Heiland 2003; Bruhns/Wittmann 2003). Das sind nicht eigentlich neue Phänomene, sondern es ist nur ein etwas anderer Blick auf das Gewaltaufkommen, dessen Art und Ausmaß damit ein wenig besser sichtbar und verstehbar werden.

Mittlerweile erlangt aber neben der (zielgruppengenauen!) Prävention auch die Evaluation von Präventionsmaßnahmen immer mehr Aufmerksamkeit. Evaluation bedeutet allgemein, Projekte, Maßnahmen, Verfahren hinsichtlich ihrer Wirksamkeit bzw. Effizienz und Nachhaltigkeit unter Anwendung der Verfahren und Methoden der empirischen Sozialforschung zu bewerten (vgl. Bortz/Döring 2002). Gerade angesichts der vielfältigen Bestrebungen und Bemühungen an Schulen, Präventionsprojekte durchzuführen, scheint es unabdingbar, die effizienten und die weniger effizienten Maßnahmen herauszufinden. Allerdings ist die Evaluationsforschung immer noch viel zu wenig verbreitet, möglicherweise, weil sie zeit- und vor allem kostenaufwändig ist. Nicht geprüfte Programme und Maßnahmen kosten allerdings auf längere Sicht möglicherweise noch mehr.[3]

1.2 Veränderung bei Design, Feldzugang und Reichweite der Aussagen

Die diversifizierten Feldzugänge und methodischen Ansätze verschiedener Studien bewirken eine unterschiedliche Reichweite der Aussagen und Validität der Daten (vgl. Fuchs et al. 2001: 27 ff.; Fuchs/Luedtke 2003: 162 ff.; siehe auch Tab. 1.1). Bei den meisten Studien wurde die Gewalt unmittelbar durch den *Täter- und Opferselbstbericht* von Schülern über eine standardisierte Befragung erhoben, meist als Grup-

---

[3] So fehlt den Projekten aus dem Sammelband von Balser et al. (1997) trotz (meist) differenzierter Zielsetzungen die Evaluation. Evaluiert wurden z. B. das Anti-Bullying-Konzept von Olweus (1995), das Projekt „Aggressionsminderung an Schulen Sachsen-Anhalts und Niedersachsens" (Knopf 2000), der Präventionsansatz „Konflikt-Kultur", ein Mediationsprojekt (vgl. Glattacker et al. 2002), „Faustlos", ein Curriculum gegen aggressives Verhalten in Grundschule und Kindergarten (vgl. Cierpka 2003).

pen- bzw. „class room"-Befragung (vgl. u. a. Wilmers et al. 2002; Fuchs et al. 2001; Tillmann et al. 1999; Forschungsgruppe Schulevaluation 1998), bzw. von Lehrern, bei denen sich die Auskunft jedoch auf den Opferselbstbericht beschränkte; Lehrer als Gewaltakteure zu befragen, rührt an einem Tabu, kann für die Akteure prinzipiell rechtliche Konsequenzen haben und ist von daher mit Blick auf die Stichprobenausschöpfung methodisch problematisch. Das Problem bei Selbstberichterhebungen ist eine mögliche Verzerrung durch gruppendynamische Prozesse, wenn Schulklassen in toto und gemeinsam befragt (mögliche Überzeichnung) oder Antworten im Sinne der sozialen Erwünschtheit (mögliche Unterzeichnung) gegeben werden.

Tab. 1.1: Grenzen der Reichweite von Aussagen empirischer Studien zur Gewalt an Schulen

Erfassung	Form	Validitätsgrenze
unmittelbar	Selbstbericht (Täter, Opfer)	soziale Erwünschtheit, Gruppendynamik
mittelbar	Beobachter (Experten)	„wirkliche" Gewalt nicht erfassbar
aggregiert	Unfallversicherer	Anzeigebereitschaft (Schulen)
Triangulation	qualitativer/quantitativer Selbstbericht, Beobachter u. a.	ergänzende Verfahren

Daneben erfolgt(e) eine mittelbare Gewaltmessung durch das *Erfassen der Beobachterperspektive*: Schulleiter, Lehrer und auch Schüler wurden als Experten herangezogen (so bei Meng 2004; Tillmann et al. 1999; Wetzels et al. 1998; Schubarth et al. 1997; Fuchs et al. 1996; Spaun 1996; Schwind et al. 1995; Dann et al. 1994) und sollten Informationen über die Gewaltlage bieten. Die Einschätzungen geben nur die subjektive Interpretation der Akteure wieder und erlaubten keine Rückschlüsse auf die „wirkliche" Gewaltlage und vor allem nicht auf die Gewaltentwicklung. Genau dies wurde aber bei der Interpretation und der Übertragung der Daten in den bzw. im öffentlich-politischen Diskurs nicht in zureichendem Maße reflektiert. Vielmehr wurden die Aussagen der Gewaltbeobachter als Datenquelle für die reale Gewaltentwicklung herangezogen (z. B. bei Sikorsky/Thiel 1995; Kolbe 1996, Schwind et al. 1995, Niebel et al. 1993), nicht zuletzt auch wegen bis dato fehlender Längsschnittuntersuchungen.

Aufgrund der Verzerrungsanfälligkeit der Verhaltensmessung wurde und wird ergänzend oder auch alternativ auf *aggregierte, prozessgenerierte Daten* wie die Unfallversichererstatistiken zurückgegriffen (vgl. z. B. Bundesverband der Unfallkassen 2005). Ihr Vorteil liegt in der kontinuierlichen Erhebung gemeldeter Verletzungen durch Raufunfälle, wodurch lange Zeitreihen mit schulart- und geschlechtsdifferenzierter Betrachtung möglich werden. Ihr Nachteil ist allerdings die Verzerrung durch eine variierende Meldebereitschaft, nicht zuletzt aufgrund geänderter versicherungsrechtlicher Vorschriften (vgl. Lösel 1999: 67).

Die Mehrzahl der Studien war quantitativ mit einem ex-post-facto-Design (Meng 2004; Wilmers et al. 2002; Sturzbecher 2001; Fuchs et al. 2001; Tillmann et al. 1999; Arbeitsgruppe Schulevaluation 1998; Busch 1998; Wetzels et al. 1998). In einer Reihe von Untersuchungen wurde ein multimethodischer Ansatz verwendet, der qualitative und quantitative Datenerhebungsverfahren kombiniert und damit einen erweiterten Feldzugang ermöglicht, der neben der Perspektive des Forschers die lebensweltliche Sicht der Akteure einbezieht. Neben der standardisierten Befragung kamen dabei Fallstudien und Leitfaden- (Tillmann et al. (1999) für Hessen) bzw. qualitative Interviews (Sturzbecher/Dietrich (1992) in Brandenburg) und Gruppendiskussionen (Arbeitsgruppe Schulevaluation (1998) in Sachsen, Fuchs et al. (1996) in Bayern) zum Einsatz. Hier stellt sich neben der (weniger problematischen) Frage, einander ergänzende Verfahren zu finden, vor allem die nach dem Verhältnis von qualitativer und quantitativer Methode: Stehen beide unverbunden nebeneinander oder beziehen sie sich konzeptionell aufeinander (wobei dies gleichwertig oder hierarchisch erfolgen kann) (vgl. Flick 2004)?

Krumm (1997) kritisiert an der bis Mitte der 1990er-Jahre erfolgten Schulgewaltforschung die Uneinheitlichkeit der Gewaltbegriffe, der Operationalisierungen und der Ausprägungen. Letztere wichen bei den Skalenpunkten und der inhaltlichen Abstufung relativ deutlich voneinander ab (Krumm 1997: 71 f.). Prinzipiell hat diese Kritik immer noch Gültigkeit. Die Vergleichbarkeit von Untersuchungen wird durch die Heterogenität der Frageformulierungen in den Instrumenten immer noch etwas eingeschränkt, wenngleich hier die Operationalisierung von Lösel et al. (1997), die in einigen Untersuchungen übernommen wurde, tendenziell Abhilfe geschaffen hat. Andere Studien verwenden die Bullying-Operationalisierung von Olweus (1991) bzw. orientieren sich daran (z. B. Wilmers et al. 2002; Wetzels et al. 1999; Hanewinkel/Knaack 1997).

Die Schwierigkeit beginnt, wie bei der gesamten Gewaltforschung, bereits bei der Begriffsfestlegung und -definition, was zum einen der Heterogenität des Phänomens, zum anderen den Interessen der Forscher geschuldet ist. „Die einzige Gemeinsamkeit der vielfältigen Formen der Gewalt liegt wohl darin, dass sie zur Verletzung der physischen und psychischen Integrität von Personen führt" (Scherr 2004: 204). Ein Problem, das sich stellt, ist, gerade diese Verletzung der Integrität einigermaßen trennscharf zu bestimmen. Gewalt hat einen Täter und ein Opfer (und möglicherweise Beobachter). Sie lässt sich als „Verhältnis von Täterhandlung und Willensbestimmung des Opfers" (Nunner-Winkler 1996: 31) erörtern. Hitzler (1999) sieht dabei zwei nicht aufeinander reduzierbare Möglichkeiten: handlungstheoretisch mit Blick auf die Motivation des Täters – Gewalt als absichtsvolle Verletzung –, definitionstheoretisch als Wahrnehmung des Verletztwerdens durch das Opfer oder auch durch Beobachter. Gewalt ist damit auch eine soziale und kulturelle Konstruktion, die vor dem Hintergrund sozialer und kultureller Wahrnehmungsmuster entsteht. Eine Handlung mit der Qualität „Gewalt" zu belegen, ist werte- und interessengeleitet und weist daher deutliche Ermessensspielräume auf (vgl. Mansel 2000: 78). Dies macht den Begriff anfällig für „Hosengummidefinitionen" (Neidhardt 1997), nach denen alles irgendwie Gewalt sein oder zumindest als Gewalt erscheinen kann. Ganz besonders deutlich wird dies an der sog. „strukturellen Gewalt" (zur kritischen Diskussion: vgl. Nunner-Winkler 2004: 43 ff.).

Es stellt sich also zum einen die analytische Frage nach der Abgrenzung, zum anderen die empirische nach der Erfassung von Gewalt. In der empirischen Schulgewaltforschung wurde die Definitionsproblematik eher pragmatisch bearbeitet. Seit Anfang der 1990er-Jahre kam überwiegend ein weiter Gewaltbegriff zur Anwendung, der neben den körperlichen auch verbale bzw. psychische Formen einbezog. Theoretisch am besten abgesichert gelang dies mit dem Bullying-Konzept. Die Kontroverse um einen engen oder weiten Begriff ist hinlänglich bekannt: Ein enger Gewaltbegriff, der sich auf das Körperliche beschränkt, kann zu einer Verengung des Gegenstandes führen und möglicherweise relevante Teile der Wirklichkeit nicht einbeziehen (vgl. Popp 1997; Heitmeyer 1992): Gewalt wird untererfasst. Ein weiter Gewaltbegriff dagegen birgt das Risiko des „Ausfransens", der Begriff wird unscharf. Das kann zur Folge haben, dass auch Trivialhandlungen oder jugendtypisches (Rauf-)Handeln als Gewalt überzeichnet werden: Gewalt wird übererfasst, schwerwiegende Gewalt möglicherweise relativiert (vgl. Albrecht 1998; Butterwegge 1994; Hurrelmann 1993).

Die Gewaltforschung begegnete der Kontroverse einmal mit einer Zentrierung des Diskurses auf die körperlichen Formen (vgl. dazu: Nunner-Winkler 2004; Neidhardt 1997; Nedelmann 1997; Trotha 1997; Sofsky 1996, 1994); der Schmerz und die Fixierung des Opfers auf den Körper werden zu zentralen Wesensmerkmalen von Gewalt und damit zu Abgrenzungs- und Bestimmungskriterien.

In ihrer differenzierten Begründung für die Beschränkung der Qualität „Gewalt" auf die körperlichen Formen verweist Nunner-Winkler (2004) mit Blick auf das Zivilisationstheorem von Elias einmal auf die Kulturbedeutung der Kontrolle physischer Gewalt in der zivilisatorischen Moderne, die gleichsam konstitutiv für moderne Gesellschaften bzw. den Staat geworden ist. Zum anderen argumentiert sie mit der Eindeutigkeit des physischen Gewaltbegriffs, der ein hohes Maß an Bedeutungsäquivalenz beinhaltet. Die „Eindeutigkeit der Abgrenzung" erleichtert die Möglichkeit eines intersubjektiven Konsenses. Je mehr dagegen der Gewaltbegriff erweitert wird, desto stärker reduzieren sich die „gemeinsam geteilten Merkmale" (Nunner-Winkler 2004: 30), so dass ein weiter Begriff nicht zweckmäßig scheint. Nunner-Winkler (2004) hat Strukturunterschiede zwischen psychischer und körperlicher Gewalt differenziert herausgearbeitet, um zu einem analytisch reinen Gewaltbegriff zu gelangen, der ausschließlich die körperlichen Formen als Gewalt definiert. Körperlicher Zwang wird als monologisch gesehen – zum „Erfolg" gehört nur der Täter –, wogegen psychischer Zwang zum Erfolg das „Mitwirken" (also die Wahrnehmung) des Opfers voraussetzt. Körperlicher Zwang wird über das Erleiden von Schmerz quasi zum „Naturgeschehen" und sei nicht mehr Gegenstand der Theorie sozialen Handelns (2004: 56). Letzteres trifft aber nur bei einer kontextlosen Betrachtung zu. Gerade Jugendgewalt und im Besonderen die körperliche Gewalt männlicher Jugendlicher muss als Interaktionsprodukt der Geschlechter begriffen werden, was ihr Zustandekommen und ihren Verlauf angeht (vgl. Popp 2001: 254). Auf der analytischen Dimension ist körperliche Gewalt damit monologisch, in der Handlungssituation aber interaktiv.

Damit bleibt zu fragen, inwieweit der enge Gewaltbegriff für die empirische Schulgewaltforschung, die sich mit Interaktionsprodukten von Kindern und Jugendlichen befasst, funktional ist. Das prinzipielle Problem bleibt (vgl. Fuchs et al. 2001: 91), nämlich das Risiko, dass der Forscher damit ein zwar gut operationalisierbares analytisches Konstrukt erstellt, das dem Gewaltkonzept entspricht, intersubjektiv nachprüfbar und hoch reliabel ist, aber die Lebenswirklichkeit der Beteiligten bzw. Betroffenen nur bedingt erfasst. Gerade für Gewalt an Schulen bedeutet der Ausschluss von verbalen und/oder psychischen Formen, einen möglicherweise relevanten Teil der Wirklichkeit außer Acht zu lassen, einen Teil, der für die Gewaltwirklichkeit der Akteure – und dabei vor allem der Opfer – von nicht unerheblicher Bedeutung ist. So empfinden beinahe ebenso viele Schüler an allgemeinbildenden Schulen, nämlich sieben Zehntel, das Verbreiten von Lügen wie das bedroht werden mit einer Waffe (Messer oder Stock) als schädigend für sich selbst (vgl. Fuchs et al. 2001); Mobbing hat damit in der Perzeption einen ähnlichen Stellenwert wie die Nötigung. Das macht zum einen darauf aufmerksam, dass der Gewaltbegriff um die subjektive Komponente der Schädigung bzw. des sich geschädigt Fühlens zu erweitern wäre, und weist darauf hin, das Opfer stärker als bisher in die Definition einzubeziehen. Gerade angesichts der möglichen, vor allem langfristigen Folgen des psychischen Zwangs, die schwerwiegender sein können als die beim Einsatz körperlicher Mittel, scheint es problematisch, nur den körperlichen Zwang gleichsam in die „Königsklasse" als Gewalt zu übernehmen.[4] Wie die Untersuchungen zum Bullying – die mit einem erweiterten Gewaltbegriff arbeiten – zeigen, beeinflusst gerade die Fixierung der Gewaltakteure in Täter- und Opferrollen die Entwicklung des Selbstwertgefühls und der Identität.

Was das Design angeht, hat sich der Zugang der Schulgewaltforschung auch insofern erweitert, als in zunehmendem Maße auch Längsschnittuntersuchungen durchgeführt wurden, zumeist als *Trendstudien*. Hierzu lag bis Mitte der 1990er-Jahre nur sehr wenig vor: Sturzbecher (2001, 1997) bzw. Sturzbecher et al. (1994) führten eine Repräsentativerhebung für Brandenburg durch (Vergleich 1993, 1996, 1999), Busch (1998) machte eine wissenschaftliche Begleitforschung zu einem regional begrenzten Modellversuch (jährliche Erhebungen von 1993 bis 1996), Wenzke (1995) eine regional begrenzte, wiederholte Vergleichsuntersuchung in Frankfurt/Oder und Slubice eine Panel-

---

[4] Dem steht auf der anderen Seite das Bestreben gegenüber, die strukturelle Gewalt nutzbar zu machen für den Gewaltdiskurs durch Bezug auf die Exklusion, die als „gesellschaftlich produzierte Gewalt" verstanden wird. Körperliche Gewalt bildet die Folge davon: Sie wird als Mittel der Exkludierten verstanden, „aus dieser Unsichtbarkeitsfalle zu entfliehen" (Schroer 2004: 168). Auch hier ist zu fragen, inwieweit dies auf die Schulgewaltforschung anwendbar ist.

Gewalt an Schulen

untersuchung. Mansel/Hurrelmann (1998) nahmen zwar 1988 und 1995 eine Trendbefragung in sog. strukturtypischen Regionen von NRW und Sachsen vor, befassten sich jedoch mit außerschulischer Gewalt(kriminalität). Unsere Trendstudie für Bayern (vgl. Fuchs et al. 2001; 1996) weist inzwischen drei Wellen auf. Das KFN führte 1998 und 2000 eine Vergleichsuntersuchung für ausgewählte Großstädte und Regionen unter Schülern der 9. Klassen in Regelschulen durch. In der Schülerbefragung 2005 wurde z. T. in denselben Städten, z. T. in neu hinzugenommenen befragt (vgl. dazu u. a. Wilmers et al. 2002; Wetzels et al. 2000, 1999; http://www.kfn.de).

Dagegen gibt es nur sehr wenige *Panelstudien*, nicht zuletzt wegen der Panelmortalität. Langzeitbetrachtungen sind aber auch als Panelanalyse sehr wichtig. So machen z. B. die Ergebnisse von Schäfer/Albrecht (2004) zur Stabilität von Bullying im Grundschulbereich deutlich, dass die Täter- und Opferrollen im Kurzzeitvergleich (Messzeitintervall: 3 Monate) nur selten stabil blieben; „systematische Viktimisierung" war damit ein relativ seltenes Phänomen (Schäfer/Albrecht 2004: 144).

Bereits etwas älter ist die Untersuchung von Engel/Hurrelmann (1994), ein vierwelliges Panel in drei bewusst gewählten, strukturtypischen Gebieten Nordrhein-Westfalens zwischen 1986 und 1989 unter zufällig ausgewählten Schülern der 7. bzw. 9. Klassen an Haupt-, Real-, Gesamtschulen und Gymnasien. Delinquenz (Gewalt und Kriminalität) bildete aber nur einen kleinen thematischen Ausschnitt der Studie. Eine weitere Panelstudie liegt mit der bereits erwähnten Untersuchung von Wenzke (1995) vor. Regional begrenzt auf Münster bzw. Duisburg ist die Paneluntersuchung von Boers/Kurz (2000) bzw. Boers/Pöge (2003). Ein Quasi-Panel findet sich bei Melzer/Ehninger (2002: 41): Von den 1996er und 1998er-Wellen wurden 700 Schüler ausfindig gemacht, die an beiden Wellen beteiligt waren. Den Ausführungen ist nicht zu entnehmen, dass es sich von der Stichprobe her um ein echtes Panel handelt. Zudem ging es den Autoren in erster Linie auch darum, Verursachungszusammenhänge zu ermitteln, indem zwischen beiden Zeitpunkten überkreuz die Zusammenhänge zwischen dem Gewalthandeln und schulischen Einflussfaktoren berechnet wurden.

Dennoch bleibt ein merkliches Defizit bestehen, da die Schulgewaltforschung trotz inzwischen gut 15 Jahren intensiver Forschung immer noch nicht in der Lage ist, bundesweite Aussagen zur Gewalt an Schulen und zur Entwicklung der Gewalt zu machen. Nicht nur fehlt eine bundesrepräsentative Längsschnittstudie über Gewalt an Schulen, sondern es liegen bei weitem nicht für alle Bundesländer Repräsentativuntersuchungen vor (vgl. Tab. 1.2).

Neben der dafür notwendigen Kooperation innerhalb der Forschergemeinschaft – die durchaus besteht – sind es vor allem die unzureichenden finanziellen Mittel für die Forschung, die einen solchen Schritt bislang erschwert haben.

Mit Blick auf Präventionsmaßnahmen mag es sehr wohl sinnvoll erscheinen, lokal oder regional begrenzt zu arbeiten – wenngleich auch hier eine Bündelung, Straffung, vor allem aber eine größere Zielgruppenadäquatheit der Maßnahmen und, damit verbunden, eine stärkere Theoriegebundenheit erfolgen sollte. Außerdem steht, wie bereits festgestellt, eine wirkliche Evaluierung von Maßnahmen im Wesentlichen noch aus; vornehmlich sind es die Modellprojekte, die wissenschaftlich begleitet werden und bei denen eine entsprechende Begleitforschung bereits im Konzept verankert ist. Letzteres ist unabdingbar, denn für eine valide Effizienzmessung müssen Intervention und Evaluation planerisch und zeitlich unbedingt aufeinander abgestimmt werden (Bortz/Döring 2001: 131). Darüber allerdings den längerfristigen Blick auf Bundesland- bzw. auf Bundesebene zu vernachlässigen, erscheint sträflich: Zuverlässige und gültige Aussagen über die Gewaltentwicklung fehlen dann nämlich, wodurch sich die (soziologische, pädagogische und psychologische) Forschung der Möglichkeit beraubt, dazu kompetent Aussagen machen zu können. Zum einen überlässt die Wissenschaft damit das Feld der Meinungsbildung den Medien und der Politik, zum anderen kommt sie damit ihrem Auftrag als Wissenschaft nicht mehr nach und verliert darüber zumindest in Teilen ihre Legitimation. Daher sollte es ein zentrales Anliegen der Forschung über Gewalt an Schulen sein, sich inhaltlich und thematisch zu koordinieren, um die anstehenden Aufgaben zu bewältigen.

Tab. 1.2: Repräsentative (Längsschnitt-)Selbstberichtstudien zur Gewalt an Schulen: Bundesländer bzw. Stadtstaat

Land	Forscher	Zielgruppe	Wellen
Brandenburg	Sturzbecher (1997; 2001)	7.-13. Jg.	3 Wellen: 1993, 1996, 1999
Bayern	Fuchs et al. (1996; 2001)	5.-13. Jg.	3 Wellen: 1994, 1999, 2004
Hessen	Tillmann et al. (1999)	6., 8., 10. Jg. Haupt/Förderschule: 9. Jg.	–
Hamburg	Wilmers et al. (2002); Wetzels et al. (1999)	9. Jg.	2 Wellen: 1998, 2000
Sachsen	Forschungsgruppe Schulevaluation (1998)	6., 8., 10. Jahrgangsstufe Haupt/Förderschule: 9. Jg.	Wiederholungsbefragung 1998; z. T. als Quasipanel
Schleswig-Holstein	Niebel et al. 1993	Schulleiter, Lehrer, Schüler	–
Thüringen	KFN	4./9. Jg.	Erhebung: 2005

Gewalt an Schulen

1.3 Was wissen wir über Gewalt an Schulen?

Trotz der Vielzahl methodisch und auch von den Erhebungsinstrumenten heterogenen Untersuchungen bestehen eine Reihe ähnlicher Grundergebnisse (Fuchs/Luedtke 2003: 165 ff.). Alles in allem lassen sich auf Grundlage der vorliegenden empirischen Studien im Allgemeinen keine "amerikanischen Verhältnisse" ausmachen (vgl. Wagner/van Dick 2000: 34; Lamnek 1999: 20). Die Thematisierung von „Schule als Brennpunkt der Gefahr" (vgl. Wilmers et al. 2002) scheint daher überzeichnet. Freilich kommt brutale Gewalt vor und es gibt Schulen mit häufiger und intensiver Gewaltanwendung; sie sind aber eher Ausnahmen. Das drückt sich auch in der relativ geringen Furcht Jugendlicher aus, in der Schule Opfer von Gewalt zu werden: Sie fühlen sich dort im Allgemeinen fast so sicher wie zu Hause (vgl. Wetzels et al. 1998). Prägnante und „typische" Ergebnisse zur bisherigen Gewaltforschung an Schulen sind:

- *Die „typische" (weil am häufigsten vorkommende) Form von Gewalt an Schulen ist verbale Gewalt (Beschimpfen, Beleidigen).* Wenn wir – wie in der Schulgewaltforschung verbreitet – von einem weiten Gewaltbegriff ausgehen, der neben den physischen auch psychische, verbale und vandalistische Formen umfasst, ist zunächst festzustellen, dass Gewalt an Schulen ein "jugendtypisches" Alltagsphänomen ist. So waren über alle Gewaltformen hinweg unter bayerischen Schülern (10-21 Jahre) 1999 gerade einmal 7,6% (317) wirklich hinsichtlich jeglicher Gewaltform „unbeteiligt". Nehmen wir die 4,5% „nicht wehrhaften Opfer" hinzu, dann praktizieren fast neun Zehntel der Schüler in irgendeiner Form Gewalt gegen ihre Mitschüler. Prägend für den alltäglichen Umgang in Schulen scheint dabei aber die verbale Gewalt zu sein: Beleidigungen, „Fäkalsprache", Beschimpfungen. In Bayern blieben z. B. 1999 nur 15% der Schüler verbal friedlich (vgl. Lamnek 2000). Die massiven Formen verbaler Gewalt (Lügen verbreiten, Verspotten, Hänseln), die zum „Bullying" zählen, belasten die Schüler aber durchaus: Bei der Frage, was ihnen Schaden zufügen würde, lagen unter bayerischen Schülern das „Lügen verbreiten" und Formen physischer Gewalt wie Stockschläge etwa gleichauf bei 70% (vgl. Fuchs et al. 2001; Luedtke 1995).

Körperliche Gewalt findet wesentlich seltener statt. Ergebnisse für Hessen (Tillmann et al. 1999), Sachsen (Arbeitsgruppe Schulevaluation 1998; Rostampour/Schubarth 1997) und Bayern (vgl. Fuchs et al. 2001) zeigen, dass je etwa die Hälfte der Schüler an physischer Gewalt gänzlich unbeteiligt waren; körperliche Gewalt, besonders in den schwerwiegenden Formen, tritt selten auf (vgl. Tillmann 1997: 15 f.). Die (Schul-)Jugend ist demnach besser als ihr Ruf. Phyische Gewalt ist vor allem bei Prügeleien zwischen einzelnen Schülern nach Schülerangaben oft „Spaßkloppe" (Schwind 1995) oder Mutbeweis (vgl. Dubet 1997). Gut zwei Fünftel der Bochumer Schüler gaben diese „Spaßkloppe" an, nur 5,5% dagegen, bei „ernsten Schlägereien" beteiligt gewesen zu sein (Schwind et al. 1995: 157). Das setzt sich auch bei der häufigen Gewaltanwendung fort: Jeweils etwa gut ein Zehntel sächsischer und hessischer Schüler beschimpfen Mitschüler mehrmals wöchentlich bis täglich mit „gemeinen Ausdrücken" und „hänseln sie"; etwa 5% meinten, sich in gleicher Häufigkeit mit anderen zu prügeln bzw. Mitschülern gewaltsam etwas wegzunehmen (Tillmann et al. 1999: 99 f.; Schubarth et al. 1997: 113 f.).

- *Gewalt kommt häufiger an Haupt-, Förder- und Berufsschulen als an Realschulen und vor allem Gymnasien vor.* Durchgängig zeigt sich, dass Gewalt von Schülern mit steigendem Bildungsaspirationsniveau abnimmt. Allgemein hatten Haupt- und (wenn einbezogen) Berufsschüler gerade bei physischer Gewalt deutlich höhere Werte als Gymnasiasten (vgl. u. a. Fuchs et al. 2001; 1996; Tillmann et al. 1999; Wetzels et al. 1998; Lösel et al. 1997). Mit Abstand am höchsten war die Belastung in Einrichtungen für Schüler mit besonderen Problemlagen wie in den Schulen für Lernhilfe (Tillmann et al. 1999: 110). Heitmeyer und Ulbrich-Herrmann (1997: 49) vermuten die unterschiedliche Kontrollfähigkeit der Schultypen als Grund für das differenzielle Gewaltniveau: Gymnasien haben die höchste Kontrolldichte und wegen der Bedeutung des Abschlusses das wirksamste Sanktionsinstrumentarium, wogegen die schulischen Sanktionsmittel bei Hauptschülern relativ wirkungslos sind (Tillmann et al. 1999: 290); das ist mit eine Folge der Bildungsexpansion und des Zwangs zur Höherbildung. Hauptschulen wurden mehr und mehr zu „Restschulen", zu Sammelpunkten für die im Bildungssystem „Zurückgelassenen", z. T. Kinder statusniedriger Herkunft aus Problemfamilien, z. T. Kinder aus Migrantenfamilien mit unzureichenden Sprachkenntnissen. Hier konzentrieren sich Lernschwäche und Schulversagen, die auch in massive Schulverweigerung (vgl. Reißig 2001; Thimm 2000; Ricking/Neukäter 1997) und aggressives Konflikt- und Problemlösungsverhalten (Tillmann et al. 1999: 201) münden können.

Das bedeutet: Weniger die Schulart als solche, sondern die soziale Zusammensetzung der Schülerschaft und ihre Problembelastungen sind für die unterschiedlichen Gewaltniveaus mit verantwortlich. Die Klientel der verschiedenen Schularten bilden „typische", vertikal und horizontal unterschiedlich weite Ausschnitte aus der Sozialstruktur; und wie jüngst die PISA-Studie belegte, sind gerade in Deutschland soziale Herkunft und Bildungserfolg eng gekoppelt. Der selektive Zugang zu den verschiedenen Bildungsgängen untermauert den Effekt schulischer Kontrollfähigkeit. Zusätzlich wird das Klima durch die langjährige Abwertung des Hauptschulabschlusses belastet, der immer weniger einen sicheren Übergang in das Erwerbssystem ermöglicht. Zunehmende Zukunftsunsicherheit und unzureichende Mittel für den Umgang mit Problemen lassen für Schüler, die randständig wurden oder sich davon bedroht fühlen, Gewalt zur Ressource für Konfliktbewältigung werden (Holtappels 1997: 30 f.). Inzwischen wurde an Hauptschulen in Bayern versucht, mit den M(ittlere Reife)- und P(raxis)-Zügen eine auf die Begabung eingehende Schulausbildung zu installieren; das klingt zunächst positiv, kann aber auch in sich das Risiko einer weiteren Selektion bzw. Abstufung bergen.

- *Gewalt ist von ihrer Verbreitung her ein „männliches" Phänomen.* (Nicht nur) Gewalt an Schulen ist – mit Ausnahme der verbalen Gewalt – ein dominant männliches Phänomen. Mädchen bzw. junge Frauen sind zwar bei weitem nicht einfach Opfer oder Unbeteiligte, aber mit zunehmender Härte der Gewalt überwiegt der Anteil männlicher Schüler immer mehr (Popp 1997: 208; 215). Die unterschiedlichen Praktiken zeigen sich auch darin, dass in Bayern Verbalaggression unter Schülerinnen eindeutig häufiger vorkommt als unter Schülern (vgl. Fuchs et al. 2001). Der „Devianzvorsprung" von Schülern zeigt sich auch bei anderen Formen schulischer Abweichungen wie dem Absentismus: So gaben in Hessen Mitte der 1990er-Jahre ein Viertel der männlichen und ein Fünftel der weiblichen Jugendlichen an, in den vergangenen 12 Monaten der Schule absichtlich ferngeblieben zu sein (vgl. Tillmann et al. 1999).

    Gewalt kann identitätsstiftend oder identitätserhaltend wirken. Das kann der Übernahme traditionaler Männlichkeitsmuster aus der Arbeiterkultur entspringen (vgl. Baacke 1993; siehe auch Möller 2001) oder zur Stabilisierung einer „gefährdeten" Männlichkeit dienen (vgl. u. a. Findeisen/Kersten 1999). Besonders traditional erzogene männliche Jugendliche versuchen, eine angegriffene „Ehre" wieder herzustellen (vgl. Kersten 1998). Auch dient provokativ gewalttätiges Verhalten bei Teilen der jungen männlichen Migrantenpopulation – oft im Rahmen von Cliquen – dazu, ihren niedrigen sozialen Status und ihr angegriffenes Selbstwertgefühl zu kompensieren (vgl. Tertilt 1997; 1996).

    Diese Befunde dürfen aber nicht zu dem (Umkehr-)Schluss führen, die „weibliche" Gewalt außer Acht zu lassen. Aktuelle(re) Untersuchungen (vgl. z. B. Bruhns/Wittmann 2000; Bruhns 2003; Heiland 2003) belegen, dass die Gewalt bei bestimmten weiblichen Jugendlichen und Heranwachsenden sehr wohl ein Thema ist, dem Aufmerksamkeit geschenkt werden muss. Auch müssen typische Formen von Interaktionsbeziehungen zwischen Jungen und Mädchen bzw. männlichen und weiblichen Jugendlichen beachtet werden, die mildernd oder verstärkend auf das Verhalten der Jungen bzw. männlichen Jugendlichen einwirken (vgl. Popp 2001; Silkenbeumer 1999).

- *(Auch) Gewalt an Schulen ist ein passageres Phänomen.* Analog zu den Ergebnissen aus der Delinquenzforschung zeigt sich bei der Gewalt an Schulen, dass sie ein „passageres Phänomen" ist, also einen vorübergehenden Charakter aufweist (und nicht nur deshalb, weil auch gewaltaktive Schüler die Schule einmal verlassen), sondern vor allem, weil die Gewalt an Schulen bis zu einem bestimmten Grad als Teil eines „jugendtypischen" Verhaltens interpretiert werden kann. Ab einem Alter von etwa 12 Jahren nimmt die Häufigkeit der Gewaltanwendung an Schulen bis etwa zum Alter von 15 bis 16 Jahren zu, geht dann aber wieder langsam auf das Ausgangsniveau zurück (vgl. Meier/Tillmann 2000; Fuchs et al. 1996). Allerdings konnte in Bayern bei altersdifferenzierter Betrachtung im Längsschnitt eine Gewaltzunahme unter den etwa 10- bis 12-Jährigen festgestellt werden (vgl. Fuchs et al. 2001): Die Gewaltaktivität tritt im Lebenslauf heute etwas früher auf und sinkt auch früher wieder ab. Das stimmt mit der Vorverlagerung der Jugendphase (vgl. Münchmeier 1998) überein und ist tendenziell analog zur Gewaltkriminalität im Hellfeld. Problematisch sind hier wie dort diejenigen, bei denen das Gewaltniveau mit zunehmendem Alter weiter erhöht bleibt. Vor allem bei Jugendlichen und Heranwachsenden aus sozial benachteiligten Milieus kann aus dem episodenhaften, „normalen" Umgang mit körperlicher Gewalt eine dauerhafte „Verkehrsform" werden (Eckert 2000: 15).

- *Besonders körperliche Gewalt ist reziprok.* Gewalt darf nicht nur einseitig von der Täter- oder Opferseite her betrachtet werden, vielmehr sind die Täter-Opfer-Konstellationen zu beachten. Sie verdeutlichen, dass Täter- und Opfersein keine getrennten Erscheinungen sind, sondern in der Mehrzahl der Fälle in den unterschiedlichen Abstufungen des Täter-Opfers bzw. Opfer-Täters zusammenhängen. D. h.: Unter den Opfern befinden sich nur zu einem geringen Teil „unschuldige" Opfer, die selbst nicht gewaltaktiv sind und Gewalt ausschließlich erdulden müssen (vgl. z. B. Greszik et al. 1995; Melzer/Rostampour 1996; Wetzels et al. 1999, 1998; Fuchs et al. 2001, 1996).

  Vor allem bei körperlicher Gewalt hängen Täter- und Opferstatus relativ eng zusammen: Wer häufig geschlagen wird, schlägt auch selber überproportional häufig zu – und umgekehrt. Mit zunehmender Häufigkeit und Intensität der Gewalt besteht dabei eine fast analoge Steigerung (Fuchs et al. 2001: 128 ff.; Mansel 2001: 37; Tillmann et al. 1999: 124 f.; Arbeitsgruppe Schulevaluation 1998: 125; Fuchs et al. 1996: 165). Das gilt selbst für häufigere bzw. massive Täter: In der KFN-Untersuchung für Stuttgart lag deren Opfer-Anteil bei weit über einem Drittel (vgl. Wetzels et al. 1998), für Hessen ermittelten Tillmann et al. (1999: 125) zwei Drittel. In Bayern waren fast neun Zehntel der physisch stark gewaltaktiven Schüler („kleiner harter Kern") zugleich Opfer physischer Gewalt, über die Hälfte (und damit erheblich mehr als alle anderen Gruppen) sogar häufiger. Gerade physische Gewalt zeichnet sich also durch ein hohes Maß an Reziprozität aus. „Unschuldige Opfer" sind demzufolge, gerade was physische Gewalt angeht, mit 4,5% eher selten.

- *Die eigentliche Problemgruppe bei der Gewalt an Schulen ist der „kleine harte Kern".* Das entscheidende Problem bei der Gewalt von Schülern ist weniger die „mäßigere" Gewalt, die das Gros der Schüler anwendet, sondern – analog zur Hellfeld(gewalt)kriminalität – der kleine, gewaltaktive Kern, von dem häufiger und auch brutalere Gewalt ausgeht. Größenmäßig bewegt sich die Zahl der stärker und stark Gewaltaktiven je nach Abgrenzungskriterium zwischen 3 und 9% der Schüler (vgl. u. a. Fuchs et al. 2001; Wetzels et al. 1999; Schwind et al. 1995). Von ihnen geht aber, wie mehrere Studien gezeigt haben, jeweils ein erheblicher Anteil der (selbstberichteten) Gewalt aus, die an den Schulen verübt wird. Knopf/Nolting (1998) gehen unter Rekurs auf das „Bullying" noch einen Schritt weiter und sehen in Gewalt in der Schule „im Wesentlichen die Gewalt einer Minderheit von Tätern gegenüber einer Minderheit typischer Opfer" (1998: 257). Dahinter steht aber ein Bewertungskriterium, das an der Gewaltqualität ausgerichtet ist. Aus quantitativer Sicht hängen Täter- und Opferstatus relativ stark zusammen und gerade physische Gewalt erweist sich dabei als hochgradig reziprok (Fuchs et al. 2001: 134).

Allgemein bleibt festzuhalten, dass gerade bei dieser Klientel stärker und stark gewaltaktiver Schüler jenseits des Deskriptiven differenzierte Analysen notwendig sind, die sich im Besondern auf die Motivation der Schüler zum Gewalthandeln und ihre Einstellungsstrukturen beziehen. Ebenfalls von Interesse ist die Frage nach Cliquenbezug und Cliquenhandeln. Stärker gewaltbelastete Schüler sind häufiger in Cliquen mit einer höheren Devianz- und Delinquenzbelastung (vgl. Fuchs et al. 2001). Interessant wäre nun zu wissen, ob Schüler des „kleinen harten Kerns" auch an den Schulen stärker aus einem Cliquen- bzw. Gruppenzusammenhang heraus handeln oder mehr als „Einzelkämpfer" tätig sind. Die Notwendigkeit, sich mehr auf die häufig Gewaltaktiven zu konzentrieren, muss auch für die Präventions- und Interventionsprogramme gelten – dies findet allerdings bislang, wie Knopf (2000) kritisiert, nicht in ausreichendem Maße statt. Vielmehr werden undifferenzierte und unspezifische Maßnahmen eingesetzt, deren Effekte dann auch nur begrenzt sein können. Wären solche Maßnahmen gezielt auf diese Kategorien von Schülern zugeschnitten, ließen sich Gewaltumfang und Gewaltqualität deutlich verringern, da von dieser kleinen Gruppe viel und auch intensive Gewalt ausgeht. Voraussetzung dafür sind allerdings differenzierte Informationen über diese Gruppen bzw. Akteure.

Eine Schwierigkeit bei der Analyse dieses Personenkreises sind ohne Zweifel die geringen Fallzahlen. Als mögliche Auswege böten sich einmal multimethodische Designs an, die den quantitativen um einen qualitativen Zugang erweitern, analog zu Studien von Böttger (1999) oder Tertilt (1997, 1996) über stark gewaltbereite Cliquen. Dabei können qualitative Interviews – narrativ oder problemzentriert – mit einzelnen Schülern durchgeführt werden, die (z. B. den Lehrern) als häufiger gewalttätig bekannt sind. Das würde es ermöglichen, die Motivation sowie die lebensweltlichen und biografischen Bedingungen für die Gewalt tiefgehender als über eine quantitative Erhebung zu erfassen. Ein anderer Zugang, der die Fallzahlen steigert, wäre die Beschränkung auf Extremgruppen, nämlich Schulen mit einer erhöhten Gewaltbelastung. Ein Weg dahin wäre, nur Schulen auszuwählen, die sich in Repräsentativuntersuchungen als auffällig erwiesen haben. Eine andere Möglichkeit ist, bewusst Schulen mit „typischen" Merkmalen auszuwählen, die eher mit einem erhöhten Gewaltniveau einhergehen, wie z. B. Haupt- oder Förderschulen in sozial segregierten Quartieren. An diesen Schulen könnten dann in den typischerweise stärker belasteten Jahrgangsstufen Vollerhebungen durchgeführt werden.

- *Gewalt von Schülern ist seit Anfang der 1980er insgesamt relativ konstant.* Dieser empirische Befund läuft öffentlich-politisch vertretenen Ansichten und Meinungen eindeutig zuwider. Die aktuelle Gewaltforschung an Schulen war und ist begleitet von der öffentlich-politisch immer wieder reproduzierten Behauptung, Gewalt an Schulen sei deutlich gestiegen, die Schüler würden immer aggressiver und die Gewalttäter immer jünger (Mansel 2000). Einzelfälle schwerer Gewaltanwendung wurden massenmedial aufgegriffen, in die (darüber kurzzeitig beunruhigte) Öffentlichkeit transportiert. Dies erzwingt dann von politischer Seite (verbale) Reaktionen, nicht zuletzt aus Gründen der Legitimation.

Ab Ende der 1990er-Jahre lieferten brutale, medienwirksame Einzelereignisse wie die Tötung von Lehrern oder Mitschülern durch einzelne Schüler scheinbar Belege für die ausufernde Gewalt von Jugendlichen und Heranwachsenden an Schulen. Sie schien eine neue, ungeahnte „Qualität" erreicht zu haben: Im April 2002 lief ein 19-Jähriger, suspendierter Gymnasiast an seiner ehemaligen Schule in Erfurt Amok, tötete 14 Lehrer sowie zwei Schüler und beging anschließend Selbstmord. Gut ein Jahr später, im Juli 2003, schoss in Coburg ein 16-jähriger Realschüler in der 8. Klasse im Unterricht auf die Lehrerin, nahm einen Mitschüler als Geisel, verletzte eine weitere Lehrerin und beging ebenfalls Selbstmord. Bereits im Jahr 2000 schockierten die Ermordung von Schulrektoren in Brannenburg und Eching, 1999 die Tötung einer Gymnasiallehrerin in Meißen die Republik. Alle genannten Beispiele haben aber mit Gewalt in der Schule im eigentlichen Sinne wenig gemeinsam; vielmehr sind es Akte schwerer Gewaltkriminalität, die sich innerhalb von Schulgebäuden ereignet haben. Was daran besonders irritiert, dürfte sein, dass sich diese Ereignisse im Schutzraum der Schule zugetragen haben und dass die Täter im Jugend- und Heranwachsendenalter waren. Diese Fälle extremer Gewalt sollten eher psychologisch analysierbar sein, wie auch die Analyse vom Amok als „mitnehmendem Selbstmord" belegt. Wenn wir die intensive und schwerere Gewaltanwendung von Schülern in der Schule erfassen wollen, dann müssen wir die „geläufigen" körperlichen und psychischen Gewalthandlungen erheben und uns dort den Menschen widmen, die häufig und bei den gravierenden Gewalthandlungen aktiv sind, ohne dabei aber die Gesamtlage aus den Augen zu verlieren.

Die Forschung tat sich zunächst schwer, auf die unzulässigen Generalisierungen von Einzelfällen mit verlässlichen Aussagen zu reagieren; die Anlage fast aller Studien als Querschnittserhebungen gestattete es nicht, Zeitvergleiche durchzuführen. Der Versuch, dem dadurch zu begegnen, dass von Schulleitern, Lehrern oder auch Schülern ihre Einschätzung zur Gewaltentwicklung an den jeweiligen Schulen erhoben wurde, konnte diese Lücke nicht schließen. Diese Gruppen wurden als Experten behandelt, die aufgrund ihrer langen Zugehörigkeit zu einer Schule einen größeren Zeitraum übersehen und mit Blick auf die Gewaltentwicklung einschätzen können. Erfasst wurde damit aber nicht die Gewaltentwicklung – dies ist letztlich nur durch einen Täter- und Opferselbstbericht möglich –, sondern nur die retrospektive, subjektive Wahrnehmung der befragten Akteure. Das Verfahren ist damit nicht ausreichend valide für einen Zeitvergleich (Sensibilisierung durch Medienberichte etc.).

Betrachten wir nämlich die Wahrnehmung von Lehrern und Schulleitern, dann scheint sich die Vermutung steigender Gewalt mehr oder weniger ausgeprägt zu bestätigen (vgl. Fuchs et al. 2001, 1996; Schwind 1995: 107; Hanewinkel/Eichler 1999: 55; Schubarth 1995: 144): Erwähnt werden zunehmende Disziplinprobleme, mehr verbale Aggressivität und Hemmungslosigkeit beim Gewalteinsatz (Sikorski/Thiel 1995: 31). Diese Einschätzung ist nicht neu, analoge Berichte liegen aus den 1970er-Jahren für Hamburger Hauptschulen vor (vgl. Franz/Schlesinger 1974). Entweder steigt also Schülergewalt real stetig an, oder sie variiert zyklisch oder es handelt sich um ein stabiles Wahrnehmungsmuster gegenüber der nachwachsenden Generation.

Datenquellen, mit denen sich Aussagen zur Entwicklung der Gewaltbelastung über die Zeit machen lassen, sind einmal die Statistiken des Bundesverbandes der Unfallkassen, zum andern Längsschnittanalysen durch wissenschaftliche Trend- oder Paneluntersuchungen. Die jährlich erhobene Statistik der Unfallkassen macht Angaben über die gemeldeten Opfer von Raufunfällen an Schulen; die letzten veröffentlichten Zahlen (Mai 2005) beziehen den Zeitraum 1993-2003 ein (vgl. Bundesverband der Unfallkassen 2005). Allgemein dokumentieren die Daten, dass 11-15-Jährige Jungen die höchsten Unfallraten aufweisen; der viktimogenste Ort ist der Pausenhof – etwa zwei Fünftel aller Fälle ereigneten sich dort – gut ein Fünftel kam bei Schulsportveranstaltungen zustande. Die Zahlen der Raufunfälle pro 1.000 versicherte Schüler seit 1993 erweisen sich in der Langzeitbetrachtung als rückläufig von 15,5 in 1993 auf 11,3 in 2003. Auch lässt sich keine zunehmende Brutalisierung der Gewalt belegen, wenn die Verletzungen mit Frakturen zugrunde gelegt werden. Insgesamt ging die Zahl pro 1.000 Schüler von 1,5 (1993) auf 1,0 (2003) zurück. Der Bundesverband der Unfallkassen schlussfolgert daher in der jüngsten Veröffentlichung: „Die entsprechenden empirischen Befunde zeigen bundesweit einen Rückgang physischer schulischer Gewalt im Beobachtungszeitraum 1993-2003" (2005: 24).

Abb. 1.1: Gemeldete Raufunfälle je 1000 versicherter Schüler nach Schularten 1986-2003

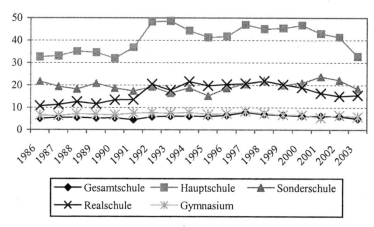

Quelle: Bundesverband der Unfallkassen

Dieses Ergebnis variiert aber ganz offensichtlich je nach Schulart (vgl. Abb. 1.1): Die Meldungen bei den Raufunfällen blieben an Gymnasien und Grundschulen seit Mitte der 1980er-Jahre von leichten Schwankungen abgesehen auf insgesamt ähnlich niedrigem Niveau (unter 10 Fälle auf 1.000 Schüler) relativ konstant; An Realschulen erfolgte Anfang der 1990er-Jahre eine merkliche Zunahme, ab 2000 wieder ein leichtes Absinken, das sich bis 2003 fortsetzt. Insgesamt ist die Melderate damit aber an Realschulen deutlich größer geworden als an Gymnasien; die Schere ging über die 1990er-Jahre zu Ungunsten der Realschulen auseinander, wenngleich sich die Zahlen seit 2000 wieder etwas aufeinander zubewegen. Erhebliche Zunahmen um etwa zwei Drittel (von gut 30 auf knapp 50 Fälle pro 1.000 gemeldete Schüler) verzeichnen dagegen die Hauptschulen Anfang der 1990er-Jahre. Aber auch bei den Hauptschulen ist ab 2000 ein starker Rückgang festzustellen, der bis 2003 wieder auf die Werte der 1980er-Jahre zurückführt. An den Sonderschulen erfolgte mit Ende der 1990er-Jahre ein Anstieg der gemeldeten Raufunfälle, wobei allerdings bei den letzten vorliegenden Zahlen für 2003 ein klares Absinken festzustellen ist. Es wird sich zeigen, ob dahinter ein stabiler Trend steht.

Für die Bewertung dieser Verhältnisse und Entwicklungen müssen wir zusätzlich bedenken, dass die Schulleitungen seit den 1990er-Jahren – auch aus versicherungsrechtlichen Gründen – für Gewaltvorkommnisse deutlich sensibilisiert wurden. Wenn dennoch seit den 1990er-Jahren bei den aggregierten Daten ein sichtbarer Rückgang zu verzeichnen ist, dann ist das in doppelter Hinsicht ein sehr ernst zu nehmender Hinweis auf eine real gesunkene Belastung. Um dies aber nachvollziehen zu können, sind Selbstberichtstudien als Längsschnitte nötig, z. B. Trendstudien, bei denen in regelmäßigen Abständen (drei bis fünf Jahre) jeweils vergleichbare bzw. ähnliche Gruppen von Schülern und/oder Lehrern zu den gleichen Themen befragt werden. Echte Längsschnittuntersuchungen sind aber bislang in Deutschland immer noch vergleichsweise selten (s. o.). Verlässliche Aussagen über lange Zeiträume – mehrere Jahrzehnte – sind mangels entsprechend angelegter Studien bislang noch unmöglich.[5] Eine der Aufgaben, der sich die Schulgewaltforschung widmen sollte, bestünde daher in der Durchführung einer repräsentativen, bundesweit angelegten Längsschnittuntersuchung.

Legen wir den Selbstbericht zugrunde, lässt sich zumindest für Bayern die Annahme steigender Gewalt an Schulen zwischen Mitte und Ende der 1990er-Jahre im Allgemeinen *nicht* halten (vgl. Lamnek et al. 2000; Lamnek 1999).[6] Eindeutig zugenommen haben nur Formen der verbalen Gewalt. Auf einer 10er-Skala lag der Durchschnittswert 1994 bei 2,3, 1999 bei 2,5. Der Anteil verbal friedlicher Schüler blieb unverändert bei 15%, ist also vergleichsweise gering. Die anderen Schüler wurden aber verbal eindeutig aggressiver, wenngleich nicht sehr ausgeprägt. Bei allen anderen erfassten Gewaltformen – physische, psychische Gewalt und Vandalismus – blieb das Gewaltaufkommen dagegen *konstant* und im Durchschnitt auf einer 10er-Skala deutlich unter dem Wert 1 (vgl. u. a. Lamnek et al. 2000; Lamnek 1999).

Bei genauerer Betrachtung zeigen sich aber weitere Veränderungen. Auffällig ist, dass Kinder (10- bis 13-Jährige) Ende der 1990er-Jahre durchgängig mehr Gewalt ausüben als die Vergleichsgruppe von 1994. Bei den Jugendlichen (14 bis 17 Jahre), die – gleich, ob männlich oder weiblich – ohnehin am häufigsten gewaltaktiv sind, nahm nur die verbale Gewalt zu, ebenso wie bei den Heranwachsenden. Hinter dieser Veränderung steht mit großer Wahrscheinlichkeit eine gewisse Vorverlagerung der Jugendphase, die dazu führt, dass 12- und besonders 13-Jährige z. T. inzwischen die Verhaltensmuster der früher 14- bis 15-Jährigen zeigen (vgl. Fuchs et al. 2001; Lamnek et al. 2000). Auf Grundlage der bislang vorliegenden Untersuchungsergebnisse kann also keinesfalls von einer allgemeinen, erheblichen Steigerung der Schülergewalt an Schulen gesprochen werden (Fuchs/Luedtke 2003: 165 ff.; Fuchs et al. 2001). Es wird im Laufe dieser Auswertung zu zeigen sein, in welche Richtung die Entwicklung in Bayern seit 1999 ging.

---

[5] Für die auf Stereotypen und Vorurteilen beruhende, auch von Gewalt begleitete Ablehnung „Anderer" begann 2001 eine Untersuchung, die ein langfristig angelegtes Design aufweist: Das Projekt „Gruppenbezogene Menschenfeindlichkeit" (vgl. Heitmeyer et al. 2002) ist eine auf zehn Jahre konzipierte repräsentative Trendstudie mit jährlichen Wellen, die um eine dreijährige Panelstudie und um qualitative Interviews ergänzt wird.

[6] Bei der Gewalt außerhalb von Schulen mag das anders sein.

1.4 Was steht hinter der Gewalt?

Aus soziologischer Perspektive ist Gewalt als Handeln multifaktoriell bedingt. Daher kann auch Jugendgewalt nicht auf eine einzige, Ausschlag gebenden Ursache zurückgeführt werden. Vielmehr liegen Einflüsse aus verschiedenen Feldern der Lebenswelt vor, die auch miteinander zusammenhängen und im Ergebnis eine erhöhte Gewaltaktivität nach sich ziehen können. Dabei handelt es sich nicht um singuläre Ereignisse, sondern um mittel- und längerfristige Prozesse. Wie alle anderen, so betreiben auch Jugendliche produktive Realitätsverarbeitung (vgl. Hurrelmann/Ulich 1991), d. h. sie setzen sich mit den „objektiven" Gegebenheiten auseinander, mit denen sie sich konfrontiert sehen. Nach Durkheim (1970) ist Kriminalität insofern „normal", als sie sich aus den spezifischen Lebens- und Handlungsbedingungen einer Gesellschaft ergibt. Für Jugendliche sind das die Bedingungen des Aufwachsens in einer (wie auch immer zu definierenden) modernen Gesellschaft.

Erklärungsansätze für Gewalt rekurrieren einmal auf eher individuell wirkende Hintergrundfaktoren. Dazu gehören personale Merkmale wie Geschlecht und Alter, dann aber auch soziale und kognitive Kompetenzen, mit denen das Subjekt sich in seiner Umwelt behaupten, die Verhaltensanforderungen erfüllen und dabei sein Umfeld mitgestalten kann. Daneben wird der mikrosoziale Kontext einbezogen, nämlich die Lage in der Familie, die Qualität der Nachbarschaften bzw. des Quartiers und die Mentalitäten und Einstellungen bei den Peers.

Eine andere Erklärungslinie richtet sich auf die Makrostruktur der Gesellschaft und sucht die Hintergründe im sozialen Wandel und seinen Folgen für die Handelnden. Relevant sind dabei die Auswirkungen der Modernisierung, also der Individualisierung und Globalisierung – dies finden wir beim sog. Individualisierungs- und Desintegrationsansatz von Heitmeyer et al. (1995, 1992) aus den 90er-Jahren –, die Erosion gesellschaftlicher Normalitätsvorstellungen im Arbeitsmarkt und Privatbereich, der Wertewandel, die Frage der Migration sowie die ethnische bzw. soziale Segregation. Die ethnische und soziale Exklusion bzw. die Frage nach Struktur und Qualität des Quartiers verdeutlichen, dass Gewalt, vor allem Jugendgewalt, einen Raumbezug hat, dem sich die Forschung mehr als bisher widmen muss.

Auf einer Meso- und einer Mikroebene bewegen sich Konzepte, die an der Schule bzw. der Klasse ansetzen, nämlich die Schul- bzw. Lernklimaforschung, wie sie von der Bielefelder Arbeitsgruppe (vgl. Tillmann et al. 1999) bzw. der Forschungsgruppe Schulevaluation aus Dresden (vgl. Forschungsgruppe Schulevaluation 1998) mit gleichem theoretischen Konzept betrieben wird.

Die Frage nach den Hintergrundfaktoren lässt sich auch nach endogenen und exogenen Faktoren differenzieren. Erstere umfassen Schul-, Lern- und Klassenklima und sind – mit Blick auf Prävention und Intervention – von der Schule selbst beeinflussbar. Letztere verweisen darauf, dass Gewalt nicht nur durch die Schule entsteht, sondern in nicht unerheblichem Maße importierte Gewalt ist: Es erfolgt ein Gewalttransfer aus anderen Lebensbereichen in die Schule: Dies betrifft vor allem die Gewalt in der Lebenswelt, also Familie, Nachbarschaft, Wohnviertel, Clique, bzw. die allgemeine Devianz (Waffenmitnahme, Umgang mit Drogen). Die in der Schule ausgeübte Gewalt kann damit als Teil eines allgemein devianten Lebensstils verstanden werden, der sich auch in anderen Handlungsfeldern manifestiert. Das wiederum kann zudem mit meso- und makrostrukturellen Veränderungen zusammenhängen. Gerade im urbanen Bereich wird die Frage nach einer „Krise der Städte" (Eisner 1997) laut, müssen Überlegungen einsetzen, inwieweit das Entstehen einer räumlich und sozial exkludierten „urban underclass" (Häußermann 1997; Kronauer 2002) der Jugendgewalt Vorschub leistet, ähnlich, wie es in den Banlieux französischer Städte bereits passierte (vgl. Dubet 2002). Nicht zuletzt wird die Schule auch dadurch beeinflusst, dass die Jugendkultur in sie Einzug gehalten hat (vgl. Dubet 1997), d. h. Normen der Jugendteilkulturen und Schulnormen prallen aufeinander.

Tab. 1.3: Hintergründe für Gewalt an Schulen

Makroebene	Meso- und Mikroebene
Veränderung der Jugendphase	gestalteter Raum
Bildungsexpansion	Wohnumwelt
Arbeitslosigkeit und Armut	Familie
Anomie/Desintegration	Peers
Migration	Schulleistungen
	Lehrerverhalten

Für die Analyse der Gewalt an Schulen sind *makrostrukturelle Prozesse* zu beachten, die eine Veränderung der Rahmenbedingungen für das Handeln Jugendlicher nach sich ziehen. Produkt des Wandels und geänderter Rahmenbedingungen ist die *Veränderung der Jugendphase*, nicht zuletzt als Folge der Bildungsexpansion. Hier wären stichpunktartig zu nennen:
- die Zunahme der relativen Autonomie gegenüber Erwachsenen im kulturellen Bereich,
- die Zunahme der Möglichkeiten zur selbst gestalteten Zeit,
- die Verlängerung der Jugendphase durch die Vorverlagerung im Lebenslauf und das spätere Ende durch längere Ausbildungsgänge (vgl. Lenz 1990),
- die Entdifferenzierung der Lebensalter (vgl. Trotha 1982): Grenzen zwischen Jugend- und Erwachsenenstatus werden unschärfer.

Mit der Bildungsexpansion ist die Bedeutung von Bildungszertifikaten und dabei vor allem von höheren Abschlüssen für den beruflichen Werdegang deutlich gestiegen. Fehlende oder unzureichende Leistungen reduzieren auch und gerade in der Wahrnehmung der Akteure ihre Chancen auf ein „gutes Leben". Gewalt als Mittel zur

Situationsbewältigung findet dann möglicherweise durch die „Zurückgelassenen" statt, die Marginalisierten, die Verlierer der Bildungsexpansion.

Eine wichtige Einflussgröße ist der *ökonomische Wandel*, der eine Zunahme von *Arbeitslosigkeit und Armut* bewirkt(e). Das Risiko der *Marginalisierung*, also von Randständigkeit und sozialem Ausschluss, erhöht sich auch damit, ebenso die Tendenz zur *Anomie*. Letzteres bedeutet: Das Verhalten orientiert sich nicht mehr oder deutlich schwächer an den gesellschaftlich „gültigen" Verhaltenserwartungen, da sich die Akteure nicht mehr integriert fühlen, z. B. weil ihnen die dazu notwendigen Ressourcen fehlen. Je nach Lage, Motivation und teilkultureller Einbindung der Akteure können dabei gesellschaftliche Ziele, die legitimen Mittel zu ihrer Erreichung oder beides in Frage gestellt werden. Eine Antwort auf diese *Desintegration* kann in verstärkter Devianz bestehen.

Damit zusammen hängen Probleme, die sich aus der Migration ergeben. Jugendliche mit *Migrationshintergrund* stammen oft aus statusniedrigen Elternhäusern und haben selbst eine oft restringierte Ressourcenausstattung, vor allem durch fehlende Bildungsabschlüsse, aber auch durch unzureichende Sprachkenntnisse. Mangelnde eigene Integrationsbereitschaft sowie ein unzureichender Integrationswille der deutschen Gesellschaft ergänzen sich, verschlechtern die objektiven Chancen dieser Jugendlichen zur Teilhabe an der Gesellschaft erneut und können so vermehrte Devianz nach sich ziehen.

Deutlich unmittelbarer als die makrostrukturellen Prozesse konstituieren die Vorgänge auf der *Meso- und Mikroebene* „objektive" Rahmenbedingungen von Jugendlichen: sie selbst bzw. ihr *Körper*, ihre *charakterlichen Anlagen* und zum anderen die *Umwelt*. So ist der Raum, in dem sie leben und den sie nutzen, sozial gestaltet durch die Siedlungsform, durch Geschäfts- und Industriebereiche, freie Flächen, Grünanlagen, Infrastruktureinrichtungen, Wohnumwelt: förderlich oder weniger förderlich, je nach Ausstattung und Nachbarschaften, z. B. mittelständische Einfamilienhaussiedlung oder „sozialer Brennpunkt" mit Risikonachbarschaften. Letztere bedeuten oft eine soziale und/oder ethnische Absonderung und Konzentration sozial eher Randständiger und/oder Migranten in bestimmten Wohngebieten. Hier kann Gewalt leicht zur „Verkehrsform" werden (Eckert 2000): in der Familie, unter den Peers, als Mittel zur Behauptung im Wohnumfeld.

Gewalt an Schulen ist, wie andere Formen sozialen Handelns, ein Verhalten, dessen konkrete Anwendung für bestimmte Situationen und zu bestimmten Zwecken erlernt wird. Zu den relevanten Sozialisationsbedingungen, die mit der Gewaltanwendung durch Schüler an Schulen zusammenhängen, gehören:

- das Eltern-Kind-Verhältnis, besonders die Gewalterfahrungen in der Familie,
- die Integration in deviante und/oder delinquente Peers,
- (Anti-)Gewaltmilieus in Schule und sozialer Umwelt (einschließlich des Lehrer-Schüler-Verhältnisses),
- massenmediale Gewaltdarstellungen, deren Einfluss auf das Gewalthandeln intensiv und kontrovers diskutiert wird,
- die Wirkung von Gewalt befürwortenden Männlichkeitsmustern, die in der Sozialisation erlernt werden.

1.5 Gewalt in der Familie

Die ersten Muster für das Handeln und die ersten Norm- und Wertvorstellungen werden in der Familie erlernt. In der Phase der Enkulturation werden kulturelle und auch teilkulturelle Überlieferungen und Verhaltensmuster z. T. auch unbewusst angeeignet. Elterliches Verhalten wird gerade mit zunehmendem Alter der Kinder nicht unreflektiert übernommen und umgesetzt: Sozialisation bedeutet aktive Auseinandersetzung mit der Umwelt durch ein „produktiv realitätsverarbeitendes Subjekt" (Hurrelmann/Ulich 2002: 9).

Aufgrund der langjährigen Einübung der Kinder in das Verhalten ihrer Eltern vermitteln deren Handlungsstrategien auch Grundeinstellungen zur Bewältigung von Problemsituationen und Muster für das Verhalten in solchen Situationen. Darüber können Eltern für das Handeln ihrer Kinder durchaus Standards setzen, wenngleich die konkreten Bedingungen der Umwelt, in der gehandelt wird, ebenfalls mit über das Handeln entscheiden. Gewaltförmiges Problemlösungsverhalten und Gewalt befürwortende Einstellungen der Eltern finden sich in gewissem Maße auch im Verhalten und den Einstellungen der Kinder wieder.

(Physische) Elterngewalt ist eines der (Lebens)Risiken für Kinder und Jugendliche. Die Elterngewalt ist zwar heute bei weitem nicht mehr mit der Prügelpädagogik des 19. Jahrhunderts in der Familie und besonders in der Schule vergleichbar, aber dennoch keinesfalls zu vernachlässigen (Bussmann 2001: 30). Weiterhin ist sie wegen ihrer Auswirkungen ein bedeutsamer Hintergrundfaktor für Jugendgewalt allgemein und für Gewalt an Schulen im Besonderen, sowohl auf Täter- als auch auf Opferseite.

Die Familie bietet ihren Akteuren – allen voran den Kindern – nicht unbedingt eine friedliche Lebenswelt (Fuchs et al. 2001: 186), denn zum Erziehungsverhalten gehört in weiten Teilen trotz des gesetzlich niedergelegten elterlichen Züchtigungsverbots immer noch ein mehr oder minder intensiver Einsatz physischer Gewalt.[7] Daneben werden aber zusätzlich psychische und verbale Gewalt wie Schweigen, Liebesentzug, Missachtung, Ablehnung, Isolierung oder „Demütigung als Sanktionen bei missliebigem Verhalten praktiziert. Allgemein gilt: „Wer viel schlägt, sanktioniert auch sonst viel" (Bussmann 2001: 33). Im Gegensatz zur physischen Gewalt sind die Folgen verbaler bzw. psychischer Gewalt aber bislang nur unzureichend erforscht, zumal es sich hier wohl mehr um Langzeitfolgen handelt, die sich vielleicht auch erst im Erwachsenenalter auswirken; hier ist besondere Aufmerksamkeit vonnöten (vgl. Garbarino/Bradshaw 2002; Werneck 1999).

Gewalt in der Familie erfolgt oft „unsichtbar", weil sie von der sozialen Umwelt nicht bemerkt, im Rahmen einer Unkultur des Wegsehens ignoriert oder von Teilen der

---

[7] Der „Nationale Aktionsplan für ein kindergerechtes Deutschland 2005 bis 2010" (Drucksache 15/4970, 15.02.2005) fordert auch ein „Aufwachsen ohne Gewalt" ein.

Bevölkerung immer noch gebilligt wird. Auch wenden sich misshandelte Kinder und Jugendliche nur selten an Hilfeeinrichtungen, oft wohl auch wegen unzureichender Kenntnis der Gesetzeslage. Die „Ergebnisse (...) dokumentieren eine mangelnde Publizität von professionellen Ansprechpartnern" (Bussmann 2001: 36). Zudem stützt die gesetzlich gesicherte „Privatheit" der Familie (ungewollt) den Gewalteinsatz gegen die Kinder (vgl. Frehsee 1992). Daher ist auch davon auszugehen, dass das Dunkelfeld bei Eltern-Kind-Gewalt wesentlich größer ist als bei Gewaltdelikten von externen Tätern gegen Kinder (Buchner/Cizek 2001: 55).

Das Opferrisiko variiert mit Merkmalen der Kinder und des Elternhauses und steigt, je jünger die Kinder sind: 94% der US-amerikanischen Eltern mit Kindern zwischen 3 und 5 Jahren wendeten körperliche Gewalt an, bei 12-jährigen Kindern waren es noch 51%, bei 15-Jährigen nur noch 31% (Straus 2001: 4). Ähnliches zeigt die KFN-Städtevergleichsstudie: Von den befragten 15-16-Jährigen gab mit 56,7% die Mehrheit Schläge vor dem 13. Lebensjahr an, für die vergangenen 12 Monate waren es noch 42%. Daneben haben Kinder und Jugendliche ein erhöhtes Gewaltrisiko, wenn sie aus statusniedrigeren Elternhäusern kommen (wenngleich auch Kinder aus statushöheren Elternhäusern körperlich sanktioniert werden). Weitere, damit auch zusammenhängende Risikofaktoren sind eine unsichere Beschäftigungssituation des Vaters, soziale Abwärtsmobilität durch (Langzeit)Arbeitslosigkeit und ein Ressourcenmangel, der sich in Armut bzw. Abhängigkeit von der Sozialhilfe niederschlägt (Wilmers et al. 2002: 67; BMI/BMJ 2001: 506; Tillmann et al. 1999: 165; Wetzels et al. 1998: 145). Diese Faktoren sind vor allem bei der häufigen Gewaltanwendung auffällig (Pfeiffer/Wetzels 1997: 28; Pfeiffer et al. 1999: 10 f.; Bussmann 2001:38).

Verstärkt werden kann dies durch „Risikonachbarschaften", in denen sich Familien mit ähnlichen Problemlagen und Handlungsmustern konzentrieren. Dadurch fehlen positive Verhaltensmodelle für ein (relativ) gewaltfreies Familienklima. Dies macht deutlich, dass einerseits regelrechte „Gewaltmilieus" bestehen, in denen die Anwendung körperlichen Zwangs zum Alltag gehört und vor allem integraler Bestandteil von Männlichkeitsmustern ist, und dass auf der anderen Seite körperliche Züchtigungen immer noch mehrheitlich als Sanktion akzeptiert werden (vgl. Bussmann/Horn 1995). Die Mesoebene bildet also auch hier – ebenso wie der Schulkontext (vgl. Nunner-Winkler et al. 2005) – eine nicht zu vernachlässigende Einflussgröße.

Bei der Entwicklung über die Zeit zeigt sich, dass langfristig vor allem schwerere Körperstrafen leicht rückläufig sind (Pfeiffer/Wetzels 1997: 29). Das dokumentieren auch die Ergebnisse der zweiten KFN-Städtestudie (Hamburg, Hannover, München und Leipzig): Im kurzen Zeitraum von 1998 bis 2000 sank der Anteil Gezüchtigter um fast 7%-Punkte auf 20,9%, bei den schwer Gezüchtigten betrug der Rückgang 2,3%-Punkte auf 6,1% (BMI/BMJ 2001: 504 f.). Um stabile Trendaussagen machen zu können, sind wegen des kurzen Zeitraums und der regional begrenzten Population aber Folgeuntersuchungen nötig. Möglicherweise variiert familiäre Gewalt gegen Kinder regional: Unter bayerischen Schülern blieben die Werte im Vergleich 1994 mit 1999

Gewalt an Schulen 35

weitgehend unverändert (vgl. Fuchs et al. 2001). Deutschlandweite repräsentative Befragungen Jugendlicher ergaben, dass 2002 im Vergleich zu 1992 die Körperstrafen deutlich zurückgegangen sind, ganz besonders die schweren Formen (Schläge mit dem Stock, schallende Ohrfeigen, blutig geschlagen). Dafür nahmen aber die Verbotsstrafen (Fernseh-, Ausgehverbot) sowie die verbalen/psychischen Sanktionen (niederbrüllen, nicht mehr mit dem Kind reden) zu (BMFSFJ/BMI/Bussmann 2003: 9). Die sinkende Tendenz zeigt sich aber auch in Elternbefragungen: Zwischen 1994 und 2001 nahm der Anteil ohrfeigender Eltern deutschlandweit von 72% auf 60% ab (Bussmann 2002: 5; Frehsee/Bussmann 1994; Bussmann 2001). Mit entscheidend dafür, ob es zum Gewalteinsatz kommt, ist die Einstellung der Eltern hierzu: Wer von der Effizienz körperlicher Gewalt (Ohrfeigen) überzeugt ist, schlägt auch häufiger zu (vgl. Luedtke 2003: 176).

Eltern-Kind-Gewalt bleibt psychisch und sozial, z. T. auch physisch, nicht folgenlos. Gerade fortwährende Erfahrungen damit erhöhen die Wahrscheinlichkeit, dass die Geschlagenen auch in andern Kontexten leichter zu Gewaltopfern, aber auch zu Gewalttätern werden können. Zum einen lässt das reduzierte Selbstwertgefühl die Geschlagenen für die Gewalt durch Gleichaltrige „anfällig" werden. Zum anderen kann die scheinbar „harmlose" Ohrfeige zum Stressor für die Kinder bzw. Jugendlichen werden. Können sie den nicht produktiv bearbeiten, erfolgen Reaktionen bis hin zum Gewalteinsatz (Mansel 2001: 43). Geschlagene Kinder und Jugendliche lernen aber auch am elterlichen Modell, dass physische Gewalt eine scheinbar legitime Konfliktlösungsmöglichkeit, ein denkbares Mittel zur Stressbewältigung, eine mögliche Handlungsressource zur scheinbar erfolgreichen Durchsetzung eigener Vorstellungen gegen Widerstände ist. Damit erhöhen Körperstrafen die Wahrscheinlichkeit, dass die Geschlagenen ihrerseits auch eindeutig häufiger physische Gewalt innerhalb und außerhalb der Schule anwenden (Wilmers et al. 2002: 235; Fuchs et al. 2001: 214; Straus 2001: 9 f;. Pfeiffer et al. 1999: 22; Eisner et al. 2000: 70 f.). Dies zeigt sich in einer bundesweiten Repräsentativbefragung von Jugendlichen im Jahr 2002 (BMFSFJ/BMI/Bussmann 2003: 6 f.): Wer eine gewaltbelastete Erziehung erfahren hat, gibt alle Gewaltformen – eine Ohrfeige austeilen, mit der Faust zuschlagen, mit einem Gegenstand schlagen, jemanden verprügeln – mit Abstand häufiger an als die, die gewaltarm oder körperstrafenfrei erzogen wurden. Umgekehrt steigt die Häufigkeit, mit der Jugendliche von Altersgleichen geohrfeigt oder geschlagen werden, mit der Häufigkeit der Gewalterfahrungen in der eigenen Familie an.

Unsere Ergebnisse für Bayern (vgl. Fuchs et al. 2001) haben gezeigt, dass der entscheidende Unterschied zwischen einer gewaltfreien und einer gewaltförmigen Erziehung liegt. Diese Resultate sind kompatibel mit den Ergebnissen der Familiengewaltstudie des KFN, wonach der Anteil Gewaltaktiver unter geschlagenen Jugendlichen gut doppelt so groß ist wie unter gewaltfrei erzogenen (vgl. Pfeiffer et al. 1999: 21 ff.; S. 33). Dies gilt auch für den Einsatz von Ohrfeigen in der Erziehung. Gewalt produziert Gewalt (sie reproduziert sich selbst) und es kommt überproportional zu einem Gewalttransfer von der Familie in andere soziale Kontexte. Jedoch sind die ermittelten Zusammenhänge zwischen Eltern- und Jugendgewalt nur begrenzt erklärungskräftig, der Anteil der erklärten Varianz bewegt sich in den einbezogenen Studien bei maximal 5%. Dagegen wirkt Eltern-Kind-Gewalt deutlich stärker indirekt auf das Gewalthandeln ein: Sie fördert Gewalt begünstigende Einstellungen. So teilen häufig geschlagene Jugendliche die positive Haltung ihrer Eltern zum Einsatz körperlicher Gewalt (Bussmann 2001: 38). Ihr Selbstwertgefühl, ihre Konfliktlösungskompetenz und ihre Empathiefähigkeit sinken, ihre Aggressions- bzw. Gewaltbereitschaft steigen (vgl. PSB 2001; Mansel 2001; Arbeitsgruppe Schulevaluation 1998).

1.6 Integration in (deviante) Peergroups

Spätestens mit dem Jugendalter tritt die Peergroup als relevanter Bezugspunkt neben die Familie bzw. die Eltern. Allerdings erweist sich das elterliche Erziehungsverhalten durchaus als Faktor, der (vermutlich neben dem Wohnumfeld) die Wahl der Peers beeinflusst: Wenn Kinder mit körperlicher Gewalt erzogen wurden, steigt die Wahrscheinlichkeit, dass sie die Gewalt bejahende Haltung ihrer Eltern übernehmen und sich einen Freundeskreis aussuchen, in dem ähnliche, positive Haltungen zum Gewalteinsatz vertreten werden. Das bedeutet: Gewalt in der Erziehung steigert die Wahrscheinlichkeit, dass Jugendliche Mitglieder devianter Cliquen werden (Pfeiffer et al. 1999: 34 ff.). Je devianter aber Cliquen sind,
- desto mehr vertreten die Cliquenmitglieder deviante Normen,
- desto häufiger nehmen sie Waffen mit in die Schule,
- desto häufiger wollen sie mit diesen Waffen Mitschüler einschüchtern,
- desto intensiver konsumieren sie legale und illegale Drogen,
- desto häufiger wenden sie physische Gewalt an (vgl. Luedtke 2001; Pfeiffer et al. 1999: 34; Eisner et al. 2000: 73).

Gewalt, Waffenmitnahme und Drogenumgang hängen also zusammen: Schüler, die Waffen in die Schule mitnehmen und Erfahrungen mit sog. harten illegalen Drogen haben, wenden vergleichsweise am häufigsten Gewalt an.

1.7 Die Bedeutung des (Anti-)Gewaltmilieus

Die familiale Gewalt hängt z. T. auch mit dem Leben in gewaltaffinen Wohn- und Lebensumwelten, den sog. „Gewaltmilieus", zusammen. Gewalt in der Erziehung ist zwar keinesfalls nur Thema in statusniedrigen Familien, findet aber hier intensiver statt. Unterschiede treten gerade bei den schwerwiegenderen, weniger bei den leichteren Formen körperlicher Gewalt (heftig wegschubsen, Ohrfeigen) auf. Nach dem Ressourcenansatz greifen besonders diejenigen auf Gewalt zurück, denen nur wenig Mittel, Fähigkeiten und Möglichkeiten für andere Formen der Konfliktbewältigung zur Verfügung stehen. So fördert „Sprachlosigkeit" in Konfliktsituationen den Rückgriff auf den Körper zur Bewältigung derselben (vgl. Lamnek 1997). Das hängt wiederum sehr deutlich mit Merkmalen der sozialen Lage einer Person zusammen, den ökonomischen Ressourcen, dem Bildungskapital, der Integration oder Nichtintegration in die Arbeitswelt, den Wohnbedingungen, dem Ansehen. Wer durch eine unzureichende Ressourcenausstattung randständig wird, fühlt sich meist durch die eingeschränkten Handlungsmöglichkeiten frustriert, auch mit Blick auf eine als ungewiss empfundene Zukunft. Dieser Belastung müssen die Akteure für sich sinnvoll begegnen. Risikofaktoren sind eine unsichere Beschäftigungssituation des Vaters, soziale Abwärtsmobilität durch (Langzeit)Arbeitslosigkeit und ein Ressourcenmangel, der sich in Armut bzw. Abhängigkeit von der Sozialhilfe niederschlägt (Wilmers et al. 2002: 67; vgl. PSB 2001: 506; Tillmann et al. 1999: 165; Wetzels et al. 1998: 145). Problemfamilien weisen noch weitere Belastungsfaktoren auf: eine mangelnde Unterstützung in Problemlagen, ein Leben in Risikonachbarschaften und elterliche Vorbelastungen mit Gewalt in der eigenen Kindheit (Garbarino/Bradshaw 2002: 904 ff.).

Verstärkt werden kann dies durch „Risikonachbarschaften", in denen sich Familien mit ähnlichen Problemlagen und Handlungsmustern konzentrieren. Dadurch fehlen den Eltern, vor allem aber den Kindern, positive Verhaltensmodelle für ein (relativ) gewaltfreies Familienklima und für gewaltarme Formen der Konfliktbewältigung. Damit kommen Faktoren des sozialen Milieus zum Tragen, vor allem die (lokalen) Netzwerke, in die die Akteure integriert sind, und die dort vertretenen Normen- und Wertvorstellungen. Zu den Netzwerken gehören Familie bzw. Verwandtschaft, Nachbarschaften bzw. die Wohnumwelt, Freundeskreise oder Cliquen. Wenn sie Gewalt billigen und selber (überproportional) praktizieren, entstehen regelrechte Gewaltmilieus. Diese können auch den Gewalteinsatz fördern, wenn das Alltagsleben in dem (Wohn-)Gebiet durch ein erhöhtes Maß an privater körperlicher Gewalt „auf der Straße" gekennzeichnet ist. Dann verfestigt sich bei Kindern und Jugendlichen früh der Eindruck, dass der Einsatz körperlicher Gewalt oder zumindest die Bereitschaft dazu notwendig ist, um sich in der unmittelbaren Umwelt behaupten zu können.

Dem Schulklima als theoretisch ableitbares Bündel von Ursachen für die Gewalt der Schüler geht die überwiegend pädagogisch ausgerichtete Schulklimaforschung nach (vgl. Tillmann et al. 1999; Arbeitsgruppe Schulevaluation 1998). Sie schließt an Fend und Mitarbeiter (1975) an, die untersuchten, inwieweit schulische Bedingungen bzw. das Schul- und Unterrichtsklima abweichendes Verhalten (Unterrichtsstörungen, Leistungsverweigerungen, Vandalismus) unterstützen und welche pädagogischen Gegenmaßnahmen erfolgversprechend sein könnten (Fend et. al. 1975: 48). Den Ausgangspunkt bildet ein sozialökologisches Mehrebenenmodell, das die Komplexität des Phänomens, seine Entstehung und seine Dynamik bzw. die Wechselwirkungen adäquat abbilden soll (vgl. Arbeitsgruppe Schulevaluation 1998).

Problemfördernde Strukturen in der schulischen Lern- und Sozialumwelt sind geeignet, die Normdistanz der Schüler zu erhöhen und abweichende bzw. gewaltförmige

Bewältigungs- und Problemverarbeitungsstrategien zu bewirken, z. B. Vandalismus aufgrund von Unlust und Langeweile (Holtappels 1997: 35). Zu den ungünstigen Bedingungen zählen wenig Partizipations- und Mitbestimmungschancen, zu geringe Förderung, wenig diskursive Konfliktlösungsmuster, mangelnder Lebensweltbezug der Lerninhalte, hierarchisch-autoritäre Ausrichtung, rigide Regelorientierung, ein hohes Maß an Disziplinierung, geringes pädagogisch-soziales Engagement der Lehrkräfte, schlechte Unterrichtsvorbereitung.

Neben konventionellen Einflussgrößen – der familialen Sozialisation (bzw. Erziehungskultur), der Peergroup-Sozialisation, dem Freizeit- und Medienverhalten, Desintegrationserfahrungen – werden folgende Merkmale der institutionell geprägten Schulumwelt einbezogen, da sie den Rahmen für die Entwicklung und Manifestation von innerschulischer Gewalt bilden (Tillmann et al. 1999: 199; Holtappels/Maier 1997: 120 ff.):

- die Schulform,
- die Schulgröße,
- das Sozialklima (Ausmaß an Restriktion oder Partizipation, Qualität der Lehrer-Schüler-Beziehung – Vertrautheit, Akzeptanz – und der Schüler-Schüler-Beziehungen – Gruppenzusammenhalt, Konkurrenz, Einbindung in die Lerngruppe, Freundschaft und Anerkennung),
- die Lernkultur (Unterrichtsqualität, Lernangebot, Lehrerengagement, Anforderungsniveau bzw. Leistungsdruck, Erfolgschancen).

In hessischen und sächsischen Schulen hing die Lernkultur eindeutig mit der physischen und psychischen Schülergewalt zusammen. Vergleichsweise am erklärungskräftigsten (zwischen 4 und 7,8% Erklärungskraft) waren der „Lebensweltbezug der Lerninhalte" (Schüler sehen keinen Sinn im Unterrichtsstoff, Schule hat mit der Wirklichkeit nichts zu tun), ein „schülerorientierter Unterricht" (z. B. Anschaulichkeit, Unterrichtstempo, Langeweile) sowie ein „förderndes Lehrerengagement" (z. B. keine Überforderung, Förderung Lernschwächerer, Lehrer sind an Lernfortschritten der Schüler interessiert) (Tillmann 1999: 217; Arbeitsgruppe Schulevaluation 1998: 218). Wie bereits die Untersuchung von Fend et al. (1984: 49) belegte, sind verbesserte Sozialbeziehungen zwischen Schülern und Lehrern aber nur bei einer gleichzeitigen Änderung des „Wertekontextes" der Schüler wirksam; Konformität muss einen positiven Stellenwert unter Schülern erhalten und untereinander auch positiv sanktioniert werden.

Eine weitere Bestätigung erfährt die Annahme von der Bedeutung des Schulklimas durch eine aktuelle Untersuchung von Nunner-Winkler et al. (2005) an vier Gymnasien bzw. vier Haupt-/Sekundarschulen in ost- und westdeutschen Städten. Dazu wurde die Gewaltaktivität in Abhängigkeit von den familialen Gewalterfahrungen und vom Schulmilieu (zwischen gewaltbelastet und „pazifistisch") gemessen. Der Kontextfaktor Schulmilieu moderiert dabei ganz deutlich die familialen Gewalterfahrungen: Bei einem „pazifistischen Schulmilieu" sind Schüler aus gewaltbelasteten Familien in der Schule fast gewaltlos, wogegen andererseits Schüler ohne schlechte Familienerfahrungen in gewaltbelasteten Schulmilieus durch ein überproportionales Maß an Gewalt auf-

Gewalt an Schulen

fallen (Nunner-Winkler 2005: 137 f.). Dieses Ergebnis verdeutlicht den Einfluss relativ stabiler Kontextbedingungen auf das Handeln innerhalb dieser auch räumlich zu verstehenden Kontexte (wie der Schule) und verweist damit auf die Bedeutung der informellen sozialer Kontrolle für die Prävention.[8]

Die Ergebnisse modifizieren auch lerntheoretische Überlegungen: Die These vom Gewalttransfer ging davon aus, dass Handlungsstrategien, die in einem prägenden sozialen Kontext (wie der Familie oder auch den Peers) erworben werden, in andere soziale Kontexte wie die Schule transportiert werden. Wenn nun die schulischen Kontextbedingungen den Effekt aus den familialen Sozialisationsbedingungen moderieren, müsste der Gewalttransfer in seiner Reichweite eingeschränkt werden. Wenn sich das Ergebnis in weiteren Untersuchungen erhärtet, ist aber auch die Schule als Organisation gefragt und gefordert: Dann nämlich kann sie in noch stärkerem Maße, als es die Untersuchungen von Tillmann et al. (1999) und der Forschungsgruppe Schulevaluation (1998) nahe legen, auf das innerschulische Aufkommen an Schülergewalt präventiv einwirken.

Inwieweit dies auch dazu beiträgt, das Problem mit dem „kleinen harten Kern" zu lösen, sei dahingestellt. Nunner-Winkler et al. (2005) gehen davon aus, dass der Konexteffekt „das Verhalten von Personen im Normalbereich, also bei durchschnittlich günstigen Familienbedingungen" vergleichsweise besser erklärt (2005: 140). Stärker und stark aggressive Schüler können dann möglicherweise in ihrem Verhalten nicht wesentlich beeinflusst werden, weil sie wegen zu stark prägender Erfahrungen aus einem anderen sozialen Kontext von den schulischen Kontextbedingungen gar nicht angesprochen bzw. erreicht werden.

Ein weiteres Konzept, um die Lernumweltbedingungen umfassend zu bearbeiten, ist der Anti-Bullying-Ansatz von Olweus (1991, 1995, 1997), der vornehmlich von der psychologischen Forschung als Analysemodell und Präventionsansatz angewandt wurde (vgl. z. B. Schäfer/Albrecht 2004, Scheithauer et al. 2003; Schäfer/Frey 1999; Schuster 1999; Hanewinkel/Knaak 1997; Petermann et al. 1997). Bestimmte Schüler sehen sich längerfristig gewalttätigen Handlungen auf unterschiedlichen Ebenen (verbal, psychisch, physisch) von bestimmten Mitschülern ausgesetzt (Olweus 1997: 282). Das Mobben geht mit steigender Klassenstufe zurück; die höchsten Raten sind an Grundschulen nachweisbar (vgl. Olweus 1997; Hanewinkel/Knaack 1997; Smith 1999). Eine 1997er Untersuchung der 9. Jahrgangsstufen in Stuttgart ergab, dass 11,6% der Schüler und 8,3% der Schülerinnen massiven Hänseleien ihrer Mitschüler (mindestens einmal wöchentlich) ausgesetzt waren (Wetzels et al. 1998: 115). Jüngere und schwächere

---

[8] Die daran anschließende, sowohl theoretisch wie auch empirisch interessante Umkehrfrage ist, wie die Schüler außerhalb des Schulkontextes handeln, ob der Einfluss des Schulmilieus bzw. Schulklimas nur innerhalb der Schule besteht oder sich auch auf das Handeln außerhalb, also in anderen Kontexten, auswirkt? Inwieweit wird also das Handeln junger Menschen eher durchgängig von einem bestimmten Grad der Selbststeuerung bestimmt und inwieweit erfolgt die Kontrolle von außen?

Schüler werden als Opfer bevorzugt, die Täter sind überproportional häufig Jungen (Olweus 1997: 283 ff.).

Beide Seiten, Täter wie Opfer, lernen und verinnerlichen dabei ihre Rollen, wobei nicht nur die wiederholte und ähnlich strukturierte Interaktionssituation, sondern vor allem die ausbleibenden Reaktionen der (eher) mittelbar beteiligten Umwelt entscheidend sind: Unentschlossene oder sich uneinige Lehrer, nicht bzw. nur wenig informierte oder gar desinteressierte Eltern, Passivität oder Mitläufertum bei den Mitschülern bestärken die Täter in ihrem Verhalten – denn die erwartete, aber ausbleibende negative Sanktion wirkt als positive Sanktion – und fixieren die Opfer in einer scheinbar ausweglosen Situation. Unter Stuttgarter Schülern gab ein Achtel an, die Lehrer würden sich nicht darum kümmern, dass unter Schülern keine Gewalt aufträte, und 18,8% meinten, bei „richtigen Schlägereien" zwischen Schülern würden die Lehrer lieber wegsehen (Wetzels et al. 1998: 118). Seitens der Opfer dürfte dies auch mit Vertrauensverlusten in die Umwelt verbunden sein: Sie erhalten keine Unterstützung durch die Umwelt, fühlen sich alleine gelassen und ziehen sich daher zurück.

Die „Bystander", die Zeugen der Gewalthandlungen, die (scheinbar) Unbeteiligten, haben also eine erhebliche Bedeutung für die Verfestigung von Gewalt. Dies kann sich aber auch auf sie selber auswirken: Je mehr Gewalt sie unbeteiligt erleben (und/oder in ihrer Sozialisation bereits erfahren haben), desto unsensibler und passiver werden sie. Um einem Verlust an Zivilcourage entgegenzuwirken, sind Vorbilder nötig, Modelle, die durch ihr Eingreifen verdeutlichen, dass Gewalt ein unerwünschtes Verhalten ist und die damit auch Prozesse des Verstärkungslernens durchbrechen (Schäfer/Frey 1999: 15; Frey et al. 1999: 265 f.).

1.8 Das Tabu:
Gewalt als Verarbeitung von Schüler-Lehrer-Interaktionen

Ein Aspekt, der seit einigen Jahren allmählich in die Diskussion einfließt, sich aber einer empirischen Bearbeitung in Teilen sperrt, ist der Einfluss des Lehrerverhaltens auf das Gewalthandeln (gerade der männlichen) Schüler. Die Rede ist von Lehrergewalt, die es qua pädagogischem Verständnis und qua rechtlicher Bestimmungen gar nicht geben dürfte: Beschimpfungen, Beleidigungen, verbale Erniedrigungen vor der Klasse, körperliche Gewalt (Ohrfeigen, Bewerfen mit Gegenständen). Die Gewalt von Schülern gegen Lehrer ist Thema, die Frage nach der anderen Gewaltrichtung dagegen ein Tabu, denn der prügelnde Dorfschulmeister soll der Vergangenheit angehören.

Die wenigen bislang vorliegenden deskriptiven Ergebnisse machen deutlich, dass Lehrergewalt gegen Schüler quantitativ keine zu vernachlässigende Größe ist. Allerdings stehen Datenprobleme einer weiter gehenden Erfassung im Wege, da nur der (retrospektiv erinnerte) Opferselbstbericht der Schüler, nicht aber die Lehrerseite einbezogen wird – oder werden kann, da Lehrer aus (berechtigter) Furcht vor den sozialen

Gewalt an Schulen

Folgen die Angaben vermeiden werden. Vielleicht besteht aber die Möglichkeit, hier mit qualitativen Untersuchungen einen Anfang zu machen, um diese wichtige Kategorie von Auskunftspersonen einbeziehen zu können. Der Opferselbstbericht ist dabei jedoch verzerrungsanfällig, da eigenes Problemverhalten, das einen Beitrag zum Entstehen oder Eskalieren der Situation leisten kann, seltener erinnert wird oder werden kann; auch von dieser Seite bestehen also durchaus Einschränkungen in der Datenqualität.

In den Schülerstudien berichtet eine nicht zu vernachlässigende Zahl von Schülern von erfahrenen, beobachteten oder wahrgenommenen Lehreraggressionen. So meinte ein Zehntel sächsischer und ein Siebentel hessischer Schüler, bei ihnen würden Lehrer körperlich gegen Schüler vorgehen. Jeweils etwa ein Sechstel der hessischen bzw. sächsischen Schüler stimmt (voll) zu, dass Lehrer einen Schüler vor der Klasse „blamieren" (Schubarth et al. 1997: 112). In der Städtevergleichsstudie des KFN (vgl. Wilmers et al. 2002) gab ein Drittel der Schüler an, vor der Klasse „heruntergeputzt" oder lächerlich gemacht worden zu sein (zumeist 1-2 Mal im letzten Halbjahr), knapp ein Sechstel wurde beleidigt und eine kleine Gruppe von 2,7% sogar geschlagen.

Schularttypische Unterschiede im Lehrerverhalten, die aber mit dem Gewalthandeln der Schüler korrespondieren, traten einmal bei physischer Gewalt auf: 5% der Hauptschüler, aber nur 0,8% der Gymnasiasten wurden geschlagen. Umgekehrt bei den verbalen Formen: Gut ein Drittel der Gymnasiasten, aber „nur" ein Viertel der Hauptschüler wurde von Lehrern vor der Klasse lächerlich gemacht (Wilmers et al. 2002: 156). Verbale bzw. psychische Gewalt, die hier eher zum Mobbing durch Lehrer zählt, ist also mehr eine gymnasiale Angelegenheit. Entweder nehmen Gymnasiasten mehr Praktiken des Lehrers als „fertigmachen" wahr oder Gymnasiallehrer wenden es wirklich häufiger an, sei es, dass sie diese Praxis als wirksam empfinden, um mit leistungsschwächeren oder problematischen Schülern umzugehen oder dass sie möglicherweise körperliche Praktiken mehr ablehnen. Krumm/Weiß (2000) führten eine qualitative Befragung unter 3.000 Studenten in Deutschland, Österreich und der Schweiz durch und ließen sie retrospektiv berichten, ob sie kränkendes Lehrerverhalten erlebten, wie sie es wahrnahmen und wie sie darauf reagierten. Bei knapp vier Fünfteln der Studenten lagen Kränkungserfahrungen vor. Zentrale Gründe waren ungerechte Leistungsbeurteilungen (willkürliche Notengebung, unklare Leistungsanforderungen, leistungsfremde Faktoren, Verfahrensfehler, Vorurteile, Vergeltung). Die Autoren sprechen von „Machtmissbrauch" (Krumm/Weiß 2000: 58). Bei etwa zwei Drittel derjenigen, die über ungerechte Noten berichteten, trat dies nach eigener Angabe wiederholt auf; je drei Zehntel von ihnen schätzten die erfahrenen Kränkungen als mittelschwer bis schwer ein, dagegen zusammen nur ein Sechstel als (sehr) leicht (Krumm/Weiß 2000: 70).

Die Analyse der Lehrergewalt und vor allem ihr Einbeziehen in die Maßnahmen der Gewaltprävention sind deswegen von erheblicher Bedeutung, weil das Lehrerverhalten sozial nicht folgenlos bleibt. Auch Verbalattacken von Lehrern, die auf die Integrität der Person, ihre Identität und soziale Integration zielen, sind keinesfalls harmlos. Schülerinnen und Schüler fühlen sich hilflos gegenüber einem definitionsmächtigeren, verbal kompetenteren Erwachsenen, der sie vor Altersgleichen erniedrigt (vgl. Lamnek 1995a). Ein Indikator dafür sind (trotz der erwähnten methodischen Restriktionen) die erinnerten Reaktionen von Studenten auf den „Machtmissbrauch", also kränkendes Lehrerverhalten (vgl. Krumm/Weiß 2000): Über zwei Fünftel derjenigen, die Kränkungen erfahren hatten, unternahmen nichts dagegen „weil es nichts genützt hätte", drei Zehntel befürchteten, alles wäre ansonsten noch schlimmer geworden, ein Viertel traute sich nicht und drei Zehntel wussten nicht, was sie machen sollten: „Das sind Begründungen von Ohnmächtigen" (Krumm/Weiß 2000: 72). Wie die Dresdener Forschungsgruppe aufzeigte, hat die Qualität der Lehrer-Schüler-Beziehung einen deutlichen, wenngleich nicht unmittelbaren, Einfluss auf das Gewaltverhalten der Schüler: Restriktives und autoritär-disziplinierendes Lehrerverhalten bewirken eher ein gewaltförderndes Sozialklima (Melzer/Ehninger 2002: 44); die öffentliche, vor der Klasse vorgenommene Etikettierung und Stigmatisierung einzelner Schüler reduziert deren Selbstwertgefühl, grenzt sie aus und befördert damit eher Gewalt (vgl. Schubarth et al. 1997; Melzer/Ehninger 2002).

Gerade bei Jungen und männlichen Jugendlichen kann das Lehrerverhalten sich insofern förderlich auf die Gewaltbereitschaft und die Gewaltaktivität auswirken, weil darüber auch Männlichkeiten (bzw. die „männliche Ehre") in Frage gestellt werden. Analog zur hegemonialen Männlichkeit (Connell 1999) definiert der Lehrer das sozial „erfolgreiche" Männerbild, das sich gegen die anderen „entwerteten" Männlichkeiten durchsetzt. Bei Schülern können Verärgerung, Frustration, Wut über ein entwürdigendes Lehrerverhalten in den Versuch münden, die eigene Männlichkeit zu bewahren, trotz eines relativen Mangels an Mitteln, sich effektiv zu behaupten; bei einer Einbindung in ein Milieu, das (körperliche) Gewalt positiv sanktioniert, bildet die körperliche Gewalt ein derartiges Mittel, sich zumindest temporär durchzusetzen und Überlegenheit subjektiv-erfolgreich herzustellen, sowohl gegen Mitschüler als auch gegen Lehrer.

Weiter ist zu bedenken, dass (männliche) Lehrer wegen der Häufigkeit und Dauer des Zusammentreffens auch als Verhaltensmodell für das Gewalthandeln dienen (können). Wenn sich der Lehrer nicht von gewaltförmigen Konfliktlösungspraktiken distanziert und dies in seinem Verhalten durch Gewaltverzicht deutlich macht, dann erfahren (männliche) Schüler auch von dieser Seite her keine Motivation, eigenes Gewaltverhalten zu ändern, sondern eher eine Legitimation für Gewalt.

1.9 „Hegemoniale Männlichkeiten":
Bewerkstelligung von Geschlecht mit Hilfe von Gewalt

Mit den Gewaltmilieus assoziiert ist auch ein weiterer Faktor, nämlich die Bewerkstelligung von Männlichkeit mittels Gewalt. Sowohl im Hell- als auch im Dunkelfeld sind die Gewaltakteure überwiegend männlich. Gewalt kann nun besonders für bestimmte Gruppen männlicher Jugendlicher identitätsstiftend oder -erhaltend wirken.

Damit „lösen" sie für sich subjektiv das Problem, eine stabile Geschlechtsrollenidentität zu entwickeln. Für bestimmte männliche Jugendliche ist der Gewalteinsatz Bestandteil der transitorischen Phase. Sie versuchen damit, eine eigenständige männliche Identität zu finden. Männlichkeit soll nicht nur rituell mit Gewalt inszeniert werden, sondern für die Akteure vorhanden sein (Matt 1999: 273).

Der Gewalteinsatz kann also daraus resultieren, dass Akteure traditionale, gewaltaffine Männlichkeitsmuster der Arbeiterkultur übernehmen (vgl. Baacke 1993; siehe auch Möller 2001). Darüber hinaus kann er ihnen helfen, eine „gefährdete" Männlichkeit zu kompensieren (vgl. u. a. Findeisen/Kersten 1999; Kersten 1998). Diese subjektiv wahrgenommene „Gefährdung" tritt ein, wenn es um gesellschaftlich entwertete Männlichkeitsmuster geht, und sie tritt besonders bei Gewaltakteuren auf, die eher zu den Verlierern des makrostrukturellen Wandels zählen bzw. marginalisiert sind. Gerade Jugendliche mit wenig Ressourcen – kein Schulabschluss, keine Berufsausbildung, wenig Einkommen, arbeitslos oder von Arbeitslosengeld II abhängig – und schlechten oder als schlecht wahrgenommenen antizipierten Zukunftsoptionen greifen auf Gewalt zurück. Dabei geht es vor allem um die „männliche Ehre", die aus vielfältigen Gründen mit körperlicher Gewalt verteidigt werden muss (Kersten 1998: 116; 1997: 105), vor allem gegen andere Männer bzw. Männlichkeiten. Wegen der geringen sozialen Ressourcen bildet der Körper für diese Jugendlichen das zentrale Kapital für ihre Identitätsbildung. Damit wird ein Muster, das gerade unter Jugendlichen ohnehin relativ stark ausgeprägt ist (vgl. Schmals 2000), bei diesen jungen Männern noch einmal gesteigert. „Männliche" Gewalt kann also auch aus dem Konflikt zwischen gesellschaftlich „entwerteten" und gesellschaftlich dominanten, hegemonialen Männlichkeiten entstehen. Marginalisierte Männer bzw. männliche Jugendliche können nur über die Gewaltausübung vorübergehend versuchen, die Dominanz einer aggressiven und archaischen Männlichkeit zu demonstrieren (vgl. Connell 1999).

1.10 Politisch inkorrekt? Gewalt durch Migranten

Seit Mitte der 1990er-Jahre hatte die Diskussion um Jugend als Sicherheitsrisiko eine „neue" Zielgruppe: junge männliche Migranten. Gerade auf sie wurde öffentlich-politisch der Anstieg von Gewalt und Kriminalität zurückgeführt. (Junge) Migranten bzw. die Kriminalität, die von ihnen ausgeht, wurde in Teilen der Bevölkerung und in der öffentlichen Meinung als Bedrohung empfunden (vgl. Mansel 2001). Auch Altersgleiche vertreten diese Ansicht: 2002 lehnte nur ein Achtel der bayerischen Schüler (8. bis 13. Klasse) ab, dass Ausländer mehr Straftaten begehen als Deutsche, ein Drittel war diesbezüglich unentschlossen. Immerhin ein Sechstel kann jedoch der Aussage sogar voll zustimmen (Fuchs et al. 2003: 98). Auslöser waren die steigenden Tatverdächtigenzahlen bei der (Gewalt-)Kriminalität im Hellfeld. Gewalt durch junge Migranten ist ein emotions- und wertbelastetes Thema: So galt es eine Zeitlang als politisch nicht korrekt, die Frage nach einer möglicherweise höheren Gewalt- und Kriminalitätsbelastung junger Migranten zu stellen; die „Artefaktthese" wies auf eine Anzahl methodischer Schwierigkeiten bei einem unmittelbaren Vergleich zwischen deutschen und Migrantenjugendlichen hin. Inzwischen geht jedoch die Diskussion im Rahmen der Untersuchung von Gewalt und Kriminalität vermehrt dahin, eine möglicherweise erhöhte Gewaltbelastung von Migranten nicht mehr nur mit der Artefaktthese zu begründen und zu neutralisieren, sondern sich mit der Frage nach Hintergründen und Präventionsansätzen auseinanderzusetzen (vgl. Steffen 2001). Auch bei der Gewalt in Schulen sollte die Frage nach der Gewalt durch Schüler mit Migrationshintergrund weder durch kriminalstatistisches Kleinreden, noch durch politisch instrumentalisierbares Dramatisieren behandelt werden.

In empirischen Schülerstudien, die Gewalt durch Migranten analysiert haben, zeigt sich, dass Vandalismus und körperliche Gewalt bei Migranten häufiger vorkommen, verbale Gewalt dagegen bei deutschen Schülern (vgl. Funk 1995; Fuchs 1997). Die Datenlage ist relativ heterogen, auch bei der Delinquenz von jungen Migranten. So liegen in NRW ausländische Jugendliche im Selbstbericht insgesamt gesehen nur geringfügig über den altersgleichen Deutschen. Das variiert aber nach Delikten: Sie geben deutlich häufiger Eigentumsdelikte und schwerere Delikte an (Mansel 2001a: 304 f.). Bei Auswertungen für Bayern ergab sich zudem, dass der Ausländerstatus selber nur eine sehr geringe statistische Erklärungskraft für die verschiedenen Gewaltformen an Schulen aufwies (0,5-0,9%), die zudem noch abnahm, sobald weitere Faktoren – Geschlecht, Schulart, Peers – in die Analyse einbezogen wurden (Fuchs 1997: 125 ff.).

Es ist also nicht der Ausländerstatus per se, sondern es sind die dahinter stehenden sozialstrukturellen bzw. ungleichheitsrelevanten Merkmale, dies es zu beachten gilt. So treten delinquenzförderliche Lebenslagen gehäuft unter jungen Migranten auf. Überproportional entstammen sie statusniedrigen Familien, sind im Jugendalter, einer ohnehin problembelasteten Entwicklungsphase, und weisen spezifische Mängellagen auf: Schulische Defizite bzw. (zu) wenig Bildungskapital, dadurch Probleme mit der Integration in den Arbeitsmarkt, Probleme mit der eigenen Identität, der Biografie, den Eltern (vgl. Steffen 2001: 296; Lamnek 1998).

Pfeiffer/Wetzels (1999) sehen die erhöhte Migrantengewalt als Folge einer nicht gelungenen bzw. erfolgten Integration. Je länger sie in Deutschland leben, desto mehr entwickelten junge Migranten „deutsche Ansprüche", denen aber keine entsprechenden „deutschen Chancen" gegenüberstünden. Die mit der Zeit steigende Enttäuschung führt dann zu gewaltförmigen Reaktionen. In der Städtevergleichsstudie machte das KFN Gewalt legitimierende Männlichkeitsnormen, die „Kultur der Ehre", als relevanten Prädiktor für (männliche) Gewalt aus, wobei diese Einstellung unter Migranten (vor allem türkischer Herkunft) deutlich stärker ausgeprägt war als bei Deutschen (Wilmers et al. 2002: 183 ff.).

Dagegen wendet sich Halm (2000), der nicht das kulturelle Muster als zentrales Problem sieht, sondern den Zusammenhang zwischen fehlgeschlagener Integration

Gewalt an Schulen

und der Übernahme problematischer Männlichkeitsideale. Es darf nicht vergessen werden, dass die Benachteiligung im Kontext kultureller Traditionen und Verhaltensmuster interpretiert und bearbeitet wird (vgl. Feltes 2003; Halm 2000). Daraus können dann zwischen Deutschen und Migranten unterschiedliche Handlungsmuster entstehen, ohne dass die kulturellen Traditionen „letztendlich als ursächlich für Gewaltneigung betrachtet werden (...) müssen" (Feltes 2003: 35). Hier wäre auch zu fragen, inwieweit die Überlegungen zum Zusammenhang von Sozialkapital und Gewalt (Karstedt 2004) auch auf Migrantenjugendliche übertragbar sind.

Ein entscheidendes Problem bei der Frage nach der Migrantengewalt sind die Daten: Das Hellfeld ist durch die Anzeigebereitschaft und die Verfolgungsintensität der Polizei selektiv vererrt, die Dunkelfeld- und Selbstberichtergebnisse dagegen heterogen und ohne einheitliche Tendenz (Albrecht 2001: 273). Auch dürfen mögliche methodische Probleme bei der Datenerhebung nicht ignoriert werden. Albrecht kritisiert, dass gerade bei Selbstberichtsuntersuchungen von Migranten „Validitätsprobleme ausgeblendet werden". So ist nicht klar, ob die Überrepräsentation von türkischen Jugendlichen und solchen aus dem ehemaligen Jugoslawien bei der selbstberichteten Delinquenz „tatsächlich Unterschiede in den Verhaltensraten spiegelt oder aber Unterschiede im Antwortverhalten" (Albrecht 2001: 273 f.).

1.11 Ein theoretisches Modell

Unser Anliegen in der 2004er-Welle unserer Trendstudie zur Gewalt an Schulen in Bayern war zum einen, den begonnen Längsschnitt auf Bundeslandebene weiterzuführen, um Aussagen über einen größeren Zeitraum machen zu können. Daneben haben wir aber eine Reihe von Annahmen über Hintergrundfaktoren für die Schülergewalt erneut getestet, aber auch einige neue Überlegungen hinzugenommen. Gewalt bei jungen Menschen, sowohl das Gewalthandeln als auch das Erleiden von Gewalt, hängt mit Einflussgrößen aus den unterschiedlichen lebensweltlichen Handlungsfeldern und sozialen Kontexten zusammen, in denen junge Menschen leben. Vor allem interessiert, die Bedeutung dieser Faktoren für die Gewalt sowohl bei isolierter als auch bei kombinierter Betrachtung herauszuarbeiten, wobei teilweise aufgrund des Längsschnittdesigns auch eine Bedeutungsverschiebung über die Zeit herausgearbeitet werden kann, wenn die entsprechenden Variablen zu allen Erhebungszeitpunkten zur Anwendung kamen.

Die Grundannahme lautet, dass das Gewalthandeln von Schülern durch eine Kombination aus Lage- und Milieufaktoren bedingt ist. Diese werden von Schülern in typischer Weise (und abhängig von personalen Merkmalen) verarbeitet und führen auf der Täterseite mit Blick auf Gewalteinstellungen und Gewalthandeln zu unterschiedlich gewaltaffinen Haltungen, die sich in differenziert intensivem Gewalteinsatz niederschlagen werden. Gerade auch mit Blick auf die Opfer wird interessant sein, welche Handlungsbedingungen und Strukturen es in der Schule gibt, die als Ressourcen gegen die Gewalt wirken, zum einen, da sie die Opfer stärken, zum anderen, weil sie verhindern, dass Schüler zu Tätern werden.

Ausgangspunkt der Überlegungen bildet die soziale Lage der Herkunftsfamilie (vgl. Abbildung 1.2): ihre ökonomische Lage (erfasst über die Einschätzung durch die Schüler, von wohlhabend bis zum Mangel an Lebensmitteln), der Bildungs- und Berufsstatus der Eltern, das Vorliegen eines Migrationshintergrundes und der Wohnort (Größe). Da, wie PISA 2000 und 2003 gezeigt haben, die soziale Herkunft gerade in Deutschland sehr stark über den Bildungserfolg mit entscheidet, wirkt sich die soziale Lage auf das Bildungsaspirationsniveau der Schüler und damit auf die Art der besuchten Schule aus: Wer sozial und/oder ökonomisch marginalisiert ist, reproduziert diese Marginalisierung insofern, als er/sie mit größerer Wahrscheinlichkeit als andere nur eine Hauptschule besucht.

Mit der sozialen Lage sind typische Ausprägungen bei den Milieufaktoren verbunden. Dabei werden einmal das Herkunftsmilieu und zum anderen das (Anti-)Gewaltmilieu an Schulen erfasst. Zu den Faktoren beim Herkunftsmilieu zählen: Familie bzw. Haushalt, die Netzwerkintegration (Peers), Merkmale der Identität (Selbstbild, Selbstwertgefühl) und milieutypische Einstellungen (Geschlechtsrollensterotype, Ausprägung von Anomie und Desintegration). Die Grundannahme dazu lautet: Je schlechter das Eltern-Kind-Verhältnis ist – also: je weniger elterliche Sorge erfahren wird, je schlechter die emotionalen Beziehungen sind, je problematischer und je gewaltbelasteter die Erziehung ist – desto ungünstiger wird das Selbstbild der Schüler, desto höher wird ihre Gewaltaffinität, desto ausgeprägter ihr Devianzverhalten (Waffenmitnahme, Drogenumgang, Schulschwänzen) und desto mehr Gewalt werden sie an Schulen anwenden. Außerdem fördern die ungünstigen familialen Bedingungen die Integration in problematische, polizeiauffällige Peergroups. Gewalthandeln und gewaltaffine Einstellungen der Schülerinnen und Schüler entstehen dann aber auch aus der Interpretation der Lage- und Milieubedingungen und der Reaktion darauf („produktiv realitätsverarbeitendes Subjekt"; vgl. Hurrelmann/Ulich 2002). Dies aber wird von personalen Merkmalen (Geschlecht, Alter) beeinflusst.

Daneben wird mit der Schule ein weiterer sozialer Kontext einbezogen, der zur typischen Lebensumwelt von Kindern und Jugendlichen zählt. Auch hier sind die Milieubedingungen der Schule von Bedeutung, die mit dazu beitragen, das Gewaltaufkommen an Schulen entweder zu fördern oder zu hemmen (vgl. Nunner-Winkler et al. 2005; Tillmann et al. 1999). Relevante Faktoren für solche (Anti-) Gewaltmilieus sind einmal die Schulart, hinter der auch jeweils eine typische soziale Zusammensetzung der Schülerschaft steht (vgl. Tillmann 1997) (Herkunft, Migrationshintergrund, Geschlechterrelation). Daneben wirken die Bedingungen der baulichen und räumlichen Schulumwelt: Fühlen sich die Schüler in der Schule wohl oder lehnen sie die „objektiven" Bedingungen ab? Begreifen sie sich mit verantwortlich für „ihre" Schule, oder sind sie oder die Schule eher „Fremdkörper"? Letzteres kann durchaus die Bereitschaft zu vandalistischen Akten erhöhen. Ein wichtiger Faktor, der sich den Überlegungen zum Schul- und Lernklima nähert (Tillmann et al. 1999; Holtappels 1999), ist die Art der Lehrer-

Schüler-Interaktion an den Schulen, das Auskommen mit den Lehrern, ein Vertrauensverhältnis zu Lehrern.

Die Ausführungen des KFN im Rahmen der Städtevergleichsuntersuchung haben deutlich gemacht, dass die soziale Kontrolle an Schulen einen nicht zu vernachlässigenden Einfluss auf die Gewaltlage hat: Schüler, die der Ansicht sind, ihre Lehrer würden sich nicht um die Gewalt unter Schüler kümmern und auch nicht eingreifen, sind häufiger gewalttätig (vgl. Wilmers et al. 2002; Wetzels et al. 1998). Daher zählt die soziale Kontrolle der Schüler durch Lehrer und Mitschüler, die Interventionen in Pausenhof und Klassenzimmer mit zu den relevanten Bedingungen des Schulmilieus. Es steht zu vermuten, dass von Schülern weniger Gewalt ausgeht, wenn konsequent soziale Kontrolle gerade durch Lehrer betrieben wird. Parallel dazu wird sich auch die Opferwahrscheinlichkeit mit zunehmender sozialer Kontrolle deutlich reduzieren.

Vom Konzept her etwas stärker auf die Opferperspektive bezogen sind die Annahmen zur Reproduktion der Marginalisierung, die mit den Bedingungen des Schulmilieus zusammenhängen: die sozialen Chancen (persönliche und berufliche Zukunft), gute oder schlechte Schulleistungen, das Vertrauen in Andere bzw. das Gefühl, sozial akzeptiert zu werden, und, damit zusammenhängend, erneut das Selbstwertgefühl, das zwar zum einen dem Herkunftsmilieu zuzurechnen ist, auf der andern Seite aber auch eine Modifikation durch die Bedingungen des Schulmilieus erfahren kann.

Schlechte Schulleistungen können zu einer negativen Wahrnehmung der (eigenen bzw. beruflichen) Zukunft führen. Dies kann sich negativ auf das Selbstwertgefühl bzw. das Selbstbild auswirken und die Schüler in der Schule randständig werden lassen. Es kann auch dazu führen, Marginalisierungserfahrungen, die bereits herkunftsbedingt vorhanden sind, zu verstärken. Die subjektiv-sinnhaften Reaktionen können in zwei Richtungen gehen: in den Rückzug oder in Devianz und Gewalt. Ein reduziertes Selbstwertgefühl kann (ganz im Sinne des Bullying) dazu führen, dass Schüler leichtere und häufigere Opfer von Gewalt seitens ihrer Mitschüler werden. Oder die betroffenen Schüler versuchen eine Distanzierung von schulischen Normen, sei es durch Stören oder durch Schwänzen – was gerade bei Schülerinnen in Richtung des Rückzugs und der sozialen Isolierung geht (vgl. Reißig 2001). Eine andere Coping-Strategie kann ein besonders gewaltaktives Verhalten sein.

Fehlendes oder unzureichendes Eingreifen von Lehrern kann die Opferwahrscheinlichkeit von Schülern im Sinne eines Bullying erhöhen und auch zur Folge haben, dass sie sich alleine bzw. sozial nicht mehr akzeptiert fühlen, weil sich niemand wirklich um sie kümmert, weshalb sie kein Vertrauen mehr in ihre soziale Umwelt haben. Die (sichere) Intervention der Umwelt kann daher auch als eine Ressource verstanden werden, nämlich als eine Form von Sozialkapital, das Gewaltopfer entweder mobilisieren können oder das per se aufgrund der normativen Rahmenbedingungen in der Schule aktiviert wird, sobald Gewalt auftritt.

Abb. 1.2: Theoretisches Modell zur Analyse von Gewalt an Schulen

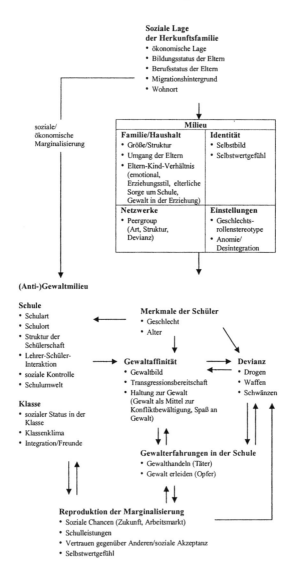

Gewalt an Schulen

Weitere Grundannahmen sind, dass die Gewalt an Schulen nicht etwa von der Mehrheit ausgeht, sondern vielmehr Gewalt kleiner, sehr gewaltaktiver Minderheiten ist. Zudem werden die verschiedenen Hintergrundfaktoren für die Gewalt mit großer Wahrscheinlichkeit bei unterschiedlichen Gewalttypen analog ausgeprägt sein, also ähnliche, positive oder negative Bedingungen aufweisen. Außerdem erwarten wir, ausgehend von den bisherigen Ergebnissen, dass das Handeln der jungen Menschen in verschiedenen Kontexten relativ konsistent sein wird: Wer sich in einem sozialen Kontext abweichend(er) verhält, wird in einem anderen vermutlich ebenfalls verhaltensauffälliger sein, und wer verhaltensauffälliger ist, wird mit großer Wahrscheinlichkeit auch gegenüber Gewalt und Devianz positiver eingestellt sein.

Als einen der zentralen Faktoren für die Gewaltanwendung vermuten wir die Gewaltaffinität: das Gewaltbild, die Transgressionsbereitschaft (Silbereisen/Walper 1987) und vor allem die Haltung zur Gewalt (ablehnend oder befürwortend). Wir gehen davon aus, dass die Gewaltaffinität ihrerseits von einer Reihe weiterer Bedingungen beeinflusst wird (bzw. zumindest damit zusammenhängt):

- den Verhältnissen des Herkunftsmilieus (Gewalt, Peergroupintegration, typische Einstellungen), die
- vermittelt werden über die Merkmale der Schüler, daneben
- dem (Anti-)Gewaltmilieu an Schulen.

Je mehr die Bedingungen im Herkunftsmilieu durch ein ungünstiges Eltern-Kind-Verhältnis (negative emotionale Beziehung, unzureichende Sorge, problematisches Erziehungsverhalten, Gewalt) bestimmt werden, desto wahrscheinlicher wird es, dass die Gewaltaffinität zunimmt, die Bereitschaft zur Normübertretung steigt, Gewalt zunehmend positiver und funktionaler beurteilt wird. Dies wird nach den Merkmalen der Schüler, vor allem Geschlecht und Alter, variieren. Dabei ist zu vermuten, dass Schüler auf die Milieubedingungen insgesamt aggressiver reagieren als Schülerinnen und dass die Effekte entwicklungsbedingt bei jüngeren Schülern, vielleicht noch bei Jugendlichen, stärker zum Tragen kommen als bei Heranwachsenden. Aufgrund der vorliegenden Ergebnisse zu den schulischen (Anti-) Gewaltmilieus ist davon auszugehen, dass die Gewaltaffinität auch hierdurch modifiziert wird. D. h. Effekte aus dem Herkunftsmilieu und Effekte aus dem schulischen Milieu wirken beide ein, wobei zu fragen ist, ob dies getrennt oder gemeinsam erfolgt.

Da wir davon ausgehen, dass Devianz zumeist nicht isoliert nur in einem lebensweltlichen Bereich erfolgt, sondern sich durch mehrere Interaktionsfelder ziehen wird (Homogenitätsvermutung), wird gerade bei häufigerer Gewaltaktivität in der Schule auch weitere Devianz auftreten, sei es mit Bezug auf die Schule (Waffenmitnahme, Schwänzen) oder ohne einen solchen (intensiverer Drogenumgang). Auch bei der Devianz erwarten wir analog zur Gewaltaffinität Effekte aus dem Herkunftsmilieu, wobei die Devianz zunehmen wird, je ungünstiger im o. e. Sinne die Bedingungen sind.

Zum Schluss stehen dann die Gewalterfahrungen in der Schule, als Täter bzw. Opfer, wobei festzuhalten ist, dass Täter- und Opfererfahrungen einander sehr weitgehend bedingen; gerade körperliche Gewalt ist in hohem Maße reziprok; Entsprechendes ergaben (nicht nur unsere eigenen bisherigen) Untersuchungen. Als weiteren, sehr relevanten Faktor für das Täterhandeln vermuten wir die Gewaltaffinität: Je größer die Bereitschaft zur Normübertretung und je positiver die Einstellung zur Gewalt, desto häufiger werden Schüler (in Abhängigkeit von Alter und Geschlecht) Gewalt ausüben. Nachdem die Gewaltaffinität zumindest in Teilen milieubedingt ist, bedeutet das auch: Die Bedingungen aus dem Herkunftsmilieu und das schulische (Anti-)Gewaltmilieu wirken vornehmlich (oder möglicherweise sogar ausschließlich) über die Gewaltaffinität auf das Gewalthandeln in der Schule ein. Weiter vermuten wir, dass die Devianz sich (wenn auch wahrscheinlich gemeinsam mit der Gewaltaffinität) förderlich auf das Gewalthandeln auswirkt: Je mehr andere Devianz vorliegt und je gravierender sie ist, desto gewalttätiger werden junge Menschen in der Schule sein.

Bei der Opferseite gehen wir davon aus, dass die innerschulischen Bedingungen – das (Anti-)Gewaltmilieu – einen erheblichen Einfluss haben werden, vor allem – angelehnt an die Überlegungen zum Bullying – die Reaktionen von Lehrern und auch Mitschülern: Je weniger die Lehrer eingreifen, desto mehr und desto häufigere Opfer wird es geben.

Die fehlende Unterstützung aus der sozialen Umwelt kann dazu führen, dass Misstrauen gegenüber dieser entsteht. Ein geringes Maß an Vertrauen in Andere bzw. das Gefühl, sozial nicht akzeptiert zu werden, kann das Selbstwertgefühl reduzieren. Beides wiederum erhöht die Wahrscheinlichkeit, dass die Schüler für Gewalt ihrer Mitschüler sozial „anfällig" sind, d. h.: Sie werden häufiger Opfer, je geringer ihr Vertrauen in Andere ist (bzw. je stärker das Gefühl ausgeprägt ist, nicht dazuzugehören) und/oder je geringer ihr Selbstwertgefühl ist. Diese Faktoren werden sich – vermutlich neben der Intervention durch die Umwelt – als ziemlich vorhersagekräftig für den Opferstatus erweisen. Außerdem kann eine marginale Position zu (vermehrtem) Schwänzen führen, d. h. es wird darüber vermutlich noch ein Zusammenhang mit der sonstigen Devianz bestehen.

2. Methodische Anlage der Untersuchung

Die sozialwissenschaftliche Forschung hat in den vergangenen Jahrzehnten mehrfach darauf hingewiesen (z.B. Fuchs et al. 2001), dass Gewalt – auch die Gewalt an Schulen – sinnvollerweise als soziales Handeln zu analysieren ist, wodurch sich ein breites Spektrum an möglichen Erklärungsansätzen und Ursachen für das Auftreten dieses Phänomens erschließt. Erst die Berücksichtigung der subjektiven Komponente, also des subjektiv mit dem Gewalthandeln verbundenen Sinns, eröffnet die Möglichkeit, Motive und Ursachen für das Auftreten von Gewalt in den Blick zu nehmen, die sich aus der subjektiven Verarbeitung der je individuellen sozio-ökonomischen oder teilkulturellen Eingebundenheit des Handelnden ergeben. Wir gehen entsprechend davon aus, dass Gewalt nicht einfach zufällig als reflexartiges oder akzidentelles Verhalten von Individuen auftritt, sondern dass es seinem subjektiv gemeinten Sinn nach für das Subjekt „vernünftig" ist, gewalttätig zu handeln. Mit dieser kurzen Präzisierung sind bereits die zwei wichtigsten Ziele der Studie umrissen: Zum einen geht es um die Beschreibung der Verbreitung gewalttätigen Handelns unter bayerischen Schülern; zum anderen spüren wir den Bedingungsfaktoren und „Ursachen" für das Auftreten von gewaltförmigen Verhaltensweisen nach. Unserer Konzeption folgend, die Gewalt als soziales Handeln begreift, konzentrieren wir uns bei der Ursachensuche weniger auf Persönlichkeitsmerkmale, sondern fokussieren die sozialen Kontexte: Schule, Peergroup, Familie und allgemein die Lebenssituation der Schüler (siehe Kap. 1).

Unsere Studie bietet die Möglichkeit, das Ausmaß der Gewalt im Zeitverlauf zu studieren: Nachdem wir mit der Erhebung im Jahr 2004 nach 1994 und 1999 die nunmehr dritte Messung des Ausmaßes der Gewalt an Schulen in Bayern vorliegen haben, können wir nicht nur Aussagen zur quantitativen und qualitativen Entwicklung der Gewalt an Schulen machen, sondern zugleich denkbare Veränderungen der Bestimmungsgründe von Gewalt an Schulen untersuchen. Die Studie bietet also die Möglichkeit, den Einfluss z.B. der Gewalterfahrung in der Herkunftsfamilie auf die selbstausgeübte Gewalt in der Schule zu analysieren und dabei einen Wandel oder Verschiebungen im Einflussgewicht dieser „Ursache" auf die Gewalt an Schulen zu bestimmen.

Trotz dieses Designs lässt sich mit unserer Konzeption der Untersuchung von Gewalt an Schulen nur ein kleiner Ausschnitt möglicher Determinanten, Motive und Ursachen dieses Phänomens untersuchen. Die Spezifikation von Gewalt an Schulen als soziales Handeln öffnet zwar zum einen die Perspektive für soziale Bestimmungsgründe dieses Phänomens, schränkt aber andererseits die Sicht auf andere, stärker psychologisch oder sozialpsychologisch orientierte Erklärungsansätze ein. Auch biologische Ursachen für Gewalt können mit dem hier vorgestellten Instrumentarium natürlich nicht studiert werden. Insofern handelt es sich um eine typisch sozialwissenschaftliche Untersuchung der Gewalt an Schulen, die sich im Wesentlichen auf die in dieser Forschungstradition dominanten Erklärungsansätze stützt, zwar einige neuere Aspekte versucht, einfließen zu lassen, die aber keinesfalls eine allumfassende Beschreibung und Erklärung des Phänomens der Gewalt an Schulen zu leisten vermag.

2.1 Design der Untersuchung

Die denkbaren methodischen Zugänge zum Phänomen Gewalt an Schulen sind facettenreich und differenziert, wie der Untersuchungsgegenstand selbst. Nachdem Gewalt an Schulen eine spezifische Form des sozialen Handelns ist, bietet sich zunächst die Beobachtung als Erhebungsmethode an. Zwar bliebe bei einem derartigen Design möglicherweise unklar, ob eine Handlung intentional, d. h. also bewusst mit Schädigungsvorsatz ausgeführt wurde, oder aber ob es sich um ein Versehen oder gar um einen Unfall handelt – andererseits bietet die Beobachtung die valideste Messung von Gewalt-Phänomenen. Für den Teil der vorliegenden Untersuchung, der sich auf die Deskription der Verbreitung von Gewalt an bayerischen allgemeinbildenden und beruflichen Schulen konzentriert, wäre die Beobachtungsmethode daher nahe liegend, auch wenn verdeckt erfolgende Gewalthandlungen unentdeckt blieben.

Andererseits wollen wir neben der reinen Deskription auch zur Suche nach möglichen Ursachen für die Gewalt beitragen. In diesem Zusammenhang müssen eine Fülle sozialstruktureller Hintergrundmerkmale der gewalttätigen Schüler und der Opfer erfasst werden. Zudem wollen wir ein ganzes Set von Einstellungsdimensionen und anderen Indikatoren messen, die wir auf Basis der verfügbaren Literatur als potenzielle Ursachenfaktoren identifiziert haben, so dass bei einer Beobachtung von Gewalthandeln das Problem entstünde, wie man solche nicht direkt beobachtbaren Merkmale in Erfahrung bringen könnte. Außerdem besteht das Problem, dass auch bei einer verdeckten Beobachtung keineswegs alle Gewalthandlungen messbar wären. Die Untersuchungen zum Mobbing und Bullying (Olweus 1995) haben gezeigt, dass Gewalt an Schulen zum Teil subtil und keinesfalls öffentlich oder offensichtlich stattfindet, weshalb einer reinen Beobachtungsstudie nicht nur der Blick auf eine Reihe von unabhängigen Variablen verbaut wäre, sondern unter Umständen zugleich ein beträchtlicher Teil des Gewaltaufkommens selbst entgehen würde.

Zu Beginn der 90er Jahre, als die Forschung über Gewalt an Schulen einen ersten Höhepunkt erreichte, wurden zum Teil Unfallberichte, Klassenbücher und andere amtliche Dokumente inhaltsanalytisch untersucht, um aus ihnen Merkmale für das Ausmaß von Gewalt an Schulen zu gewinnen. Derartige Untersuchungen wurden jedoch seitdem schwerpunktmäßig durch Befragungen abgelöst, die das Gewalthandeln wie auch die Bestimmungsgründe desselben weitaus direkter und unmittelbarer zu messen in der Lage waren. Auch für die Inhaltsanalysen gilt nämlich, dass man zwar relativ valide und ohne Befürchtung der Reaktivität einen Indikator für die Häufigkeit von Gewalthandeln erfassen kann, dass aber keineswegs sicher ist, dass man das ganze Ausmaß der Gewaltvorkommnisse, wie es sich aus Sicht der untersuchten Schüler darstellt, adäquat erheben könnte. So ist insbesondere zu befürchten, dass in den Unfallberichten, Klassenbüchern und anderen amtlichen Dokumenten nur die gravierenderen und vor allem die bekannt gewordenen Gewaltdelikte verzeichnet sind, während die als weniger schwerwiegend wahrgenommenen bzw. die überhaupt nicht registrierten Gewaltvorkommnisse nicht darin aufscheinen. Weiterhin ist unklar, ob die Bewertungsmaßstäbe derjenigen Personen, die für die Eintragungen in den Dokumenten verantwortlich sind, über die Zeit konstant waren, so dass Verschiebungen im Aufkommen der entsprechenden Eintragungen keinesfalls allein auf Veränderungen der Häufigkeiten des tatsächlichen Gewalthandelns zurückzuführen sein müssen.

Wir haben uns daher bereits 1994 dafür entschieden, eine Befragung durchzuführen, die uns als gangbarer Kompromiss zwischen der validen Messung des Gewaltaufkommens einerseits und der Zugangsmöglichkeit zu sozialen Hintergrundvariablen wie auch zu Einstellungsdimensionen andererseits galt. Um zugleich Aussagen über die Verbreitung des Gewalthandelns machen, wie auch zur Ursachensuche beitragen zu können, haben wir uns für eine standardisierte Befragung entschieden, die wir nunmehr in der dritten Erhebungswelle im Frühjahr 2004 durchgeführt haben.

Ein Blick in die Literatur zu Gewalt an Schulen zeigt, dass ganz überwiegend auf Befragungsdaten bei der Analyse von Gewalt an Schulen gesetzt wird. Neben den als Täter und Opfer in Betracht kommenden Schülern werden Lehrer, aber auch andere Experten zur Gewalt an Schulen befragt. Auch wir haben in den beiden zurückliegenden Befragungswellen neben einer Schülerbefragung eine Lehrerbefragung durchgeführt (Fuchs et al. 1996; Fuchs et al. 2001). Im Vergleich zu Schülerbefragungen bietet die Befragung von Lehrern und/oder anderen Experten den Vorteil, dass diese Auskunftspersonen gegenüber Kindern und Jugendlichen weit erfahrener im Umgang mit Fragebögen sind und dass man erwarten kann, dass bei ihnen die Reaktivität und andere Antwortfehler geringer ausgeprägt sind (vgl. Fuchs 2004). Andererseits sind diese Befragtengruppen für die Schätzung des Ausmaßes der Gewalt an Schulen weniger geeignet als die betroffenen Schüler selbst: Ein gewalttätiger Schüler mag von allen Lehrern an der Schule zur Kenntnis genommen werden und eine von ihm ausgehende Gewalttat würde sich entsprechend im Votum von 20 oder 30 befragten Lehrkräften widerspiegeln. Wegen dieses Multiplikatoreffektes – aber auch weil Lehrer als Befragte nicht immer unbeeindruckt von ihren eigenen Erwartungen und Vorannahmen einen Fragebogen beantworten – haben wir uns in dieser dritten Befragungswelle für eine reine Schülerbefragung entschieden.

Versucht man das Ausmaß der Gewalt an Schulen wie auch die Bestimmungsgründe für dieses Phänomen mit Hilfe einer Schülerbefragung zu eruieren, bieten sich verschiedene Zugangswege an: So besteht die Möglichkeit, die Schüler zu ihren Beobachtungen der Gewalt an Schulen zu befragen. Man könnte die Schüler bitten anzugeben, wie häufig sie im Klassenzimmer, auf dem Schulweg oder in der Pause andere Schüler beobachtet haben, wie diese Gewalt anwenden oder wie diese Gewalt erleiden. Außerdem könnte man Schüler um eine Einschätzung bitten, in welchem Ausmaß Gewalt an ihrer Schule ein Problem darstellt. Diese beiden Konzeptionen haben jedoch den erheblichen Nachteil, dass man die sozialen Hintergrundvariablen der „Täter" nur unzureichend mit den Auskünften der beobachteten Schüler verknüpfen kann. Wir haben uns daher für den so genannten Selfreport entschieden, das heißt, wir fragen die Schüler, in welchem Ausmaß sie selbst bereits Gewalt an Schulen ausgeübt haben bzw. in welchem Umfang sie davon betroffen waren. Dieser Selfreport eröffnet zugleich die Chance, die als Täter bzw. Opfer in Erscheinung getretenen Schüler z.b. nach ihrer Einbindung in Peergroups, nach den Gewalterfahrungen in ihrer Herkunftsfamilie, nach dem sozioökonomischen Status der Familie, wie auch nach einer Fülle von weiteren Dimensionen und Indikatoren zu fragen.

Nach 1994 (Fuchs et al. 1996) und 1999 (Fuchs et al. 2001) legen wir hiermit die dritte Monografie aus der Reihe zur Gewalt an Schulen vor. Mit dieser Veröffentlichung berichten wir nicht nur über die Ergebnisse der dritten Welle unserer Untersuchungsreihe zur Gewalt an bayerischen Schulen. Das Längsschnittdesign bietet uns auch die Chance, das Ausmaß und die Ursachen für Gewalt an Schulen im Zeitverlauf zu studieren, weshalb wir, wann immer angebracht, die aktuellen Befunde mit denen vor 10 bzw. 5 Jahren vergleichen.

Nachdem die dritte Studienphase mit einem weitestgehend identischen Fragebogen ins Feld gegangen ist, wie er bereits 1994 und 1999 verwendet wurde, können wir davon ausgehen, dass Veränderungen am Messinstrument – die es bei dominanter Konstanz natürlich im Detail gibt – nur einen geringen Einfluss auf das gemessene Ausmaß der Gewalt an Schulen wie auch auf die Stärke der einzelnen Bestimmungsgründe haben sollten. Andererseits schränkt unsere Verpflichtung gegenüber der Vergleichbarkeit der Daten im Zeitverlauf auch Aktualisierungen und Veränderungen des methodischen Instrumentariums ein. Deshalb müssen wir darauf verzichten, den Fragebogen in größerem Umfang an aktuellen theoretischen Diskussionen oder den Befunden anderer (Methoden) Studien auszurichten. Auch mussten wir in der Anpassung der Stichprobe an die veränderte Grundgesamtheit sehr vorsichtig agieren, um die Vergleichbarkeit und die Aussagekraft der neuen Erkenntnisse zu erhalten.

Unsere Studie stellt somit einen Kompromiss zwischen diesen beiden Ansprüchen dar: Zum einen haben wir viele zentrale Konzepte, und dabei insbesondere die abhängige Variable(n), weitgehend unverändert aus den früheren Untersuchungen übernommen. Die Operationalisierung des Gewaltbegriffes und die Messung seines Ausmaßes sind ebenso gleich geblieben, wie eine Reihe anderer unabhängi-

Methodische Anlage der Untersuchung

ger Variablen. Dazu gehört z.b. die Gewalterfahrung in der Familie, die Hemmschwelle gegenüber Gewalt, die Transgressionsbereitschaft, aber auch die Einbindung in Peergroups sowie der Alkohol- und Drogenkonsum. Andere unabhängige Variablen haben wir demgegenüber aktualisiert oder ganz neu in das Erhebungsinstrument aufgenommen. Auf die diesbezüglichen Details wird in Abschnitt 2.4 näher eingegangen. Hier soll lediglich betont werden, dass wir trotz einiger Aktualisierungen des Fragebogens im Wesentlichen dem Längsschnitt verpflichtet sind und daher manche Schwächen des Fragebogens beibehalten haben, obwohl wir aufgrund der methodischen Erfahrungen in den beiden vorangegangenen Wellen eigentlich eine Verbesserung bzw. „Modernisierung" des Fragebogens hätten herbeiführen wollen.

2.2   Die Grundgesamtheit

Die Ergebnisse unserer Studie sind repräsentativ für die Schülergewalt an allgemeinbildenden und beruflichen Schulen im Freistaat Bayern. Trotz dieses recht umfassenden Anspruchs haben wir bei der räumlichen, sachlichen und zeitlichen Eingrenzung der Grundgesamtheit einige Restriktionen vornehmen müssen, um nicht mit einem zu differenzierten und überkomplexen methodischen Instrumentarium operieren zu müssen.

Zunächst einmal und ganz entscheidend haben wir uns bei der Untersuchung auf Schüler ab der fünften Jahrgangsstufe beschränkt. Grundschüler wurden ebenso ausgeschlossen wie Vorschüler oder andere Vorbereitungsklassen auf die Grundschule. Wegen des spezifischen Alters dieser Klientel und deren noch nicht voll entwickelten kognitiven Fähigkeiten schien es uns wenig sinnvoll, sie mit einem standardisierten Fragebogen zu behelligen. Andererseits zeigen Erfahrungen und Gespräche mit Grundschullehrern, dass Gewalt an Grundschulen durchaus eine relevante Größe darstellt, weshalb zukünftig in einer eigenen Untersuchung auch einmal das Ausmaß und die Bestimmungsgründe der Gewalt an Grundschulen untersucht werden sollten.

Im Bereich der allgemeinbildenden Schulen haben wir uns auf die Haupt- und Realschulen sowie auf die Gymnasien konzentriert. Die wenigen in Bayern vorhandenen Gesamtschulen wurden ebenso ausgeschlossen wie Sonderschulen für körperlich und geistig Behinderte sowie Schulen zur individuellen Lernförderung. Die Exklusion der letztgenannten Population hat weitreichende Konsequenzen für das von uns gemessene Ausmaß der Gewalt an Schulen: Die Literatur zeigt, dass insbesondere Sonderschulen durch ein erhebliches Maß an Gewalt gekennzeichnet sind. Da aber auch schon in den vorangegangenen Untersuchungswellen darauf verzichtet wurde, Sonderschulen einzubeziehen, haben wir uns auch in der dritten Welle der Langzeituntersuchung zur Gewalt an Schulen im Freistaat Bayern dazu entschlossen, diese Schulform und die dort unterrichteten Schüler aus der Studie zu exludieren. Weiter wurden reine Privatschulen nicht in die Untersuchung aufgenommen. Zwar haben wir Schulen z.b. in kirchlicher Trägerschaft, die die staatliche Zulassung aufweisen, einbezogen – anderenfalls hätten wir eine zu große Population ausgeschlossen –, aber etwa Waldorfschulen oder andere Privatschulen, die aufgrund des Unterrichtskonzepts oder anderer Besonderheiten neben dem staatlichen dreigliedrigen Schulsystem positioniert sind, wurden nicht berücksichtigt.

Im Bereich der beruflichen Schulen haben wir uns auf die reinen Berufsschulen, also solche Schulen, die am dualen System teilnehmen, konzentriert. Berufsfachschulen oder Fachschulen etwa für pharmazeutisch-technische Assistentinnen oder andere Fachberufe wurden nicht zur Grundgesamtheit gehörend definiert. Diese Entscheidung haben wir vor allem getroffen, um in unserer Stichprobe nicht mit einem allzu großen Altersspektrum konfrontiert zu sein. Für die Schüler der Berufsschulen im dualen System können wir davon ausgehen, dass diese überwiegend unmittelbar im Anschluss an den Besuch einer allgemeinbildenden Schule dorthin gehen. Insofern ist diese Population altersmäßig mit den Gymnasiasten vergleichbar. Bei den Fachschulen hingegen ist der Anteil älterer, bereits erwachsener Schüler beträchtlich, weshalb viele der von uns getesteten theoretischen Konzepte der Erklärung von Schulgewalt als Jugendgewalt nicht sinnvoll anwendbar wären.

Außerdem wurde bei der Ziehung der Stichproben darauf geachtet, dass Berufsvorbereitungsjahre, Berufsgrundschuljahre und Jungarbeiterklassen aus der Stichprobe ausgeschlossen waren, so dass unsere Untersuchung auch über diesen Teil der Berufsschüler keine Aussagen machen kann. Dies hat wieder Konsequenzen für das gemessene Ausmaß der Gewalt an Schulen, sind es doch insbesondere die Jungarbeiterklassen, in denen dem Vernehmen nach das Ausmaß der Gewalt beträchtlich ist. Kaufmännische Berufe oder typische Frauenberufe weisen im Vergleich ein deutlich geringeres Maß an Gewalt an Schulen auf.

Insgesamt haben wir also zum einen Schüler ausgeschlossen, die aufgrund ihrer kognitiven Fähigkeiten (noch) nicht in der Lage sind, an einer solchen Befragung teilzunehmen, und zum anderen haben wir Teilpopulationen unberücksichtigt gelassen, die nicht mehr dem typischen biografischen Entwurf bzw. der Entwicklungsstufe des Schülers bzw. der Schülerin entsprechen. Hinzu kamen kleinere Populationen, deren adäquate Abbildung uns bei einer geplanten Stichprobe von 4.500 Schülern nicht angemessen gelungen wäre.

Die Tab. 2.1 beinhaltet die Verteilung einiger zentraler Strukturmerkmale der Schulen und Schüler in Bayern gemäß der oben erläuterten Definition der Grundgesamtheit für die drei Erhebungswellen:

Methodische Anlage der Untersuchung

Tab. 2.1: Grundgesamtheit der Schulen und Schüler 1994 – 1999 – 2004

Schulart	1994			
	Schulen		Schüler	
	N	Prozent	N	Prozent
Hauptschule	1.685	64,6%	311.944	30,9%
Realschule	332	12,7%	133.600	13,2%
Berufsschule	195	7,5%	271.619	26,9%
Gymnasium	396	15,2%	293.378	29,0%
Summe	2.608	100,0%	1.010.541	100,0%
Schulart	1999			
	Schulen		Schüler	
	N	Prozent	N	Prozent
Hauptschule	1.653	64,3%	321.342	29,9%
Realschule	334	13,0%	155.320	14,4%
Berufsschule	185	7,2%	281.849	26,2%
Gymnasium	399	15,5%	317.942	29,5%
Summe	2.571	100,0%	1.076.453	100,0%
Schulart	2004			
	Schulen		Schüler	
	N	Prozent	N	Prozent
Hauptschule	1.647	64,0%	316.107	27,9%
Realschule	341	13,25	199.511	17,6%
Berufsschule	184	7,1%	282.561	24,9%
Gymnasium	403	15,7%	334.779	29,6%
Summe	2.575	100,0%	1.132.958	100,0%

Quelle: Statistische Jahrbücher für Bayern, Grund- und Strukturdaten des Bundesbildungsministeriums, jeweils verschiedene Jahrgänge

Die überwiegende Mehrzahl (etwa 64%) der allgemeinbildenden Schulen in Bayern sind Hauptschulen, bei denen es sich um Teilhauptschulen I, Teilhauptschulen II oder aber um Hauptschulen handeln kann. Realschulen stellen mit etwa 13% einen relativ kleinen Anteil der Population, der nur von den Berufsschulen mit etwa 7% noch unterschritten wird. Ein knappes Sechstel der Schulen in Bayern sind Gymnasien.

Betrachtet man die Entwicklung der Prozentwerte im Zeitverlauf zwischen 1994 und 2004, so finden wir den allgemeinen, der Bildungsexpansion entsprechenden Trend: Der Anteil der Hauptschulen geht von 64,6% (1.685) im Jahr 1994 über 64,3% (1.653) im Jahr 1999 auf 64,0% (1.647) in der jüngsten Befragungswelle zurück. Dem prozentualen Rückgang entspricht dabei ein leichter absoluter Rückgang der Hauptschulen. Umgekehrt steigt der Anteil wie auch die Anzahl der Realschulen von 12,7% (332) im Jahre 1994 auf 13,2% (341) im Jahre 2004. Auch der Anteil der Gymnasien nimmt von 15,2% (396) im Jahr 1994 über 15,5% (399) im Jahre 1999 auf 15,7% (403) in der jüngsten Vergangenheit zu.

Bei den Berufsschulen ist eine prozentuale und absolute Abnahme in der untersuchten Grundgesamtheit zu verzeichnen: Ihr Anteil sinkt von 7,5% auf 7,1% in der letzten Welle; die absolute Zahl der Berufsschulen geht von 195 Schulen 1994 auf 184 Schulen 2004 zurück. Hier macht sich die Konzentration und Zusammenlegung von kleineren Berufsschulen deutlich bemerkbar.

Entscheidend für die räumliche, sachliche und zeitliche Abgrenzung der Grundgesamtheit ist nun die Überlegung, dass unsere Untersuchung als schülerrepräsentative Studie angelegt ist und nicht als schulrepräsentative Befragung. Wir möchten also ein repräsentatives Abbild der bayerischen Schülerschaft und nicht in erster Linie der bayerischen Schulen erstellen. Daher ist es entscheidend, die Anzahl und die Verteilung der Schüler auf die verschiedenen Schularten zu bedenken und nicht in erster Linie die Verteilung der jeweiligen Schulen.

Berücksichtigt man die unterschiedlichen Klassengrößen in den einzelnen Schularten wie auch die unterschiedlichen Schulgrößen je nach Schulart, so erklärt sich, warum die Verteilung der Schüler auf die Schularten sich deutlich von der Verteilung der Schulen selbst unterscheidet (vgl. Tab. 2.1). Danach waren 1994 30,9% der Schüler in der Grundgesamtheit Hauptschüler, während 13,2% Realschüler und 26,9% Berufsschüler waren. Die verbleibenden 29,0% stellen Gymnasiasten.

Entsprechend dem allgemeinen Trend der Bildungsexpansion ist der Anteil der Hauptschüler auf 27,9% im Jahr 2004 zurückgegangen. Umgekehrt ist der Anteil der Realschüler deutlich auf 17,6% angestiegen und auch die Gymnasiasten haben mit 29,6% – geringfügig – zugenommen.

Wenn wir im Folgenden also die Ziehung einer repräsentativen Stichprobe beschreiben, dann ist es unser Ziel, die Verteilung der Schüler auf die verschiedenen Schularten proportional abzubilden. Damit sind Aussagen über die Grundgesamtheit der bayerischen Schüler an allgemeinbildenden und beruflichen Schulen (mit den zuvor referierten Einschränkungen) möglich und nicht nur Aussagen über die Gewalt an bayerischen Schulen, was bei einer schulrepräsentativen Stichprobe der Fall gewesen wäre.

Für unseren Längsschnitt ergibt sich aus der – wenn auch nur leichten Modifikation – der Verteilung der Schüler auf die Schularten das Problem, dass Veränderungen im Ausmaß der Gewalt unter den bayerischen Schülern entweder auf die Verschiebungen in der Zusammensetzung der bayerischen Schülerschaft hinsichtlich der besuchten Schularten zurückzuführen sind – je höher das Bildungsniveau, desto geringer die Gewalttätigkeit – oder aber auf tatsächliche Verhaltensänderungen der Schüler unter Berücksichtigung ihres leicht höheren Bildungsniveaus. Selbstverständlich besteht unser Interesse darin, die tatsächlichen Veränderungen im Gewaltverhalten zu ermitteln, weshalb eine Vergleichbarkeit der Populationen aus den Jahren 1994, 1999 und 2004 hergestellt werden muss. Nachdem die Folgen der Bildungsexpansion für den Anstieg der Schüler an weiterbildenden Schulen innerhalb des beobachteten Zehnjahreszeitraumes vergleichsweise gering ausfallen,

Methodische Anlage der Untersuchung

entscheiden wir uns dafür, denkbare Unterschiede im Ausmaß der Gewalt vor allem im Hinblick auf die Veränderung des individuellen Verhaltens und seiner Verursachung zu untersuchen, weshalb wir also das Stichprobendesign von 1994 zunächst ungeachtet der Bildungsexpansion fortschreiben und korrigieren die Daten für 1999 und 2004 anschließend mit den entsprechenden Gewichtungsfaktoren.

2.3 Stichprobenverfahren

Das Ziel, eine schülerrepräsentative Stichprobe zu ziehen, sieht sich mit der grundsätzlichen Schwierigkeit konfrontiert, dass es keine Urliste der bayerischen Schüler an allgemeinbildenden und beruflichen Schulen gibt. Daher sind wir beim Zugang zu den zu Befragenden auf den Umweg über die Schulen und die Schulklassen angewiesen. Nachdem aber, wie ausgeführt, die durchschnittliche Anzahl der Schüler je Schule und die durchschnittliche Klassengröße nach Schulart erheblich variieren, ist es wenig Erfolg versprechend, eine nach Schulart proportional geschichtete Stichprobe der Schulen zu ziehen, um dann dort jeweils eine Klasse pro Schule zu befragen. Um das Ziel einer Stichprobe zu erreichen, die hinsichtlich der besuchten Schulart der Schüler proportional zur Grundgesamtheit verteilt ist, würde vielmehr folgendes disproportionale Klumpendesign verwendet:
1. *Zunächst ist die Größe der Gesamtstichprobe festzulegen,* wobei wir berücksichtigen, dass wir innerhalb der Population der Schüler auch kleinere Spezialgruppen identifizieren und abbilden wollen. Unterstellen wir z.B. einen Anteil von ausländischen Schülern von etwa 10% innerhalb der bayerischen Schülerschaft und weiter, dass wir innerhalb dieser Gruppe z.B. männliche und weibliche Schüler hinsichtlich des Gewaltaufkommens vergleichen wollen, dann brauchen wir unter Berücksichtigung der Standardfehler und Konfidenzintervalle bei einer maximalen Irrtumswahrscheinlichkeit von $\alpha < 0{,}05$ etwa 200 bis 250 Fälle pro Teilgruppe, um Prozentsatzdifferenzen von etwa 5 Prozentpunkten als signifikant identifizieren zu können. Dies entspricht einer Teilstichprobe von etwa 450 ausländischen Schülern und damit einer Gesamtstichprobe von etwa 4.500 bayerischen Schülern. Auch im Hinblick auf die Vergleichbarkeit mit den in den zurückliegenden Erhebungswellen gezogenen Stichproben, bei denen im Jahr 1994 3.609 Schüler untersucht wurden und im Jahr 1999 4.205 Schüler, scheint es sinnvoll, eine ähnlich große Stichprobe zu generieren. Berücksichtigt man eine erwartete Ausschöpfungsquote von etwa 80% – wie wir sie in den zurückliegenden Erhebungswellen jeweils realisieren konnten –, dann benötigen wir eine Bruttostichprobe von etwa 5.500 Schülern.
2. *Unter Berücksichtigung der Verteilung der Schüler auf die einzelnen Schularten der Grundgesamtheit wird nun die Anzahl der einzubeziehenden Schüler je Schulart berechnet.* Weiter wird aus den statistischen Jahrbüchern ermittelt,

wie viele Schüler pro Schulart die einzelnen Jahrgangsstufen besuchen und entsprechend wird unsere anvisierte Stichprobe ebenfalls proportional nach der besuchten Schülerzahl je Jahrgangsstufe geschichtet. Unter Berücksichtigung der durchschnittlichen Klassengröße je Schulart können wir dann die Anzahl der Klassen je Jahrgangsstufe und Schulart bestimmen, die wir in unserer Stichprobe repräsentiert sehen wollen. Aus der Gesamtzahl der notwendigen Schulklassen ergibt sich dann unsere Nettostichprobe bzw. unter Berücksichtigung des erwarteten Ausfalls die Größe der gewünschten Bruttostichprobe. Die entsprechende Anzahl von Schulen haben wir dann durch ein nach Schulart geschichtetes Zufallsverfahren aus den amtlichen Schullisten ermittelt. Dabei wurde mit einem systematischen Zufallsverfahren operiert, das – ausgehend von einer zufällig ermittelten Startzahl – in einem festen Ziehungsintervall die Schulen aus den amtlichen Schulverzeichnissen ausgewählt hat.

3. *Für jede der 212 ausgewählten Schulen wurde dann der mögliche Bereich von Jahrgangsstufen ermittelt, die an dieser Schule unterrichtet werden.* Anschließend wurde jeder Schule zufällig eine Jahrgangsstufe zugewiesen, aus der die zu befragende Schulklasse stammen sollte. Hat eine Schule die entsprechende Schulklasse nicht ausgewiesen, wurde die nächste Schule herangezogen, so dass wir insgesamt von einer zufälligen Zuweisung von Jahrgangsstufen zu ausgewählten Schulklassen ausgehen können.

4. *In der Regel werden in jeder Schule mehrere Klassen einer Jahrgangsstufe unterrichtet, weil wir es mehrheitlich mit mehrzügigen Schulen zu tun hatten. Daher haben wir bei der Auswahl der konkreten Zielklasse in der Schule einen Zufallsmechanismus angewandt,* der immer die 1., 2. oder 3. Klasse eines Jahrgangs ausgewählt hat (z.B. 8a, 8b oder 8c). In der gymnasialen Oberstufe haben wir jeweils einen Deutschgrundkurs auswählen lassen, wobei bei mehreren Deutsch-Grundkursen derjenige Kurs zu befragen war, bei dem der Lehrername als erster im Alphabet stand. Bei den beruflichen Schulen haben wir ebenfalls einen – wenn auch „weicheren" – Zufallsmechanismus angewandt: Für jede Schule wurde der für diese Schule „typische" Ausbildungsberuf bestimmt; eine Klasse dieses Ausbildungsberufs war zu befragen. Bei mehreren Klassen mit gleichem Ausbildungsberuf wurde jeweils wiederum die Klasse ausgewählt, bei der der Name des Klassenlehrers als erster im Alphabet steht.

5. *Alle Schüler der auf diese Weise ausgewählten Schulklassen wurden anschließend befragt (Vollerhebung innerhalb der Klumpen).* Auf die Feldphase und die Ausschöpfung sowie die Charakteristik der Nettostichprobe gehen wir in den Abschnitten 2.5 und 2.6 ein.

Methodische Anlage der Untersuchung 61

2.4 Der Fragebogen

Bei der Konstruktion des Fragebogens waren wir darauf angewiesen, unsere vielfältigen und differenzierten Variablen so zu messen, dass wir mit unserer altersmäßig relativ heterogenen Befragtenpopulation auf keine entscheidenden Antwortverzerrungen und Biases stoßen würden. Der Fragebogen war unter Berücksichtigung der Erhebungsinstrumente der Befragungswellen 1994 und 1999 konstruiert worden und bestand im Bereich der abhängigen Variablen zur Gewalt an Schulen im Wesentlichen aus den beiden identischen Skalen, mit denen die selbst ausgeübte Gewalt aus Täterperspektive im Selfreport (Frage 22 des im Anhang abgedruckten Fraugebogens) bzw. aus Opferperspektive der selbsterlittenen Gewalt an Schulen (Frage 24) erhoben wurde.

Die unabhängigen Variablen, die wir im Fragebogen operationalisiert haben, stammen aus verschiedenen von uns selbst bzw. anderen Autoren durchgeführten und verantworteten Untersuchungen und es handelt sich nur in ganz wenigen Fällen um Eigenkonstruktionen, die bisher nicht unter Feldbedingungen getestet wurden. Folgende Skalen wurden in den Fragebogen aufgenommen:

1. Eine Skala zur bauphysikalischen Substanz des Schulgebäudes und der Ausstattung der Schule, die wir von Holtappels (2003) übernommen haben (Frage 9); weiterhin eine ebenfalls von Holtappels (2003) entwickelte Skala zum Schulklima bzw. zum Verhältnis zwischen den Schülern der untersuchten Klasse (Frage 11). Ebenfalls aus dem Bereich der schulpädagogischen Forschung zum Schulklima stammt die Frage nach der Motivation der Schüler zum Schulbesuch (Frage 14), die wir wieder von Holtappels (2003) entliehen haben.
2. Ausgehend vom Konzept des Desintegrations-Verunsicherungs-Syndroms haben wir eine Skala zur Ermittlung der Desintegration im Bereich der Primär- und Sekundärgruppen eingesetzt (Frage 16), sowie eine Frage zur Handlungsunsicherheit in den Fragebogen aufgenommen (Frage 20). Beide gehen auf Untersuchungen von Heitmeyer et al. (1995) zurück und wurden bereits in einer vorangehenden Schülerstudie zum Rechtsextremismus von uns erprobt (Fuchs et al. 2003).
3. Das Konzept der Hemmschwelle von Schülern gegenüber der Ausübung von Gewalt hatten wir schon in unserer ersten Befragungswelle (Fuchs et al. 1996) in den Fragebogen aufgenommen. Wie 1999 haben wir auch diesmal die beiden identischen Fragen aus der ursprünglichen Untersuchung repliziert (Fragen 17 und 18). Ebenfalls in der zweiten Befragungswelle enthalten war eine Skala zur Transgressionsbereitschaft (Silbereisen/Walper 1987), die wir auch in unserer Untersuchung zum Rechtsextremismus (Fuchs et al. 2003) eingesetzt hatten.
4. Zur Kontrolle sozial erwünschten Antwortverhaltens haben wir eine aus dem ALLBUS 1980 übernommene Kurzfassung einer Skala zur sozialen Er-

wünschtheit aufgenommen (Frage 21), die aus vier Items besteht und bereits in den vorangegangenen Schülerbefragungen gute Dienste geleistet hatte.
5. Neu konstruiert haben wir eine Frage zum Interventions- und Sanktionsverhalten von Mitschülern, Lehrern und Direktorium der jeweiligen Schule (Frage 23), über deren Reliabilität und Validität wir vorab keine Aussagen machen können.
6. Eine kurze Skala zum Verhältnis von Männern und Frauen und damit zu Männlichkeitsstereotypen (Frage 27) haben wir einer älteren Studie des POLIS-Institutes (1994) entlehnt und bereits in der vorangegangenen Untersuchung zum Rechtsextremismus (Fuchs et al. 2003) an Schülerpopulationen getestet.
7. Auf einer älteren Skala von Fischer und Kohr (1980) basierend wurde eine Skala zur Anomie in den Fragebogen aufgenommen, die wir ebenfalls in unserer Rechtsextremismusuntersuchung an einer Schülerpopulation eingesetzt hatten (Fuchs et al. 2003).
8. Bezüglich der Feststellung des Autoritarismus (Frage 29), haben wir auf eigene Erfahrungen in unserer Rechtsextremismusstudie (Fuchs et al. 2003) zurückgegriffen.
9. Auf Holtappels (2003) geht eine Skala zum Elternverhalten und zur elterlichen Motivation zum Schulbesuch und zur Erledigung der Hausarbeiten zurück (Frage 32).
10. Aus unseren eigenen Arbeiten zur Gewalt an Schulen (Fuchs et al. 2001) sowie aus unserer Studie zum Rechtsextremismus (Fuchs et al. 2003) haben wir eine Skala zur Ermittlung der Gewalterfahrungen in der Familie übernommen, die im Wesentlichen gewalthaltige Erziehungsstile, aber auch gewalttätige Beziehungsmuster zwischen den Eltern erfasst.
11. Aus der ersten und zweiten Befragungswelle stammt eine Skala, die den Medienkonsum verschiedener Genres im Fernsehen erfasst (Frage 35). Ebenfalls aus unseren früheren Untersuchungen übernommen haben wir eine kurze Skala (Frage 36), die sich mit der Identifikation und Bewertung von gewalttätigen Helden in verschiedenen Medienformaten beschäftigt.
12. Zur Ermittlung der Peergroup-Zugehörigkeit und insbesondere zur Bestimmung der Devianz in diesen sozialen Konfigurationen haben wir das schon in der ersten und zweiten Befragungswelle zur Gewalt an Schulen erprobte Modul erweitert (Frage 37 – 41) und in anderer Hinsicht zum Teil gekürzt. Hier handelt es sich um eine Weiter- bzw. eine Neuentwicklung, über deren Validität wir noch nicht viel aussagen können. Allerdings haben wir darauf geachtet, dass die Klassifikation der Peergroups, die wir bereits in vorangegangenen Puplikationen verwendet haben, mit Hilfe der hier gemessenen Indikatoren reproduziert werden kann, um die Vergleichbarkeit der Befunde zwischen den Messzeitpunkten zu gewährleisten.
13. Ebenfalls in den Fragebogen aufgenommen wurde eine schon getestete Skala (Fuchs et al. 2003) zur Gewaltakzeptanz, die uns als wichtige vermittelnde Variable zwischen den diversen unabhängigen Variablen und dem Gewaltaufkommen erscheint.

Methodische Anlage der Untersuchung 63

14. Zwei Fragen zum Konsum legaler und illegaler Drogen wurden bereits in der ersten Erhebungswelle 1994 wie auch in der zweiten 1999 verwendet. Beide Fragen (Frage 44 und 45) sind auch im vorliegenden Instrument textgleich enthalten.
15. Neu hinzugekommen sind zwei Fragen zum Umfang des Schulschwänzens, die wir in Ergänzung des bisherigen Repertoirs an abhängigen und unabhängigen Konzepten in den Fragebogen aufgenommen haben (Frage 47 und 48).
16. Das Modul zur Sozialstatistik ist im Wesentlichen inhaltsgleich mit den Fragebögen der Erhebungswellen 1994 und 1999 (Fragen S1, S2, S7, S8, S10 und S11). Neu hinzugekommen ist zum einen ein umfangreicheres Modul zur Bestimmung des ethnischen Hintergrundes bzw. der Migrationserfahrung in der Herkunftsfamilie (Fragen S3, S4, S5 und S6), sowie weiterhin eine Frage zur Ermittlung der verfügbaren Finanzmittel in der Familie (Frage S9). Diese letzte Frage zur Ermittlung des finanziellen Spielraums der Familie hatten wir bereits in unserer Untersuchung zum Rechtsextremismus (Fuchs et al. 2003) getestet. Aufgrund der guten Erfahrungen haben wir diese Frage zur Bildung eines Schichtindexes hier wieder eingesetzt.

Uns ist bewusst, dass ein so umfangreiches und komplexes Instrumentarium nicht von 10-jährigen Kindern und 20-jährigen jungen Erwachsenen in gleich guter Weise bearbeitet werden kann. Wir rechnen also damit, dass Antwortfehler in Teilpopulationen unserer Stichprobe unterschiedlich stark ausgeprägt sein können. Andererseits zeigen vorangegangene Studien, dass es durchaus möglich ist, eine so altersheterogene Stichprobe mit einem einheitlichen Instrument zu befassen. Wir haben deshalb bei der Formulierung der einzelnen Items und Antwortvorgaben darauf geachtet, dass wir uns natürlich an den jüngeren Alterskategorien in unserer Stichprobe orientieren und komplexe Frageformulierungen, wie sie für Jugendliche und junge Erwachsene möglich wären, möglichst vermeiden.

Ob und in welchem Umfang es uns gelungen ist, die altersspezifischen Antwortfehler (vgl. Fuchs 2004) zu vermeiden, kann erst auf Grundlage der Analyse der entsprechenden Methodendaten festgestellt werden.

2.5 Die Feldphase

Jede von uns ausgewählte Schule erhielt Anfang März 2004, unmittelbar nach den Faschingsferien in Bayern einen kompletten Satz Fragebögen für alle Schüler einer Klasse, neutrale Antwortkuverts, ein Rücksendekuvert sowie verschiedene Informationsschreiben und eine Kopie des Genehmigungsschreibens des bayerischen Kultusministeriums zugestellt. Wir hatten die Sendungen an die jeweiligen Schulleitungen adressiert und um Rücksendung der ausgefüllten Fragebögen bis zum 20. März 2004 gebeten. Nach Verstreichen dieses ersten Rücklauftermins wurden alle bis dahin nicht antwortenden Schulen erneut gebeten, die Befragung bis zum Beginn der Osterferien in Bayern, in der zweiten Aprilwoche, durchzuführen. Das Rücklaufprofil bezogen auf die Schulen (Klumpen) zeigt, dass unsere Nachfassaktion einen sichtbaren Effekt auf die Gesamtrücklaufquote hatte, dokumentiert aber ansonsten einen unauffälligen Befund zur Feldphase. Eine Analyse der Rücklaufcharakteristik auf der Ebene der eingehenden Fragebögen (Personen) zeigt ein ganz ähnliches Bild (hier nicht abgebildet).

Abb. 2.1: Rücklaufcharakteristik (bezogen auf die ausgewählten Klumpen)

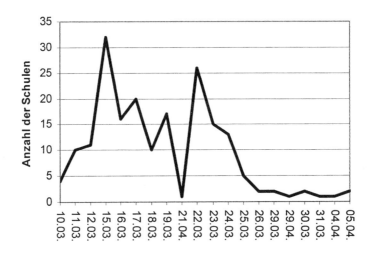

2.6 Die Brutto- und Nettostichprobe

Von den insgesamt kontaktierten 212 Schulen erwiesen sich vier als stichprobenneutrale Ausfälle, d.h. entweder existierten diese Schulen nicht mehr, obwohl sie noch in den amtlichen Schulverzeichnissen aufgeführt waren, oder aber der Rechtsstatus bzw. die Schulart hatte sich verändert, so dass wir diese Schulen aus der Untersuchung ausgeschlossen haben. Von den verbleibenden 208 Schulen haben sich 93,3% (194) an unserer Untersuchung beteiligt. Mit der sehr hohen Ausschöpfungsquote auf der Ebene der Klumpen können wir die bereits in den beiden vorangegangenen Erhebungswellen sehr günstigen Werte noch übertreffen: Im Jahr 1994 haben wir eine Quote von 82,0% erreicht; im Jahr 1999 konnten wir

Methodische Anlage der Untersuchung 65

diese auf 85,4% steigern. Die wachsende Ausschöpfungsquote spricht einerseits für unser zunehmend auf die Bedürfnisse der Befragten abgestimmtes methodisches Vorgehen wie auch andererseits für das zum Zeitpunkt der Befragung im Frühjahr 2004 relativ hohe Interesse der Schulen an der „Gewalt"-Thematik. Berücksichtigt man die Teilnahmebereitschaft innerhalb der Klasse von im Mittel 92,0% (durchschnittlich 8% der Schüler einer Klasse waren am Befragungstag nicht anwesend bzw. haben sich nicht an der Befragung beteiligt), so ergibt sich eine zusammengefasste Ausschöpfungsquote von 85,8%.

Insgesamt brauchen wir angesichts der hohen Rücklaufquote kaum systematische Verzerrungen durch die doch recht wenigen Ausfälle zu befürchten.

Tab. 2.2: Rücklaufquoten für Schulen (Klumpen) und Schüler nach Schulart

	Haupt-schule	Real-schule	Berufs-schule	Gymna-sium	Alle
Bruttostichprobe Schulen	100,0% (61)	100,0% (33)	100,0% (58)	100,0% (56)	100,0% (212)
Neutrale Ausfälle	3,3% (2)	– (–)	3,5% (2)	– (–)	1,9% (4)
Bereinigtes Brutto	100,0% (59)	100,0% (33)	100,0% (56)	100,0% (56)	100,0% (208)
Verweigerungen, keine Antwort	3,3% (2)	– (–)	6,9% (4)	14,3% (8)	6,7% (14)
Nettostichprobe Schulen, Ausschöpfung der Klumpen	96,7% (59)	100,0% (33)	93,1% (54)	85,7% (48)	93,3% (194)
Durchschnittliche Größe der untersuchten Klassen	22,4	28,4	24,9	25,4	25,0
am Befragungstag anwesende Schüler	21,4	27,5	22,6	23,9	23,5
Anzahl der tatsächlich Befragten je Klasse	21,4	26,1	21,8	23,9	23,0
Rücklauf in der Klasse, Ausschöpfung der Schüler	95,5%	91,9%	87,6%	94,1%	92,0%
Gesamtausschöpfungsquote	92,3%	91,9%	81,6%	80,6%	85,8%

Eine Betrachtung der Ausschöpfungsquoten nach Schulart differenziert ergibt jedoch einen auffälligen Befund: Danach sind die Gymnasien mit 85,7% (48) Rücklaufquote auf Klumpenebene deutlich weniger bereit gewesen, an unserer Studie mitzuwirken als die übrigen Schularten. Unter diesen tun sich vor allem die Realschulen hervor, von denen alle angeschriebenen Schulen auch ausgefüllte Fragebögen zurückgeschickt haben (100%, 33). Aber auch die Berufsschulen, die sich zu 93,1% (54) beteiligt haben, und die Hauptschulen (96,7%, 59) weisen sehr hohe Ausschöpfungsquoten auf. Die unterdurchschnittliche Beteiligung der Gymnasien hatten wir bereits in der Befragungswelle 1999 registriert, aber auch in der zwischenzeitlich durchgeführten Untersuchung zum Rechtsextremismus unter Schülern (Fuchs et al. 2003) festgestellt.

Damit stehen wir vor dem Problem, dass unsere Nettostichprobe gegenüber der geplanten Verteilung der Schulen in der Bruttostichprobe und in der Grundgesamtheit leicht verzerrt ist. Wir werden jedoch erst auf der Ebene der einzelnen befragten Schüler nach einem Ausgleich dieses Bias durch Gewichtungsfaktoren suchen (siehe unten).

Insgesamt haben wir von den 194 teilnehmenden Schulen 4.523 auswertbare Fragebögen zurückerhalten. Davon entfielen 27,8% (1.258) auf Hauptschulen, 19,3% (873) auf Realschulen, 27,2% (1.230) auf Berufsschulen und 25,7 (1.162) auf Gymnasien. Vergleicht man diese prozentuale Verteilung mit der gewünschten Verteilung der Schüler nach Schularten in der Grundgesamtheit, so stellt man einige nennenswerte Differenzen fest: Zum einen sind die Gymnasiasten um etwa 4 Prozentpunkte unterrepräsentiert und zum anderen sind Berufsschüler und Realschüler jeweils etwa 2 Prozentpunkte stärker vertreten, als sie es angesichts der Verteilung in der Grundgesamtheit sein sollten. Die Hauptschüler werden mit nur einer Differenz von 0,1 Prozentpunkten relativ gut abgebildet. Berücksichtigt man die relativ große Fallzahl unserer Nettostichprobe, verwundert es nicht, dass der Chi^2-Anpassungstest für die Differenz bei der Verteilung nach Schularten ein signifikantes Ergebnis ausweist. Von daher scheinen Gewichtungen zum Ausgleich des spezifischen Nonresponse notwendig.

Vergleicht man die Verteilung der Schüler in unserer Nettostichprobe weiterhin mit den entsprechenden Verteilungen aus den zurückliegenden Erhebungswellen, so stellt man ebenfalls beträchtliche Differenzen fest, die nicht allein Folge der Bildungsexpansion und des Anstiegs der Schüler auf weiterführenden Schulen sein können. So geht der Anteil der Berufsschüler von deutlich über 30% auf sichtbar unter 30% zurück und umgekehrt steigt der Anteil der Realschüler von etwa 13% auf gut 19% an, was nicht allein Folge der Einführung der sechsstufigen Realschule sein kann, aber sicher auch dadurch begründet ist. Betrachtet man weiterhin die Differenzen zwischen den Verteilungen der Nettostichproben nach Schularten in den beiden ersten Erhebungswellen zu den Verteilungen in den jeweiligen Grundgesamtheiten, so registriert man wieder sichtbare Differenzen, die ebenfalls den Einsatz von Gewichtungsfaktoren als geeignetes Mittel zur Anpassung der Stichproben an die jeweiligen Grundgesamtheiten erscheinen lassen.

Methodische Anlage der Untersuchung

Tab. 2.3: Grundgesamtheit der Schüler und Netto-Stichprobe (ungewichtet) nach Schulart 1994 – 1999 – 2004

Schulart	1994					
	Grundgesamtheit			Netto-Stichprobe		
	N	Prozent	Prozent männlich	N	Prozent	Prozent männlich
Hauptschule	311.944	30,95	54,3%	922	25,5%	56,0%
Realschule	133.600	13,2%	45,5%	483	13,4%	70,3%
Berufsschule	271.619	26,9%	59,3%	1.204	33,4%	62,6%
Gymnasium	293.378	29,0%	48,4%	1.000	27,7%	45,4%
Summe	1.010.541	100,0%	52,8%	3.609	100,0%	57,2%
	1999					
	Grundgesamtheit			Netto-Stichprobe		
Schulart	N	Prozent	Prozent männlich	N	Prozent	Prozent männlich
Hauptschule	321.342	29,9%	54,6%	1.217	28,9%	53,3%
Realschule	155.320	14,4%	45,9%	529	12,6%	74,8%
Berufsschule	281.849	26,2%	58,7%	1.440	34,2%	66,2%
Gymnasium	317.942	29,5%	47,3%	1.019	24,2%	45,8%
Summe	1.076.453	100,0%	52,2%	4.205	100,0%	58,6%
	2004 (Werte der Grundgesamtheit aus 2003)					
	Grundgesamtheit			Netto-Stichprobe		
Schulart	N	Prozent	Prozent männlich	N	Prozent	Prozent männlich
Hauptschule	316.107	27,9%	55,1%	1.258	27,8%	55,8%
Realschule	199.511	17,6%	46,8%	873	19,3%	57,9%
Berufsschule	282.561	24,9%	58,5%	1.230	27,2%	64,5%
Gymnasium	334.779	29,6%	47,1%	1.162	25,7%	42,3%
Summe	1.132.958	100,0%	52,1%	4.523	100,0%	55,1%

Analysiert man den Anteil der männlichen Schüler in der Grundgesamtheit und in der jeweiligen Stichprobe nach Schularten, so fallen ebenfalls nicht unbeträchtliche Unterschiede auf. Berücksichtigt man weiter, dass das Geschlecht der Schüler eine der erklärungskräftigsten Variablen in Bezug auf das Ausmaß der Gewalt an Schulen ist, so stellt sich die Frage, ob möglicherweise beobachtete Entwicklungen im Ausmaß der Gewalt nicht auch Folge der Veränderung des Anteils der männlichen Schüler in unseren Nettostichproben sein könnte. So fällt insbesondere auf, dass wir 1994 etwa 70% männliche Realschüler befragt haben, wohingegen nur 45,5% der Realschüler in der Grundgesamtheit männlichen Geschlechts sind. Im Jahr 2004 haben wir 46,8% männliche Realschüler in der Grundgesamtheit und im

Vergleich 57,9% in unserer Stichprobe. Derartige Variationen könnten die an sich beobachtbaren Trends und Entwicklungen überlagern, so dass wir groben Fehlinterpretationen der Entwicklung des Gewaltaufkommens aufsitzen könnten. Daher haben wir uns dazu entschieden, die Nettostichproben in Bezug auf die Grundgesamtheiten mit Anpassungsgewichten zu versehen. Dabei berücksichtigen wir die Schulart und das Geschlecht, so dass wir für jede Stichprobe (1994, 1999 und 2004) ein aus acht Zellen bestehendes Gewichtungstableau haben, mit dessen Hilfe die Nettostichprobe im Hinblick auf die Verteilung nach Schulart und Geschlecht an die in der jeweiligen Grundgesamtheit vorhandene angepasst wird.

Tab. 2.4: Verteilung der Gewichtungsfaktoren (gruppiert) 1994 – 1999 – 2004

Gewichtungsfaktor	1994	1999	2004	Alle
0,60 bis unter 0,85	21,6% (780)	21,8% (915)	22,4% (1.012)	21,9% (2.708)
0,85 bis unter 1,15	40,6% (1.465)	41,1% (1.727)	54,7% (2.474)	45,9% (5.666)
1,15 bis unter 1,40	30,6% (1.105)	29,4% (1.236)	22,9% (1.037)	27,4% (3.378)
1,40 bis unter 2,50	7,2% (259)	7,8% (327)	–	4,7% (585)
Summe	100,0% (3.609)	100,0% (4.205)	100,0% (4.523)	100,0% (12.337)

Die Gewichtungsfaktoren liegen zwischen 0,6 und 2,5. Betrachtet man die Verteilung der Größenklassen der Gewichtungsfaktoren in Tabelle 2.4, so erkennt man, dass ein gutes Fünftel mit einem Gewichtungsfaktor von 0,6 bis unter 0,85 versehen wurde und die überwiegende Mehrzahl (45,9%) mit einem Gewichtungsfaktor von 0,85 bis unter 1,15 bewertet wurde. Ein weiteres Viertel der Fälle (27,4%) erhielt einen Gewichtungsfaktor zwischen 1,15 und 1,4 und nur ein kleiner Teil (4,7%) wurde mit größeren Gewichtungsfaktoren zwischen 1,4 bis unter 2,5 behandelt.

Ein Vergleich der Größenklassen der Gewichtungsfaktoren für die drei Messzeitpunkte ergibt kaum auffällige Unterschiede; allenfalls lässt sich ablesen, dass die Stichprobe 2004 einen größeren Anteil von nur gering von 1 abweichenden Gewichtungsfaktoren aufweist als die beiden vorangegangenen Messzeitpunkte. Angesichts der leicht höheren Ausschöpfungsquote ist dies aber durchaus erklärlich.

Methodische Anlage der Untersuchung

Tab. 2.5: Grundgesamtheit der Schüler und Netto-Stichprobe (gewichtet) nach Schulart 1994 – 1999 – 2004

Schulart	1994					
	Grundgesamtheit			Netto-Stichprobe		
	N	Prozent	Prozent männlich	N	Prozent	Prozent männlich
Hauptschule	311.944	30,9%	54,3%	1.113	30,8%	54,3%
Realschule	133.600	13,2%	45,5%	476	13,2%	45,5%
Berufsschule	271.619	26,9%	59,3%	975	27,0%	59,2%
Gymnasium	293.378	29,0%	48,4%	1.046	29,0%	48,5%
Summe	1.010.541	100,0%	52,8%	3.609	100,0%	52,7%
Schulart	1999					
	Grundgesamtheit			Netto-Stichprobe		
	N	Prozent	Prozent männlich	N	Prozent	Prozent männlich
Hauptschule	321.342	29,9%	54,6%	1.256	29,9%	54,6%
Realschule	155.320	14,4%	45,9%	605	14,4%	45,9%
Berufsschule	281.849	26,2%	58,7%	1.105	26,3%	58,8%
Gymnasium	317.942	29,5%	47,3%	1.239	29,5%	47,2%
Summe	1.076.453	100,0%	52,2%	4.205	100,0%	52,2%
Schulart	2004 (Werte der Grundgesamtheit aus 2003)					
	Grundgesamtheit			Netto-Stichprobe		
	N	Prozent	Prozent männlich	N	Prozent	Prozent männlich
Hauptschule	316.107	27,9%	55,1%	1.262	27,9%	55,1%
Realschule	199.511	17,6%	46,8%	797	17,6%	46,8%
Berufsschule	282.561	24,9%	58,5%	1.128	24,9%	58,5%
Gymnasium	334.779	29,6%	47,1%	1.336	29,5%	47,1%
Summe	1.132.958	100,0%	52,1%	4.523	100,0%	52,1%

Aufgrund der Berücksichtigung von Schulart und Geschlecht bei der Bestimmung der Gewichtungsfaktoren erzielen wir keine vollkommene Anpassung der nun gewichteten Nettostichproben an die entsprechende Verteilung in der Grundgesamtheit. Allerdings bewegen sich die nun noch enthaltenen Differenzen zwischen Nettostichprobe und Grundgesamtheit im Bereich von 0,1 Prozentpunkten.

Außerdem wurden die Gewichtungsfaktoren so gewählt, dass die absolute Fallzahl gegenüber der ungewichteten Nettostichprobe unverändert bleibt. Mit dem auf diese Weise gewichteten Längsschnittdatensatz sollten wir in der Lage sein, Aussagen über die Situation an bayerischen Schulen – gemessen an den Bekundungen der Schüler – im Frühjahr 2004 treffen und zugleich Erkenntnisse über die Entwicklung der Gewalt an bayerische allgemeinbildenden und Berufsschulen seit 1994 gewinnen zu können.

Als alternatives Vorgehen zur Bildung eines echten Längsschnittdatensatzes hätten wir diejenigen Schulen bzw. Klassen herausfiltern können, von denen uns zu den jeweiligen Erhebungswellen Informationen vorliegen. Dies betrifft zu den drei Messzeitpunkten derzeit 132 Schulen (das sind diejenigen Schulen, die an allen drei Untersuchungen teilgenommen haben), so dass wir mit einer relativ kleinen echten Längsschnittstichprobe hätten arbeiten können. Da aber diese Längsschnittstichprobe hinsichtlich der Verteilung auf die Schularten relativ große Abweichungen zur derzeitigen Grundgesamtheit aufweist, haben wir von der Bildung dieser echten Längsschnittstichprobe abgesehen und stattdessen auf drei aufeinander folgende und auf die Grundgesamtheiten zu den jeweiligen Messzeitpunkten hin gewichtete Trendstichproben gesetzt. Auf diese Weise müssen wir hinnehmen, dass es sich bei den untersuchten Schulen nur bei einer relativ großen Schnittmenge tatsächlich um die gleichen Schulen handelt und wir zu jedem Messzeitpunkt jeweils (einige wenige) Schulen berücksichtigt haben, die bei einem oder zwei der anderen Erhebungswellen nicht in die Nettostichprobe eingegangen sind. Dies scheint uns aber ein gangbarer Kompromiss, um einerseits auf der Basis einer adäquat großen Stichprobe Aussagen über die Gewaltsituation im Jahr 2004 treffen und zugleich über die Entwicklung des Gewaltaufkommens im Zeitverlauf ermitteln zu können.

Als Folge der rückwirkenden Gewichtung auch der Stichproben 1994 und 1999 ergeben sich kleinere Differenzen der in diesem Band für die zurückliegenden Messzeitpunkte publizierten Ergebnisse zu den in früheren Veröffentlichungen ausgewiesenen Befunden. Um jedoch die Veränderungen 2004 auf solider Basis – d.h. auf Basis einer im Trend/Längsschnitt vergleichbaren Stichprobe – vornehmen zu können, müssen wir dies in Kauf nehmen.

Die nachfolgend referierten Ergebnisse basieren alle auf einem mit den Längsschnittgewichten versehenen Daten. Damit sind Generalisierungen für die Grundgesamtheiten ebenso möglich, wie Vergleiche im Zeitverlauf.

3. Verbreitung von Gewalt an Schulen

Ein Anliegen aller Studien zur Gewalt an Schulen besteht darin, das Ausmaß der von Schülern ausgehenden Gewalt gegen Mitschüler, gegen Lehrer sowie gegen Sachen abschätzen zu können. Unser Fragebogen enthält dazu zwei verschiedene Module, in denen Gewalthandlungen aus Täter- sowie aus Opferperspektive abgefragt werden. Darüber hinaus werden weitere, spezifische Aspekte des Gewalthandelns an Schulen aus Sicht der Schüler im Erhebungsinstrument thematisiert.

In Abschnitt 3.1 referieren wir die Häufigkeit, mit der Schüler im Jahr 2004 angeben, bestimmte Gewalthandlungen ausgeübt zu haben. Auf Basis der entsprechenden Ergebnisse werden dann aggregierte und standardisierte Indizes zur Beschreibung der Gewalthäufigkeit vorgestellt. Das methodische Vorgehen sowie die Verteilungen und Lagemaße dieser Indizes werden in Abschnitt 3.2 behandelt. Danach werden die Ergebnisse einer Fragebatterie referiert, in der die Schüler vermerkt haben, in welchem Umfang und wie häufig sie Opfer diverser Gewalthandlungen anderer Schüler wurden (Abschnitt 3.3). Analog zur Täterperspektive werden wir auf aggregierte und standardisierte Indizes zurückgreifen, die die Häufigkeit der selbst erlebten Gewalt an Schulen abbilden (Abschnitt 3.4). In Abschnitt 3.5 beschäftigen wir uns mit Täter-Opfer-Konstellationen und in 3.6 mit dem „kleinen harten Kern" von Tätern.

Die Täter- und Opferindizes werden in den folgenden Ausführungen als abhängige Variablen benutzt, um den Einfluss spezifischer Ursachen- und Wirkungskonstellationen auf die Häufigkeit der ausgeübten bzw. der erlebten Gewalt an Schulen zu analysieren.

3.1 Schüler als „Gewalttäter"

Analog zu unseren Untersuchungen von 1994 und 1999 haben wir die Schüler auch 2004 gebeten anzugeben, wie häufig sie eine oder mehrere von 23 vorgegebenen Gewalthandlungen in der Schule ausgeübt haben (vgl. Tab. 3.1 sowie den Fragebogen im Anhang für eine Übersicht der abgefragten Gewalthandlungen). Als Referenzzeitraum haben wir jeweils das laufende Schuljahr festgelegt. Nachdem der Messzeitpunkt bei allen drei Erhebungswellen jeweils vor den Osterferien lag, können wir von einer weitgehenden Vergleichbarkeit der Referenzzeiträume ausgehen.

Bei der Untersuchung der Gewalthäufigkeit mit Hilfe von Selbstauskünften der „Täter" entsteht jedoch das grundsätzliche Problem, dass der Verdacht nicht ganz von der Hand zu weisen ist, ein Teil der Schüler würde durch besonders spektakuläre Antworten versuchen, sich in Szene zu setzen, während ein anderer Teil tatsächlicher Gewalttäter bemüht ist, das Ausmaß der selbst ausgeübten Gewalt herunterzuspielen oder zu verharmlosen. Daraus folgt, dass in den Daten vermutlich antagonistische Messfehler enthalten sind, von denen wir annehmen und hoffen, dass sie sich in den Daten ausmitteln bzw. kompensieren. Letzte Klarheit über den Umfang dieses Messfehlers können wir kaum erlangen, jedoch haben wir mit einer

Skala zur sozialen Erwünschtheit das Ausmaß der diesem Antwortfehler zugrunde liegenden Disposition ermittelt. Sie ist recht mäßig ausgeprägt, weshalb wir nur einen sehr schwachen Einfluss auf die berichtete Gewalthäufigkeit annehmen müssen. Weiterhin ist der Anteil der fehlenden Werte bei den einzelnen Gewaltitems relativ gering. Von daher gehen wir davon aus, dass die Qualität der Daten zur Häufigkeit der selbstausgeübten Gewalt vergleichsweise hoch ist und die Informationen als valide Beschreibung der Situation an bayerischen Schulen im Frühjahr 2004 dienen können.

Bei der Feststellung der Gewalthäufigkeit (vgl. Tab. 3.1) fällt auf, dass nur bei einer Handlung, nämlich der Beschimpfung eines Mitschülers, mehr als die Hälfte der Schüler angibt, diese Handlung bereits mindestens einmal im laufenden Schuljahr ausgeführt zu haben. Lediglich 27,2% (1.221) sagen, dass sie noch nie im laufenden Schuljahr einen Mitschüler beschimpft haben. Die relative Mehrheit (32,5%, 1.457) konzediert hingegen, es zumindest selten getan zu haben. Weitere (22,1%, 992) berichten von gelegentlichen Beschimpfungen von Mitschülern. 11,0% (494) taten dies oft und weitere 7,2% (323) sehr oft.

Ebenfalls recht häufig, jedoch mit deutlichem Abstand, folgt an zweiter Stelle ein weiterer Indikator aus dem Bereich der verbalen Aggressivität, nämlich mit der Clique laut über eine andere Clique herzuziehen. Hier geben 54,4% (2.242) an, dass sie dies noch nie im laufenden Schuljahr getan hätten. Ein Fünftel der Schüler (20,2%, 906) hat dies selten praktiziert und 13,7% (616) berichten von gelegentlichen verbalen Aggressivitäten dieser Art. 6,7% (299) haben oft derartiges Verhalten an den Tag gelegt und jeder 20. Schüler (5,0% 223)) hat sehr oft derartige Aggressivitäten praktiziert.

An dritter Stelle der Häufigkeitsliste folgt eine Verhaltensweise, die der physischen Gewalt gegen Mitschüler zuzurechnen ist: 63,1% (3.837) haben im laufenden Schuljahr keinen Mitschüler nach einer Provokation geschlagen. Ein knappes Fünftel hat allerdings (19,1%, 857) selten derartige Verhaltensweisen an den Tag gelegt; die übrigen haben dies entweder gelegentlich (10,7%, 481), oft (4,7%, 211) oder sogar sehr oft (2,5%, 112) getan.

Alle übrigen Verhaltensweisen, die wir in unserer Fragebatterie zur Gewalt von Schülern gegen Mitschüler, gegen das Eigentum von Mitschülern, gegen Lehrer und Ausstattungsgegenstände der Schule erhoben haben, werden von den Befragten noch einmal deutlich seltener benannt: An nächster Stelle folgt das Anmachen einer Mitschülerin gemeinsam mit anderen, wo 71,6% (3.206) angeben, sie hätten dies noch nie getan. 15,4% (688) konzedieren, dass sie Mitschülerinnen selten angemacht hätten, weitere 7,3% (327) antworten mit „gelegentlich" und knapp 6% berichten, dass sie dies oft (3,1%, 138) oder sehr oft (2,6%, (118) im laufenden Schuljahr getan hätten.

Damit können wir festhalten, dass es sich bei drei der vier am häufigsten ausgeübten Gewalthandlungen an Schulen entweder um verbale Aggressivität handelt oder aber um das Anmachen einer Mitschülerin. Lediglich eine der vier häufigsten Gewalthandlungen ist physische Gewalt im engeren Sinne, nämlich das Schlagen eines Mitschülers, nachdem dieser den Angreifer provoziert hatte. Damit ergibt sich bereits ein erstes – im Vergleich zu manchen Erwartungen und Befürchtungen weniger dramatisches – Bild.

Schwerwiegende Gewalthandlungen an bayerischen Schulen, die auch strafrechtlich zu ahnden wären, kommen so gut wie nicht vor. Zunächst fällt in diesem Zusammenhang auf, dass im laufenden Schuljahr lediglich 2,7% (119) der Schüler überhaupt einmal einen Mitschüler mit der Waffe bedroht haben. Die Erpressung eines Mitschülers („einen Mitschüler gezwungen, Geld oder etwas Wertvolles zu überlassen") wird von 2,5% (113) der Befragten eingeräumt. Und weiter stellen wir fest: Sowohl die Bedrohung eines Mitschülers mit einer Waffe, als auch das Erpressen von Geld oder wertvollen Gegenständen wird nur von einer ganz kleinen Minderheit oft oder sehr oft begangen. In beiden Fällen liegt die entsprechende Zahl bei einem halben Prozent.

Für die weitere Diskussion um Gewalt an Schulen und insbesondere um das Klima in den entsprechenden Lehrerkollegien ist ebenfalls von Bedeutung, dass Gewalt gegen Lehrer nur von vergleichsweise kleinen Populationen berichtet wird. Sowohl das Schlagen eines Lehrers (97,8%, 4.390) als auch das Bedrohen eines Lehrers, damit er tut, was der Schüler möchte (97,7%, 4.391), wird von der überwiegenden Zahl der Befragten nicht begangen. Auch zerstechen nur sehr wenige Schüler einem Lehrer die Reifen am Auto oder am Fahrrad. Hier geben 97,4% (4.379) an, dass sie Derartiges im laufenden Schuljahr nicht getan hätten. 1,0% (45) gibt zu, dies selten gemacht zu haben; 0,6% (26) berichten von gelegentlichen derartigen Verhaltensweisen und 0,2% (15) sagen, dass sie oft einem Lehrer Reifen am Auto oder am Fahrrad zerstochen hätten.

Betrachtet man die auf Peergroups bezogenen Gewalttätigkeiten, so stellt man fest, dass die beiden darunter subsumierbaren Verhaltensweisen nur von einem Zehntel der Befragten im laufenden Schuljahr ausgeübt wurden: Die Zahl der Schüler, die, gemeinsam mit ihrer Clique einen Mitschüler verprügelt haben, ist mit 7,2% vergleichsweise gering, ebenso wie der Anteil der Schüler, die sich gemeinsam mit ihrer Clique mit einer anderen Clique geprügelt haben (10,7%). Dabei handelt es sich schwergewichtig um Auseinandersetzungen zwischen einheimischen deutschen bzw. unter ausländischen Schülern; Konflikte über die ethnischen Grenzen hinweg scheinen bei Prügeleien zwischen Cliquen nicht an der Tagesordnung zu sein. 94,5% (4.243) der Schüler bekunden, dass sie im laufenden Schuljahr noch niemals mit einer Clique einen ausländischen Schüler verprügelt haben. Lediglich 5,5% (245) konzedieren, dies selten, gelegentlich, oft oder sehr oft getan zu haben.

Tab. 3.1: Häufigkeit der Gewaltausübung in diesem Schuljahr 2004

Gewaltaktivität	Nie	Selten	Gelegentlich	Oft	Sehr oft	Alle
Einen Mitschüler so angeschrieen, dass er weinen musste.	81,1% (3.647)	11,7% (527)	4,3% (193)	1,6% (74)	1,2% (54)	100,0% (4.495)
Einen Mitschüler geschlagen, der provoziert hat.	63,1% (2.837)	19,1% (857)	10,7% (481)	4,7% (211)	2,5% (112)	100,0% (4.498)
Aus einer Rauferei mit einem Mitschüler eine Schlägerei gemacht.	82,1% (3.694)	9,3% (419)	4,5% (202)	2,2% (98)	1,9% (84)	100,0% (4.497)
Mit der Clique laut über eine andere Clique hergezogen.	54,4% (2.442)	20,2% (906)	13,7% (616)	6,7% (299)	5,0% (223)	100,0% (4.487)
Einen Mitschüler beschimpft.	27,2% (1.221)	32,5% (1.457)	22,1% (992)	11,0% (494)	7,2% (323)	100,0% (4.487)
Unsere Clique hat sich mit einer anderen Clique geprügelt.	89,3% (3.739)	8,1% (366)	4,2% (190)	2,2% (97)	2,2% (99)	100,0% (4.491)
Mitschülern Geld, Kleidung, Schultasche, Fahrrad, etc. weggenommen.	93,0% (4.180)	4,0% (178)	1,5% (87)	0,6% (27)	1,0% (44)	100,0% (4.496)
Mit der Clique einen Mitschüler verprügelt.	92,8% (4.171)	3,7% (166)	1,5% (68)	0,9% (39)	1,1% (49)	100,0% (4.493)
Mich so mit einem Schüler geprügelt, dass uns weder Lehrer noch Mitschüler trennen konnten.	91,4% (4.116)	4,4% (197)	2,0% (90)	0,8% (37)	1,4% (64)	100,0% (4.504)
Auf einen Mitschüler eingetreten, der in einer Prügelei zu Boden gegangen war.	92,6% (4.166)	4,1% (186)	1,4% (65)	0,9% (39)	1,0% (45)	100,0% (4.501)
Fahrräder, Schultaschen, Bücher etc. von Mitschülern beschädigt.	88,4% (3.970)	8,1% (965)	2,0% (91)	0,6% (28)	0,9% (39)	100,0% (4.493)

Verbreitung von Gewalt an Schulen

Gewaltaktivität	Nie	Selten	Gelegentlich	Oft	Sehr oft	Alle
Mit einer Clique einen ausländischen Mitschüler verprügelt.	94,5% (4.243)	2,6% (116)	1,2% (56)	0,5% (22)	1,1% (51)	100,0% (4.488)
Einen Schüler gezwungen, Geld oder etwas (Wertvolles) zu überlassen (Jacke).	97,5% (4.383)	1,3% (58)	0,5% (24)	0,2% (9)	0,5% (22)	100,0% (4.496)
Einem Mitschüler Prügel angedroht, damit er macht, was ich sage.	85,2% (3.825)	9,5% (428)	2,8% (126)	1,3% (57)	1,2% (53)	100,0% (4.489)
Zusammen mit anderen eine Mitschülerin angemacht.	71,6% (3.206)	15,4% (688)	7,3% (327)	3,1% (138)	2,6% (118)	100,0% (4.475)
Einem Lehrer Luft aus den Reifen gelassen.	94,1% (4.226)	2,6% (119)	1,4% (63)	0,8% (36)	1,0% (47)	100,0% (4.491)
In der Schule Mauern, Türen usw. bemalt.	87,3% (3.928)	7,4% (335)	2,9% (129)	1,2% (55)	1,1% (51)	100,0% (4.498)
In der Schule Türen, Fenster, Toiletten etc. beschädigt.	91,5% (4.115)	5,2% (232)	1,8% (82)	0,7% (32)	0,8% (34)	100,0% (4.495)
Einem Lehrer die Reifen am Auto oder Fahrrad etc. zerstochen.	97,4% (4.379)	1,0% (45)	0,6% (26)	0,3% (15)	0,7% (32)	100,0% (4.497)
Einen Lehrer bedroht, damit er das macht, was du willst.	97,7% (4.391)	0,9% (39)	0,6% (25)	0,2% (10)	0,6% (28)	100,0% (4.493)
Einen Lehrer geschlagen.	97,8% (4.390)	0,9% (41)	0,4% (17)	0,3% (11)	0,6% (29)	100,0% (4.488)
Einen Mitschüler mit einer Waffe bedroht.	97,3% (4.367)	1,2% (54)	0,6% (26)	0,2% (11)	0,6% (28)	100,0% (4.486)
Einen Mitschüler so geschlagen, dass er zum Arzt gehen musste.	92,8% (4.171)	4,1% (185)	1,2% (55)	0,7% (33)	1,1% (50)	100,0% (4.494)

Gewichtete Daten, daher sind die Prozentwerte u.U. nicht ohne weiteres „von Hand" nachvollziehbar.

Sachbeschädigungen von Ausstattungsgegenständen der Schule treten nur bei etwa einem Zehntel der Schüler auf: Während 87,3% (3.928) für sich reklamieren, im laufenden Schuljahr nie in der Schule Mauern, Türen usw. bemalt zu haben, sagen 7,4% (335), dass sie das selten und weitere 2,9% (129), dass sie dies gelegentlich gemacht hätten. Nur 1,2% (55) haben dies oft und 1,1% (51) sehr oft getan. Auch bei der Beschädigung von Türen, Fenstern und Toiletten in der Schule gibt die überwiegende Mehrzahl der Schüler an, dass sie das im laufenden Schuljahr nicht getan hätten (91,5%, 4.115). Nur 0,7% (32) berichten von oftmaligen und 0,8% (34) sehr häufigen solchen Verhaltensweisen. Damit sind Vandalismus und Sachbeschädigung kein Massenphänomen, sondern werden allenfalls von einer kleineren Zahl von Schülern verübt (jeweils etwa 1% sehr oft).

Auch Diebstähle treten nach Angaben der Schüler relativ selten auf: 93,0% (4.180) der Befragten verneinen, dass sie jemals im laufenden Schuljahr einem Mitschüler Geld, Kleidung, Schultasche oder das Fahrrad weggenommen hätten. 4,0% (178) haben dies selten und weitere 1,5% (67) gelegentlich getan. Nur eine verschwindende Minderheit gesteht, dies oft (0,6%, 27) oder sehr oft (1,0%, 44) gemacht zu haben.

Für die weitere Analyse haben wir uns dazu entschlossen, die fünfstufigen Antwortskalen, die auf ordinalem Skalenniveau messen, mit Hilfe des arithmetischen Mittels darzustellen. Wir sind uns bewusst, dass dies aus statistischen Gründen eigentlich nicht gerechtfertigt ist, weil es sich bei den Items unserer Gewaltskala nicht um metrisches Messniveau handelt. Da aber andererseits die negativen Auswirkungen dieser Entscheidung auf die Ergebnisse vergleichsweise gering sind, wir aber den erheblichen Vorteil einer besseren und leichteren Vergleichbarkeit der Befunde in Anspruch nehmen können, halten wir dieses Vorgehen für vertretbar.

In den nachfolgenden Tabellen sind also die arithmetischen Mittel der Antworten der Schüler angegeben, wobei ein höherer Mittelwert eine häufigere Begehung einer entsprechenden Gewalttat zum Ausdruck bringt (1 = niemals bis 5 = sehr oft). Um Aussagen über die Entwicklung der Gewalt im Zeitverlauf treffen zu können, stellen wir die Ergebnisse für alle drei Messzeitpunkte im Vergleich dar.

Bei den so errechneten Durchschnittswerten ist zu berücksichtigen, dass wir in den Tabellen nur eine Nachkommastelle ausweisen. Da wir jeweils beträchtliche Fallzahlen in unseren Stichproben haben und die Konfidenzintervalle vergleichsweise klein sind, können wir zum Teil auch Veränderungen auf der zweiten Nachkommastelle als signifikante Befunde ausweisen. Daher muss man sich fragen, welche theoretische Relevanz einer Veränderung oder einer Differenz zukommt, die erst auf der zweiten Nachkommastelle sichtbar wird, nämlich keine! Deshalb runden wir bei der Darstellung der Ergebnisse – nicht bei deren Berechnung – kaufmännisch auf die erste Stelle nach dem Komma. Der deshalb z. B. in Tab. 3.2 verwundernde Befund, dass nicht erkennbare zahlenmäßige Unterschiede höchst signifikant sind, sollte vom Leser nicht weitergehend gewürdigt werden.

Verbreitung von Gewalt an Schulen 77

Betrachten wir in einem ersten Zugang die Größe der arithmetischen Mittel im Jahr 2004, dann fällt auf, dass wir nur eine Gewaltaktivität haben, die den Wert von 2,0 überschreitet. Dabei handelt es sich um das Item „einen Mitschüler beschimpfen", das mit 2,4 relativ häufig auftritt. Alle anderen arithmetischen Mittel liegen unter dem Wert von 2 (auf der Skala von 1 = nie bis 5 = sehr oft) und signalisieren, dass diese Gewalthandlungen ausgesprochen selten vorkommen. Am zweithäufigsten tritt auf, „laut mit einer Clique über eine andere Clique herzuziehen", was ebenfalls zum Bereich der verbalen Gewalt gehört (1,9 im Durchschnitt), wie auch „zusammen mit anderen eine Mitschülerin anmachen" (1,5). Als einziges Item aus dem Bereich der physischen Gewalt erhält das Statement „einen Mitschüler geschlagen, der provoziert hat" mit 1,6 einen relativ hohen Wert. Alle übrigen Gewaltvorkommnisse erzielen bei dieser Durchschnittsbetrachtung Werte zwischen 1,0 und 1,2 und nur wenige Items besitzen Mittelwerte von 1,3. Damit wiederholt sich der bereits bei der prozentualen Betrachtung berichtete Befund, wonach die überwiegende Mehrzahl der Gewalthandlungen nur selten praktiziert wird.

Die Tab. 3.2 ermöglicht darüber hinaus eine Betrachtung der Entwicklung der Gewalthäufigkeit zwischen 1994 und 2004. Wir haben dazu die Durchschnittswerte der Gewalthäufigkeit zu den drei Messzeitpunkten (1994, 1999 und 2004) gegenübergestellt und können in der Gesamtschau der Einzelergebnisse konstatieren, dass bei fast allen Items die durchschnittliche Gewalthäufigkeit 2004 geringer ist als in den zuvor untersuchten Jahren. Häufig ist diese Veränderung schon auf der ersten Nachkommastelle sichtbar. Dort, wo scheinbar gleiche Mittelwerte ausgewiesen werden, ist dennoch ein Rückgang der Gewalthäufigkeit auf der zweiten Nachkommastelle zu beobachten, der lediglich durch die Rundungen verdeckt wurde.

Der generelle Befund lautet also, dass im Jahr 2004 die Gewalthäufigkeit in der Regel geringer ist als 1999 und 1994. Bei den allermeisten Items haben wir zudem eine monoton sinkende Gewalthäufigkeit zu beobachten, wonach also der höchste Gewaltbelastung 1994 zu verzeichnen war, dann 1999 ein leichter Rückgang gemessen wurde und nun im Jahr 2004 noch einmal geringere Werte ausgewiesen werden können. Nur bei drei Items lässt sich keine signifikante Verringerung der Gewalthäufigkeit nachweisen und bei zwei Items gibt es Ausnahmen von dem allgemeinen Trend:

Zunächst ist das Item „mit der Clique laut über eine andere Clique herziehen" zu nennen. Hier hat die Gewalthäufigkeit von 1994 (1,8) bis 1999 (2,0) zugenommen, um dann 2004 wieder (1,9) abzusinken. Auch die Beschädigung von Türen, Fenstern, Toiletten usw. in der Schule scheint im Zeitverlauf leicht zugenommen zu haben: während 1994 und 1999 ein Wert von 1,2 erreicht wird, messen wir im Jahr 2004 mit einem Durchschnittswert von 1,3 eine leichte Zunahme.

Tab. 3.2: Häufigkeit der Gewalt im laufenden Schuljahr 1994 – 1999 – 2004

Gewaltaktivität	1994	1999	2004	Sign.
Einen Mitschüler so angeschrieen, dass er weinen musste.	1,3	1,3	1,3	n.s.
Einen Mitschüler geschlagen, der provoziert hat.	1,8	1,7	1,6	***
Aus einer Rauferei mit einem Mitschüler eine Schlägerei gemacht.	1,4	1,4	1,3	**
Mit der Clique laut über eine andere Clique hergezogen.	1,8	2,0	1,9	**
Einen Mitschüler beschimpft.	2,6	2,6	2,4	***
Unsere Clique hat sich mit einer anderen Clique geprügelt.	1,3	1,4	1,3	n.s.
Mitschülern Geld, Kleidung, Schultasche, Fahrrad, etc. weggenommen.	1,2	1,1	1,1	***
Mit der Clique einen Mitschüler verprügelt.	1,2	1,1	1,1	**
Mich so mit einem Schüler geprügelt, dass uns weder Lehrer noch Mitschüler trennen konnten.	1,2	1,2	1,2	**
Auf einen Mitschüler eingetreten, der in einer Prügelei zu Boden gegangen war.	1,2	1,2	1,1	***
Fahrräder, Schultaschen, Bücher etc. von Mitschülern beschädigt.	1,3	1,2	1,2	***
Mit einer Clique einen ausländischen Mitschüler verprügelt.	1,1	1,1	1,1	n.s.
Einen Schüler gezwungen, Geld oder etwas (Wertvolles) zu überlassen (Jacke).	1,1	1,1	1,1	***
Einem Mitschüler Prügel angedroht, damit er macht, was ich sage.	1,3	1,3	1,2	***
Zusammen mit anderen eine Mitschülerin angemacht.	1,6	1,6	1,5	***

Gewaltaktivität	1994	1999	2004	Sign.
Einem Lehrer Luft aus den Reifen gelassen.	1,2	1,2	1,1	***
In der Schule Mauern, Türen usw. bemalt.	1,3	1,3	1,2	***
In der Schule Türen, Fenster, Toiletten etc. beschädigt.	1,2	1,2	1,3	***
Einem Lehrer die Reifen am Auto oder Fahrrad etc. zerstochen.	1,1	1,1	1,1	***
Einen Lehrer bedroht, damit er das macht, was du willst.	1,1	1,1	1,1	***
Einen Lehrer geschlagen.	1,1	1,1	1,1	***
Einen Mitschüler mit einer Waffe bedroht.	1,1	1,1	1,1	***
Einen Mitschüler so geschlagen, dass er zum Arzt gehen musste.	1,2	1,2	1,1	***

Hier, wie im Weiteren gewichtete Daten; Durchschnitt der Werte auf einer Skala von 1 = nie bis 5 = sehr oft. n.s. = nicht signifikant; * = $\alpha < 0{,}05$; ** = $\alpha < 0{,}01$; *** = $\alpha < 0{,}001$

Alle übrigen Aktivitäten gehen jedoch im Zeitverlauf zurück. Dies gilt in analoger Weise für die schwerwiegenden physischen Gewalttaten, wie etwa auf einen Mitschüler eintreten, der bereits bei einer Prügelei zu Boden gegangen war, was von 1,2 auf 1,1 abnimmt. Auch das Schlagen eines Mitschülers, so dass dieser zum Arzt gehen musste, wird von 1,2 in den Jahren 1994 und 1999 auf 1,1 im Jahr 2004 reduziert.

Insgesamt gesehen überwiegt also der leichte Rückgang der Gewalthäufigkeit auf bereits niedrigem Niveau in den Vorjahren. Allerdings ist zu bedenken, dass bei den Fallzahlen der hier zugrunde liegenden Stichproben von mehreren tausend Schülern je Studie auch kleinste Veränderungen der Mittelwerte als statistisch signifikant ausgewiesen werden können. Es ist daher von großer Bedeutung, neben der statistischen Signifikanz auch die inhaltliche Relevanz der Größenordnung des Rückgangs zu interpretieren, und dies heißt, die Gewaltreduktion zurückhaltend positiv zu werten, zumal die Differenzen oft nur sehr mäßig sind.

Andererseits kann das in der Mediendiskussion kolportierte Bild, wonach Gewalt an Schulen auf breiter Front zugenommen und/oder eine neue Qualität erreicht habe, angesichts dieser Befunde zur Entwicklung der Gewalt an Schulen im Laufe von zehn Jahren jedoch eindeutig widerlegt werden. Zwar müssen wir in Rechnung stellen, dass die durchgeführte Erhebung eine Reihe von Messfehlern beinhalten kann, die dazu führen könnten, dass wir möglicherweise nicht das ganze Ausmaß der Gewalt ermitteln, doch sollte dieser Messfehler sich im Laufe der vergangenen zehn Jahre kaum verändert haben. Selbst wenn wir also berücksichtigen, dass ein Teil der Schüler bei der Beantwortung unserer Fragen übertreibt und ein anderer Gewalthandlungen verheimlicht, so sollten diese Verzerrungen in den Ergebnissen aller drei Erhebungsphasen doch in ähnlicher Weise enthalten sein. Daher können wir im Zeitverlauf für die allermeisten Gewaltformen einen Rückgang der Häufigkeit diagnostizieren. Bedenken wir weiter, dass durch die Medienberichterstattung über schwerste schulische Gewaltformen die Sensibilität und damit die Bereitschaft, auch leichtere Formen von Gewalt im Fragebogen anzugeben, wahrscheinlich gestiegen ist, so sind die bislang referierten Befunde und das Gesamtergebnis abnehmender Gewalt wohl nicht bestreitbar.

3.2 Gewaltindizes

Zur Analyse der Gewalthäufigkeit in Teilgruppen der Schülerpopulation haben wir im Folgenden standardisierte Indizes berechnet, die die verschiedenen Dimensionen der Gewalt an Schulen auf einer Skala von 0 (= überhaupt keine Gewalt) bis 10 (= das maximale Ausmaß der Gewalt) ausdrücken. Derartige Indizes haben wir auf Basis der 23 Items der Frage 22 für folgende Dimensionen gebildet: verbale Gewalt, physische Gewalt, Gewalt gegen Sachen und psychische Gewalt.

Zur Messung der verbalen Gewalt wurden folgende Items zusammengefasst:
- „Einen Mitschüler beschimpft".
- „Mit der Clique laut über eine andere Clique hergezogen".
- „Einen Mitschüler so angeschrieen, dass er weinen musste".

Für die Messung der physischen Gewalt wurden folgende Items herangezogen:
- „Einen Mitschüler geschlagen, der provoziert hat".
- „Aus einer Rauferei mit einem Mitschüler eine Schlägerei gemacht".
- „Unsere Clique hat sich mit einer anderen Clique geprügelt".
- „Mit der Clique einen Mitschüler verprügelt".
- „Mich so mit einem Schüler geprügelt, dass uns weder Lehrer noch Mitschüler trennen konnten".
- „Auf einen Mitschüler eingetreten, der in einer Prügelei zu Boden gegangen war".
- „Mit einer Clique einen ausländischen Schüler verprügelt".
- „Einen Lehrer geschlagen".
- „Einen Mitschüler so geschlagen, dass dieser zum Arzt gehen musste".

Verbreitung von Gewalt an Schulen

Für die Feststellung der Gewalt gegen Sachen haben wir folgende Items berücksichtigt:
- „Fahrräder, Schultaschen, Bücher etc. von Mitschülern beschädigt".
- „Einem Lehrer Luft aus den Reifen gelassen".
- „In der Schule Mauern, Türen usw. bemalt".
- „In der Schule Türen, Fenster, Toiletten etc. beschädigt".
- „Einem Lehrer die Reifen am Auto oder Fahrrad etc. zerstochen".

Zur Messung der psychischen Gewalt wurden die folgenden sechs Items in Anspruch genommen:
- „Mitschülern Geld, Kleidung, Schultasche, Fahrrad etc. weggenommen".
- „Einen Schüler gezwungen, Geld oder etwas (Wertvolles) zu überlassen (Jacke)".
- „Einem Mitschüler Prügel angedroht, damit er macht, was ich sage".
- „Zusammen mit anderen eine Mitschülerin angemacht".
- „Einen Lehrer bedroht, damit er macht, was du willst".
- „Einen Mitschüler mit einer Waffe bedroht".

Die aufgeführten Items wurden jeweils zu additiven Indizes verrechnet. Wegen der unterschiedlichen Itemzahlen je thematischen Block ergeben sich für die Indizes zunächst unterschiedliche Wertebereiche, die wir durch Standardisierung auf den Wertebereich von 0 bis 10 angeglichen haben. Im Ergebnis können wir also die Indizes der Größe nach miteinander vergleichen und abschätzen, welche Gewaltform im Vergleich häufiger auftritt und welche seltener. Die Indizes wurden bereits in der ersten Untersuchung von 1994 wie auch in der Wiederholungsbefragung von 1999 in gleicher Weise berechnet, so dass ein direkter Vergleichsmaßstab für die Häufigkeit der verschiedenen Gewaltformen zur Verfügung steht.

Tab. 3.3: Gewaltindizes 1994 – 1999 – 2004

Gewaltart	1994	1999	2004	Sign.
Verbale Gewalt	2,3	2,5	2,1	***
Physische Gewalt	0,7	0,7	0,6	***
Gewalt gegen Sachen	0,6	0,5	0,4	***
Psychische Gewalt	0,5	0,5	0,4	***

Indexwerte 0 (keine Gewalt) bis 10 (maximale Gewalt). *** = $\alpha < 0,001$

Die Analyse der Indizes ergibt zunächst, dass verbale Gewalt im Vergleich zu den drei anderen Gewaltformen im Jahr 2004 mit einem Durchschnittswert von 2,1 auf dem Index sehr viel häufiger auftritt. Physische Gewalt erreicht 0,6, während Gewalt gegen Sachen und psychische Gewalt jeweils einen Indexwert von 0,4 Punkten aufweisen. Damit ist verbale Gewalt um den Faktor 3,5 bis 5 stärker ausgeprägt als physische und psychische Gewalt. Somit wiederholt sich ein Befund aus den beiden vorangegangenen Erhebungen, bei denen ebenfalls eine deutlich stärkere Ausprägung der verbalen Gewalt gegenüber den drei anderen Gewaltformen festgestellt wurde: Verbale Aggressivitäten traten auch damals um den Faktor 3 bis 5 stärker auf als Gewalt gegen Sachen oder Personen oder psychische Gewalt.

Aus der Dominanz der verbalen Gewalt gegenüber der physischen und/oder psychischen Gewalt leiten wir ab, dass an Schulen zwar ein beträchtliches aggressives Klima zu herrschen scheint, weil mit einem Durchschnittswert von 2,1 Punkten auf einem Index von 0 bis 10 immerhin gut 20 Prozent des Maximalwertes erreicht werden, dass aber physische Gewalttaten insbesondere im Vergleich zur verbalen Gewalt vergleichsweise selten auftreten.

Bezüglich der Entwicklung der Gewalthäufigkeiten im Zeitverlauf erbringt die Analyse allgemein einen Rückgang der Häufigkeit derartiger Vorkommnisse. Bei allen vier Gewaltformen ist das Gewaltniveau sichtbar und statistisch signifikant unter dem Gewaltniveau der vorangegangenen Messzeitpunkte angesiedelt.

Betrachten wir die verbale Gewalt, so hatten wir zwischen 1994 und 1999 zunächst einen sichtbaren Anstieg von 2,3 auf 2,5 Indexpunkte zu verzeichnen. In den vergangenen fünf Jahren ist dann das Gewaltniveau deutlich auf 2,1 Punkte zurückgegangen. Wir können also von einer gewissen Beruhigung der Lage an den Schulen im Hinblick auf verbale Aggressivitäten sprechen. Zwar erreicht die verbale Gewalt mit 2,1 Indexpunkten immer noch den im Vergleich zu den anderen Gewaltformen höchsten Wert, das absolute Niveau ist jedoch im Vergleich zum möglichen Maximum (von 10 Punkten) gering und der Rückgang im Kontrast zu den vorangegangenen Jahren insbesondere zu 1999 beträchtlich.

Bei der physischen Gewalt hatten wir zwischen 1994 und 1999 im zweiten Nachkommabereich bereits einen leichten Rückgang der Gewalthäufigkeit zu verzeichnen, der sich nun fortgesetzt und verstärkt hat, so dass im Jahr 2004 ein Wert von 0,6 Punkten erreicht wird, der sichtbar unter den Vergleichszahlen der Vorjahre (jeweils 0,7) liegt. Auch bei der Gewalt gegen Sachen ist ein kontinuierlicher Rückgang der Gewalthäufigkeiten in den letzten zehn Jahren zu beobachten: Während 1994 ein Indexwert von 0,6 registriert wird, hatten wir bereits 1999 eine Abnahme auf 0,5 Punkte zu konstatieren – ein Trend, der sich in das Jahr 2004 verlängert, in dem wir mit einem Durchschnittswert von 0,4 noch einmal einen sichtbaren Rückgang verzeichnen.

Auch bei der psychischen Gewalt ermitteln wir im langfristigen Vergleich einen Rückgang der Häufigkeiten. Während für 1994 ein Wert von 0,5 errechnet wird, ergibt sich bei der letzten Messung im Jahr 2004 eine Reduktion auf 0,4 Indexpunkte.

Verbreitung von Gewalt an Schulen

Tab. 3.4: Gewaltindizes nach Schulart 1994 – 1999 – 2004

Gewaltart	Haupt-schule	Real-schule	Berufs-schule	Gymna-sium	Alle	Sign.
			1994			
Verbale Gewalt	2,4	2,6	2,3	2,0	2.3	***
Gewalt gegen Personen	1,0	0,6	0,9	0,3	0,7	***
Gewalt gegen Sachen	0,5	0,6	0,8	0,4	0,6	***
Psychische Gewalt	0,6	0,5	0,8	0,3	0,5	***
Gewaltart			1999			
Verbale Gewalt	2,7	2,5	2,4	2,2	2,5	***
Gewalt gegen Personen	1,0	0,5	0,7	0,4	0,7	***
Gewalt gegen Sachen	0,6	0,5	0,6	0,5	0,5	n.s.
Psychische Gewalt	0,6	0,5	0,6	0,3	0,5	***
Gewaltart			2004			
Verbale Gewalt	2,5	2,3	2,2	1,7	2,1	***
Gewalt gegen Personen	0,9	0,6	0,6	0,3	0,6	***
Gewalt gegen Sachen	0,4	0,5	0,4	0,3	0,4	***
Psychische Gewalt	0,5	0,4	0,4	0,2	0,4	***

Indexwerte (0 – 10); *** = $\alpha < 0,001$.

Wir werden in den weiteren Analysen noch zu klären haben, welche Faktoren zum Rückgang der Gewalthäufigkeiten beigetragen haben: Denkbar sind sowohl Präventions- und Interventionsprogramme auf Seiten der Schulen wie auch veränderte Wertorientierungen der Schüler oder aber die Verschiebung von sozialstrukturellen Hintergrundvariablen (wie z.B. die sich fortsetzende Bildungsexpansion), die dazu beigetragen haben können, dass das Gewaltniveau insgesamt abnimmt. Analysiert man z.B. die Gewalthäufigkeit differenziert nach den verschiedenen Schularten, so stellt man den in der Literatur mehrfach belegten Befund fest, wonach mit steigendem Bildungsaspirationsniveau die Gewalthäufigkeit zurückgeht.

Betrachten wir das Jahr 2004: Alle Gewaltformen an den Gymnasien treten jeweils signifikant seltener auf als an den übrigen Schularten. Dies gilt für die verbale Gewalt, die an Gymnasien lediglich einen Wert von 1,7 erreicht, aber bei Hauptschulen (2,5), an Realschulen (2,3) und an Berufsschulen (2,3) stärker ausgeprägt ist. Auch für die physische Gewalt stellen wir an Gymnasien einen Indexwert von 0,3 fest, der lediglich ein Drittel bis die Hälfte der übrigen Schularten ausmacht. Abgeschwächt gilt dies auch für die Gewalt gegen Sachen, die an Gymnasien einen Indexwert von 0,3 Punkten besitzt, jedoch bei den anderen Schulen mit 0,4 und 0,5 etwas höher liegt. Deutlicher ist der Abstand bei der psychischen Gewalt, die an Gymnasien 0,2 erreicht, wohingegen Berufsschulen und Realschulen jeweils einen Indexwert von 0,4 aufweisen und sich für Hauptschulen ein solcher von 0,5 errechnet. Alle diese Ergebnisse sind signifikant mit $\alpha < 0,001$.

Diesen Befund, wonach die Gewalthäufigkeit mit sinkendem Bildungsaspirationsniveau steigt, hatten wir bereits in den früheren Erhebungswellen dokumentieren können: Für 1994 wie auch für 1999 gilt, dass die Gymnasiasten jeweils deutlich geringere Gewalthäufigkeiten aufweisen, als die Schüler der übrigen Schularten. Lediglich bei der physischen Gewalt gegen Sachen konnten wir 1999 keinen schulartspezifischen Unterschied als statistisch signifikant ermitteln.

Tab. 3.5: Veränderung (Differenzen) der Gewaltindizes nach Schulart 1994 – 2004

Gewaltart	Hauptschule	Realschule	Berufsschule	Gymnasium	Alle
	1994 – 2004				
Verbale Gewalt	+ 0,1 ***	- 0,3 **	+/- 0 ***	0,3 ***	0.3 ***
Physische Gewalt	- 0,1	+/- 0	- 0,3 ***	+/- 0	- 0,1 ***
Gewalt gegen Sachen	- 0,1 *	- 0,1	- 0,4 ***	- 0,1 **	- 0,2 ***
Psychische Gewalt	- 0,1	- 0,1	- 0,4 ***	- 0,1 **	- 0,1 ***

Indexwerte (0 – 10); *** = $\alpha < 0,001$.

Betrachtet man die einzelnen Schularten im Längsschnitt, so fällt insbesondere der Rückgang der Gewalthäufigkeiten an den Berufsschulen ins Auge: Zwar ist die verbale Gewalt zwischen 1994 – nach einem Anstieg bis 1999 – 2004 relativ unverändert geblieben, jedoch haben wir eine sichtbare Reduktion bei der physischen Gewalt zu verzeichnen. Während für 1994 ein Durchschnittswert von 0,9 Indexpunkten ermittelt wird und sich für 1999 ein Wert von 0,7 ergibt, errechnen wir für 2004 0,6

Punkte. Auch für die Gewalt gegen Sachen zeigt sich ein geradezu dramatischer Rückgang der Gewalthäufigkeiten an Berufsschulen: Mussten wir 1994 noch den vergleichsweise höchsten Wert von 0,8 Punkten an Berufsschulen mitteilen, so konnten wir schon für 1999 einen Rückgang auf 0,6 Punkte vermelden, dem eine weitere Reduktion im Jahre 2004 auf 0,4 Punkte folgt. Heute sind die Berufsschulen bei der Gewalt gegen Sachen kaum mehr besonders auffällig und werden sogar von den Realschülern übertroffen. Ähnliches gilt für die psychische Gewalt, die 1994 mit 0,8 Punkten den im Schulartenvergleich höchsten Wert erreichte. Schon 1999 hatten wir einen Rückgang auf 0,6 Punkte errechnet, der auf der Höhe der Hauptschulen lag und im Jahr 2004 ist das Gewaltausmaß bei der psychischen Gewalt an Berufsschulen mit 0,4 Punkten sogar unter dem Niveau der Hauptschulen.

Im Vergleich zu den Berufsschulen weisen Haupt- und Realschulen einen etwas geringeren Rückgang des Gewaltniveaus auf: Sowohl an den Haupt- als auch an den Realschulen ist bei fast allen Gewaltformen ein Rückgang der Durchschnittswerte zu verzeichnen, jedoch ist dieser insbesondere an den Hauptschulen weniger durchgängig und eindeutig. So haben wir 2004 z.B. bei der verbalen Gewalt an Hauptschulen einen leichten Anstieg gegenüber 1994 (2,5 Punkte im Vergleich zu 2,4 Punkten). Zwar stellt auch der Wert für 2004 einen Rückgang gegenüber 1999 dar, doch bezogen auf das Ausgangsniveau 1994 ist hier kein geringerer Wert vorhanden. Bei den übrigen Gewaltformen ist zwar jeweils ein Rückgang um 0,1 Indexpunkte erkennbar, dieser hält sich jedoch im Vergleich zu den Berufsschulen in relativ engen Grenzen.

Auch bei den Realschulen ist der Rückgang der Gewalthäufigkeit weit weniger ausgeprägt als an den Berufsschulen. Insbesondere bei der physischen Gewalt, aber auch bei der Gewalt gegen Sachen, ist die Reduktion minimal. Bei der physischen Gewalt ist zum Vergleich zu 1999 sogar ein leichter Anstieg zu konstatieren. Auch wenn an den Realschulen bei der psychischen Gewalt im Zeitverlauf ein Rückgang zu vermelden ist, so bleibt doch die Veränderung – gemessen an den Berufsschulen – gering. Jedoch scheint bei der verbalen Gewalt an den Realschulen das Gewaltniveau sichtbar zurückgegangen zu sein: Während wir 1994 einen Durchschnittswert von 2,6 errechnen, ergibt sich für 1999 ein Indexwert von 2,5 und im Jahr 2004 einer von 2,3.

Insgesamt lässt sich also feststellen, dass mit wenigen Ausnahmen das Gewaltniveau auf breiter Front und in allen Schularten zurückgegangen ist. Diese Entwicklung hat für die Berufsschulen zu einer tendenziellen Annäherung an die übrigen Schularten im Gewaltniveau geführt. Der prinzipielle Abstand zwischen Gymnasien einerseits und den übrigen Schularten andererseits bleibt jedoch weiterhin bestehen, so dass man von einer Absenkung des Gewaltniveaus insgesamt ausgehen kann, ohne dass sich schulartspezifische Differenzierungen dadurch grundsätzlich verwischt hätten.

Analysiert man die vier gebildeten Gewaltindizes differenziert nach dem Geschlecht der Schüler, so ermittelt man: Sowohl für Mädchen und junge Frauen als auch für Jungen und junge Männer ist die verbale Gewalt um den Faktor 2 bis über 5 stärker ausgeprägt, als die anderen Gewaltformen. An zweiter Stelle folgt bei den männlichen Befragten die physische Gewalt, während bei den Schülerinnen die Gewalt gegen Sachen am zweithäufigsten auftritt. Dieser Befund gilt durchgängig für alle drei Befragungszeitpunkte.

Der Abstand zwischen Schülerinnen und Schülern ist deutlich sichtbar und liegt in der Größenordnung von 250 bis 450 Prozent. Lediglich bei der verbalen Gewalt ist der Unterschied zwischen den beiden Geschlechtern deutlich niedriger ausgeprägt: Zum Beispiel errechnet sich für männliche Befragte im Jahr 2004 eine durchschnittliche verbale Gewalthäufigkeit von 2,4 auf dem Index mit dem Wertebereich von 0 bis 10, während sich bei den Mädchen ein solcher von 1,8 ergibt. Wenn man also davon sprechen will, dass eine Gewaltform in beiden Geschlechtergruppen ähnlich stark ausgeprägt ist, dann ist dies verbale Gewalt, während alle anderen Gewaltformen um ein Vielfaches häufiger von männlichen Jugendlichen begangen werden.

Tab. 3.6: Gewaltindizes nach Geschlecht 1994 – 1999 – 2004

Gewaltart	1994		1999		2004	
	männlich	weiblich	männlich	weiblich	männlich	weiblich
Verbale Gewalt	2,4	2,1	2,7	2,1	2,4	1,8
Physische Gewalt	1,0	0,3	1,0	0,3	0,8	0,2
Gewalt gegen Sachen	0,8	0,4	0,7	0,4	0,5	0,3
Psychische Gewalt	0,8	0,3	0,7	0,3	0,5	0,2

Indexwerte (0 – 10); alle Unterschiede $\alpha < 0,001$.

Bei beiden Geschlechtern registrieren wir zwischen 1994 und 2004 eine Abnahme der Gewalthäufigkeit bei allen vier Indizes. Absolut und anteilig ist dieser Rückgang bei den Jungen etwas stärker ausgeprägt als bei den Mädchen. Betrachtet man den Verlauf der Entwicklung, so stellt man fest, dass zwischen 1999 und 2004 jeweils eine etwas stärkere Reduktion eintritt, während zwischen 1994 und 1999 eher ein moderater Rückgang oder gar keiner zu verzeichnen ist. Bei der verbalen Gewalt gibt es bei den männlichen Befragten zwischen 1994 und 1999 sogar einen Anstieg.

Verbreitung von Gewalt an Schulen

- Man kann also davon ausgehen, dass sich das Ausmaß von Gewalt an Schulen insbesondere in den letzten fünf Jahren sichtbar verringert hat, wohingegen man für die erste Hälfte der 1990er Jahre von einem eher konstanten Verlauf mit allenfalls einem schwachen Rückgang auszugehen hat.
- Dieser Sachverhalt gilt für Schülerinnen und Schüler, wobei der Rückgang bei höherer Ausgangsbasis für Schüler etwas stärker ausgeprägt ist.
- Gewaltartenspezifisch ergeben sich hinsichtlich der verbalen Gewalt Unterschiede: Während bei Schülerinnen eine Reduktion erkennbar ist, ist für die Schüler eher eine tendenzielle Konstanz gegeben.

3.3 Opfer von Gewalt an Schulen

In den beiden vorangehenden Anschnitten wurden die Ergebnisse der Schülerbefragung zur selbstausgeübten Gewalt berichtet. Im vorliegenden und nachfolgenden Abschnitt geht es hingegen um die Häufigkeit, mit der die Schüler selbst Opfer von verschiedenen Gewalthandlungen durch Mitschüler wurden, denn dies ist ein wichtiges Korrektiv zu den bereits diskutierten, mit Unter- und Übertreibungen behafteten Selbstauskünften zur eigenen Täterschaft. Von daher ergibt sich zum einen die Möglichkeit, aus der Häufigkeit der Opferschaft auf die Häufigkeit des Auftretens von Gewalt an Schulen zu schließen, und zum anderen können wir die Häufigkeit der Täter-Opfer-Koinzidenz ermitteln (vgl. Abschnitt 3.5). Nach Lage der Literatur sind Täter von Gewalt an Schulen zugleich häufig Opfer von solchen Gewalttaten, was zu der These geführt hat, dass die Gewalt an Schulen im Wesentlichen innerhalb eines kleines Zirkels von Schülern stattfindet, aber in der Wahrnehmung durchaus auch andere Schüler beeinträchtigt und bedroht.

Im Folgenden soll zunächst berichtet werden, wie häufig die Schüler angeben, selbst Opfer einer Gewalttat in der Schule geworden zu sein. Betrachtet man die im einzelnen abgefragten Opfer-Items – die nicht wörtlich, aber doch weitgehend identisch mit den erhobenen Täter-Items sind – so fällt auf, dass die überwiegende Mehrzahl der Schüler kaum von derartigen Gewalthandlungen betroffen ist. Bei sehr vielen der im Fragebogen vorgegebenen 19 Gewalthandlungen liegt der Anteil der Schüler, die angeben, niemals im laufenden Schuljahr davon betroffen gewesen zu sein, bei 90% oder mehr.

Allerdings lassen sich eine Reihe von Gewaltvorkommnissen identifizieren, die nach Auskunft der Schüler häufiger aufzutreten scheinen. Dazu gehört zum einen das Beschimpftwerden, bei dem immerhin 37,6% (1.674) geltend machen, dass sie zumindest selten von solch einer Aktion betroffen waren. Weitere 9,0% (402) geben an, dass sie einmal im Monat von jemandem beschimpft wurden; 5,3% (235) berichten, dass sie einmal in der Woche verbal attackiert wurden und 6,2% (274) geben an, dass ihnen das mehrmals in der Woche passiert ist.

Tab. 3.7: Häufigkeit von Gewaltvorkommnissen in diesem Schuljahr

Gewaltaktivität	nie	selten	einmal im Monat	einmal in der Woche	mehrmals in der Woche	Alle
Ein Mitschüler hat mich so angeschrieen, dass ich weinen musste.	92,6% (4.152)	5,7% (254)	0,8% (36)	0,4% (19)	0,5% (23)	100,0% (4.484)
Bei einem Streit mit einem Mitschüler haben wir uns beide angeschrieen.	50,7% (2.272)	33,7% (1.511)	9,2% (413)	3,7% (164)	2,8% (125)	100,0% (4.484)
Nach einem ‚starken Spruch' von mir hat mich ein Mitschüler geschlagen.	81,4% (3.647)	13,0% (585)	3,2% (142)	1,5% (66)	0,9% (41)	100,0% (4.480)
Aus einer Rauferei mit einem Mitschüler wurde eine Schlägerei.	82,6% (3.691)	11,1% (496)	3,6% (162)	1,5% (65)	1,2% (56)	100,0% (4.470)
Es kam zu einer Prügelei mit einem Mitschüler, bei der uns keiner trennen konnte.	89,5% (4.011)	6,6% (294)	2,1% (94)	0,8% (38)	1,0% (43)	100,0% (4.481)
Eine andere Clique zog laut über meine Clique her.	73,4% (3.273)	17,6% (785)	4,6% (206)	2,1% (96)	2,3% (102)	100,0% (4.461)
Ich wurde von einem Mitschüler beschimpft.	45,2% (2.015)	33,8% (1.505)	8,9% (399)	6,0% (269)	6,1% (272)	100,0% (4.460)
Ich wurde von einem deutschen Mitschüler verprügelt.	92,0% (4.102)	5,2% (234)	1,4% (62)	0,7% (31)	0,7% (32)	100,0% (4.460)
Eine andere Clique fiel über unsere Clique her.	88,6% (3.950)	7,5% (333)	2,0% (87)	0,8% (38)	1,1% (50)	100,0% (4.457)
Ich wurde beschimpft.	41,9% (1.862)	37,6% (1.674)	9,0% (402)	5,3% (235)	6,2% (274)	100,0% (4.448)
Mehrere Jungen haben unanständige Bemerkungen über mich gemacht.	60,1% (2.680)	25,4% (1.132)	6,6% (296)	3,9% (173)	4,0% (178)	100,0% (4.458)
Es wurden Gegenstände beschädigt, die mir gehören (Fahrrad, Schultasche, Bücher, etc.).	83,9% (3.743)	11,9% (529)	2,4% (108)	0,9% (39)	1,0% (42)	100,0% (4.462)
Mir wurde etwas weggenommen (Geld, Kleidung, Schultasche, Fahrrad, etc.).	86,4% (3.869)	9,8% (439)	2,1% (95)	0,9% (42)	0,8% (34)	100,0% (4.479)

Verbreitung von Gewalt an Schulen

Gewaltaktivität	nie	selten	einmal im Monat	einmal in der Woche	mehrmals in der Woche	Alle
Mehrere Mitschüler haben mich gezwungen, ihnen mein Geld oder (wertvolle) Kleidungsstücke (Jacke) zu geben.	96,8% (4.343)	1,7% (78)	0,6% (28)	0,4% (19)	0,4% (17)	100,0% (4.485)
Mehrere Mitschüler haben mich verprügelt.	94,2% (4.220)	3,5% (155)	1,2% (52)	0,4% (20)	0,8% (35)	100,0% (4.481)
Ich wurde von einem Mitschüler getreten, obwohl ich bereits am Boden lag.	94,1% (4.218)	3,8% (172)	1,1% (48)	0,6% (26)	0,4% (18)	100,0% (4.483)
Mitschüler haben mich mit einer Waffe bedroht.	97,6% (4.369)	1,1% (50)	0,6% (28)	0,3% (16)	0,3% (13)	100,0% (4.476)
Mitschüler haben mir Prügel angedroht, wenn ich nicht mache, was sie sagen.	91,5% (4.102)	6,3% (281)	0,9% (42)	0,5% (23)	0,7% (33)	100,0% (4.482)
Mitschüler haben mich so geschlagen, dass ich zum Arzt musste.	96,6% (4.325)	2,0% (89)	0,7% (33)	0,3% (11)	0,4% (20)	100,0% (4.478)

Eine ganz analoge Verteilung ergibt sich bei dem Item „Ich wurde von einem Mitschüler beschimpft". Hier ist der Anteil derjenigen, die angeben, dass sie niemals im laufenden Schuljahr von einem Mitschüler beschimpft wurden, mit 45,2% (2.015) zwar um gut 3 Prozentpunkte höher als bei dem Item „Ich wurde beschimpft". Insgesamt lässt sich aber auch aus diesem Befund ableiten, dass die Mehrheit der befragten Schüler zumindest selten Opfer von verbaler Aggressivität wird.

Ebenfalls etwa die Hälfte der Schüler gibt an, dass sie sich bei einem Streit mit einem Mitschüler angeschrieen hätten. Lediglich 50,7% (2.272) waren niemals im laufenden Schuljahr in eine solche Aktion verwickelt. Ein Drittel der Befragten (33,7% (1.511)) bekundet, sich selten mit einem Mitschüler angeschrieen zu haben; 9,2% (413) haben sich einmal im Monat mit einem Mitschüler angeschrieen; weitere 3,7% (164) haben dies einmal in der Woche getan und 2,8% (125) berichten davon, sich mehrmals in der Woche mit einem Mitschüler angeschrieen zu haben.

Zusammenfassend lässt sich also festhalten, dass die drei am häufigsten genannten Gewalthandlungen, von denen die Schüler betroffen sind, in den Bereich der verbalen Aggressivität und Gewalt gehören. Dies gilt auch für das am vierthäufigsten genannte Gewaltvorkommnis: Immerhin vier von zehn Befragten notieren, dass sie im laufenden Schuljahr einmal davon betroffen waren, dass mehrere Jungen unanständige Bemerkungen gemacht hätten. Lediglich 60,1% (2.680) waren niemals im laufenden Schuljahr mit unanständigen Bemerkungen von mehreren Jungen belästigt worden.

Alle übrigen Gewaltvorkommnisse werden von den Schülern deutlich seltener berichtet. Insbesondere schwere Formen physischer Gewalt gegen Personen kommen nur bei etwa jedem zwanzigsten Schüler vor: So berichten 96,6% (4.325), dass sie niemals im laufenden Schuljahr von einem Schüler so geschlagen wurden, dass sie zum Arzt gehen mussten. Bei 2% (89) ist dies selten; bei 0,7% (33) einmal im Monat geschehen; 0,3% (11) waren einmal in der Woche davon betroffen und 0,4% (20) geben an, dass dies mehrmals in der Woche aufgetreten sei. Eine ganz ähnliche Verteilung finden wir bei dem Item „Ich wurde von einem Mitschüler getreten, obwohl ich bereits am Boden lag". 94,1% (4.218) sind davon niemals im laufenden Schuljahr betroffen gewesen. Auch werden die Schüler kaum von mehreren Mitschülern verprügelt: 94,2% (4.220) der Befragten geben an, dass sie niemals Opfer einer solchen Gewalttat waren.

Über 90% der Schüler (92,0% (4.102)) sagen, dass sie niemals im laufenden Schuljahr von einem deutschen Mitschüler verprügelt worden seien. Lediglich 8% äußern sich dahingehend, dass dies zumindest selten oder sogar häufiger passiert wäre. Andere physische Gewalttaten scheinen etwas häufiger aufzutreten: So gibt etwa jeder fünfte Befragte an, dass er im laufenden Schuljahr zumindest selten nach einem starken Spruch von einem Mitschüler geschlagen wurde. Allerdings sagt auch hier die überwiegende Mehrheit (81,4%, 3.647), dass sie niemals im laufenden Schuljahr von einer solchen Gewalttat betroffen war. Ebenfalls vier von fünf Befragten sind niemals an einer Rauferei beteiligt gewesen, aus der dann eine Schlägerei wurde. Immerhin 82,6% (3.691) wurden niemals im laufenden Schuljahr Opfer einer solchen Handlung. Noch etwas größer ist der Anteil der nicht betroffenen Schüler bei einem anderen Gewaltvorkommnis: 89,5% (4.011) waren niemals an einer Prügelei mit einem Mitschüler beteiligt, bei der sie niemand trennen konnte.

Opfer von psychischen Gewaltvorkommnissen werden die Schüler ebenfalls nur selten: Lediglich 2,4% sind im laufenden Schuljahr von einem Mitschüler mit einer Waffe bedroht worden, und 3,2% geben an, dass mehrere Mitschüler sie gezwungen hätten, ihnen Geld oder wertvolle Kleidungsstücke zu überlassen. Auch hier berichtet also die ganz überwiegende Mehrheit der Befragten, dass sie nicht Opfer einer solchen Gewalthandlung an Schulen geworden seien. Etwas häufiger scheint es hingegen vorzukommen, dass Schülern von Mitschülern Prügel angedroht werden, damit Erstere machen, was Letztere verlangen: Auch hier waren zwar 91,5% (4.102) niemals im laufenden Schuljahr von einer solchen Gewalthandlung betroffen, aber bei 8,5% war dies mindestens einmal der Fall.

Etwas häufiger wird Schülern offenbar etwas weggenommen: Immerhin 9,8% (439) geben an, dass ihnen selten etwas Wertvolles weggenommen wurde (Geld, Kleidung, Schultasche, Fahrrad etc.), 2,1% (95) sagen, dass dies einmal im Monat geschehen sei, und kleine Gruppen berichten von noch häufigeren Inzidenzraten.

Bei 86,4% (3.869) war dies niemals im laufenden Schuljahr der Fall. Auch hier gibt also die überwiegende Mehrheit an, dass sie im laufenden Schuljahr nie von einer solchen Gewalttat betroffen war, aber immerhin jeder siebte Schüler scheint mindestens einmal im laufenden Schuljahr Opfer einer solchen Handlung geworden zu sein.

Um die Entwicklung des Opferstatus der Schüler im Zeitverlauf nachzeichnen zu können, haben wir im Folgenden die fünfstufig skalierten Antworten der Einzelitems mit Hilfe des arithmetischen Mittels betrachtet. Uns ist bewusst, dass dies aus statistischer Sicht eigentlich nicht angemessen ist, da es sich um ordinales Skalenniveau handelt. Um aber einen schnellen Überblick über die Entwicklung der Opferhäufigkeiten zu gewinnen, scheint uns dieses Vorgehen dennoch akzeptabel. Tabelle 3.8 zeigt daher Durchschnittswerte der fünfstufigen Antwortkategorien von 1 (= niemals im laufenden Schuljahr) bis 5 (= mehrmals in der Woche).

Zunächst ist festzuhalten, dass nur sehr wenige Gewaltitems Durchschnittswerte nahe bei 2,0 erreichen, was einem seltenen Auftreten der entsprechenden Gewalthandlung entspricht. Die weitaus meisten Items liegen näher bei dem Wert 1, der schließlich dem Fehlen eines Opferstatus entspricht. Insoweit bestätigen und bestärken die Opferberichte die mäßigen Gewaltausprägungen der Täteraussagen.

Bei neun der betrachteten 19 Einzelitems ist im Zeitverlauf ein signifikanter Rückgang von 1994 bis 2004 festzustellen.

Zum Teil wird dieser Rückgang der Gewalthäufigkeit erst auf der zweiten Nachkommastelle sichtbar, ganz überwiegend ist aber bereits auf der ersten Nachkommastelle eine Reduktion des Durchschnittswertes zu konstatieren. Bei 2 Items – „Eine andere Clique zog laut über meine Clique her" und „Ich wurde beschimpft" – ist der Rückgang lediglich gegenüber 1999 festzustellen. Von 1994 über 1999 bis 2004 ist bei diesen beiden Items ein Verlauf mit der Form einer umgekehrten U-Kurve festzustellen. Im Jahr 1999 waren hier jeweils relativ höhere Werte im Vergleich zu 1994 festzustellen. Bis 2004 sind diese wieder auf das Ausgangsniveau von 1994 zurückgegangen.

Allgemein betrachtet vollzieht sich der Rückgang auf sehr niedrigem Niveau: In der Regel sind die Ausgangswerte für 1994 bereits nahe beim Minimum von 1,0 (= niemals im laufenden Schuljahr). Von daher sind dramatische Rückgänge kaum zu erwarten. In der Regel beträgt der durchschnittliche Rückgang 0,1 Skalenpunkte. Stärker ausgeprägt ist die Reduktion lediglich bei den Items „Es wurden Gegenstände beschädigt, die mir gehören (Fahrrad, Schultasche, Bücher etc.)" und „Bei einem Streit mit einem Mitschüler haben wir uns beide angeschrien".

Tab. 3.8: Häufigkeit von Gewaltvorkommnissen in diesem Schuljahr
(Mittelwerte 1994 – 1999 – 2004)

Gewaltaktivität	1994	1999	2004	Alle
Ein Mitschüler hat mich so angeschrieen, dass ich weinen musste.	1,1	1,1	1,1	1,1 n.s.
Bei einem Streit mit einem Mitschüler haben wir uns beide angeschrieen.	1,9	1,9	1,7	1,8 ***
Nach einem 'starken Spruch' von mir hat mich ein Mitschüler geschlagen.	1,3	1,3	1,3	1,3 n.s.
Aus einer Rauferei mit einem Mitschüler wurde eine Schlägerei.	1,2	1,3	1,3	1,3 n.s.
Es kam zu einer Prügelei mit einem Mitschüler, bei der uns keiner trennen konnte.	1,2	1,2	1,2	1,2 n.s.
Eine andere Clique zog laut über meine Clique her.	1,4	1,5	1,4	1,4 ***
Ich wurde von einem Mitschüler beschimpft.	2,0	2,0	1,9	2,0 n.s.
Ich wurde von deutschen Mitschülern verprügelt.	1,2	1,1	1,1	1,2 ***
Eine andere Clique fiel über unsere Clique her.	1,2	1,2	1,2	1,2 n.s.
Ich wurde beschimpft.	2,0	2,1	2,0	2,0 **
Mehrere Jungen haben unanständige Bemerkungen über mich gemacht.	1,7	1,7	1,7	1,7 *
Es wurden Gegenstände beschädigt, die mir gehören (Fahrrad, Schultasche, Bücher, etc.).	1,4	1,3	1,2	1,3 ***
Mir wurde etwas weggenommen (Geld, Kleidung, Schultasche, Fahrrad, etc.).	1,3	1,2	1,2	1,2 ***
Mehrere Mitschüler haben mich gezwungen, ihnen mein Geld oder (wertvolle) Kleidungsstücke (Jacke) zu geben.	1,1	1,1	1,1	1,1 n.s.
Mehrere Mitschüler haben mich verprügelt.	1,1	1,1	1,1	1,1 n.s.
Ich wurde von einem Mitschüler getreten, obwohl ich bereits am Boden lag.	1,1	1,1	1,1	1,1 n.s.
Mitschüler haben mich mit einer Waffe bedroht.	1,1	1,1	1,0	1,1 *
Mitschüler haben mir Prügel angedroht, wenn ich nicht mache, was sie sagen.	1,2	1,2	1,1	1,1 *
Mitschüler haben mich so geschlagen, dass ich zum Arzt musste.	1,1	1,1	1,1	1,1 n.s.

(1 = nie im laufenden Schuljahr bis 5 = mehrmals in der Woche);
* α = 0,05; ** α = 0,001; *** α = 0,001.

Bei acht Items ist im Zeitverlauf keine Veränderung der Opferhäufigkeiten festzustellen. Bei einem weiteren Item unterscheiden sich die drei Messzeitpunkte zwar sichtbar, die Differenz erreicht aber nicht das statistische Signifikanzniveau von α = 0,05. Interessant ist weiter, dass bei einem einzelnen Item – „Aus einer Rauferei mit einem Mitschüler wurde eine Schlägerei" – eine Zunahme der Gewalthäufigkeit zu verzeichnen ist. Zwar erreicht auch diese nicht das statistische Signifikanzniveau von α = 0,05, jedoch ist auffällig, dass der Durchschnittswert zwischen 1994 und 1999 um 0,1 Skalenpunkte angestiegen ist.

3.4 Opferindizes

Die 19 Einzelitems wurden für eine zusammenfassende Analyse zu additiven Summenindizes mit dem Wertebereich 0 (= keine Opferschaft) bis 10 (= das maximal denkbare Niveau der Opferschaft) zusammengefasst. Bei der additiven Konstruktion der Indizes haben wir uns an den Gruppierungen der Items zur Täterschaft orientiert – entstanden sind vier Indizes zu Gewalt gegen Personen, gegen Sachen, zur psychischen und zur verbalen Gewalt.

Abb. 3.1:   Opferindizes 1994 – 1999 – 2004

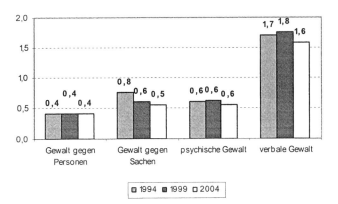

Mittelwerte auf einer Skala von 0 (= kein Opfer) bis 10 (= maximale Opfererfahrung). Gewalt gegen Personen: n.s.; Gewalt gegen Sachen: α < 0,001; psychische Gewalt: α < 0,05; verbale Gewalt: α < 0,001.

Die Grafik zeigt den schon aus den Täterindizes bekannten Befund, wonach die verbale Gewalt im Vergleich zu den drei anderen Gewaltformen drei- bis viermal häufiger auftritt. Die drei anderen Gewaltformen betreffen die Schüler mit einem

Opferindex um 0,5, wohingegen sich für die verbale Gewalt Werte über 1,5 ergeben. Die Entwicklung der Opferhäufigkeiten zeigt für die physische Gewalt gegen Personen eine Stagnation auf sehr niedrigem Niveau (0,4 Skalenpunkte für alle drei Erhebungswellen). Hier lässt sich keine Veränderung der Opferhäufigkeiten konstatieren. Anders sieht es bei der physischen Gewalt gegen Sachen aus, bei der wir von 1994 über 1999 bis 2004 einen sichtbaren und statistisch signifikanten Rückgang der Indexwerte um 0,3 Skalenpunkte verzeichnen. Bei den Opferindizes für die psychische Gewalt können wir keine Veränderung feststellen. Dennoch ist für die psychische Gewalt ein signifikanter Rückgang auf der zweiten Stelle nach dem Komma errechenbar. Im Prinzip muss man aber auch hier von einer relativen Stagnation der Opferhäufigkeit ausgehen, die leicht über der der Gewalt gegen Personen liegt. Bei der verbalen Gewalt ist zwischen 1994 und 2004 ein umgekehrt U-förmiger Verlauf festzustellen. Während 1994 der Skalenwert 1,7 und 1999 1,8 ergibt, errechnet sich für das Jahr 2004 ein Wert von 1,6, der sogar unter dem Ausgangswert von 1994 liegt. Insofern kann man hier im langfristigen Vergleich ebenso wie bei der Gewalt gegen Sachen von einem sichtbaren Rückgang der Gewalthäufigkeit ausgehen.

Tab. 3.9: Opferindizes nach Schulart 1994 – 1999 – 2004

Gewaltform	Haupt-schule	Berufs-schule	Real-schule	Gymna-sium	Alle	
1994						
Gewalt gegen Personen	0,6	0,4	0,3	0,3	0,4	***
Gewalt gegen Sachen	1,0	0,6	0,6	0,7	0,8	***
Psychische Gewalt	0,8	0,5	0,6	0,5	0,6	***
Verbale Gewalt	2,0	1,3	1,9	1,7	1,7	***
1999						
Gewalt gegen Personen	0,7	0,3	0,3	0,3	0,4	***
Gewalt gegen Sachen	0,9	0,5	0,5	0,5	0,6	***
Psychische Gewalt	0,9	0,4	0,6	0,5	0,6	***
Verbale Gewalt	2,3	1,3	1,7	1,6	1,8	***
2004						
Gewalt gegen Personen	0,7	0,3	0,4	0,2	0,4	***
Gewalt gegen Sachen	0,8	0,4	0,6	0,4	0,5	***
Psychische Gewalt	0,8	0,4	0,6	0,4	0,6	***
Verbale Gewalt	2,1	1,2	1,7	1,4	1,6	***

Indexwerte (0 – 10); *** $\alpha < 0{,}001$.

Differenziert man die Opferindizes nach der besuchten Schulart der Opfer, so stellen wir für alle drei Messzeitpunkte und alle vier Gewaltformen jeweils höchst signifikante Differenzen zwischen den Schularten fest. Hauptschüler werden zwei- bis dreimal häufiger Opfer von Gewalttaten als Gymnasiasten. Eine Ausnahme davon bildet die verbale Gewalt, bei der es zwar ebenfalls sichtbare Unterschiede zugunsten der Gymnasiasten gibt – hier sind aber die Differenzen zwischen ihnen und den Hauptschülern weniger stark ausgeprägt.

Die Realschüler liegen im Jahr 2004 in etwa zwischen den Gymnasiasten und den Hauptschülern. Dies gilt für alle vier Gewaltformen in ähnlicher Weise. Betrachtet man die Opferhäufigkeit der Realschüler im Vergleich zu den Gymnasiasten im Zeitverlauf, so erkennt man, dass sich im Jahr 2004 die Realschüler durch einen etwas deutlicheren Opferstatus gegenüber den Gymnasiasten kennzeichnen lassen.

Die Indexwerte für Berufsschüler fallen fast so niedrig aus wie die für die Gymnasiasten. Bei der verbalen Gewalt registrieren wir sogar bei allen drei Messzeitpunkten einen niedrigeren Durchschnittswert als bei Gymnasiasten. Dieser Befund überrascht, zumal wir bei den Täterindizes festgestellt hatten, dass die Berufsschüler nach eigenen Angaben durchaus häufiger Gewalttaten verüben, als Gymnasiasten dies einräumen.

Insgesamt gesehen können wir die allgemeine Struktur der Täterdaten auch für die Opferindizes reproduzieren: Mit steigendem Bildungs- und Aspirationsniveau sinkt die Opferhäufigkeit der Schüler.

Weiter können wir 2004 für alle Schularten sowohl bei der Gewalt gegen Sachen wie auch bei der psychischen und der verbalen Gewalt jeweils einen signifikant geringeren Opferindexwert als 1994 und 1999 feststellen. Für die Gewalt gegen Personen lässt sich hingegen kein signifikantes Absinken konstatieren.

Betrachtet man die vier Schularten im Zeitvergleich, so lassen sich ganz unterschiedliche Verläufe erkennen:
- Bei den Hauptschulen haben wir es zumindest bei der psychischen und verbalen Gewalt mit einem kurvlinearen Verlauf zu tun, bei dem die Gewalthäufigkeit zunächst ansteigt und dann wieder absinkt. Bei den Berufsschulen haben wir einen relativ durchgängigen und auf alle vier Gewaltformen bezogenen Rückgang zu konstatieren, während sich bei den Realschulen im Zeitverlauf relativ wenig ändert. Bei den Gymnasiasten sinkt bei allen Gewaltformen der Opferstatus in den letzten 10 Jahren.

Nachdem die Analysen zu den Täterindizes ergeben hatten, dass weibliche Schüler sehr viel seltener Gewalt an Schulen verüben als ihre männlichen Mitschüler, bestätigt sich dieses Ergebnis für die Opferindizes, denn weibliche Schüler werden seltener Opfer von Gewalttaten – dieser Befund ist besonders ausgeprägt für die Gewalt gegen Personen, aber im Prinzip auch bei den anderen Gewaltformen nachweisbar.
- Dass männliche Schüler häufiger Opfer von Gewalt an Schulen werden, trifft für alle drei Messzeitpunkte zu.

Tab. 3.10: Opferindizes nach Geschlecht 1994 – 1999 – 2004

Gewaltform	Männlich	Weiblich	Alle
1994			
Gewalt gegen Personen	0,6	0,2	0,4
Gewalt gegen Sachen	0,9	0,5	0,8
Psychische Gewalt	0,7	0,5	0,6
Verbale Gewalt	1,9	1,5	1,7
1999			
Gewalt gegen Personen	0,6	0,2	0,4
Gewalt gegen Sachen	0,7	0,5	0,6
Psychische Gewalt	0,7	0,5	0,6
Verbale Gewalt	2,0	1,5	1,8
2004			
Gewalt gegen Personen	0,6	0,2	0,4
Gewalt gegen Sachen	0,7	0,4	0,5
Psychische Gewalt	0,7	0,4	0,6
Verbale Gewalt	1,7	1,4	1,6

Indexwerte (0 – 10); alle Unterschiede $\alpha < 0{,}001$.

Während zwischen 1994 und 1999 bei den Schülerinnen keinerlei Veränderungen in der Opferhäufigkeit zu konstatieren ist, finden wir zwischen 1999 und 2004 mit Ausnahme der Gewalt gegen Personen bei den drei übrigen Gewaltformen jeweils eine sichtbare Verringerung der Opferzahlen. Im Kontrast dazu gibt es bei den männlichen Schülern zwischen 1999 und 2004 lediglich bei der verbalen Gewalt eine Verringerung der durchschnittlichen Indexwerte. Allerdings hat sich eine Reduktion bei der Gewalt gegen Sachen zwischen 1994 und 1999 herausgestellt, die 2004 erhalten bleibt.

Zur Erleichterung der altersspezifischen Darstellung der Opferindizes wurden die wenigen vorhandenen Neunjährigen den Zehnjährigen zugeschlagen und die über Zwanzigjährigen wurden mit den Zwanzigjährigen zu einer Kategorie zusammengefasst. Damit können wir den Zehnjahreszeitraum zwischen dem Lebensalter zehn und zwanzig relativ gut abbilden. Zunächst lässt sich festhalten, dass der Verlauf der Opferhäufigkeiten dem jugendphasenspezifischen Muster von Devianz allgemein entspricht. Angesichts der geringen Deliktschwere, die wir hier im Rahmen der Gewalt an Schulen untersuchen, verwundert es nicht, dass das Maximum der Opferwerdung in der Regel bereits mit 13 Jahren erreicht wird und dann für alle vier Gewaltformen ein Rückgang der Häufigkeiten festzustellen ist. Allgemein gilt mit einigen kleinen Ausnahmen, dass die Opferhäufigkeiten 2004 für fast alle Altersjahrgänge unter den Werten von 1999 und 1994 liegen. Auffällig ist schließlich weiter, dass der Rückgang der Gewalt gegen Personen und der Gewalt gegen Sachen vornehmlich bei den zehn- bis elfjährigen Schülern festzustellen ist, wohin-

Verbreitung von Gewalt an Schulen

gegen insbesondere bei der Gewalt gegen Personen im Bereich der nach den amtlichen Kriterien abgegrenzten Jugendphase zwischen vierzehn und siebzehn so gut wie keine Veränderung sichtbar wird.

Abb. 3.2:   Opferindizes nach Alter 1994 – 1999 – 2004

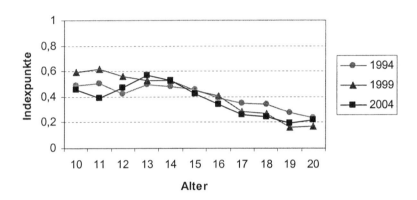

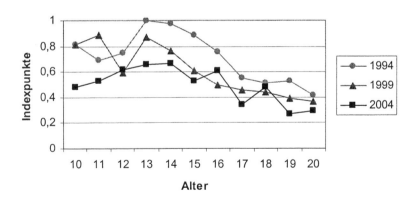

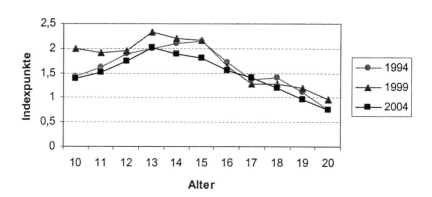

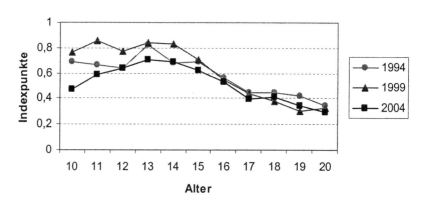

- Insgesamt bestätigen die Analysen zu den Opferzahlen die Befunde aus Täterperspektive. Auch hier können als die „üblichen Verdächtigen" derjenigen Schüler ermittelt werden, die besonders häufig in Gewalt an Schulen involviert sind. Dazu gehören zum einen männliche Schüler in der späten Kindheitsphase und abnehmend in der frühen Jugendphase, die eine Schule mit geringem Bildungsabschluss besuchen.

3.5 Täter und Opfer

Die Schulgewaltstudien haben auch deutlich gemacht, dass zwischen Täter- und Opferstatus der Schüler eindeutige Zusammenhänge bestehen: Wer in der Schule als Täter überproportional auffällt, wird auch deutlich häufiger Opfer der (Gegen-) Gewalt von Mitschülern; gerade körperliche Gewalt erwies sich dabei in hohem Maße als reziprok; wer selber die Faust nicht gegen einen Mitschüler erhob, hatte auch nur eine sehr geringe Wahrscheinlichkeit, von Mitschülern geschlagen zu werden. Anders verhielt es sich bei der verbalen Gewalt, von der auch betroffen war, wer selber nicht austeilte (Fuchs et al. 2001: 133 f.).

Da die Opfer in Kap. 10 eingehender behandelt werden sind der Gegenstand der folgenden Überlegungen die acht Täter- und Opfertypen, die wir in der letzten Erhebungswelle 1999 bereits herausgearbeitet haben, ausgehend von der Annahme, dass die Schülerinnen und Schüler häufig nicht nur bei einer Gewaltform, sondern bei mehreren aktiv sind: Die Unbeteiligten, die weder Gewalt ausüben noch erleiden, die Nur-Opfer, die „unschuldigen Opfer", die selbst keine Gewalt anwenden, die reinen Verbaltäter, dann die Schüler, die verbal und in geringem Maße auch körperlich gewaltaktiv sind, der „heterogene Rest", der bei der Gewalthäufigkeit über die vier Gewaltformen inkonsistent ist, die Gruppe der „Gering- bis Mitteltäter", die bei allen vier Gewaltformen in ähnlicher Häufigkeit gewaltaktiv sind und die Gruppe der „häufigen Täter", die bei allen vier Gewaltformen einen Indexwert von mindestens 5,0 aufweisen; sie bilden gleichsam den „Extrakt" aus dem „kleinen harten Kern". Wie hat sich nun die Täter-Opfer-Struktur über die Zeit verändert, lassen sich Verschiebungen nach sozialen Merkmalen der Schüler feststellen?

Über die Zeit erweist sich die Täter-Opfer-Struktur bezüglich der Relationen als relativ stabil: Es lassen sich nur sehr schwach ausgeprägte Veränderungen feststellen (vgl. Tab. 3.11). (Das kann auch als möglicher Hinweis darauf gewertet werden, dass die verwendete Operationalisierung die Struktur der Gewalt an Schulen inhaltlich angemessen wiedergibt). Der Anteil „Unbeteiligter" hat von 7,7% 1994 auf 2004 bis auf ein Zehntel leicht zugenommen. Es gibt also inzwischen etwas mehr Schüler, die weder auf der Täter- noch auf der Opferseite in Erscheinung treten und daher von der Gewalt in der Schule nicht unmittelbar betroffen sind. Im gleichen Zeitraum leicht gestiegen von 3,9% bis auf 6,8% ist aber auch der Anteil an Nur-Opfern, also den Schülern, die selbst gewaltlos sind, aber Gewalt durch ihre Mitschüler erfahren. Leicht rückläufig ist dagegen der Anteil an Gering- und Mitteltätern – also Schülern, die bei allen Gewaltformen in dieser Häufigkeit aktiv sind –, nämlich von gut einem Achtel auf gut ein Zehntel. Auch der Anteil an reinen Verbaltätern sank 2004 gegenüber 1994 und 1999 leicht bis auf ein Viertel (1,4%-Punkte)

Tab. 3.11: Täter-Opfer-Status 1994 – 1999 – 2004

Täter-Opfer-Status	Jahr			Gesamt
	1994	1999	2004	
Unbeteiligte	7,7% (274)	7,7% (320)	9,9% (446)	8,5% (1.040)
Nur-Opfer	3,9% (140)	4,8% (199)	6,3% (283)	5,1% (622)
Verbaltäter	26,7% (950)	26,9% (1.122)	25,5% (1.148)	26,3% (3.220)
Verbal/physisch gering	11,9% (422)	9,6% (401)	11,1% (501)	10,8% (1.324)
Nicht-Vandalen	12,9% (459)	12,5% (521)	12,0% (539)	12,4% (1.519)
heterogener Rest	22,5% (799)	24,5% (1.024)	23,3% (1.048)	23,5% (2.871)
Gering- bis Mitteltäter	13,4% (476)	13,1% (548)	11,2% (502)	12,5% (1.526)
Häufige Täter	1,1% (38)	0,9% (38)	0,8% (35)	0,9% (111)
Gesamt	100,0% (3.558)	100,0% (4.173)	100,0% (4.502)	100,0% (12.233)

Chi² = 67,71; d. f. = 14; α = 0,000; C_{korr} = 0,09.

Mäßige Rückgänge gab es aber auch bei dem „heterogenen Rest" – also den Schülern, deren Gewaltprofil über die vier Formen hinweg relativ inkonsistent ist (-1,25 Prozentpunkte) – sowie den „Nicht-Vandalen", die personenbezogene Gewalt ausüben, sich aber nicht gegen Sachen wenden. Wieder auf den Wert von 1994 stieg dagegen 2004 der Anteil verbal- und geringfügig auch körperlich gewaltaktiver Schüler (+1,5 Prozentpunkte gegenüber 1999).

Es darf vermutet werden, dass der insgesamt festzustellende Gewaltrückgang zwischen 1999 und 2004 mit auf diese Verschiebungen zurückführbar ist: Mehr Unbeteiligte und Nur-Opfer bedeuten, dass weniger Schüler überhaupt gewalttätig in Erscheinung treten, ungeachtet der Häufigkeit: 1999 waren es 87,5%, im Jahr 2004 noch 83,8% (-3,7 Prozentpunkte). Weniger durchgängig gering bis mittelmäßig häufig Gewaltaktive bedeutet, dass das Gewaltvolumen leicht sinkt; in ähnlicher Weise wirken sich auch die Abnahmen bei den anderen Typen aus, wobei dieser positive Effekt durch die leichte Zunahme der verbal- und in geringem Maß auch physisch Gewalttätigen wieder etwas reduziert wird.

Tab. 3.12: Der Täter-Opfer-Status von Schülerinnen und Schülern 1994 – 1999 – 2004

Täter-Opfer-Status	Jahr					
	1994[1]		1999[2]		2004[3]	
	m	w	m	w	m	w
Unbeteiligte	4,7% (88)	11,0% (182)	4,5% (97)	11,1% (219)	6,3% (145)	13,7% (292)
Nur-Opfer	2,2% (41)	5,9% (98)	2,9% (63)	6,8% (135)	3,2% (74)	9,6% (203)
Verbaltäter	13,8% (257)	41,4% (688)	16,4% (354)	38,5% (762)	17,3% (398)	34,8% (739)
Verbal/physisch gering	12,3% (228)	11,4% (190)	12,4% (268)	6,6% (130)	14,3% (329)	7,9% (168)
Nicht-Vandalen	18,9% (351)	6,3% (104)	18,6% (402)	5,9% (117)	16,8% (388)	6,6% (140)
heterogener Rest	26,4% (491)	17,9% (297)	24,5% (529)	24,4% (483)	24,9% (575)	21,1% (448)
Gering- bis Mitteltäter	20,3% (377)	5,4% (89)	19,1% (411)	6,7% (132)	16,0% (370)	5,9% (126)
Häufige Täter	1,3 (25)	0,8% (13)	1,5% (33)	0,2% (3)	1,2% (27)	0,4% (9)
Gesamt	100,0% (1.858)	100,0% (1.661)	100,0% (2.157)	100,0% (1.981)	100,0% (2.306)	100,0% (2.125)
	100,0% (3.519)		100,0% (4.138)		100,0% (4.431)	

[1] $Chi^2 = 639{,}18$; d. f. = 7; $\alpha = 0{,}000$; $C_{korr} = 0{,}54$.
[2] $Chi^2 = 616{,}48$; d. f. = 7; $\alpha = 0{,}000$; $C_{korr} = 0{,}50$.
[3] $Chi^2 = 534{,}30$; d. f. = 7; $\alpha = 0{,}000$; $C_{korr} = 0{,}46$.

Bei der Frage, inwieweit der Täter-Opfer-Status nach sozialen Merkmalen variiert, hat das Geschlecht die größte Bedeutung (vgl. Tab. 3.12). Die Relation zwischen Schülerinnen und Schülern blieb dabei über die Zeit im Wesentlichen erhalten: Schülerinnen wiesen und weisen vergleichsweise größere Anteile an Unbeteiligten, aber auch an „Nur-Opfern" auf als Schüler, nämlich das Doppelte bis Dreifache. D. h.

ihr Anteil an Gewaltaktiven ist kleiner als der der Schüler. Wenden Schülerinnen Gewalt an, erfolgt dies (altersunabhängig) und mit ganz deutlichem Abstand verbal. Die „typische" Gewalt von Schülerinnen geht also über das Wort, vermutlich durch ihre im Allgemeinen größere Verbalkompetenz (und geringere Körperkraft). Dem steht gegenüber, dass die Schüler typischerweise zumeist deutlich größere Anteile aufweisen, wenn die drei anderen Gewaltformen (physisch, psychisch, gegen Sachen) vorkommen. Allerdings wird der Zusammenhang mit der Zeit etwas schwächer, d. h., die Unterschiede zwischen Schülern und Schülerinnen flachen sich ganz leicht ab.

Bei Schülern ging der Anteil an Verbaltätern, ebenso der an verbal- und geringfügig physisch Gewaltaktiven über die Zeit leicht nach oben. Rückläufig sind dagegen die Zahlen bei Nicht-Vandalen sowie Gering- bis Mitteltätern. Bei den Schülerinnen lässt sich feststellen, dass der Anteil reiner Verbaltäterinnen über die Zeit von gut zwei Fünfteln auf gut ein Drittel abnimmt, aber die häufigste Gewaltart bleibt. Die Frage ist, ob dann bei ihnen eine Verschiebung zugunsten anderer, körperlicher und/oder psychischer Gewaltformen erfolgt. Dies ist zu verneinen, da der Anteil nicht gewaltaktiver Schülerinnen (Unbeteiligte und Nur-Opfer) von einem Sechstel auf gut ein Fünftel gestiegen ist. Außerdem ging der Anteil an verbal und geringfügig körperlich Gewaltaktiven nach 1994 zurück. Allerdings weisen sie gegenüber 1994 einen größeren Anteil auf, der dem „heterogenen Rest" zuzurechnen ist, gegenüber 1999 ist jedoch eine Abnahme zu vermelden. Nur leichte Verschiebungen bestehen bei den Nicht-Vandalen und den Gering- bis Mitteltäterinnen, wobei 2004 gegenüber 1994 geringfügige Zunahmen zu verzeichnen sind.

Ein weiteres Merkmal der Schüler, das sich auf den Täter-Opfer-Status auswirkt, ist das Lebensalter (vgl. Tab. 3.13). Dahinter stehen (u. a.) die Verbesserung von Sozialkompetenzen, die Veränderung bei der Risikobereitschaft, die Identitätsentwicklung. Das allgemeine Ergebnis, wonach nämlich die Altersgruppe der 14- bis 17-Jährigen durch eine vergleichsweise häufigere Gewaltaktivität auffällt, schlägt sich auch beim Täter-Opfer-Status nieder: Sie haben mit 93,1% den größten Anteil an aktiv oder passiv Gewaltbeteiligten. Außerdem ist bei ihnen Gewalt häufiger als bei den anderen Altersgruppen reziprok; der Anteil an Nur-Opfern liegt niedriger als in den übrigen Altersgruppen. Dafür haben sie einen leicht größeren Anteil an Nicht-Vandalen; vor allem aber sind bei ihnen die Anteile an „Heterogenen" sowie an Gering- bis Mitteltätern höher als bei den 10- bis 13- bzw. mindestens 18-Jährigen und sie haben auch (bei sehr kleinen Anteilen) mehr „häufige Täter".

Heranwachsende besitzen mit mehr als einem Sechstel den deutlich größten Anteil an Unbeteiligten und zumeist die geringsten Belastungszahlen bei den Tätertypen. Die klare Ausnahme bilden reine Verbaltäter: Ihre Zahl ist mit gut drei Zehnteln merklich größer als bei den anderen Alterskategorien. Unter den 10- bis 13-Jährigen liegt dagegen der Anteil „unschuldiger" (Nur-)Opfer mit fast einem

Zehntel höher als in den anderen Altersgruppen.[1] Ebenfalls am größten ist bei ihnen die relative Zahl verbal und geringfügig physisch Gewaltaktiven.

Tab. 3.13: Täter-Opfer-Status 2004 nach dem Lebensalter

Täter-Opfer-Status	Lebensalter (in Jahren)			Gesamt
	10-13	14-17	18 u. älter	
Unbeteiligte	9,7% (165)	6,9% (126)	18,2% (144)	10,12% (435)
Nur-Opfer	9,0% (154)	3,9% (70)	6,1% (48)	6,3% (272)
Verbaltäter	25,9% (442)	23,2% (420)	31,7% (251)	25,8% (1.113)
Verbal/physisch gering	14,5% (248)	10,1% (184)	6,3% (50)	11,2% (482)
Nicht-Vandalen	11,7% (200)	13,1% (237)	9,1% (72)	11,8% (509)
heterogener Rest	20,7% (353)	26,6% (482)	20,4% (162)	23,1% (997)
Gering- bis Mitteltäter	8,1% (138)	15,3% (277)	7,7% (61)	11,1% (476)
Häufige Täter	0,5% (9)	1,0% (18)	0,6% (5)	0,7% (32)
Gesamt	100,0% (1.709)	100,0% (1.814)	100,0% (793)	100,0% (4.316)

$Chi^2 = 228,33$; d. f. = 14; $\alpha = 0,000$; $C_{korr} = 0,28$.

Wie hat sich nun in den Altersklassen der Täter-Opfer-Status über die Zeit entwickelt? Bei den 14- bis 17-Jährigen ergaben sich nur wenige Veränderungen bei den Täter-Opfer-Typen. (Daher ist auch der Zusammenhang für diese Altersgruppe statistisch nicht gesichert). Dies bestätigt indirekt das Ergebnis, wonach sie stabil die gewaltaktivste Altersgruppe sind. Das bedeutet auch: Die Veränderungen im Täter-Opfer-Status über die Zeit gehen (mit) auf die beiden anderen Altersgruppen der 10- bis 13- und mindestens 18-Jährigen zurück.

---

[1] Dies entspricht tendenziell auch Ergebnissen zum Bullying, das mit zunehmendem Alter zurückgeht (vgl. Olweus 1997).

Bei den 10- bis 13-Jährigen stieg der Anteil Unbeteiligter auf etwa ein Zehntel, wobei der Zuwachs gerade von gerade von 1999 auf 2004 erfolgte. D. h. es gibt unter den Jüngsten 2004 insgesamt weniger Gewaltbeteiligte als noch 1999 (-5,2 Prozentpunkte). Diese positive Entwicklung wird unterstützt durch die abnehmenden Belastungen bei den verbal und dazu physisch gering Gewaltaktiven sowie den Gering- bis Mitteltätern; ein leichter Rückgang erfolgte auch bei den reinen Verbaltätern. Hingegen stieg der Anteil des heterogenen Restes an. Allerdings nahm auch die Zahl „unschuldiger" (Nur-)Opfer mit der Zeit zu von 5,2% bis auf 9,0%.

Bei den Heranwachsenden ist das Bild ähnlich: Einmal gibt es 2004 wieder genauso viele Unbeteiligte wie 1994, der Anteil an Schülern, die in Gewalt involviert sind, nahm also gegenüber 1999 wieder ab. Bei den Gewaltaktiven war gegenüber 1999 der Anteil derer rückläufig, die zum „heterogenen Rest" zählen. Ebenfalls abnehmend war die Zahl an Gereing- und Mitteltätern. Dafür stieg der Anteil an Nicht-Vandalen und es gab auch mehr „Nur-Opfer".

Beim Vergleich der Schularten bleibt die Grundstruktur im Wesentlichen über die Zeit erhalten, wenngleich es auch zu leichten Verschiebungen gekommen ist. Die relative Zahl an Verbaltätern steigt mit dem Bildungsaspirationsniveau: Gymnasien weisen (geschlechtsunabhängig) zu allen Zeitpunkten den größten Anteil an reinen Verbaltätern auf – jeweils mindestens ein Drittel (wobei der Unterschied Schülerinnen/Schüler bestehen bleibt, also Schülerinnen auch an Gymnasien häufiger als Schüler reine Verbaltäter sind) –, Hauptschulen mit einem Fünftel bis einem Sechstel den jeweils geringsten. Auch die „Nur-Opfer" kommen an Gymnasien etwas häufiger vor als an anderen Schulen. „Unbeteiligte" gibt es dafür an Berufsschulen etwas häufiger als an den anderen Schularten, wenngleich gerade die Gymnasien hier deutlich aufgeholt haben. Dafür liegen an Hauptschulen durchgängig die Anteile bei verbal- und geringfügig physisch Gewaltaktiven, bei Nicht-Vandalen sowie (seit 1999) bei den Gering- und Mitteltätern z. T. merklich über denen der anderen Schularten; Gymnasien weisen hier gerade bei den Nicht-Vandalen und den Gering- und Mitteltätern die vergleichsweise geringsten Anteile auf. (Innerhalb der Schularten entsprechen die Veränderungen über die Zeit weitgehend der allgemeinen Entwicklung (vgl. Tab. 3.14)). Für 2004 ergibt sich dabei folgende Verteilung:

Gymnasien (78,9%) weisen noch vor Berufsschulen (80,9%) den im Vergleich geringsten Anteil Gewaltaktiver auf, bei Realschulen sind es 87,9%, die in Gewalt involviert sind, an Hauptschulen sogar 89,1%. Der Anteil Unbeteiligter ist allerdings an Berufsschulen am höchsten mit etwa einem Siebentel, noch vor den Gymnasien (etwa ein Achtel). Hauptschulen schlagen mit 4,8% zu Buche, d. h. bei ihnen gibt es 2004 vergleichsweise die meisten Schüler, die aktiv oder passiv in Gewalt verwickelt sind. Dafür haben Gymnasien mit 8,6% den größten Anteil an Nur-Opfern (wobei hier vor allem die verbale Gewalt zum Tragen kommt!). Die Gruppe der „Heterogenen" ist unter Berufsschülern mit gut einem Viertel relativ am größten und liegt bei allen anderen bei gut einem Fünftel. Bei den anderen Tätertypen fallen die Hauptschüler durch erhebliche Anteile auf, die z. T. mehr als doppelt so groß sind wie die der Gymnasiasten. Jeweils zwischen einem Siebentel und mehr als einem Sechstel der Hauptschüler zählen zu den verbal und gering körperlich Gewaltaktiven, den Nicht-Vandalen bzw. den Gering- und Mitteltätern. Bei der sehr kleinen Zahl der häufigen Täter liegen Hauptschüler in etwa gleichauf mit den Realschülern.

Tab. 3.14: Täter-Opfer-Status 2004 nach der Schulart

Täter-Opfer-Status	Schulart				Gesamt
	Hauptschule	Berufsschule	Realschule	Gymnasium	
Unbeteiligte	4,8% (60)	14,2% (159)	7,6% (60)	12,5% (166)	9,9% (445)
Nur-Opfer	6,1% (77)	4,9% (55)	4,5% (36)	8,6% (115)	6,3% (283)
Verbaltäter	16,4% (206)	25,0% (280)	27,7% (220)	33,2% (442)	25,5% (1.148)
verb./phys. gering	15,9% (200)	6,9% (77)	11,6% (92)	9,8% (131)	11,1% (500)
Nicht-Vandalen	18,1% (227)	10,6% (119)	12,6% (100)	7,0% (93)	12,0% (539)
heterogener Rest	22,8% (286)	26,6% (297)	22,3% (177)	21,7% (289)	23,3% (1.049)
Gering- bis Mitteltäter	14,8% (186)	11,1% (124)	12,7% (101)	6,8% (91)	11,2% (502)
Häufige Täter	1,1% (14)	0,6% (7)	1,0% (8)	0,5% (6)	0,8% (35)
Gesamt	100,0% (1.256)	100,0% (1.118)	100,0% (794)	100,0% (1.333)	100,0% (4.501)

Chi² = 334,69; d. f. = 21; α = 0,000; C_{korr} = 0,30.

3.6 Der „kleine harte Kern": Kern des Problems?

Für die Betrachtung der Gewalt an Schulen müssen wir zwischen der „normalen", da alterstypischen bzw. mit den Bedingungen des Aufwachsens verbundenen Gewalt unter Jugendlichen und den darüber mehr oder weniger weit hinausreichenden Gewaltaktivitäten einer kleinen Gruppe besonders auffälliger Schüler, dem „kleinen harten Kern" unterscheiden. Dieser sog. „kleine harte Kern" umfasst in den verschiedenen Studien über Gewalt an Schulen je nach Strenge des Abgrenzungskriteriums zwischen 2 und 3% bzw. 8 und 9% der Schüler.

Für Bayern läst sich seit Mitte der 1990er-Jahre nachweisen, dass die Gewalt an Schulen in hohem Maße auf diesen „kleinen harten Kern", also auf eine kleine Minderheit, zurückgeht. Die Bedeutung dieser Teil-Population für das Gewaltaufkommen wird an Tab. 3.15 deutlich. Insgesamt fällt durchgängig auf, dass dieser kleine harter Kern in jedem Jahr in erheblich überproportionalem Ausmaß am Gewaltaufkommen beteiligt ist, wobei sich dies je nach Jahr und Gewaltform zwischen weniger als einem Zehntel bis deutlich über einem Drittel bewegt. Verbale Gewalt ist damit mehr eine Sache der Allgemeinheit der Schüler, wogegen die anderen Gewaltformen verstärkt zum Verhaltensrepertoire des kleinen harten Kerns zählen. Dies hat auch Konsequenzen für die Überlegungen zur Prävention, denn das Gewaltvolumen an den Schulen ließe sich erheblich reduzieren, wenn es gelänge, diesen kleinen harten Kern friedfertiger zu machen bzw. sein Entstehen verhindern zu können.

Tab. 3.15: Anteil des kleinen harten Kerns[1] am Gewaltaufkommen 1994 – 1999 – 2004

Jahr	Gewaltform			
	physisch	psychisch	gg. Sachen	verbal
1994	31,2%	35,0%	35,6%	8,3%
1999	28,3%	25,6%	27,8%	6,9%
2004	24,9%	24,1%	25,2%	6,9%

[1] Schüler mit einem Werte von 5 und mehr auf der 10er-Skala bei physischer Gewalt.

Die über die Zeit rückläufigen Anteile – von knapp unter bzw. über einem Drittel bis auf ein Viertel bei der physischen und psychischen Gewalt sowie bei der Gewalt gegen Sachen – hängen auch mit dem Schrumpfen dieser kleinen, stark gewalttaktiven Gruppe zusammen. Sie erweist sich in Bayern als leicht rückläufig, von gut 3% in 1994 auf etwas über 2% in 2004; das bedeutet: Es gab mit der Zeit auf niedrigem Niveau immer weniger stark gewaltaktive (vornehmlich männliche) Schüler.

Der Rückgang variiert nach dem Geschlecht: Unter den Schülern ging der Anteil „harter" leicht, aber nicht signifikant zurück von 4,4% (82) 1994 auf 3,4% (78) im Jahr 2004; bei den Schülerinnen war der Rückgang von 1,4% (23) 1994 auf 0,6% (13) in 2004 statistisch überzufällig.

Deutlicher wird die Reduktion bei Einbezug der Schulart: Vor allem unter Berufsschülern ging die Zahl derer, die zum „kleinen harten Kern" zu rechnen sind, zurück von 5,7% (55) 1994 bis auf knapp die Hälfte – 2,5% (28) – im Jahr 2004. Bei Gymnasien und Realschulen war der leichte Rückgang nicht signifikant. Eine leichte, wenn auch statistisch nicht eindeutig Zunahme lässt sich dagegen für die Hauptschüler nachweisen.

Eindeutige Verschiebungen ergeben sich auch nach dem Lebensalter: Bei Jugendlichen und Heranwachsenden wird der kleine harte Kern mit der Zeit kleiner – von jeweils etwa 4% auf gut 2% –, bei den Jüngeren dagegen steigt er von 1994 auf 1999 leicht an (von 1% auf 2,4%) und geht dann aber 2004 wieder zurück (auf 1,5%).

Der sinkende Anteil des kleinen harten Kerns am Gewaltvolumen geht in erheblichem Maße auf die Berufsschüler zurück. Lag ihr Anteil 1994 bei physischer, psychischer Gewalt und Vandalismus noch bei weit über vier Zehnteln, so bewegt er sich 2004 nur noch wenige Prozentpunkte über dem Gesamtdurchschnitt. Außerdem ging unter Schülerinnen der Anteil des harten Kerns am Gewaltaufkommen (aller Schülerinnen) sichtlich stärker zurück als dies bei den Schülern der Fall war. Weiter zeigt sich, dass die Abnahme unter den Heranwachsenden – bei denen anteilig mehr Gewalt vom harten Kern ausgeht als in den anderen Altersgruppen – ausgeprägter ist als in den anderen Altersgruppen. An der prinzipiellen Aussage, dass die Gewaltbelastung dieser kleinen Gruppe stark überproportional ist, ändert sich jedoch nichts. Der kleine harte Kern steht damit weiter im Zentrum des Phänomens Gewalt an Schulen und bildet einen wesentlichen Bestandteil des Problems.

3.7 Zusammenfassung

- *Die massenmedial vermittelte Vorstellung, wonach Gewalt an Schulen immer häufiger auftrete und immer brutaler werde, muss auf Basis unserer Daten zurückgewiesen werden:* Für fast alle Gewaltformen ist zwischen 1994 und 2004 ein Rückgang der Indexwerte, also der Gewaltbelastung der Schulen zu konstatieren. Das Gewaltaufkommen ist insbesondere bei eher schwerwiegenden Gewaltaktivitäten gesunken. Formen verbaler Gewalt sind nach wie vor gleichzeitig die (zumeist) weniger schwerwiegenden und häufigsten Gewaltformen. Verbale Attacken kommen dreieinhalb Mal häufiger als körperliche und mehr als fünfmal häufiger als psychische Gewalt und Gewalt gegen Sachen vor.

- *Unverändert gilt* – bei grundsätzlicher Absenkung des Gewaltniveaus an allen Schularten –, *dass mit steigendem Bildungsniveau die Gewaltaktivitäten zurückgehen und dass Schülerinnen immer weniger belastet sind als Schüler.* Das Gewaltaufkommen an den Berufsschulen hat sich im Zeitverlauf erheblich reduziert, womit sich eine relative Angleichung an die anderen Schularten ergeben hat. Hauptschüler sind häufiger Täter als Schüler aller anderen Schularten.

- *Während sich der verbalen Gewalt Schüler und Schülerinnen relativ ähnlich sind* (2004: durchschnittlich 2,4 zu 1,8 auf einem Index von 0 bis 10), *dominieren bei allen anderen Gewaltformen die Schüler.* So sind sie bei Formen körperlicher Gewalt vierfach stärker vertreten als Schülerinnen (2004: 0,8 zu 0,2). Bei beiden Geschlechtern reduzieren sich die Gewaltaktivitäten im Zeitverlauf – bei den Jungen sogar etwas stärker (bei allerdings höherem Ausgangsniveau).

- *Die Erkenntnis zu den gewalttätigen Schülern werden durch die Opferzahlen – auf niedrigerem Niveau – bestätigt:* Auch bei den Opferzahlen registrieren wir eine Reduktion der Gewaltbelastung; männliche und Hauptschüler sind häufiger Opfer von Gewalttätigkeiten.

- *Über den erfassten Zeitraum von 1994 bis 2004 nimmt die Zahl der Schüler, die weder Opfer noch Täter sind, leicht zu, bleibt aber unter 10%. Allerdings nehmen auch die Nur-Opfer-Zahlen leicht zu.*

- *Dem steht ein leichter Rückgang der häufigen Täter und des kleinen harten Kerns von ca. 3% auf etwa 2% gegenüber.* Insbesondere bei Berufsschülern ist diese positive Tendenz besonders ausgeprägt. Zu beachten ist, dass der kleine harte Kern bei Jugendlichen und Heranwachsenden kleiner wird, jedoch bei den 10-13-Jährigen zugenommen hat (1% zu 2,4% zu 1,5% in den drei Messzeitpunkten).

- *Da der kleine harte Kern von ca. 2% aller Schüler aber für grob ein Viertel aller Gewaltaktivitäten verantwortlich zeichnet, ist ihm besonderes Augenmerk in Forschung und Praxis zu widmen, zumal sich eine gewisse Vorverlagerung im Lebensalter zeigt.*

4. Gewalt in der Familie – Gewalt in der Schule?

Seit die Schulgewaltforschung Anfang der 1990er-Jahre intensiviert wurde, ist auch die Frage nach dem Zusammenhang zwischen Gewalterlebnissen der Schüler in ihren Familien, ihren eigenen Gewalthandlungen und ihren Gewalterfahrungen in der Schule thematisiert und erforscht worden. Die Ergebnisse mehrerer (z. T. auch auf Bundeslandebene repräsentativer) Untersuchungen (vgl. Wilmers et al. 2002; Fuchs et al. 2001; Mansel 2001; Pfeiffer et al. 1999; Fuchs et al. 1996) wiesen auf einen eindeutigen, wenn auch nicht sehr stark ausgeprägten Zusammenhang zwischen beiden Phänomenen hin, ein Zusammenhang, der von Pfeiffer (1999) mit dem Titel „Auch Ohrfeigen sind nicht harmlos" pointiert formuliert wurde. Die Forschungsergebnisse fielen seit den 1990er-Jahren in eine Zeit, in der im öffentlich-politischen Diskurs die Legitimität und in der Folge auch die Legalität körperlicher Sanktionen durch die Eltern sukzessive in Frage gestellt wurde.[1] Diese andere Wahrnehmung bedeutete einen Bruch mit konventionellen elterlichen Sanktionsgepflogenheiten, einem gewohnheitsmäßigen „Züchtigungsrecht" und löste daher auch Kontroversen aus. In einer bundesweiten, repräsentativen Längsschnittuntersuchung verfolgte Bussmann (2001) die Entwicklung elterlicher Haltungen zu körperlichen Sanktionen in der Erziehung sowie die Entwicklung der ausgeübten Sanktionspraktiken und erhob einen Selbstbericht von Jugendlichen über erlebte bzw. erlittene körperliche Erziehungsgewalt ihrer Eltern; diese Untersuchungsreihe, die zuletzt vom Bundesfamilienministerium gefördert wurde, hatte auch zum Ziel, die Abschaffung dieses Gewohnheitsrechts bzw. die Einführung seines rechtlichen Verbots zu unterstützen und die Wirksamkeit dieser Abschaffung zu belegen. Die Auswertung zeigt einen deutlichen Rückgang der elterlichen Gewalt in der Erziehung, auch in den stärker mit Gewalt belasteten Familien (vgl. BMFSFJ/BMJ 2003).[2] Erste Ergebnisse aus der aktuellen Welle der KFN-Städtevergleichsstudie lassen zwischen 1998 und 2005 zwei Entwicklungen erkennen: einen Rückgang der elterlichen Gewalt und eine Reduktion der selbst ausgeübten Gewalt. Wie nun wirkt sich Gewalt in der Familie auf Gewalt in der Schule aus?

---

[1] Dies war Teil eines umfassenderen Diskurses zur „Gewalt in der Familie", der seit Mitte der 1980er-Jahre besonders von der Frauenbewegung in die politische Diskussion mit dem Ziel eingebracht wurde, gegen Gewalt in der Partnerschaft, verstanden als Mann-gegen-Frau-Gewalt, vorzugehen. Etwa seit Mitte der 1980er-Jahre wurde dies in Deutschland auch langsam zum Gegenstand der Forschung (vgl. u. a. Schneewind et al. 1983; Honig 1986), einige Jahre nach den USA (vgl. Straus et al. 1980). Gewalt gegen Kinder bzw. Gewalt in der Erziehung kam allerdings erst später, nämlich gegen Mitte der 1990er-Jahre, verstärkt als Thema auf, sowohl in der Politik als auch in der Forschung. In der aktuellen Diskussion rückt inzwischen auch die Gewalt gegen Männer in der Wahrnehmung nach vorne (vgl. dazu die Beiträge in Lamnek/Boatcă 2003) – allerdings nicht unumstritten (vgl. u. a. Kavemann 2002, 2001).

[2] Um diese Entwicklung allerdings auf das Züchtigungsverbot zurückzuführen zu können, wäre eigentlich eine Panel- und keine Trenduntersuchung nötig gewesen, denn nur damit hätte sich auf Personen- bzw. Haushaltsebene die Entwicklung über die Zeit nachweisen lassen.

4.1 Gewalt in der Familie als Hintergrundfaktor

Den Fragen, welche Gewalterfahrungen bayerische Schülerinnen und Schüler zu Hause machen (müssen) und in welcher Weise dies mit ihren Gewalthandlungen und -erlebnissen in der Schule zusammenhängt, gehen wir im Folgenden sowohl im Querschnitt für 2004 als auch im Zeitvergleich von 1994 über 1999 bis 2004 nach. Aufgrund der vorangegangenen Wellen dieser Studie sowie anderer Forschungsergebnisse ist unsere erste Vermutung, dass sich zwischen der erlebten Gewalt in der Familie bzw. Erziehung und der selbst ausgeübten Gewalt in der Schule ein eindeutiger Zusammenhang nachweisen lässt: Gewalt in der Erziehung erhöht die Wahrscheinlichkeit, dass es zu Gewalt in der Schule kommt. Wir vermuten weiter, dass dieser Effekt bei Schülern wesentlich ausgeprägter nachweisbar sein wird als bei Schülerinnen, weil Jungen im Allgemeinen intensiver körperlicher sanktioniert werden als Mädchen. Dies wiederum kann auch mit überkommenen Geschlechtsrollenstereotypen zusammenhängen, nach denen Jungen mit Härte zur Härte erzogen werden sollen.

Weiter gehen wir, angelehnt an Ergebnisse bei Pfeiffer et al. (1999), davon aus, dass zwischen elterlichem Gewalthandeln und dem Gewaltbild der Kinder eine Relation derart besteht, wonach geschlagene Schüler eine wesentlich positivere Einstellung zur Gewalt aufweisen, was die zugeschriebene Funktionalität und Selbstverständlichkeit angeht, als dies bei nicht Geschlagenen der Fall sein dürfte. Wegen der Unterschiede in der Sanktionspraxis – Jungen werden häufiger und intensiver geschlagen – sollte der Effekt bei Schülern ausgeprägter sein als bei Schülerinnen. Wer jedoch eine positivere Einstellung zur Gewalt hat, wird auch wesentlich eher in Konfliktsituationen Gewalt anwenden – vor allem körperliche Gewalt – als jemand, der Gewalt ablehnt und sie als nicht funktional wahrnimmt. D. h. wir erwarten weiter, dass der Ausgangszusammenhang zwischen elterlicher Gewalt und der Gewalt in der Schule über die positive Einstellung zur Gewalt vermittelt ist.

Schläge bleiben wahrscheinlich besonders ab einer bestimmten Häufigkeit und Alltäglichkeit nicht ohne Auswirkung auf die Persönlichkeit, die Selbstwahrnehmung und die Identität. Wer ein niedrigeres Selbstwertgefühl hat, wird häufiger Gewalterlebnisse haben, sei es als Täter, um sein mangelndes Selbstwertgefühl zu kompensieren, sei es als Opfer, weil er/sie die Angreifbarkeit im Verhalten zum Ausdruck bringt (vgl. Mansel 2001). D. h.: Der Ausgangszusammenhang zwischen elterlicher Gewalt und Gewalt in der Schule wird möglicherweise über das Selbstwertgefühl vermittelt.

Ein weiterer, von der Konzeption her durchaus relevanter Grund kann die ökonomische Lage der Familie sein: Mit einer ungünstigen finanziellen Situation – auch bedingt durch Arbeitslosigkeit der Eltern(teile) – wird das Maß an Gewaltanwendung in der Familie bzw. Erziehung steigen. Erklären lässt sich dies damit, dass eine zunehmende ökonomische Marginalisierung des Familienhaushalts einen Stressor für die Familie darstellt, auf den sie im Rahmen ihrer sozialen Kompetenzen und unter Einbeziehung ihrer vorhandenen Netzwerkressourcen reagieren bzw.

den sie bearbeiten muss. Mangelt es an Kompetenzen zur gewaltlosen Konfliktbearbeitung und stehen nicht genügend soziale Netzwerkressourcen zur Verfügung, wird die Konfliktbearbeitung häufiger mit (körperlicher) Gewalt erfolgen.

In einem ersten Schritt beschreiben wir das Eltern-Kind-Verhältnis (einschließlich der Gewalt in der Erziehung) aus Sicht der Kinder, Jugendlichen und Heranwachsenden. Dazu wird – soweit möglich – die Entwicklung über die letzten zehn Jahre nachgezeichnet. Im nächsten Schritt folgen die Gewaltanalyse unter Hinzuziehen der Gewalt in der Familie sowie (für 2004) der Zusammenhang zwischen der erlebten Gewalt im Elternhaus, dem Gewaltbild der Schüler und der selbst berichteten Gewalt in Schule.

4.2   Das Eltern-Kind-Verhältnis

Das Eltern-Kind-Verhältnis wurde in unserem Fragebogen durch folgende Dimensionen abzubilden versucht:
- auf der *affektuellen Ebene* durch das Auskommen mit den Eltern (Verständnis und Liebe),
- auf einer *evaluativen Ebene* durch die Bewertung bzw. Einschätzung des elterlichen Erziehungsstils,
- auf der *Ebene elterlicher Fürsorge* durch das wahrgenommene Interesse der Eltern an der Schulleistung des Kindes,
- auf der *Ebene der Konfliktbearbeitung* durch das wahrgenommene Vorkommen von Gewalt in der Familie bzw. Erziehung.

Für die affektuelle Ebene wollten wir von den Schülern wissen, wie sie sich mit ihren Eltern verstehen und ob sie der Meinung sind, dass ihre Eltern sie gerne haben (emotionale Geborgenheit). Bei der Frage, wie sie sich mit ihren Eltern verstehen, verteilen sich die Antworten der Schülerinnen und Schüler wie folgt (vgl. Abb. 4.1):

Alles in allem kommen Schüler in Bayern wirklich gut mit ihren Eltern aus. Im Durchschnitt verstehen sie sich mit ihnen „besser als gut" (1,7). Eine knappe absolute Mehrheit versteht sich „sehr gut", mehr als ein Drittel „gut" mit den Eltern. Das bedeutet: Bei fast neun Zehnteln gibt es nach Wahrnehmung der Befragten nur wenig Probleme im Auskommen miteinander. Insgesamt ein Achtel sieht das (etwas) kritischer, wobei nur wenige – zusammen 2,6% – sich (sehr) schlecht mit den Eltern verstehen. Letztere werden bei der Frage nach den Auswirkungen der familialen Situation auf die Gewalt in der Schule besonders zu beachten sein.

Diese Verteilung variiert nicht nach Geschlecht und Schulart; ein Migrationshintergrund von Vater bzw. Mutter wirkt zwar eindeutig, aber nur *sehr* schwach auf das Auskommen von Eltern mit ihren Kindern, so dass er letztlich auch zu vernachlässigen ist. Allerdings hat die (wahrgenommene) soziale bzw. ökonomische Lage einen deutlichen Einfluss auf das Kind-Eltern-Verhältnis: Am besten beurteilen Schüler, die ihre Familien als wohlhabend (im Mittel: 1,5) oder mit dem Geld gut zurechtkommend (1,6) bezeichnen, das Auskommen mit den Eltern. Schüler, in deren Familien es „für das Nötige" reicht, verstehen sich dann durchschnittlich etwas besser als gut (1,9) mit ihren Eltern. Eindeutig schlechter sieht es dann aus, wenn die Familien auch auf Nötiges schon einmal verzichten müssen (2,4) bzw. wenn es zum Monatsende auch mal an Geld für Lebensmittel mangelt (2,5): Diese Schüler kommen gerade noch gut mit ihren Eltern aus. Der Zusammenhang ist hoch signifikant, die statistische Erklärungskraft liegt bei mäßigen 4,7% Varianzaufklärungspotenzial.

Abb. 4.1: Sich-Verstehen mit den Eltern 2004 (n = 4.429)

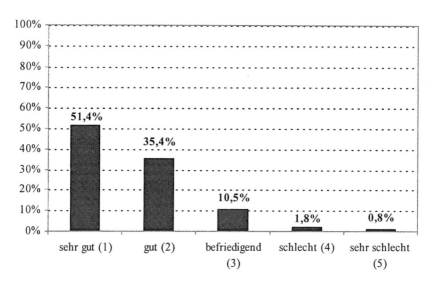

Möglicherweise bildet die Einschränkung der ökonomischen Ressourcen mit der Folge, an den alltäglichen Notwendigkeiten sparen zu müssen, einen starken Stressor für das Familienklima. Unzufriedenheit und Frustration auf Seiten der Eltern kann sich dabei auch auf den Umgang mit den Kindern niederschlagen. Nachdem Einschränkung und Mangel in Familien mit Arbeitslosigkeit der Eltern(teile) einhergeht, kann auch die Arbeitslosenforschung zur Erklärung herangezogen werden: Sind Eltern stark verunsichert durch die Arbeitslosigkeit, kann dies zur Folge haben, dass sie ihre Kinder häufiger und intensiver bestrafen (vgl. Silbereisen/Walper 1987: 231); dies wiederum kann das Verhältnis zwischen Eltern und Kindern deutlich belasten. Gerade bei statusniedrigen Familien, die finanzielle Einbußen mit ihren Folgen für den Alltag hinnehmen müssen, brechen relativ schnell intrafamiliale Konfliktpotenziale auf, die auch gewaltförmig eskalieren können (vgl. Zenke/Ludwig 1985). Bei der Frage nach dem Sich-Verstehen mit den Eltern erweist sich die

Gewalt in der Familie – Gewalt in der Schule?

ökonomische Lage damit als das im Vergleich aussagekräftigste Kriterium. Zu fragen ist, ob sich dies auch bei der emotionalen Geborgenheit fortsetzt.

Auch bei der emotionalen Geborgenheit („Meine Eltern haben mich sehr gerne") ist das Bild ziemlich positiv (vgl. Abb. 4.2), was am Durchschnittswert von 1,6, deutlich wird. Eine Mehrheit von annähernd drei Fünfteln ist voll überzeugt, dass ihre Eltern sie sehr gerne haben, weitere drei Zehntel sind immerhin tendenziell dieser Meinung. Zusammen gut ein Achtel beurteilt die emotionale Haltung der eigenen Eltern sich gegenüber kritischer, zusammen 3,1% (135) können sich sogar (eher) nicht vorstellen, dass die eigenen Eltern sie wirklich sehr gerne haben.

Abb. 4.2: „Meine Eltern haben mich sehr gerne" 2004 (n = 4.404) (Intensität der Zustimmung)

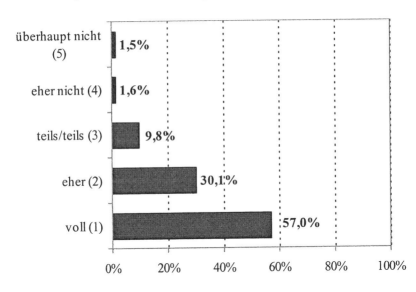

Jüngere Schüler (10-13-Jährige) sind etwas häufiger der Meinung, ihre Eltern hätten sie sehr gerne, als Schüler im Jugend- und Heranwachsendenalter. Hier wirken wahrscheinlich die (Ablösungs-)Konflikte zwischen Eltern und ihren Kindern. Außerdem sind Schüler seltener als Schülerinnen der Ansicht, ihre Eltern würden sie sehr gerne mögen, evtl. weil der männliche Nachwuchs weniger emotional, dafür strenger behandelt wird. Ein einfacher oder doppelter Migrationshintergrund (Kind und/oder mindestens ein Elternteil im Ausland geboren) wirkt sich nicht eindeutig auf die Einschätzung aus. Allerdings macht sich – wie bereits beim Sich-Verstehen mit den Eltern – die ökonomische Lage bemerkbar (vgl. Abb. 4.3):

Abb. 4.3: Meine Eltern haben mich sehr gerne 2004
nach der ökonomischen Lage

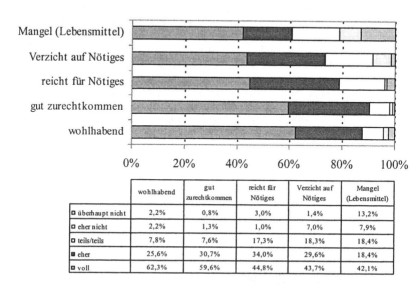

Analog zum Sich-Verstehen sind auch hier (nicht zuletzt anhand des Mittelwertvergleichs) zwei Abstufungen erkennbar: Die emotionale Geborgenheit ist am stärksten, wenn die Familien als wohlhabend oder als mit dem Geld gut zurechtkommend gesehen werden. Die zweite Kategorie besteht aus Schülern, in deren Familien es entweder „für alles Nötige reicht" bzw. bei denen es manchmal für nötige Dinge schon einmal nicht reicht. Hier liegt der Anteil voll Zustimmender schon um 15 bis 18 Prozentpunkte niedriger, der Anteil Unentschlossener ist dagegen um etwa den Faktor 2,5 größer. Bei denen, die verzichten müssen, sind auch merklich mehr Befragte weniger von der Elternliebe überzeugt. Die eindeutig geringste elterliche Zuneigung vermuten Schüler, in deren Familien es z. T. am Geld für Lebensmittel mangelt. Hier fällt (bei kleiner Fallzahl) ein recht großer Anteil an Schülern auf – gut ein Achtel –, der sich von seinen Eltern emotional gar nicht angenommen fühlt. (Der Zusammenhang ist hoch signifikant, aber mit 2,8% Varianzaufklärung sehr schwach ausgeprägt).

Seit 1994 haben wir die Einschätzung der elterlichen Erziehung durch die Schülerinnen und Schüler erhoben. Dazu haben wir seinerzeit die Fragestellung aus „Jugend 81" übernommen und aus Gründen der Vergleichbarkeit auch beibehalten. Gefragt wurde, wie sich der elterliche Erziehungsstil bezeichnen lässt: „hart, streng, manchmal ungerecht", „hart, aber gerecht", „liebevoll, fast weich"

Gewalt in der Familie – Gewalt in der Schule? 115

oder „uneinheitlich, ziemlich wechselhaft" Über 10 Jahre hinweg ergaben sich für die drei Erhebungswellen folgende Verteilungen (vgl. Abb. 4.4):

Abb. 4.4: Elterliche Erziehung aus Sicht der Schüler 1994 – 1999 – 2004 (Fallzahlen in Klammern)

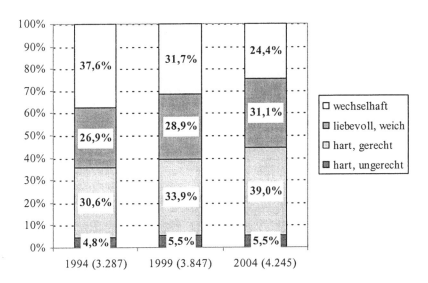

Über die Zeit hinweg zeigt sich eine eindeutige Verschiebung in der Wahrnehmung des elterlichen Erziehungsverhaltens durch die Schüler. Die wesentlichen Trends sind dabei zum einen eine Abnahme des „ziemlich wechselhaften, uneinheitlichen" Erziehungsstils von fast zwei Fünftel (1994) auf knapp ein Viertel (2004). Das bedeutet: Die Erziehung wurde aus Sicht der Schüler eindeutiger und besser einzuschätzen. Die Verschiebung erfolgte vor allem zu Gunsten einer „harten, aber gerechten" Erziehung, deren Anteil von drei Zehnteln (1994) bis auf zwei Fünftel (2004), also um rund ein Drittel, zunahm. Der andere, nicht ganz so starke Zugewinn fand bei der „liebevollen, fast weichen" Erziehung statt, die von gut einem Viertel auf gut drei Zehntel anwuchs.

(Auch) 2004 fühlen sich Schüler häufiger „hart, aber gerecht" erzogen als Schülerinnen (44,3% zu 32,7%), während etwas mehr Schülerinnen angeben, „liebevoll" (34,1% zu 28,5%) bzw. „wechselhaft" (27,8% zu 21,6%) erzogen zu werden. D. h.: Es fühlen sich mehr Schüler als Schülerinnen mit einem eindeutigen Stil erzogen. Unterschiede nach der Schulart bestehen, sind aber eher schwach ausgeprägt: Tendenziell kommen unter Gymnasiasten die beiden „harten" Stile seltener vor, die liebevolle Erziehung dagegen häufiger. Nur wenige Differenzen bestehen beim wechselhaften Stil. Der liebevolle Stil wird von den Jüngsten etwas häufiger genannt, der wechselhafte dafür von den beiden älteren Kategorien. Ein Migrationsstatus wirkt sich ebenfalls (sehr schwach) aus: Wer nicht in Deutschland geboren ist, gibt im Vergleich häufiger an, hart und streng, dafür aber seltener, liebevoll erzogen zu werden.

Weiter zeigt die ökonomische Lage auch beim Erziehungsstil ganz eindeutig Auswirkungen auf das Handeln der Eltern (vgl. Abbildung 4.5): Einmal nimmt die Eindeutigkeit der Erziehung ab, wenn sich die ökonomische Lage der Familie verschlechtert: Der Anteil wechselhaft erzogener Schüler geht bereits mit jenen Schülern nach oben, in deren Familien es noch für alles Nötige reicht, und steigt mit denen, in deren Familien es aus finanziellen Gründen zum Verzicht auf Nötiges kommt, weiter an. Auch der Anteil „hart, aber gerecht" Erzogener sinkt etwas, wenn es finanziell eng wird. Weiter ist erkennbar: Umso weniger Schüler werden liebevoll erzogen, je schlechter die ökonomische Lage der Familie ist; ihr Anteil reduziert sich von knapp zwei Fünftel auf gerade einmal ein Sechstel.

Abb. 4.5: Der elterliche Erziehungsstil 2004 nach der ökonomischen Lage

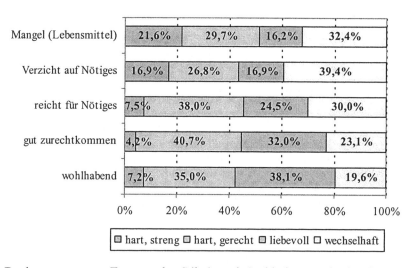

Der harte, strenge, z. T. ungerechte Stil nimmt bei schlechter werdender ökonomischer Situation der Familien ganz deutlich zu, wobei der auffallende Bruch bei den beiden sehr kleinen, ökonomisch aber mehr oder weniger marginalisierten Gruppen liegt: Ein Sechstel der Schüler in Familien, die auf Nötiges verzichten müssen, und sogar gut ein Fünftel der Schüler aus Familien, in denen es z. T. am Monatsende nicht einmal mehr für Lebensmittel reicht, erziehen ihren Nachwuchs auf diese Weise; bei den anderen Gruppen sind es hingegen nur zwischen 4,2% und 7,5%.

Zusammenfassend lässt sich damit festhalten, dass die problematischen Erziehungsstile der Eltern verbreiteter sind, je prekärer die ökonomische Lage der Familien wird, während eindeutiges, unterstützendes Erziehungsverhalten merklich zurückgeht. Die ökonomische Lage erweist sich besonders dann als Belastungsfaktor, wenn der Schritt in die Marginalisierung droht; dies fördert ein für das Verhalten junger Menschen ungünstiges Elternverhalten oder verstärkt derartige, bereits vorhandene Muster. Auch wenn die jeweiligen Effekte auf das Elternhandeln nicht sehr stark ausgeprägt sind, kann sukzessive Verarmung als Risikofaktor für die Qualität des Eltern-Kind-Umgangs und in der Frage für das (Gewalt-)Handeln an Schulen betrachtet werden (s. u.).

4.3 Elterliche Sorge um die Kinder

Die elterliche Sorge um die Kinder bzw. deren Schullaufbahn (und damit deren Zukunft) wurde in sechs Aussagen jeweils dichotom erfasst, nämlich
- „Meine Eltern machen mir Mut, eine gute Ausbildung zu erlangen."
- „Meine Eltern fragen mich oft, wie es in der Schule geht."
- „Meine Eltern interessieren sich sehr für meine Leistungen in der Schule."
- „Wenn ich Probleme in der Schule habe, helfen mir meine Eltern."
- „Meine Eltern achten darauf, dass ich meine Hausaufgaben mache."
- „Meine Eltern besuchen fast immer die Elternabende."

Dabei ergaben sich folgende Verteilungen (vgl. Abb. 4.6): Jeweils zwischen etwa neun Zehnteln und gut vier Fünfteln der Befragten meinen, dass ihre Eltern sie zu einer guten Ausbildung ermutigen, sie oft fragen, wie es in der Schule geht, Interesse an ihren Schulleistungen zeigen bzw. ihnen bei Problemen in der Schule helfen. Das bedeutet, dass zwischen 10% und 20% der Schüler diese Unterstützungen *nicht* erfahren.

Merklich deutlicher differenzieren die beiden übrigen Aussagen, nämlich der Besuch der Elternabende und die Sorge darum, dass die Hausaufgaben gemacht werden: Bei mehr als einem Drittel der Befragten achten die Eltern nach Aussage der Schüler nicht darauf, dass sie die Hausaufgaben machen, und fast die Hälfte der Eltern besucht *nicht* regelmäßig die Elternsprechabende.

Dass die Eltern auf die *Hausaufgaben achten*, geben etwas mehr Schülerinnen (+4%-Punkte), Hauptschüler (sieben Zehntel) häufiger, Berufsschüler (zwei Fünftel) seltener an. Je älter die Schüler werden, desto weniger kümmern sich ihre Eltern um die Hausaufgaben (fünf Sechstel bei den Jüngsten, die Hälfte bei Jugendlichen, knapp zwei Fünftel bei Heranwachsenden).

Das *Mut-machen auf eine gute Ausbildung* variiert im Wesentlichen nur mit der ökonomischen Lage der Familie: Je schwieriger die finanzielle Situation aufgrund eingeschränkter oder mangelnder Ressourcen wird, desto weniger Schüler meinen, dass ihnen die Eltern für eine gute Ausbildung Mut zusprechen. Der Anteil sinkt von über neun Zehnteln bei den „Wohlhabenden" und „gut Zurechtkommenden" bis auf knapp sieben Zehntel bei denen, die z. T. Mangel (an Lebensmitteln) erleiden. Das bedeutet aber, dass eine deutliche Mehrheit der Eltern den Nachwuchs zur guten Ausbildung ermuntert.

Abb. 4.6: Elterliche Sorge um die Kinder in der Schule 2004 (Anteil der „Ja"-Stimmen)

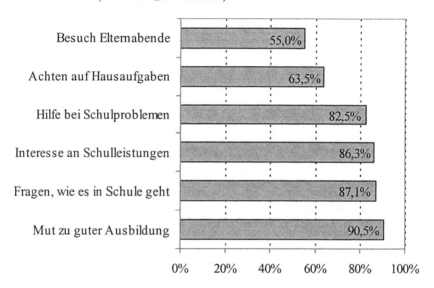

Bei Berufsschülern haben die Eltern *weniger Interesse an den schulischen Leistungen* ihres Nachwuchses; zwar ist es immer noch eine deutliche Mehrheit von drei Vierteln, aber es sind damit etwa 15%-Punkte weniger als bei den anderen Schularten. Möglicherweise spielt hier (neben dem Alter der Schüler) eine stärkere Ausrichtung der Wahrnehmung auf die (praktische) Berufsausbildung mit. Mit dem Alter geht das elterliche Interesse an den Schulleistungen aus Sicht der Schüler zurück (von über neun auf gut sieben Zehntel). Bei den (wenigen) Schülern, die zum „harten Kern" stark Gewalttätiger zählen, kommt elterliches Interesse an den Schulleistungen des Nachwuchses ebenfalls eindeutig seltener vor. Ein Migrationshintergrund hat keinen wesentlichen Einfluss. Die ökonomische Lage wirkt sich ähnlich wie bei der Ermutigung zu einer guten Ausbildung aus.

Die Eltern *helfen* ihren Töchtern mehr als ihren Söhnen *bei Schulproblemen* (wenngleich die Unterschiede gering sind). Außerdem wird Berufsschülern im Vergleich seltener als anderen geholfen (sieben Zehntel und damit rund 15 Prozentpunkte weniger als Schülern anderer Schulen); auch sinkt die Unterstützung durch die Eltern mit dem Alter deutlich von neun auf sieben Zehntel ab. Vom „kleinen harten Kern" bekommt nur die Hälfte elterliche Unterstützung bei Schulproblemen (gegenüber neun Zehntel bei den anderen). Ein Migrationshintergrund wirkt sich hier aus: Schüler, die in Bayern geboren sind, erhalten deutlich mehr Hilfe von den Eltern als alle anderen (84%), wogegen der Anteil bei denen, die im Ausland zur Welt kamen, mit sieben Zehntel am niedrigsten ist. Die ökonomische Lage wirkt sich ähnlich wie bei der Ermutigung zu einer guten Ausbildung bzw. dem Interesse an den schulischen Leistungen aus.

Elternabende besuchen nur ein Drittel der Eltern von Berufsschülern gegenüber etwa drei Fünfteln bei den anderen Schülern. Je älter Schüler werden, desto mehr gehen der regelmäßige Besuch und das Sich-Informieren über die Elternabende zurück (von zwei Dritteln bei den Jüngsten bis auf knapp drei Zehntel unter den Heranwachsenden). Möglicherweise ist dies Ausdruck davon, dass die Kinder mit dem Alter mehr Verantwortung für sich übernehmen können und sollen, die Eltern sich mehr aus der eigenen Verantwortung zurückziehen, die Elternsprechtage nicht als effektiv genug erscheinen oder der Nachwuchs ein verstärktes Engagement der Eltern vielleicht auch nicht will. Deutlich weniger Schüler mit Migrationshintergrund geben an, dass ihre Eltern regelmäßig die Sprechtage besuchen (45% gegenüber 56% bei deutschen Schülern).

Wie es ihren Kindern in der Schule geht, wollen (auf hohem Niveau von vier Fünfteln) deutlich weniger Eltern von Berufsschülern von ihrem Nachwuchs wissen (10 Prozentpunkte weniger als bei anderen Schülern). Das mag auch mit dem Alter zusammenhängen, denn der Anteil sinkt, je älter die Schüler werden, von neun auf acht Zehntel. Etwas mehr deutsche Schüler (88%) als solche mit Migrationshintergrund (80%) geben an, die Eltern würden sich oft nach dem Befinden in der Schule erkundigen. Bei der ökonomischen Lage der Familie geht der Anteil von über neun Zehnteln zwar sukzessive zurück, ein starker Bruch kommt allerdings erst bei der kleinen Gruppe, die Mangel erleidet: Hier fragen nur noch etwa 57% der Eltern ihre Kinder, wie es ihnen in der Schule ergeht.

Um ein Maß für die Intensität der elterlichen Sorge um die schulische Situation der Kinder zu erhalten, haben wir die jeweils genannten elterlichen Unterstützungen aufsummiert. Die so gebildete Skala reicht von 0 (keine Aussage genannt, entspricht vollständigem elterlichem Desinteresse) bis 6 (alle Aussagen genannt, entspricht seinem sehr großen (maximalen) elterlichen Interesse) (vgl. Abb. 4.7).

Die durchschnittliche Zahl der Nennungen beträgt 4,5. Bei den relativ meisten Schülern (gut einem Drittel) kümmern sich die Eltern um alle angesprochenen Belange im schulischen Bereich, bei einem weiteren guten Viertel um fünf der sechs Elemente. Zusammen nur ein Fünftel der Schüler macht zwischen keiner und drei Nennungen. Die „Rückzugslinie" elterlichen Minimalinteresses am schulischen Erfolg des Kindes besteht dabei vor allem aus dem „Mut machen für eine gute Ausbildung" und dem häufigen Fragen, wie es in der Schule geht. Eine sehr kleine Minderheit von 3,0% (136) gab an, dass sich ihre Eltern bei keiner der angesprochenen Sorge- und Unterstützungsleistungen für sie engagieren würden. Das kann als vollständiges elterliches Desinteresse am Schulerfolg des eigenen Kindes bzw. am Kind selbst interpretiert werden.

Abb. 4.7: Anzahl genannter Aussagen zur elterlichen Sorge um die Kinder in der Schule 2004 (n = 4.523)

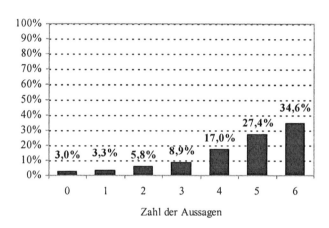

Zwischen Schülerinnen (im Mittel 4,6 Nennungen) und Schülern (4,5) bestehen zwar überzufällige, aber letztlich zu vernachlässigende Unterschiede. Anders sieht es beim Lebensalter und dem Schultyp aus: Eltern von Berufsschülern kümmern sich um durchschnittlich 3,8 Themenbereiche, bei Schülern aller anderen Schularten sind es im Mittel 4,8 (Eta^2 = 8%, α < 0,001). Mit zunehmendem Alter geht das elterliche Engagement zurück (Eta^2 = 10%; α = 0,001): Wenn die Schüler zwischen 10 und 13 Jahre alt sind, geben sie im Mittel 5 Nennungen an, Jugendliche 4,4, Heranwachsende nur noch 3,7. Auch der kleine harte Kern erfährt weniger Betreuung bzw. schulische Sorge durch seine Eltern (3,2 Nennungen gegenüber 4,6 bei allen anderen). Ein Migrationsstatus wirkt ebenfalls negativ mit 4,0 gegenüber 4,6 Nennungen. (Bei beiden ist die Erklärungskraft mit 1,6% bzw. 1,3% allerdings nur sehr gering). Etwas deutlicher (3,3% Erklärungskraft) ist dagegen der Einfluss der ökonomischen Lage der Familie, wobei das elterliche Engagement abnimmt, je prekärer die Lage wird: „Wohlhabende" Familien (4,8) und solche, denen es nach Einschätzung der Kinder „gut geht" (4,7), werden gleichermaßen gut unterstützt, diejenigen, bei denen das Nötige vorhanden ist, etwas weniger (4,1) und die beiden kleinen Gruppen in ökonomisch problematischer (3,6) bzw. marginaler Lage (3,4) am schlechtesten.

Der Umfang des sich Kümmerns hängt eindeutig mit dem elterlichen Erziehungsstil zusammen. Wenn Eltern ihre Kinder entweder „liebevoll" oder „hart, aber gerecht" erziehen, dann kümmern sie sich im Mittel um eindeutig mehr Ange-

Gewalt in der Familie – Gewalt in der Schule?

legenheiten, die den schulischen Bereich ihrer Kinder betreffen (4,9 bzw. 4,8) als diejenigen, die eine „wechselhafte" und noch mehr als diejenigen, die eine „harte, strenge, manchmal ungerechte" Erziehungspraxis betreiben (im Durchschnitt 4,1 bzw. nur 3,5 Bereiche; $Eta^2 = 7\%$, $\alpha < 0,001$).

Ebenfalls eindeutig und noch merklich stärker ausgeprägt ist der Zusammenhang zwischen der elterlichen Sorge um die schulischen Belange des Kindes und dem Miteinander-Auskommen von Eltern und Kindern. Mit zunehmender Sorge der Eltern um die Schulleistungen existiert eine Verbesserung des Sich-Verstehens mit den Eltern: Schüler verstehen sich im Mittel mit Eltern, die an allen angesprochenen Belangen der Schule Interesse zeigen, noch sehr gut (1,4); dies sinkt ab bis zu einem im Durchschnitt nur befriedigenden Umgang (3,1) bei denjenigen, deren Eltern am Schulerfolg ihres Nachwuchses desinteressiert sind ($Eta^2 = 0,19$; $\alpha < 0,001$).

Dieser Trend wird auch ganz deutlich in Abb. 4.8 sichtbar: Je mehr sich die Eltern kümmern, desto größer wird der Anteil derjenigen, die sehr gut mit ihren Eltern auskommen: Mit völlig desinteressierten Eltern verstehen sich weniger als ein Zehntel ihrer Kinder, mit Eltern mit starken Interesse am Schulerfolg ihrer Kinder sind es dagegen zwei Drittel ihrer Kinder. Sind die Eltern völlig desinteressiert, gibt ein Fünftel ihrer Kinder an, ein schlechtes, knapp ein Sechstel sogar ein sehr schlechtes Verhältnis zu ihnen zu haben. Deuten die Eltern mindestens verbal Interesse an (Wert: 1; fast immer entweder „Mut zur Ausbildung machen" oder „nachfragen, wie es in der Schule geht"), gehen diese Zahlen auf zusammen gut ein Zehntel zurück.

Kümmern sich die Eltern dagegen sehr stark um den Schulerfolg ihrer Kinder (Wert: 6), verstehen sich nur noch 0,5% der Kinder nicht mit den Eltern. Mit zunehmendem Interesse der Eltern ist weiterhin das nur befriedigende Verhältnis stark rückläufig, nämlich von gut drei Zehnteln (Wert: 0) bis auf 4,6% (Wert: 6). Dieses Ergebnis gilt in gleicher Weise für Schülerinnen bzw. Schüler und trifft unabhängig vom Alter sowie der Schulart zu.

Abb. 4.8: Verstehen mit den Eltern 2004 nach elterlicher Sorge um die Schule

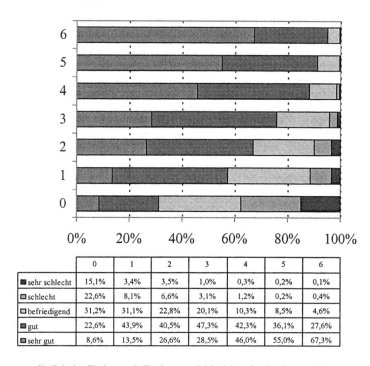

	0	1	2	3	4	5	6
sehr schlecht	15,1%	3,4%	3,5%	1,0%	0,3%	0,2%	0,1%
schlecht	22,6%	8,1%	6,6%	3,1%	1,2%	0,2%	0,4%
befriedigend	31,2%	31,1%	22,8%	20,1%	10,3%	8,5%	4,6%
gut	22,6%	43,9%	40,5%	47,3%	42,3%	36,1%	27,6%
sehr gut	8,6%	13,5%	26,6%	28,5%	46,0%	55,0%	67,3%

Sorge um die Schule: Skala von 0 (Desinteresse) bis 6 (maximales Interesse)

4.4 Gewalt in der Familie

Um Gewalt in der Familie (d. h. in der Erziehung und/oder Partnerschaft) zu erfassen, wurden fünf Items verwendet, die in Teilen bereits in den Erhebungen von 1994 und 1999 eingesetzt worden waren. Dies ermöglicht zumindest für bestimmte Sachverhalte Angaben über die Entwicklung des Phänomens in den letzten zehn Jahren (wobei möglicherweise Verzerrungen durch einen eventuellen Bedeutungswandel der Aussagen über die Zeit auftreten könnten). Dabei blieb Gewalt im Elternhaus vom Konzept her auf körperliche Gewalt beschränkt (enger Gewaltbegriff). Zu folgenden Aussagen haben wir 2004 die Einschätzung der Schülerinnen und Schüler zur Konfliktbearbeitungs- und Sanktionspraxis ihrer Eltern (aktives Gewalterleben) sowie zur Partnergewalt der Eltern untereinander (Beobachterperspektive) erhoben:

Gewalt in der Familie – Gewalt in der Schule?

- „Wenn meine Eltern sich streiten, schlagen sie sich".
- „Ich bin zu Hause schon mal mit dem Stock oder dem Gürtel geschlagen worden".
- „Wenn ich in der Schule schlechte Noten habe, bekomme ich Schläge".
- „Wenn ich eine Dummheit gemacht habe, kriege ich Prügel".
- „Wenn ich zu Hause nicht gehorche, bekomme ich schon mal eine Ohrfeige".

Die Einschätzungen konnten auf einer Skala von 1 (trifft überhaupt nicht zu) bis 5 (trifft völlig zu) vorgenommen werden. Dabei werden für 2004 folgende Verteilungen ermittelt (vgl. Abb. 4.9): Bei allen Fragen zur Gewalt in der Familie gibt eine deutliche Mehrheit der Schüler an, dass dies bei ihnen zu Hause nicht vorkommt bzw. ihnen nicht widerfährt.

Die vergleichsweise kleinste Mehrheit findet sich bei der *Ohrfeige nach Ungehorsam*: Etwas mehr als die Hälfte der Schüler bekommt überhaupt nie eine Ohrfeige, wenn sie nicht gehorchen. Bei zusammen gut zwei Fünfteln ist dies mehr oder weniger ausgeprägt der Fall, wobei es aber die meisten (gut ein Fünftel) noch eher verneinen, dass dies vorkomme (bzw. damit zum Ausdruck bringen, dass es schon einmal vorkommen kann). Für knapp ein Zehntel trifft es eher bzw. voll zu, dass die Ohrfeige zur Disziplinierung eingesetzt wird; bei ihnen scheint die Ohrfeige Bestandteil der üblichen Sanktionspraktiken zu sein.

Dass „Dummheiten" der Kinder von den Eltern mit Prügeln geahndet werden, kommt am zweithäufigsten vor: Immerhin ein Drittel der Schülerinnen und Schüler ist davon betroffen, bei den meisten (gut ein Fünftel) tritt es aber nur sporadisch auf (stimme eher nicht zu). Für 3,3% scheint es aber wohl Verhaltensstandard ihrer Eltern zu sein, den Nachwuchs bei sog. „Dummheiten" körperlich zu bestrafen.

Auf *schlechte Noten* wird bei vier Fünfteln der Schüler auf anderem Wege als durch Schläge reagiert. Bei dem verbleibendem Fünftel, das von den Eltern körperlich sanktioniert wird, ist es für die mit Abstand meisten (ein Siebentel) wohl ein nur ganz gelegentlich auftretendes Phänomen („trifft eher nicht zu"), also vermutlich wohl bei sehr schlechten Leistungen. Eine kleine Minderheit von zusammen 1,8% kann dem aber eher oder voll zustimmen, d. h. sie erhalten nach schlechten Schulleistungen anscheinend recht regelmäßig Schläge.

Eltern-Kind-Gewalt, die zur schweren Züchtigung oder Misshandlung zählt (*Schläge mit einem Stock oder Gürtel*), erleben insgesamt 15% der Schülerinnen und Schüler; eine deutliche Mehrheit muss also solche Erfahrungen nicht machen. Allerdings stimmen insgesamt 5,8% voll bzw. eher zu, d. h. sie erleben Schläge mit Gegenständen quasi als „üblichen" Teil der elterlichen Sanktionspraktiken.

Abb. 4.9: Gewalt in der Familie 2004: Einzelaussagen

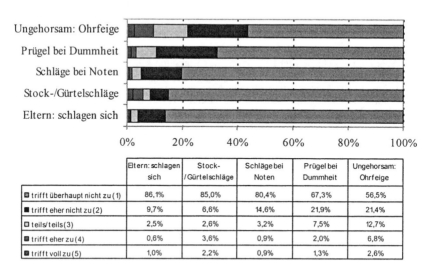

	Eltern: schlagen sich	Stock-/Gürtelschläge	Schläge bei Noten	Prügel bei Dummheit	Ungehorsam: Ohrfeige
trifft überhaupt nicht zu (1)	86,1%	85,0%	80,4%	67,3%	56,5%
trifft eher nicht zu (2)	9,7%	6,6%	14,6%	21,9%	21,4%
teils/teils (3)	2,5%	2,6%	3,2%	7,5%	12,7%
trifft eher zu (4)	0,6%	3,6%	0,9%	2,0%	6,8%
trifft voll zu (5)	1,0%	2,2%	0,9%	1,3%	2,6%

Elterngewalt bei Auseinandersetzungen kommt in insgesamt einem Siebentel der Haushalte vor; bei den meisten (ein Zehntel, die „eher nicht" zustimmen) kann es schon einmal passieren. Für einen sehr kleinen Teil der Schülerschaft (1,6%) trifft es eher bzw. voll zu, dass Streitereien der Eltern von körperlicher Gewalt begleitet sind.

Bei den Analysen nach sozialen Merkmalen der Schüler bzw. ihrer Eltern ergeben sich fast durchgängig ähnliche Muster, weshalb auf eine differenzierte Darstellung verzichtet wird. Insgesamt erfahren bzw. erleben Schüler bei jeder Gewaltform nach eigener Angabe mehr Gewalt als Schülerinnen.[3] Mit Ausnahme der Schläge mit einem Gegenstand werden Gymnasiasten seltener als Real- und Berufsschüler körperlich sanktioniert und diese wiederum seltener als Hauptschüler. Bei den Schlägen mit Stock bzw. Gürtel sind die Berufsschüler (bzw. ihre Eltern) „führend". Dies ist aber auch durch das Alter begründbar, denn die Schüler stimmen umso mehr zu, je älter sie sind – anders als bei den übrigen Formen elterlicher Körpersanktion, die mit dem Alter tendenziell zurückgehen. Durchgängig geben Schüler mit Migrationshintergrund (die also selbst nicht in Deutschland geboren sind) mehr als in Deutschland bzw. Bayern geborene Schüler an, von Gewalt be-

---

[3] Dies erstaunt bei der Elterngewalt untereinander; allerdings sind die Unterschiede zwischen Schülern und Schülerinnen eher minimal und nur wegen der großen Fallzahlen statistisch signifikant.

troffen zu sein, sei es von Eltern-Kind-Gewalt oder Partnergewalt der Eltern untereinander (die Ausnahme bilden die Ohrfeigen zwecks Disziplinierung).[4]

Inwieweit wirken sich der Berufs- und Bildungsstatus der Eltern auf ihr erzieherisches Handeln aus, hängt ihr Handeln mit der ökonomischen Lage der Familie zusammen (hier erhoben über die Einschätzung der Schüler)? Vorangegangene eigene Untersuchungen (vgl. Lamnek/Ottermann 2004; Luedtke 2003; Lamnek/Luedtke 2002) ergaben für Familien mit Kindern im Jugendalter (14 bis 18 Jahre) keinen eindeutigen Zusammenhang zwischen der Gewalt in der Erziehung und dem Bildungsstatus der Eltern; möglicherweise trifft dies auch zu, wenn die Kinder noch jünger sind. Eine Assoziation könnte allerdings mit der Arbeitslosigkeit eines Elternteils oder beider Eltern bestehen. Bereits unsere erste Welle 1994 zeigte, dass (bei kleinem Stichprobenanteil) Schüler mit arbeitslosem Vater bzw. arbeitsloser Mutter häufiger Gewalt erfuhren als die anderen. Der Anteil gewaltlos Erzogener bewegte sich bei etwa der Hälfte gegenüber drei Vierteln bis vier Fünfteln bei allen anderen (vgl. Fuchs et al. 1996: 222). Arbeitslosigkeit ist Teil einer ungünstigen oder zumindest ungünstiger gewordenen sozialen Lage der Familien, Ausdruck einer möglichen ökonomischen, sozialen und gesellschaftlichen Marginalisierung, die bei Vorliegen anderer ungünstiger Konstellationen möglicherweise in Desintegration und Anomie münden kann. Die gesellschaftliche Marginalisierung wird durch die unterschiedlich lange Exklusion aus der Erwerbsarbeit hervorgerufen. Besteht daneben eine ökonomische Marginalisierung durch das Auftreten von Armut und durch unterschiedlich intensive Einschränkungen in der Lebensführung, kann dies den Familismus, den Rückzug auf die eigene Familie, den eigenen Wohnraum und damit den Abbruch sozialer Kontakte fördern (Lüders/Rosner 1990: 87; Zenke/Ludwig 1985: 276; Kieselbach 1988): Auf die gesellschaftliche und ökonomische kann auch die soziale Marginalisierung folgen. Daher ist es interessant herauszufinden, ob ökonomische Marginalisierung bzw. Armut vorliegt und inwieweit dies sich im Gewaltverhalten in der Familie (sowohl Eltern-Kind-Verhältnis als auch Verhalten gegenüber dem Partner) niederschlägt. Es gibt Hinweise darauf, dass mit einer schlechten ökonomischen Haushaltslage sich auch die Kontakte zum (Ehe-)Partner überproportional verschlechtern (vgl. Luedtke 1998: 230). Die Belastung von Frauen erhöht sich sowohl bei eigener Arbeitslosigkeit als auch bei der des Partners (vgl. Schindler/Wetzels 1990: 51). Wut, Frustration und Hilflosigkeit angesichts der (Haushalts-)Lage kann sich auch im Verhalten gegenüber den Kindern niederschlagen und dabei auch in (mehr) Gewalt münden. Fehlende Sozialkontakte steigern die Konflikte in der Familie (Ehrhardt/Hahn 1993: 46), nicht zuletzt auch dadurch, dass der Rückzug auf sich selbst die Binnenkontrolle der Familienmitglieder erhöht (vgl. Kieselbach 1988). Gerade

---

4 Bei der Partnergewalt besteht bei kleinen Unterschieden zwischen den Gruppen eine weitere Differenzierung: Schüler, die in Bayern geboren sind (1,2), geben seltener Partnergewalt ihrer Eltern an als im übrigen Deutschland Geborene (1,3) und die wiederum seltener als Schüler, die migriert sind (1,4).

bei statusniedrigen Familien brechen mit der Arbeitslosigkeit und den einher gehenden, noch stärker werdenden ökonomischen Restriktionen unterschwellige Konflikte häufig offen aus (vgl. Zenke/Ludwig 1985; siehe bereits: Jahoda et al. (1975/[1932]: 98 ff.). Die ökonomische Lage der Familie erfassen wir über die subjektive Einschätzung des Wohlstandsniveaus der Familie durch die Schülerinnern und Schüler.

Tab. 4.1: Intensität der Gewalterfahrungen 2004 nach ökonomischer Lage der Familie

Wohlstands-niveau	Gewalterfahrungen				
	Ohrfeige (Disziplin)	Schläge (Noten)	Prügel bei Dummheit	Stock/ Gürtel	Partner-gewalt
wohlhabend	1,8	1,3	1,5	1,3	1,3
gut zurechtkommen	1,7	1,2	1,4	1,2	1,2
reicht für Nötiges	1,9	1,3	1,6	1,4	1,3
Verzicht auf Nötiges	2,1	1,5	1,8	1,8	1,6
z.T. zu wenig f. Lebensmittel	2,7	2,4	2,4	2,6	2,1
Eta²	1%	3%	2%	3%	3%

Mittelwerte auf einer Skala von 1 (trifft überhaupt nicht zu) bis 5 (trifft voll zu); *** α < 0,001.

Tatsächlich wirkt der Bildung- und Berufsstatus der Eltern nur sehr schwach auf die Gewalterfahrungen ein. Allerdings bestätigt sich der vermutete Zusammenhang zwischen Arbeitslosigkeit und Gewalt, denn Kinder mit arbeitslosen Eltern(teilen) erleben (tendenziell) häufiger Gewalt als andere: Kinder arbeitsloser Mütter werden nach schlechten Noten tendenziell noch mit Ohrfeigen diszipliniert und mit Gegenständen geschlagen. Sind die Väter arbeitslos, wirkt sich dies ebenfalls auf die Gewaltausübung mit Gegenständen aus. Elterngewalt erfolgt mehr, wenn der Vater Hausmann oder arbeitslos ist (wobei auch beides zusammenfallen kann). Interessant ist der durchgängige, wenn auch sehr schwache, Zusammenhang mit dem *Wohlfahrtsniveau* bzw. der *ökonomischen Lage* der Familie (in das auch der Bildungs- und Berufsstatus der Eltern hineinspielt) (vgl. Tab. 4.1):

Beim Gros der Schüler, die ihre Familien mit Blick auf die finanzielle Lage entweder als „wohlhabend", „gut zurechtkommend" oder „stets mit dem Nötigsten

Gewalt in der Familie – Gewalt in der Schule? 127

versorgt" bezeichnen, bestehen keine wesentlichen Unterschiede in der Sanktionserfahrung. Bereits mehr Gewalt erleben die 1,8% Kinder, in deren Familien es bereits zum Verzicht auf eigentlich Notwendiges kommt; noch ungünstiger verhält es sich bei den 0,9% Schülern aus Familien, in denen es am Monatsende oft nicht einmal für die Lebensmittel reicht, die also deutlich von Armut betroffen sind: Sie machen die meisten Gewalterfahrungen.

Weitere deutliche Zusammenhänge bestehen mit dem elterlichen Erziehungsstil, so, wie ihn die Schüler wahrnehmen (vgl. Tab. 4.2). Durchgängig und ganz eindeutig stimmen Schüler, die sich „hart, streng, manchmal ungerecht" erzogen fühlen, sowohl bei allen Formen der Gewalterfahrungen mehr zu, dass sie körperlich sanktioniert werden und dass es bei ihnen zu Hause zu elterlicher Partnergewalt kommt. An zweiter Stelle liegen Schüler, deren Erziehung „hart, aber gerecht" verläuft, wobei die Intensität hier bereits ganz deutlich unter der der erstgenannten Gruppe liegt. Die durchgängig geringste körperliche Gewalterfahrung in der Erziehung bzw. im Verhalten zwischen den eigenen Eltern erleben diejenigen mit einer „liebevollen, fast weichen" Erziehung. Das Varianzaufklärungspotenzial liegt bei den Formen körperlicher Sanktion mit 8-10% bereits relativ hoch; nur bei der Partnergewalt beträgt es nur 3%; Erziehungsstil und Partnergewalt hängen zwar zusammen, aber nicht sehr stark.

Tab. 4.2: Intensität der Gewalterfahrungen 2004 nach dem Erziehungsstil

Erziehungs-stil	Gewalterfahrungen				
	Ohrfeige (Disziplin)	Schläge (Noten)	Prügel bei Dummheit	Stock/ Gürtel	Partner-Gewalt
hart, streng, ungerecht	2,9	2,1	2,5	2,3	1,6
hart, gerecht	1,9	1,3	1,5	1,3	1,2
wechselhaft, uneinheitlich	1,7	1,2	1,2	1,3	1,3
liebevoll, fast weich	1,5	1,1	1,3	1,2	1,1
Eta²	8%	9%	10%	8%	3%

Mittelwerte auf einer Skala von 1 (trifft überhaupt nicht zu) bis 5 (trifft voll zu); *** α < 0,001

Bei Schülerinnen ist der Effekt ausgeprägter als bei Schülern: Die liebevoll Erzogenen erleben durchgängig am wenigsten Gewalt in der Familie; die hart und streng Erzogenen dagegen am meisten. Bei Schülern besteht eher eine Tendenz, denn eindeutig unterscheiden sich nur die hart und streng Erzogenen von all den anderen. Dies hängt damit zusammen, dass Schüler ohnehin mit mehr Körpereinsatz sozialisiert werden als Schülerinnen. Tendenziell zeigt sich der Effekt auch bei den Lebensalterskategorien – wobei er unter Jugendlichen deutlicher ist; bei den 10-13-Jährigen sowie den Heranwachsenden unterscheiden sich meist nur die „hart, streng und ungerecht" Erzogenen eindeutig vom Rest – und dies gilt mit leichten Variationen auch unabhängig von der Schulart.

Im Vergleich mit 1999 sind die Schüler 2004 unabhängig vom Erziehungsstil der Eltern etwas deutlicher als noch 1999 der Ansicht, ihnen würden von körperlicher Gewalt begleitete Erziehungspraktiken widerfahren. Für den Zeitvergleich (1994-2004) können nur zwei Aussagen herangezogen werden, nämlich *„Wenn ich eine Dummheit gemacht habe, kriege ich Prügel"* sowie *„Wenn ich in der Schule schlechte Noten habe, bekomme ich Schläge".*[5] Für beide, von körperlicher Gewalt begleiteten Sanktionspraktiken zeigt sich in der Wahrnehmung der Schüler ein zwar nur ganz leichter, aber statistisch signifikanter Anstieg und zwar von 1999 auf 2004 (vgl. Abb. 4.10).

Abb. 4.10: Prügel bei Dummheiten 1994 – 1999 – 2004

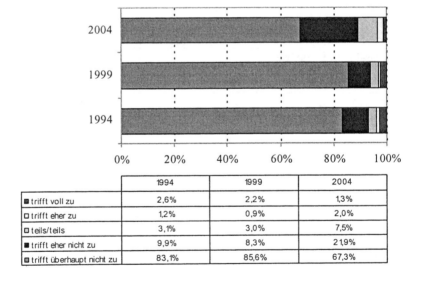

	1994	1999	2004
■ trifft voll zu	2,6%	2,2%	1,3%
◻ trifft eher zu	1,2%	0,9%	2,0%
◻ teils/teils	3,1%	3,0%	7,5%
■ trifft eher nicht zu	9,9%	8,3%	21,9%
▨ trifft überhaupt nicht zu	83,1%	85,6%	67,3%

---

[5] Die Aussage zur Partnergewalt der Eltern konnte nicht im Längsschnitt analysiert werden, weil die 1994er-Formulierung nur vom Vater als Täter ausging.

Gewalt in der Familie – Gewalt in der Schule?

Bei beiden Aussagen unterscheiden sich 1994 und 1999 die Antworten der Schüler nicht wesentlich; jeweils über vier Fünftel sehen es überhaupt nicht so, dass sie nach einer „Dummheit" Prügel bekommen, gut neun Zehntel meinen das bei der Frage, ob sie bei schlechten Schulnoten Prügel erhalten. 2004 verändert sich das Bild: Nur noch zwei Drittel lehnen die Aussage zur Gänze ab, nach „Dummheiten" körperlich sanktioniert zu werden – ein Rückgang um gut 18%-Punkte –, bei der körperlichen Sanktion nach schlechten Noten sind es nur noch vier Fünftel, 12,8%-Punkte weniger als 1999. Das bedeutet:

- Die jeweils überwiegende Mehrheit der Schüler erfährt weiter keine körperlichen Sanktionen, aber diese Mehrheiten wurden kleiner.

Abb. 4.11: Schläge bei schlechten Noten 1994 – 1999 – 2004

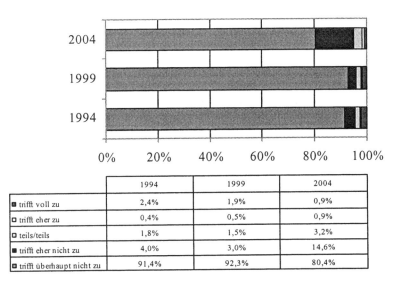

	1994	1999	2004
trifft voll zu	2,4%	1,9%	0,9%
trifft eher zu	0,4%	0,5%	0,9%
teils/teils	1,8%	1,5%	3,2%
trifft eher nicht zu	4,0%	3,0%	14,6%
trifft überhaupt nicht zu	91,4%	92,3%	80,4%

Die wesentliche Verlagerung erfolgte in den Bereich der verhaltenen Ablehnung (= trifft eher nicht zu, zu interpretieren als: Es kommt schon einmal vor): Der Anteil derer, die nach Dummheiten Prügel erhalten, steigt von 1994 bis 2004 bis auf gut ein Fünftel (und damit um den Faktor 2,6). Die relative Zahl derer, die für schlechte Noten Schläge erhalten, steigt auf ein Siebentel (und dabei um den Faktor 4,9). Jeweils gut verdoppelt hat sich auch der Anteil derer, bei denen es mal so und mal so ist. Dagegen wird jeweils der schon vorher sehr kleine und von 1994 auf 1999 bereits leicht rückläufige Anteil derer, die eher bzw. voll zustimmen konnten, bei schlechten Noten geprügelt zu werden, noch einmal etwas kleiner und geht auf insgesamt 1,8% (79) (also um 0,6%-Punkte) zurück. Beim Prügeln nach einer „Dummheit" bleibt der Umfang der Gruppe in etwa gleich (3,3% in 2004), aber das Gewicht verlagert sich auf die verhalten Zustimmenden. (Dieser Effekt ist stabil und gilt unabhängig von Geschlecht, Alterskategorie und Schulart).

Dabei darf aber nicht übersehen werden, dass hier nicht Häufigkeiten erhoben werden, sondern das Ausmaß der Zustimmung der Jugendlichen zu Fragen nach dem Verhalten ihrer Eltern. Das bedeutet: Erfasst wird die Wahrnehmung der Schülerinnen und Schüler, die auch von ihrer Sensibilisierung für das Thema beeinflusst wird bzw. werden kann. Das bedeutet: Je mehr das Thema in der Öffentlichkeit erscheint – was bei der Gewalt in der Erziehung nicht zuletzt durch das aufgekommene politische Interesse an der Reduzierung erzieherischer körperlicher Gewalt der Fall ist –, desto aufmerksamer werden die Akteure für dieses Phänomen. Möglicherweise wird hier also mehr die Veränderung in der Wahrnehmung der Schüler infolge des gesellschaftlichen Diskurses als die Veränderung des elterlichen Sanktionsverhaltens wiedergegeben.

Aus den in der Welle 2004 erfassten fünf Gewalthandlungen wurde ein einfacher, additiver, standardisierter Index „Gewalt in der Familie" mit einer Skala von 0 bis 10 gebildet. Zuvor war mittels Faktorenanalyse ermittelt worden, dass die Handlungsweisen auf einem Faktor laden; die Faktorladungen bewegten sich zwischen 0,82 (Prügel nach Dummheit) und 0,65 (Schläge mit Stock oder Gürtel). Der Reliabilitätstest ergab mit Cronbachs $\alpha = 0,8$ ein gutes Maß. Damit gilt der Index als valide und reliabel für die Erfassung von „Gewalt in der Familie". Sie verteilt sich danach unter bayerischen Schülern wie folgt (vgl. Abb. 4.12):

Immerhin fast die Hälfte der bayerischen Schüler macht überhaupt keine Gewalterfahrungen innerhalb der Familie, d. h. die Eltern erziehen physisch sanktionsfrei und wenden auch untereinander bei Streitereien keine körperliche Gewalt an. Das bedeutet jedoch umgekehrt, dass eine knappe Mehrheit der Schüler entsprechend belastende Erfahrungen macht. Allerdings sind die Gewalterfahrungen in der Wahrnehmung der Schüler nicht sehr ausgeprägt. Das belegt zum einen der Durchschnittswert von gerade einmal 1,0; gut zwei Drittel der Schüler liegen bei Skalenwerten zwischen 0 und 2,5 (Standardabweichung: 1,5). Das verdeutlicht auch der geringe Interquartilsabstand von gerade einmal 1,5. Dies wird weiter dadurch dokumentiert, dass das am stärksten von Gewalt betroffene Zehntel der Schüler bereits bei einem Skalenwert von 3,0 beginnt und bis zu den 0,2% (10) Schülern reicht, in deren Herkunftsfamilien Gewalterleben an der Tagesordnung zu sein scheint (Skalenwert 10,0). Das Gros derjenigen, die Gewalterfahrungen machen müssen – gut zwei Fünftel aller Schüler – bewegt sich zwischen den Skalenwerten 0,5 und 2,5, also in einem insgesamt niedrigen Ausmaß familialer Gewalt.

Gewalt in der Familie – Gewalt in der Schule?

Abb. 4.12: Gewalt in der Familie 2004

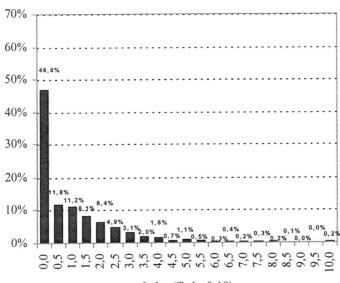

Wie viel Gewalt Eltern in der Erziehung anwenden, variiert eindeutig mit sozialen bzw. personalen Merkmalen der Schüler (Geschlecht, Alter, Nationalität). Auch der soziale Status der Eltern (Bildungsniveau, Stellung im Beruf) hat einen, wenn auch schwachen Einfluss, ebenso wie die Schulart (bzw. indirekt: die soziale Zusammensetzung der Schülerschaft, vgl. Tillmann 1997). Ein weiterer Indikator für die Lage der Familie ist die Selbsteinschätzung der finanziellen Situation durch die Schüler.

Des weiteren wiederholt sich der Befund, wonach – altersunabhängig – Schüler (durchschnittlicher Skalenwert: 1,2) im Mittel häufiger Gewalt in der Familie erfahren als Schülerinnen (Durchschnitt: 0,8). Interessant ist jedoch der Zusammenhang mit der ökonomischen Gewaltlage: Nur bei „wohlhabenden" Familien und denen, die mit dem Geld „gut zurechtkommen", werden Mädchen bzw. junge Frauen bei der Gewalt in der Erziehung bzw. Familie privilegierter behandelt; in Familien, bei denen es „für das Nötige" reicht, verschwinden die Unterschiede. (Möglicherweise überlagert die ökonomische Lage als Stressor geschlechterstereotype Erziehungsmuster.)

Ebenfalls nicht überraschend ist, dass Jüngere (10-12- und 13-14-Jährige, Durchschnitt je 1,1) noch häufiger mit körperlicher Gewalt erzogen werden als Jugendliche und Heranwachsende (Durchschnitt je 0,9). Sowohl das Maß an „Verständigkeit" nimmt mit dem Alter zu – d. h. dieselben Effekte oder Ziele lassen sich auch ohne Schläge erreichen – als auch die Möglichkeiten der Kinder zur Gegenwehr. Tendenziell gilt dies für Schülerinnen und Schüler. Bei Schülern mit Migrationshintergrund trifft dies – anders als bei deutschen Schülern – nicht zu; hier bestehen zwischen den Altersgruppen keine eindeutigen Unterschiede, das bedeutet, dass Ältere gleichermaßen sanktioniert werden.

Deutsche Schüler (Durchschnitt: 0,9) machen seltener Gewalterfahrungen in der Familie als Nichtdeutsche (Durchschnitt: 1,7). Hier sind Differenzen bei den Durchschnittswerten bereits relativ deutlich sichtbar: Die Gewaltbelastung unter nichtdeutschen Schülern liegt fast um den Faktor 2 höher. Das gilt sowohl für Schüler als auch für Schülerinnen, trifft altersunabhängig zu, ist unabhängig von der Schulart (!) festzustellen und bleibt auch bei Kontrolle der ökonomischen Lage weitgehend bestehen. Lediglich in den Familien, in denen es zu Verzicht und Mangel kommt, unterscheiden sich Deutsche und Nicht-Deutsche nicht mehr voneinander.

Bei der Schulart (und damit auch indirekt: einer „typischen" sozialen Zusammensetzung der Schülerschaft) erweisen sich Gymnasiasten als diejenigen mit der geringsten Gewaltbelastung in der Familie (Durchschnitt: 0,8), gefolgt von Berufs- und Realschülern (Durchschnitt je 1,0). Am ungünstigsten steht es um Hauptschüler, (Durchschnitt: 1,3). Das trifft prinzipiell für Schülerinnen und Schüler zu und gilt tendenziell altersunabhängig.

Aufschlussreich ist auch der Zusammenhang mit der finanziellen Lage der Familie, so, wie sie von den Schülern wahrgenommen und berichtet wird. Dabei nimmt das Ausmaß familialer Gewalterfahrung mit dem Grad der Verarmung zu.[6] Keine Gewaltunterschiede bestehen zwischen denen, die ihre Familien als „wohlhabend", „gut zurechtkommend" und „ausreichend mit dem Nötigsten" versorgt sehen, wobei die „gut Zurechtkommenden" noch einmal etwas günstiger dastehen (Durchschnitt: 0,9). Wer hingegen zu Hause wegen Geldmangel manchmal auch auf Nötiges verzichten muss, hat im Mittel eine deutlich höhere körperliche Gewaltbelastung zu Hause (1,9).[7] Noch einmal deutlich größer ist die mittlere Gewaltbelastung der – wenigen – Schüler, bei denen zu Hause Mangel herrscht bzw. wo gegen Monatsende manchmal sogar das Geld für die Lebensmittel nicht reicht (3,6). Dies trifft altersunabhängig zu, gilt für Schüler etwas deutlicher als für Schülerinnen, zeigt sich ganz klar unter Gymnasiasten, tendenziell unter Haupt- und Realschülern, während sich bei Berufsschülern nur diejenigen mit „Verzicht" von den anderen unterscheiden.

---

[6] Die Verarmung bzw. der wahrgenommene Zwang zu (deutlichen) Einsparungen im Alltag hängt wiederum mit dem beruflichen Status zusammen: Wenn der Vater Hausmann ist bzw. Vater und/oder Mutter arbeitslos sind, dann kommen Verzicht und Mangel deutlich häufiger vor.

[7] Diese Population macht nur 1,7% (74) aller Schüler aus. Noch weniger, nämlich 0,9% (38), zählen zu den Menschen mit einem Mangel an Lebensmitteln.

Gewalt in der Familie – Gewalt in der Schule?

Allerdings sind alle geschilderten Zusammenhänge statistisch gesehen nur sehr schwach ausgeprägt, das Varianzaufklärungspotenzial der Variablen für das innerfamiliale Gewaltaufkommen ist durchgängig sehr klein (1-3%). Das ist aber letztlich nicht erstaunlich, denn die ganz deutliche Mehrheit von neun Zehnteln der Schüler konzentriert sich relativ nahe beieinander im unteren Drittel der Skala „Gewalt in der Familie".

Erwartbar hängt auch das Sich-Verstehen mit den Eltern relativ eng mit der Gewalterfahrung der Schüler in der Familie zusammen. Je schlechter das subjektiv wahrgenommene Verhältnis zu den Eltern ist, desto größer ist auch die Gewaltbelastung. Sie nimmt von denen, die sehr gut mit ihren Eltern auskommen (mittlerer Skalenwert 0,7) bis auf einen Durchschnittswert von 4,2 bei den wenigen Schülern (n = 37) zu, die ein sehr schlechtes Verhältnis zu ihren Eltern aufweisen. Wie gut sich Schüler mit ihren Eltern verstehen, gibt also einen sehr deutlichen Hinweis auf die Höhe der Gewaltbelastung in ihrer Familie (Eta² = 11%, α < 0,001).

Tab. 4.3: Sich-Verstehen mit den Eltern 2004 nach familialer Gewaltbelastung (gruppiert)

Sich-Verstehen	Gewaltbelastung in der Familie (gruppiert)				Gesamt
	keine	gering	Mittel	höher/hoch	
sehr gut	61,4% (1.232)	52,4% (514)	37,7% (313)	30,2% (137)	51,4% (2.196)
gut	30,5% (612)	37,8% (370)	44,0% (366)	36,0% (163)	35,4% (1.511)
befriedigend	6,8% (136)	8,4% (82)	15,9% (132)	22,3% (101)	10,6% (451)
schlecht	0,8% (17)	0,9% (9)	2,2% (18)	7,1% (32)	1,8% (76)
sehr schlecht	0,4% (9)	0,5% (5)	0,2% (2)	4,4% (20)	0,8% (36)
Gesamt	100,0% (2.006)	100,0% (980)	100,0% (831)	100,0% (453)	100,0% (4.270)

Chi² = 351,9; d. f. = 12; α = 0,000; Tau$_B$ = 0,23.

Andererseits bestätigt sich auch bei bayerischen Schülern, dass elterliche Gewalt nicht automatisch zur Ablehnung der Eltern bzw. zu einem sehr schlechten Verhältnis zu den Eltern führt. In der Wahrnehmung, subjektiven Bearbeitung und Konstruktion ihrer familialen Wirklichkeit bringen Kinder und Jugendliche bis zu einem bestimmten Maß Schläge und emotionale Bindung noch miteinander in Einklang (vgl. Tab. 4.3).

Insgesamt zeigt sich zwar ganz deutlich die Tendenz, wonach sich mit zunehmender Gewaltbelastung die Zahl der Schüler, die sich „sehr gut" mit ihren Eltern verstehen, von gut drei Fünfteln auf drei Zehntel in etwa halbiert. Im Gegenzug steigen die Zahlen derer an, die maximal „befriedigend" mit den Eltern auskommen, je häufiger die Schüler zu Hause Gewalt erleben und erfahren. Von den gewaltlos Erzogenen bis zu denen, die häufig(er) Gewalt zu Hause erleben, geht der Anteil derer mit einem befriedigenden Umgang mit den Eltern etwa um den Faktor 3,3 nach oben. Beim schlechten Verhältnis zu den Eltern verneunfacht sich der sehr kleine Ausgangsanteil (0,8%) sogar.

Erstaunlich ist, dass selbst von den Schülern mit höherer und hoher Gewaltbelastung zu Hause immer noch eine Mehrheit von knapp zwei Dritteln meint, sich gut bzw. sehr gut mit den Eltern zu verstehen. Das liegt zwar ganz erheblich (um 25 Prozentpunkte) unter dem Wert der gewaltlos Erzogenen, erscheint aber dennoch als vergleichsweise hoch. Möglicherweise werden Schläge von diesen Kindern und Jugendlichen als ein Ausdruck von „Zuneigung" gesehen, denn sie bedeuten immerhin noch, dass die Eltern ihren Nachwuchs „wahrnehmen".

Hier ist zu fragen, inwieweit ein Zusammenhang mit dem elterlichen Erziehungsstil besteht: Schüler verstehen sich mit ihren Eltern am besten bei einer liebevollen, am schlechtesten bei einer harten, strengen, z. T. ungerechten Erziehung; zudem ist die Gewaltbelastung in der Familie am geringsten bei einer liebevollen, am höchsten bei einer harten, strengen, z. T. ungerechten Erziehung.[8] Dies gilt unabhängig von Geschlecht, Alter, Schulart. Unterschiede treten allerdings zwischen deutschen und nichtdeutschen Schülern auf: Während deutsche Schüler umso schlechter mit ihren Eltern auskommen, je höher die Gewaltbelastung in der Familie ist, erfolgt dies bei Migranten erst, wenn die Gewaltbelastung höher bis hoch wird. Gerade Migranten mit mittlerer Gewaltbelastung nehmen das Verhältnis zu ihren Eltern deutlich positiver wahr als vergleichbare deutsche Schüler. Gewalt und Zuneigung bzw. ein gutes Verhältnis zu den Eltern schließen sich für sie weniger aus als für Deutsche.

Die bisherigen Ausführungen haben dokumentiert, dass Gewalt in der Familie vielschichtige Hintergründe aufweist. Über eine Varianzanalyse soll nun aufgezeigt werden, wie stark der Einfluss der unterschiedlichen Hintergrundfaktoren ist und wie ihr Zusammenwirken erfolgt.

---

[8] Eine Varianzanalyse ergab allerdings, dass der elterliche Erziehungsstil und die Intensität der Gewaltbelastung *unabhängig* voneinander auf das Verhältnis mit den Eltern einwirkten, wobei der deutlich stärkere Effekt vom Erziehungsstil ausging. Der gemeinsame Effekt beider Faktoren war nicht signifikant; unabhängig vom Gewaltniveau in der Familie bleibt der Unterschied zwischen den Erziehungsstilen bezüglich des Sich-Verstehens mit den Eltern bestehen. (Das Varianzaufklärungspotenzial beider Variablen zusammen betrug 21,9%).

Gewalt in der Familie – Gewalt in der Schule?

Tab. 4.4: Gewalt in der Familie: Varianzerklärung 2004

Quelle	Quadrat-summe Typ III	df	Mittel d. Quadrate	F	α	Partielles Eta^2
Korrigiertes Modell	2.749,500*	78	35,250	23,439	< 0,001	32,6%
Konstanter Term	1.016,842	1	1.016,842	676,140	< 0,001	15,2%
Geschlecht	43,865	1	43,865	29,168	< 0,001	0,8%
Alter	21,976	2	10,988	7,306	0,001	0,4%
Verstehen	44,386	4	11,096	7,378	< 0,001	0,8%
Erziehungsstil	226,266	3	75,422	50,151	< 0,001	3,8%
gerne haben	237,562	4	59,391	39,491	< 0,001	4,0%
ökonomische Lage	95,882	4	23,970	15,939	< 0,001	1,7%
Migration	91,631	1	91,631	60,929	< 0,001	1,6%
Gerne haben/ ökonomische Lage	131,612	15	8,774	5,834	< 0,001	2,3%
Erz.stil/ökonom. Lage	120,234	12	10,019	6,662	< 0,001	2,1%
Gerne haben/ökon. Lage	88,164	15	5,878	3,908	< 0,001	1,5%
Alter/Verstehen	52,514	8	6,564	4,365	< 0,001	0,9%
Alter/gerne haben	34,922	8	4,365	2,903	0,003	0,6%
Fehler	5.692,231	3.785	1,504			
Gesamt	1.2322,750	3.864				
Korrigierte Gesamtvariation	8.441,731	3863				

R-Quadrat = 32,6% (korrigiertes R-Quadrat = 31,2%)

Die insgesamt mit dem Modell erklärte Varianz beträgt immerhin 31,2% (vgl. Tab. 4.4). Werden nur die Haupteffekte berücksichtigt, liegt der Anteil erklärter Varianz bereits bei 28,2%. Allerdings ist das Bild (nicht unerwartet) relativ heterogen, weil es keinen herausragenden Faktor gibt, der in besonderer Weise auf die Variation familialer Gewalt einwirkt. Die stärksten Partialeffekte mit jeweils etwa 4% Varianzaufklärungspotenzial haben „meine Eltern haben mich sehr gerne" bzw. der elterliche Erziehungsstil; dies deutete sich in den bisherigen Berechnungen bereits an. Die ökonomische Lage tritt in mehrfacher Form auf, wenn auch immer nur mit sehr schwachem Effekt: Einmal wirkt sie als Hauptfaktor (1,7% Erklärungskraft); die familiale Gewalterfahrung steigt, wie bereits festgehalten, mit dem Grad der Verarmung bzw. ökonomischen Marginalisierung der Familie. Daneben zeigen sich geringfügig größere, gemeinsame Effekte mit dem Sich-Verstehen mit den Eltern sowie dem elterlichen Erziehungsstil (jeweils etwa 2% Varianzaufklärungspotenzial). Merkmale der Schüler – Alter, Geschlecht – tragen nur marginal zur Erklärungskraft der Gewalterfahrungen von Schülern in der Familie bei. Auch der Migrationshintergrund geht insgesamt nur mit 1,6% in das Modell ein. So gesehen bilden die festgestellten Unterschiede zwischen deutschen und nichtdeutschen Schülern bei weitem keinen wesentlichen Faktor für die Gewalt in der Familie. Anders wird das Bild, wenn wir das Mittel der Quadrate heranziehen, also die mittlere Quadratsumme zwischen den Mittelwerten der verschiedenen Untergruppen (vgl. Litz 2000): Dann nämlich erweist sich gerade der Migrationshintergrund als der stärkste Einzelfaktor, noch vor dem Erziehungsstil und dem „gerne haben". Elterliche Merkmale (Stellung im Beruf, Bildungsniveau) besitzen in diesem Modell keinen eindeutigen und wesentlichen Einfluss auf die Gewaltaktivität in der Familie auf und wurden deshalb herausgenommen.

4.5 Familiale Gewalt und Gewalt in der Schule

Die zentrale Frage ist, inwieweit Gewalt im Elternhaus und Gewalterfahrungen (aktiv und passiv) in der Schule zusammenhängen. Die bisherigen, auch eigenen, Forschungsergebnisse ergaben alle einen zwar eindeutigen Zusammenhang, allerdings mit eher begrenzter Erklärungskraft.

4.5.1 „Harte" Erziehung – „hart" in der Schule?

Zunächst wird geprüft, inwieweit der Erziehungsstil der Eltern mit der Häufigkeit selbst berichteter Gewalt in der Schule zusammenhängt. Dabei ergaben sich für die verschiedenen Gewaltformen folgende Ergebnisse (vgl. Tab. 4.5):

Durchgängig bestehen in allen Jahren hoch signifikante, aber sehr schwache Zusammenhänge zwischen der Gewaltaktivität und dem elterlichen Erziehungsstil. Dabei erweisen sich Schüler, die nach eigener Angabe von ihren Eltern „hart, streng, manchmal ungerecht" erzogen werden, bei jeder Gewaltform eindeutig als gewaltbelastet: Der Mittelwert liegt dabei um die Faktoren 1,4 (1994) bis 1,8 (2004) bei der verbalen und 2,5 (1994) bis 4,0 (2004) bei Gewalt gegen Sachen, höher als bei Schülern mit dem signifikant niedrigsten Gewaltniveau, nämlich den liebevoll Erzogenen. „Hart, aber gerecht" und „wechselhaft" Erzogene stehen dazwischen, d. h.: Wer „hart" erzogen wird, erweist sich auch als „hart" in der Schule; wem zu Hause aggressive Strategien im Eltern-Kind-Umgang widerfahren, lernt und praktiziert sie auch in anderen Kontexten. Wer im Umgang mit seinen Eltern ungerechte Behandlung erfährt, übernimmt sie und gibt sie an andere weiter. Der Effekt bestätigt sich mit leichten Variationen sowohl für Schülerinnen als auch für Schüler und gilt im Wesentlichen auch altersunabhängig.

Tab. 4.5: Gewalt in der Schule (Mittelwerte) nach dem elterlichen Erziehungsstil 1994 – 1999 – 2004

Gewalt-art	Erziehungsstil													Eta² (alle: ***)		
	Hart, ungerecht			Hart, gerecht			Wechselhaft			Liebevoll					
	1994	1999	2004	1994	1999	2004	1994	1999	2004	1994	1999	2004	1994	1999	2004
Physisch	1,0	1,2	1,5	0,9	0,8	0,6	0,7	0,7	0,6	0,5	0,5	0,4	1%	1%	4%
gg. Sachen	1,0	1,2	1,2	0,6	0,5	0,3	0,6	0,6	0,5	0,4	0,4	0,3	1%	2%	3%
Psychisch	0,7	0,9	1,1	0,6	0,5	0,4	0,5	0,6	0,4	0,4	0,3	0,3	1%	1%	3%
Verbal	2,7	3,1	3,3	2,4	2,5	2,1	2,5	2,7	2,4	1,9	2,1	1,8	2%	2%	3%

Alle: *** α < 0,001. Indizes zur Gewalttätigkeit von 0 bis 10.

Über die Jahre hinweg verläuft die Gewaltentwicklung bei den verschiedenen Erziehungsstilen z. T. unterschiedlich: Dass sich die „hart, gelegentlich ungerecht" Erzogenen immer deutlicher durch eine höhere Gewalthandlung von allen anderen absetzen, geht zum einen darauf zurück, dass die Gewaltaktivitäten dieser Gruppe über die Jahre (fast) durchgängig gestiegen sind; die kleine Zahl der „hart und gelegentlich ungerecht" Erzogenen wurde mit der Zeit tendenziell immer häufiger gewalttätig. Auf der anderen Seite fielen die Schüler, die nach einem der drei anderen Stile erzogen wurden, bei jeder Gewaltform durch tendenziell immer weniger Gewalt auf. (Bei verbaler Gewalt erfolgte durchgängig nach dem Anstieg 1999 eine starke Abnahme auf 2004 bis unter das Niveau von 1994.) Statistisch eindeutig war dies vor allem bei den „hart, aber gerecht" Erzogenen: Physische und psychische Gewalt ging bei ihnen über die Zeit zurück, ansonsten lagen die 2004er-Werte vergleichsweise am niedrigsten. Letzteres gilt bei dem „liebevollen" und dem „wechselhaften Erziehungsstil" fast durchgängig.

- Damit laufen die „hart, streng und manchmal ungerecht" Erzogenen der allgemeinen Entwicklung in Richtung weniger Gewalt entgegen. Diese kleine Gruppe kann damit durchaus als einer der „Sorgenfälle" bei der Gewalt von Schülern gesehen werden. Alle Gewaltformen nehmen bei ihnen über die Jahre hinweg zu!

Tab. 4.6:   Zugehörigkeit zum „kleinen harten Kern" 2004 nach dem Erziehungsstil

Harter Kern	Erziehungsstil				Gesamt
	Hart, z.T. ungerecht	Hart, gerecht	Wechselhaft	Liebevoll	
Ja	11,5% (27)	1,2% (20)	2,5% (26)	1,1% (15)	2,1% (88)
Nein	88,5% (208)	98,8% (1.634)	97,5% (1.011)	98,9% (1.302)	97,9% (4.155)
Gesamt	100,0% (235)	100,0% (1.654)	100,0% (1.037)	100,0% (1.317)	100,0% (4.243)

Kleiner harter Kern = Schüler mit einem Indexwert von mindestens 5,0 bei physischer Gewalt.
Chi² = 65,2; d. f. = 3; α = 0,000; C_{korr} = 0,23.

Auch die weitere Analyse belegt, dass ein von den Schülern als problematisch empfundenes elterliches Erziehungsverhalten die Wahrscheinlichkeit ganz deutlich steigert, in der Schule erheblich verhaltensauffällig zu werden. Hierzu wird die Zurechnung der Schüler zum kleinen harten Kern besonders Gewaltaktiver herangezogen und gefragt, wie sehr dies mit elterlichem Erziehungsverhalten zusammenhängt (vgl. Tab. 4.6). Der Anteil an Schülern, die dem kleinen harten Kern

Gewalt in der Familie – Gewalt in der Schule? 139

zugerechnet werden, ist dann mit Abstand am größten – knapp ein Achtel –, wenn die Eltern „hart, streng, z. T. auch ungerecht" erziehen. „Hart, aber gerecht" und „liebevoll" Erzogene gehören am wenigsten zum harten Kern und unterscheiden sich dabei nicht weiter voneinander. Auch bei Schülern mit „wechselhaft" erziehenden Eltern liegt der Wert nur bei 2,5%. Das bedeutet:

- Ein zu strenger und in der Wahrnehmung auch ungerecht strafender Erziehungsstil muss als Risikofaktor für erhebliche schulische Gewalt der Kinder und Jugendlichen angesehen werden, als eine die Gewalt fördernde Hintergrundgröße.

Deutlich wird dies auch im Zeitvergleich: Von 1994/1999 auf 2004 verdoppelte sich etwa der Anteil hart und z. T. ungerecht Erzogener, die zum harten Kern zu zählen sind. Bei allen anderen Erziehungsformen besteht dagegen ein leichter Rückgang. (Das zeigt auch der merklich gestiegene Zusammenhang (C_{korr} = 0,23, der 1994 und 1999 noch bei C_{korr} < 0,1 lag).

4.5.2 Gewalt in der Familie: Risikofaktor für die Gewalt in der Schule

Besteht zwischen der Gewaltanwendung in der Familie, in Erziehung und Partnerschaft und der selbstberichteten Gewalt der Kinder, Jugendlichen und Heranwachsenden ein Zusammenhang? Wie bereits in den vorangegangenen Erhebungswellen 1994 und 1999 (vgl. Fuchs et al. 2001) sowie analog zu anderen Untersuchungen (z. B. Wilmers et al. 2002) existieren zwischen den verschiedenen Gewaltformen im schulischen Bereich (sowohl Täter- als auch Opferstatus) und der familialen Gewalt durchgängig hochsignifikante Zusammenhänge (α < 0,001) (vgl. Abb. 4.13).

Die Gewalterfahrungen in der Familie wirken zwar nicht übermäßig stark, aber in dennoch beachtenswertem Ausmaß auf die aktive und passive Gewalterfahrung in der Schule ein, wobei der Effekt auf das Opfersein (meist) etwas stärker ausfällt als beim Täterstatus. Das bedeutet prinzipiell: Je häufiger die Kinder Opfer elterlicher Gewalt werden, desto häufiger fallen sie auch in der Schule durch Gewaltaktivitäten auf bzw. desto häufiger werden sie Opfer der Gewalt ihrer Mitschüler. Dies entspricht bisherigen Ergebnissen der Gewaltforschung (vgl. u. a. Mansel 2001).

Der Effekt tritt bei der verbalen Gewalt nur in begrenztem Ausmaß ein, sowohl beim Täterstatus (4,2%) als auch beim Opferstatus (5,8%); verbale Gewalt kommt unter Schülern einfach am häufigsten vor und wird von der überwiegenden Mehrheit der Schüler praktiziert bzw. erfahren – quasi unabhängig von der familialen Sozialisation. Am stärksten ausgeprägt ist der Effekt familialer Gewalt auf die schulische bei der physischen und der psychischen Form, sowohl, was den Täter-

als auch, was den Opferstatus angeht (mit Varianzerklärungsanteilen zwischen 11,4% bis 13,6%). Bemerkenswert ist, dass das Ausmaß körperlicher Gewalterfahrungen in der Familie etwas stärker auf den Opferstatus in der Schule einwirkt. Schüler, die im sozialen Kontext Familie häufiger Opfer werden, haben möglicherweise bereits eine Opferrolle bzw. typische Opferstrategien übernommen oder erlernt, die sie dann in der Schule weiterleben. Dies könnte ihre Gewaltanfälligkeit erhöhen.

Abb. 4.13: Gewalt an Schulen 2004:
Anteile der durch die familiale Gewalt erklärten Varianz (r^2)

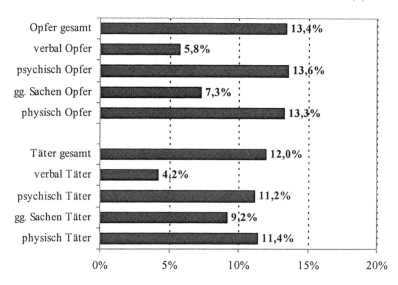

Um dies besser illustrieren zu können, wurde der Index „Gewaltbelastung in der Familie" gruppiert. Mit Abstand die meisten Schüler werden gewaltfrei erzogen (46,8% (2.202) mit Skalenwert 0), 23% (991) weisen eine geringe Belastung auf (Skalenwert 0,1 bis einschließlich 1,0), weitere 19,5% (844) eine mittlere (Skalenwert: über 1,0 und unter 3,0) und 10,7% (46) gelten als höher bis hoch belastet (Skalenwert: 3,0 bis 10,0). Bei der durchschnittlichen Gewaltaktivität in der Schule ergab sich für die verschiedenen Teilgruppen folgendes Bild (vgl. Tab. 4.7):

Tendenziell steigert sich die Gewaltaktivität der Schüler mit der Gewaltbelastung in der Familie. Zwischen den gewaltfrei und den gewaltarm Erzogenen (geringe Belastung) bestehen allerdings keine nennenswerten Unterschiede in der schulischen Gewaltaktivität. Aber bei verbaler und bei körperlicher Gewalt treten dann Schüler, die auf einem mittleren familialen Belastungsniveau eingestuft werden, bereits eindeutig häufiger in Erscheinung, wenngleich der Unterschied zu den beiden friedlicheren Gruppen nicht sehr groß ist. Der entscheidende „Sprung" erfolgt dann bei denen, die qua Definition ein höheres bis hohes Maß an Gewalterfahrungen in der Familie erleben müssen: Sie wenden durchgängig bei jeder Gewaltform eindeutig mehr Gewalt an als alle anderen; ihre Gewaltaktivität liegt zwar immer noch insgesamt gesehen im unteren Skalendrittel, aber etwa um den Faktor 3-4 über der von den gewaltfrei oder gewaltärmer erzogenen Mitschülern.

Tab. 4.7: Häufigkeit der Gewalt (Täter- und Opferstatus) 2004 nach der Gewaltbelastung in der Familie

Gewaltform	Gewaltbelastung in der Familie				Eta²
	keine = 0	gering = 0,1-1,0	Mittel = 1,1-3,0	höher/ hoch = 3,1-10	
Gewalttäter					
physisch	0,4	0,5	0,6	1,5	8%***
gg. Sachen	0,3	0,3	0,4	1,2	6%***
psychisch	0,3	0,3	0,4	1,1	7%***
verbal	1,9	2,0	2,2	3,1	3%***
Gesamtindex	0,5	0,6	0,7	1,5	8%***
Gewaltopfer					
physisch	0,2	0,3	0,5	1,2	9%***
gg. Sachen	0,3	0,5	0,7	1,3	5%***
psychisch	0,4	0,5	0,7	1,3	8%***
verbal	1,3	1,5	1,8	2,5	5%***
Gesamtindex	0,6	0,7	0,9	1,6	9%***

Alle Gewaltformen gemessen auf einem Index von 0 bis 10. *** $\alpha < 0,001$.

Weitaus stärker kommt der Effekt beim Opferstatus zum Tragen: Bei allen Gewaltformen nimmt die Häufigkeit, mit der Schüler Opfer werden, mit der Intensität und Häufigkeit der Gewalterfahrungen in der Familie zu. Bei verbaler Gewalt liegt die Häufigkeit des Opferseins in der Schule bei Schülern mit höherer bzw. hoher Gewaltbelastung in der Familie um etwa den Faktor 2 über der von gewaltfrei Erzogenen; im Verhältnis weitaus größer ist der Unterschied bei der physischen Gewalt, wo die Relation bei 6:1 liegt. Möglicherweise trifft zu, dass die Schüler die Opferrolle umso intensiver erlernen und verinnerlichen, je häufiger sie zu Hause körperliche Gewalt erleben.

Die beschriebenen Effekte gelten prinzipiell für Schülerinnen und Schüler gleichermaßen, wobei die Erklärungskraft für den Täterstatus bei den Schülern etwas ausgeprägter ist. D. h.: Die familiale Gewaltbelastung wirkt sich stärker auf das Gewalthandeln der Schüler als auf das der Schülerinnen aus, wohl nicht zuletzt deswegen, weil Schüler in der Familie mehr Gewalt erfahren als Schülerinnen. Die *selbst ausgeübte Gewalt* hängt bei Heranwachsenden etwas stärker mit der Gewalterfahrung in der Familie zusammen als bei den anderen Alterskategorien, vor allem bei den Jugendlichen. Bei Jugendlichen mit der ohnehin höchsten Gewaltaktivität wirkt sich möglicherweise das Alterstypische stärker aus; Heranwachsende zeigen üblicherweise wieder eine geringere Gewaltaktivität. Die insgesamt seltenere Ausübung von Gewalt wird dabei stärker von den Erfahrungen in der Familie beeinflusst.

Beim *Opferstatus* dagegen nimmt bei allen Gewaltformen die Bedeutung der familialen Gewalterfahrung mit dem Alter merklich zu. Das Ausmaß des Opferseins in der Schule wird umso mehr durch das Opfersein in der Familie bestimmt, je älter die Schüler werden. Der Opferstatus wird also zunehmend internalisiert.

Nach Schularten getrennt zeigt sich, dass bei Berufsschülern die Erklärungskraft beim Täter- und beim Opferstatus geringer ist als bei allen anderen Schülern; aber auch für sie gilt, dass der Opferstatus stärker von den familialen Gewalterfahrungen beeinflusst wird als der Täterstatus. Bei nichtdeutschen Schülern hängt die aktive Gewaltanwendung stärker mit der (im Vergleich häufigeren!) Gewalterfahrung in der Familie zusammen, bei deutschen Schülern der Opferstatus. Anders interpretiert: Migranten begreifen die erfahrene familiale Gewalt weniger als Opferwerdung und setzen das Erlebte stärker in aktive Gewalt um, Deutsche „erlernen" dagegen mehr das Opfersein.

Da zwei Items über alle drei Erhebungswellen hinweg wortgleich zur Anwendung kamen, kann nun herausgearbeitet werden, wie sich der Zusammenhang zwischen Formen von Gewalt in der Erziehung und ausgeübter Gewalt in der Schule auf der Zeitachse verändert und ob es bestimmte Teilgruppen von Schülern gibt, die hier in besonderer Weise in Erscheinung treten (vgl. Tab. 4.8 und 4.9).

Es fällt auf, dass die Erklärungskraft, die die gewaltförmige Erziehung (hier: in Form von Schlägen nach schlechten Noten) für die Gewalt in der Schule aufweist, 2004 gegenüber 1994 und 1999 – außer bei der verbalen Gewalt – ganz erheblich bis auf Werte um 10% gestiegen ist. Dies macht sich in einer deutlichen Spreizung der Gewaltwerte sowie einer stark gestiegenen Differenzierung zwischen den Subgruppen bemerkbar: 2004 steigt die Gewaltanwendung in der Schule statistisch signifikant mit den Schlägen nach schlechten Schulleistungen.

In strukturell identischer Weise verhält es sich mit nur geringfügig anderer Erklärungskraft und leicht anderen Gewaltwerten bei der Variablen „Prügel nach einer Dummheit" (vgl. Tab. 4.9).

Gewalt in der Familie – Gewalt in der Schule?

Tab. 4.8: Gewalt in der Schule in Abhängigkeit von Schlägen nach schlechten Noten 1994 – 1999 – 2004

Jahr	Schläge nach schlechten Noten					Eta²
	gar nicht	eher nicht	teils/teils	eher	voll	
Physische Gewalt						
1994	0,6	1,2	1,7	1,7	1,7	3,0%***
1999	0,6	1,4	1,8	1,8	2,2	4,0%***
2004	0,5	0,7	1,3	1,9	3,9	9,0%***
Gewalt gegen Sachen						
1994	0,5	0,8	1,2	1,3	1,8	2,0%***
1999	0,5	1,1	1,4	1,4	2,1	3,0%***
2004	0,3	0,4	0,8	1,7	3,5	8,0%***
Psychische Gewalt						
1994	0,5	0,9	1,3	1,3	1,6	3,0%***
1999	0,4	0,8	1,3	1,5	2,0	3,0%***
2004	0,3	0,5	0,8	1,2	3,5	1,1%***
Verbale Gewalt						
1994	2,3	2,6	2,6	2,9	3,4	1,0%***
1999	2,4	2,9	3,3	3,5	4,1	1,0%***
2004	2,0	2,3	3,0	3,3	4,6	2,0%***

Alle Gewaltformen gemessen als Indexwerte zwischen 0 und 10. *** $\alpha < 0,001$.

Diese Ergebnisse erklären sich eindrucksvoll, wenn wir jede Ausprägung des Vorkommens elterlicher Gewalt (von „trifft gar nicht zu" bis „trifft voll zu") über die Zeit betrachten: *Durchgängig ist es über alle Gewaltformen* so, dass 2004 von der (kleiner gewordenen) Gruppe derjenigen, die voll zustimmen, dass ihre Eltern sie nach schlechten Noten schlagen bzw. dass sie von ihren Eltern Prügel nach einer Dummheit bekommen, signifikant häufiger Gewalt ausgeht als von den Vergleichsgruppen 1994 und 1999. Auf der anderen Seite reduzierte sich das Gewaltaufkommen bei denen, die angeben, „gar nicht" bzw. „eher nicht" nach schlechter Schulleistung Schläge zu erhalten oder nach Dummheiten geprügelt zu werden, mit dem Jahr 2004 ganz eindeutig.

Dieser Befund bedeutet: Die intensiver bzw. regelmäßiger körperlich sanktionierten Schüler wenden inzwischen deutlich häufiger Gewalt in der Schule an, die selten bis gar nicht körperlich Bestraften dagegen weniger. Beim einen Extrem (das zahlenmäßig weniger wurde) besteht eine merkliche Gewaltsteigerung, beim anderen ein sichtlicher Gewaltrückgang. Die Problematik der Gewalt in der Schule als Folge von körperlicher Gewalt in der Erziehung erhält damit eine neue Facette:

im „mittleren" Bereich erzieherischer Gewalt bleibt alles über die Zeit im Wesentlichen unverändert (d. h. es wird aber auch nicht besser!), im oberen Bereich verdichtet sich alles auf einen kleineren harten Kern intensiverer Gewalttäter.

Tab. 4.9: Gewalt in der Schule in Abhängigkeit von Prügeln nach einer Dummheit 1994 – 1999 – 2004

Jahr	Prügel nach Dummheit					Eta^2
	gar nicht	eher nicht	teils/teils	eher	voll	
Physische Gewalt						
1994	0,6	0,9	1,2	1,4	1,7	2%***
1999	0,6	0,9	1,6	1,5	1,7	4%***
2004	0,4	0,6	1,1	1,3	3,5	10***
Gewalt gegen Sachen						
1994	0,5	0,6	1,0	1,3	1,7	2%***
1999	0,5	0,7	1,3	1,4	1,5	3%***
2004	0,3	0,4	0,7	1,1	2,8	7%***
Psychische Gewalt						
1994	0,5	0,6	0,8	1,3	1,5	2%***
1999	0,4	0,7	1,2	0,9	1,4	3%***
2004	0,3	0,4	0,7	0,9	29	10%***
Verbale Gewalt						
1994	2,2	2,5	2,6	2,9	3,4	1%***
1999	2,3	2,8	3,5	2,8	3,2	1%***
2004	2,0	2,2	2,7	3,0	4,5	3%***

Alle Gewaltformen gemessen auf einer Skala von 0 bis 10. *** $\alpha < 0,001$.

Das bedeutet mit Blick auf die Entwicklung körperlicher Gewalt in der Erziehung auch: Es gibt 2004 – verglichen mit 1994 und 1999 – zwar weniger Schüler, die nach eigener Bekundung nie Schläge nach schlechten Noten bekommen (vgl. Abb. 4.11). Es gibt dafür dann vor allem mehr Schüler, die es nur bedingt verneinen, geschlagen zu werden. Dies wirkte sich aber interessanterweise *nicht* in einer vermehrten, *sondern* im Gegenteil in einer verringerten Gewaltaktivität aus. Möglicherweise unterstützt dies die bereits getroffene Vermutung, dass die Zunahme körperlicher elterlicher Sanktionen mehr ein Wahrnehmungsphänomen seitens der Schüler als Folge des Diskurses um das Verbot der Züchtigung durch die Eltern, denn eine reale Veränderung ist.

4.5.3 Gewalt in der Familie, Einstellung zur Gewalt und Gewalt in der Schule

Pfeiffer et al. (1999) haben in ihrer Studie über die Auswirkungen familialer Gewalt festgestellt, dass der unmittelbare Effekt auf die von Schülern selbst ausgeübte und erfahrene Gewalt vergleichsweise gering ist. Deutlich stärker dagegen wirkt sich das elterliche Gewalthandeln auf das Gewaltbild der Kinder und Jugendlichen aus: Sie übernehmen die „positive" Einstellung ihrer Eltern zum Gewalteinsatz (und suchen sich z. B. auch Peers aus, deren Gewaltverständnis ihrer bzw. der elterlichen Haltung entspricht).

Wenn dies zutrifft, dann müsste sich auch unter bayerischen Schülern ein Zusammenhang zwischen dem Erleben und Erfahren elterlicher Gewalt und dem Gewaltverständnis ergeben. Die Haltung der Kinder, Jugendlichen und Heranwachsenden zur Gewalt haben wir über folgende Items erfasst, die sowohl affektuelle als auch (zweck-)rationale Argumentationen einschließen:
- „Gewalt macht einfach Spaß" (affektuell).
- „Wenn es etwas zu klären gibt, dann hilft eine Schlägerei oft mehr als reden" (zweckrational),
- „Es gibt Situationen, da kann man nur mit Gewalt etwas erreichen" (zweckrational),
- „Eine normale Rauferei finde ich völlig in Ordnung" (Normalitätsvorstellung),
- „Gewalt macht mir Angst" (affektuell),
- „Ich bin grundsätzlich gegen Gewalt" (Normalitätsvorstellung),

Die Meinungen dazu verteilen sich wie folgt (vgl. Abb. 4.14): Nur eine – wenngleich große – Minderheit von knapp zwei Fünfteln der Schüler ist *grundsätzlich gegen Gewalt* eingestellt, die Mehrheit ist damit der Gewalt also nicht prinzipiell abgeneigt. Zwar lehnt ein weiteres Viertel Gewalt eher ab, aber zusammen immerhin gut ein Achtel steht einer Gewaltanwendung eher oder voll positiv gegenüber. Setzen wir den Wendepunkt bereits bei der unentschiedenen Haltung (teils/teils), dann billigt zusammen sogar ein Drittel der Schüler einen Gewalteinsatz mehr oder weniger.

Im Durchschnitt (2,2) lehnen die Schüler den Gewalteinsatz grundsätzlich aber eher ab. Diese Haltung variiert nach Merkmalen der Befragten: Schülerinnen (1,8) wenden sich im Mittel deutlich stärker gegen Gewalt als Schüler (2,5). Wer am Gymnasium ist (1,8), hat für Gewalt weniger übrig als Realschüler (2,2) und vor allem Haupt- und Berufsschüler (je 2,4). Die jüngeren Schüler (bis 12 Jahre) lehnen Gewalt mehr ab (2,0) als Heranwachsende (2,2) und vor allem Jugendliche (2,4). Merkmale der sozialen Lage der Eltern – Beruf, Bildungsabschluss – wirken zwar eindeutig, aber derartig schwach – mit 0,3-0,5% Varianzaufklärung –, weshalb auf die Darstellung verzichtet wird.

Abb. 4.14: Einstellung zur Gewalt 2004

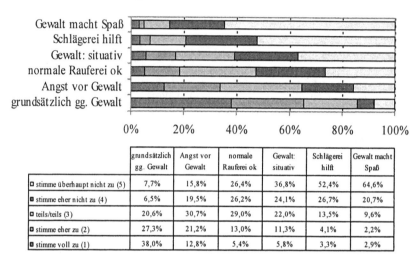

Gewalt besitzt für eine deutliche Mehrheit von knapp zwei Dritteln der Schüler überhaupt keinen, für ein weiteres Fünftel eher keinen *Spaßfaktor*. Damit bleibt knapp ein Siebentel, das mit dem Gewalteinsatz eher Spaß verbindet, wobei aber nur (oder besser: immerhin) jeder 20. Schüler (225) Gewalt nach eigener Angabe wirklich als Sinnesvergnügen erlebt.

Im Durchschnitt (3,0) eher unentschlossen sind die bayerischen Schüler, ob ihnen *Gewalt Angst* macht oder nicht. Das Meinungsbild ist eher heterogen, „ängstliche" und „robuste" Schüler halten sich in etwa mit je gut einem Drittel die Waage, die meisten (drei Zehntel) können sich dagegen nicht eindeutig entscheiden (teils/teils); möglicherweise hängt es von der Art der Gewalt und den (situativen) Umständen ab.

Dass „*normale" Raufereien* in Ordnung sind, findet tendenziell keine Akzeptanz (3,6). Zusammen gut die Hälfte der Schüler kann diesem Item überhaupt nicht bzw. eher nicht zustimmen. Dem stehen auf der anderen Seite 18,4% (808) gegenüber, denen eine „normale Rauferei" keine Probleme bereitet. Der Rest – drei Zehntel – sind unentschlossen. Damit überwiegen die ablehnenden die zustimmenden Stimmen knapp um den Faktor 3. Vermutlich dürfte aber gerade das knappe Fünftel, für das „normale" Raufereien unproblematisch sind, durch einen höheren Gewalteinsatz in Erscheinung treten.

Ist Gewalt funktional, gibt es *Situationen, in denen nur mit Gewalt etwas erreicht* werden kann? Die Durchschnittsmeinung der Schülerinnen und Schüler dazu lautet: eher nicht (3,8). Die mit Abstand meisten (knapp zwei Fünftel) können einer Situationsbewältigung mittels Gewalt überhaupt nichts abgewinnen. Zusammen mit den eher ablehnenden Stimmen steht damit eine deutliche Mehrheit von insgesamt gut drei Fünfteln der funktionalen Notwendigkeit von Gewalt mehr oder weniger skeptisch gegenüber, gut ein Fünftel ist unentschlossen. Etwa jeder sechste Schüler sieht dagegen Gewalt als mehr oder weniger notwendig an.

Die „Steigerung" der gewaltförmigen Zweckrationalität – *Schläge statt Worte* – findet noch weniger Akzeptanz (4,3): Gut die Hälfte stimmt überhaupt nicht zu, ein weiteres gutes Viertel eher nicht, so dass zusammen etwa ein Fünftel verbleibt, das zumindest unentschlossen ist, ob Schläge eine Konfliktsituation klären könne. Für eine kleine Minderheit von 7,4% (325) ist der Sachverhalt dagegen relativ klar: Sie können eher bzw. voll zustimmen, dass mit einer Schlägerei mehr zu erreichen sei als mit Argumenten.

Schüler bewerten Gewalt durchgehend positiver als Schülerinnen: Letztere stehen allen Aussagen voll bis eher ablehnend gegenüber, Erstere zwischen eher ablehnend bis (deutlich) unentschlossen. Dies kann als Ausdruck von Geschlechterrollenstereotypen gewertet werden, die Männlichkeit mit mehr Gewalt gleichsetzen. Dafür spricht, dass der Effekt stabil ist: Er gilt für deutsche und nichtdeutsche Schüler gleichermaßen, trifft unabhängig von der Schulart zu und hängt auch nicht mit dem Alter zusammen.

Jugendliche sind die stärksten „Gewaltbefürworter", die jüngeren Schüler (10-13) stehen ihr dagegen eindeutig am kritischsten gegenüber.

Haupt- und Berufsschüler gerieren sich durchgängig als „gewaltfreudiger" als Realschüler und vor allem Gymnasiasten, die insgesamt von allen die geringste Affinität zu (körperlicher) Gewalt haben. Sie machen in der Schule mit großer Wahrscheinlichkeit die Erfahrung, dass ein Sich-Durchsetzen-Wollen über körperliche Gewalt in ihrem Schulkontext dysfunktional und relativ erfolglos ist. Unter Haupt- und Berufsschülern zählen dagegen diese körperlichen Ressourcen vermutlich mehr für die Statusbestimmung.

Schüler mit Migrationshintergrund sehen Gewalt durchgängig als funktionaler und bewerten sie auch affektuell positiver als deutsche Schüler (unabhängig vom Geschlecht!). Möglicherweise stehen dahinter unterschiedliche kulturelle Muster der Gewaltbewertung, Männlichkeitsvorstellungen oder die soziale Lage der Familien. Gegen das Argument der abweichenden Männlichkeitsmuster spricht allerdings, dass der Effekt unter Schülerinnen ebenfalls vorkommt. Die Erklärungskraft liegt unter einem Prozent und ist damit marginal.

Bei der ökonomischen Lage ist das Bild z. T. etwas unscharf. Was sich allerdings zeigt, ist, dass die kleine Gruppe derjenigen, in deren Familien Mangel herrscht, da es ihnen z. T. gegen Monatsende an Geld für Lebensmittel fehlt, im Durchschnitt eindeutig die relativ stärksten Gewaltbefürworter sind. Jedoch bewegt sich auch hier die Erklärungskraft bei mäßigen 0,5-1,3%.

Um (auch multivariate) Berechnungen auf metrischem Skalenniveau durchführen zu können, haben wir mit Hilfe einer Faktorenanalyse einen Index gebildet, der die Gewaltbereitschaft misst:

Wie Tab. 4.10 zu entnehmen, sind manche Schüler grundsätzlich gegen Gewalt; Gewalt macht ihnen Angst. Andere dagegen finden, dass es Situationen gibt, in denen man nur mit Gewalt etwas erreichen kann. Sie sind der Ansicht, dass eine normale Rauferei völlig in Ordnung ist und dass Schlägereien oft mehr geeignet sind als Reden, um Dinge zu klären. Diesen Schülern macht Gewalt Spaß. Die Skala reicht von 0 – volle Ablehnung von (körperlicher) Gewalt – bis 10 – volle Befürwortung von (körperlicher) Gewalt. Die hohen Zusammenhänge der Items untereinander machen außerdem deutlich, dass sich funktionale, zweckrationale Motive – etwas damit erreichen können, Schlägerei ist hilfreich – und affektuelle Motive – keine Angst davor haben, Spaß daran haben – sowie Normalitätsvorstellungen (grundsätzlich dagegen sein, Gewalt ist in Ordnung) verstärken können:

Tab. 4.10: Übersicht Index: Gewaltbereitschaft

Gewaltbereitschaft	Cronbach's $\alpha = 0,8$
Ich bin grundsätzlich gegen Gewalt. (negativ)	
Gewalt macht mir Angst. (negativ)	
Eine normale Rauferei finde ich völlig in Ordnung.	
Es gibt Situationen, da kann man nur mit Gewalt etwas erreichen.	
Wenn es etwas zu klären gibt, dann hilft eine Schlägerei oft mehr als reden.	
Gewalt macht einfach Spaß.	

- *Je funktionaler (körperliche) Gewalt ist, desto mehr wird sie zur Normalität:* Dass Gewalt situationsabhängig zur Zielerreichung eingesetzt wird, erklärt 30,8% der Varianz davon, dass „eine normale Rauferei in Ordnung" geht, bei der Wirksamkeit einer Schlägerei sind es immer noch 26,4%.
- *Je funktionaler körperliche Gewalt ist, desto mehr Spaß macht sie:* Die Erklärungskraft beim „in bestimmten Situationen damit etwas erreichen können" liegt bei 32%, bei der Funktionalität der Schlägereien (effektiver als reden) sind es sogar 40%. Das bedeutet: Wer die Erfahrung macht, sich bzw. seine Vorstellungen mit Gewalt erfolgreich durchsetzen zu können, hat auch mehr Freude an seinem Handeln; Gewalt wird damit in doppelter Weise für den Akteur positiv besetzt. Umgekehrt lehnen diejenigen, die Gewalt als dysfunktional sehen, sie auch von der affektuellen Seite her ab.

Mit der durchschnittlichen Haltung (3,0) bewegen sich die Schüler an der Grenze des unteren Skalendrittels. Das entspricht tendenziell einer insgesamt eher ablehnenden Meinung zu (körperlicher) Gewalt und gibt damit in konzentrierter Form das wieder, was bereits bei den Einzelaussagen ersichtlich wurde. Nur 5,6% der Schüler lehnen Gewalt total ab (Skalenwert 0); das untere Viertel reicht bis Skalenwert 1,25, liegt also deutlich im eher ablehnenden Bereich. Insgesamt vertritt die Hälfte der Schüler eine eher ablehnende Position (2,5). Bayerische Schüler begreifen damit Gewalt zwar als nicht gänzlich dysfunktional – was durchaus als alterstypische Haltung zu sehen ist –, stehen ihr aber insgesamt gesehen dennoch mit deutlicher Skepsis gegenüber.

Das obere Viertel der Gewalt stärker Befürwortenden beginnt bereits knapp unterhalb der Skalenmitte (4,6, was in etwa einer unentschiedenen, sowohl-als-auch-Haltung entspricht). Erst oberhalb dieses Wertes gehen die Anteile pro Skalenwert deutlich zurück; darunter (im Bereich zwischen 0,4 und 4,6) schwanken sie zwischen 5% und 8,7% pro Skalenwert. Einen Skalenwert von mindestens 7,5 – was in etwa einer eher zustimmenden Haltung zur Gewalt entspricht – haben 4,5% der Schüler. Vollständige Akzeptanz findet der Einsatz (körperlicher) Gewalt nur bei 0,9% (38) der Befragten. Es wird von Interesse sein, ob die Schüler, die Gewalt stärker und stark befürworten, auch – wie eingangs vermutet – durch ein erhöhtes Maß an Gewaltaktivität in der Schule erkennbar werden und ob Zusammenhänge mit der familialen Gewalt bestehen.

Der (nicht unerwartet) stärkste Einzelfaktor, der auf die Einstellung zur Gewalt einwirkt – mit immerhin 16,5% statistischer Varianzaufklärung – ist das Geschlecht: Unter Schülern (3,9) herrscht eine weitaus positivere Haltung gegenüber dem Gewalteinsatz als unter Schülerinnen (2,1); der schon eher unentschlossenen Einstellung unter Schülern steht die insgesamt noch eher ablehnende Haltung bei Schülerinnen entgegen.

Eindeutig, wenn auch bei weitem nicht so stark ausgeprägt wie das Geschlecht wirkt die Schulart (Eta² = 0,05; α < 0,001): Gymnasiasten (Durchschnitt: 2,4) äußern tendenziell eine noch eher ablehnende Haltung zur Gewalt, Realschüler (3,0) bewegen sich schon etwas mehr zur unentschiedenen Haltung, Berufs- sowie Hauptschüler (je 4,3) sind ganz deutlich ambivalenter und äußern von allen Schülern die vergleichsweise positivste Haltung zum Gewalteinsatz.

Das Alter der Schüler spielt ebenfalls eine (wenn auch bei 3,1% Erklärungskraft nicht sehr große) Rolle: Die Jüngsten bewegen sich noch mehr in Richtung Ablehnung (Durchschnitt: 2,6), Jugendliche weisen die im Vergleich größte Gewaltaffinität auf (3,5), und bei Heranwachsenden geht alles wieder auf eine eher ablehnende Haltung zurück.

Sehr schwach (1,1%) ist der Einfluss der ökonomischen Lage; das Bild ist dabei eher heterogen. Eindeutig unterscheiden sich nur die (wenigen) Schüler, bei denen es gegen Monatsende schon einmal zum Mangel an Lebensmitteln kommt, durch eine erhebliche positivere Gewaltbewertung (4,5) von den anderen.

Nicht-deutsche Schüler stehen dem Gewalteinsatz im Mittel positiver gegenüber als deutsche (3,6 zu 3,0); allerdings ist die Erklärungskraft mit weniger als 1% nur sehr mäßig.

Zu fragen ist weiter, inwieweit eine (positive) Haltung zur Gewalt mit den Gewalterfahrungen in der Familie zusammenhängt. Mit den familialen Gewalterfahrungen besteht insgesamt zwar ein hochsignifikanter, aber mit Blick auf das Varianzerklärungspotenzial – 8,5% – nicht sehr ausgeprägter Zusammenhang. D. h.: Wer von den Eltern häufiger körperlich sanktioniert wird und wessen Eltern sich schlagen, steht dem Gewalteinsatz zwar im Vergleich mit den nicht oder wenig Sanktionierten eindeutig positiver gegenüber. Allerdings ist der Effekt nicht sehr ausgeprägt, andere Faktoren wirken wesentlich stärker auf die Gewalthaltung ein. Dies zeigt sich prinzipiell auch an der gemeinsamen Häufigkeitsverteilung (vgl. Abb. 4.15): Erst bei einem mittleren Gewaltniveau (ab Skalenwert 4) besteht ein deutlicherer Effekt dahingehend, dass Schüler mit wachsender Gewaltbelastung in der Familie zunehmend Gewalt befürworten. Auf der anderen Seite stimmen aber auch nach eigener Angabe körperlich gewaltlos erzogene Schüler bis zu einem gewissen Grad dem Gewalteinsatz kognitiv und affektuell zu.

Abb. 4.15: Scatterplot: Haltung zur Gewalt nach der Gewalterfahrung in der Familie 2004

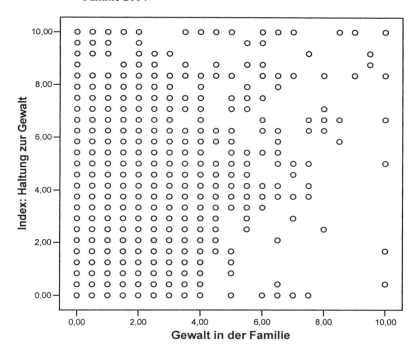

In einem multivariaten Modell (vgl. Tab. 4.11) tragen die bisher getrennt betrachteten Faktoren zusammen zu 27% Varianzerklärung bei, wenn nur die Haupteffekte einbezogen werden. Die Stärke der Einzeleffekte geht dabei zurück, wobei das Geschlecht (mit 14,2%) immer noch den mit Abstand stärksten Einfluss und die größte Erklärungskraft aufweist, auch mit Blick auf das Mittel der Quadrate. Die Gewalterfahrung in der Familie (als gruppierte Variable in das Modell aufgenommen) erzielt mit 3,7% deutlich weniger Wirkung. Schulart (2,3%) und Alter (2,0%) liegen dahinter – wobei der Effekt, bezogen auf das Mittel der Quadrate, beim Alter geringfügig größer ist –, die ökonomische Lage trägt mit gerade 0,4% nur sehr wenig bei; der Migrationsstatus verschwindet als eigenständiger Einflussfaktor. Wechselwirkungen zwischen Geschlecht und anderen Faktoren (Alter, Schulart, Deutsche/Nicht-Deutsche, Gewalterfahrung in der Familie) haben keinen wesentlichen Einfluss.

Tab. 4.11: Varianzanalyse für die Haltung zur Gewalt 2004 (Haupteffekte)

Quelle	Quadratsumme Typ III	df	Mittel der Quadrate	F	α	Partielles Eta²
Korrigiertes Modell	4.892,569*	14	349,469	105,823	< 0,001	27,2%
Konstanter Term	4.610,911	1	4.610,911	1.396,236	< 0,001	26,1%
Geschlecht	2.157,145	1	2.157,145	653,208	< 0,001	14,2%
Alter	467,175	2	233,588	70,733	< 0,001	3,4%
Schulart	418,332	3	139,444	42,225	< 0,001	3,1%
Gewalt i. d. Familie (grp.)	665,024	3	221,675	67,126	< 0,001	4,8%
ökonomische Lage	65,237	4	16,309	4,939	0,001	0,5%
Migration	,768	1	,768	,233	0,630	0,0%
Fehler	13.087,360	3..963	3,302			
Gesamt	55.920,259	3..978				
Korrigierte Gesamtvariation	17.979,929	3..977				

*R-Quadrat = 27,2% (korrigiertes R-Quadrat = 27,0%).

Die Haltung zur Gewalt erweist sich am stärksten von den Geschlechtsrollenmustern bzw. Männlichkeitsstereotypen bestimmt. Allerdings wirken daneben auch das Alter und die Gewalterfahrung in der Familie noch merklich auf die Einstellung ein. Gewaltförmiges elterliches Erziehungsverhalten fördert damit auch im „Konzert" der Einflussgrößen als immerhin deutlich wahrnehmbare eigenständige Größe eine positive(re) Haltung der Kinder und Jugendlichen gegenüber (körperlicher) Gewalt.

4.5.4 Positive Haltung zur Gewalt – mehr ausgeübte Gewalt?

Von lerntheoretischen Überlegungen ausgehend, könnte man vermuten, dass sich aktuelles (Gewalt-)Handeln und aktuelle Einstellung zur Gewalt wechselseitig verstärken: Wer den Einsatz vor allem körperlicher Gewalt als positiv erlebte, weil damit Ziele scheinbar besser und schneller erreicht werden konnten (Funktionalität von Gewalt), oder wer Freude an Gewaltausübung hat, wird auch häufiger bereit sein, (gerade körperliche) Gewalt anzuwenden. Es steht zu vermuten, dass die Haltung gegenüber Gewalt die Anwendung (körperlicher) Gewalt in der Schule deutlich stärker beeinflusst als dies die intrafamiliale Gewalt tut (vgl. Mansel 2001; Pfeiffer et al. 1999).

Abb. 4.16: Gewalt 2004: Varianzerklärung durch die Haltung zur Gewalt (T: Täter, O: Opfer)

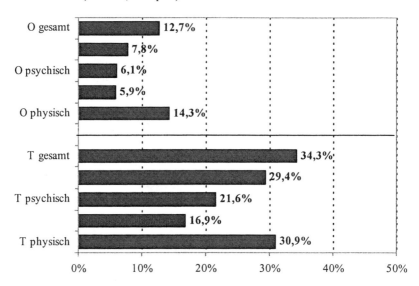

Schüler wenden umso häufiger Gewalt an, je mehr sie (körperliche) Gewalt befürworten, als positiv bzw. funktional bewerten oder gefühlsmäßig bejahen (vgl. Abb. 4.16). Vor allem gilt dies bei der physischen, aber auch bei der verbalen Gewalt (mit jeweils um 30% Varianzerklärung), am wenigsten bei Vandalismus. Zwar ist auch ein Effekt auf den Opferstatus nachweisbar, der aber erheblich, nämlich fast um den Faktor 3, schwächer ausfällt. Tendenziell gilt damit besonders für physische Gewalt: Je mehr (körperliche) Gewalt befürwortet wird, desto häufiger werden die Schüler Opfer von physischer Gewalt ihrer Mitschüler. Dabei darf aber

Gewalt in der Familie – Gewalt in der Schule?

nicht außer Acht gelassen werden, dass wegen der Reziprozität von (gerade körperlicher!) Gewalt Täter- und Opferstatus zusammenhängen: Wer selbst häufiger Gewalt anwendet, muss auch häufiger Gewalt erdulden, sei es, weil sich die Angegriffenen zur Wehr setzen oder den Täter selbst attackieren.

Abb. 4.17: Durchschnittliche Gewaltaktivität 2004 nach der Haltung zur Gewalt

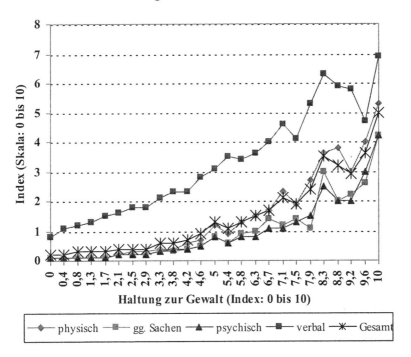

Dies lässt sich anschaulich belegen, wenn die durchschnittliche Gewalthäufigkeit in Abhängigkeit von der Einstellung zur Gewalt betrachtet wird (vgl. Abb. 4.17): Bei einer ablehnenden bis eher ablehnenden Haltung bewegen sich die Schüler bei körperlicher, psychischer und Gewalt gegen Sachen auf einem ziemlich niedrigen Gewaltniveau. Ab einer unentschlossenen Haltung, ob Gewalt eher zu befürworten oder eher abzulehnen sei, nimmt die Gewalthäufigkeit dann jedoch deutlich zu, wobei diese Entwicklung bei der physischen Gewalt ausgeprägter erfolgt als bei den beiden anderen Formen. Von höherem Ausgangsniveau aus trifft dies auch für die verbale Gewalt zu. Das bedeutet: Veränderungen in der Einstellung zur Gewalt übertragen sich in Gewalthandeln, wenn auch bei weitem nicht durchgängig im Verhältnis 1:1. Jedoch zeigt sich gerade bei der physischen Gewalt sehr deutlich, dass die Gewalthäufigkeit in der Schule dann ansteigt, sobald Schüler anfangen, der Gewalt eher positive Funktionen und Wirkungen zuzuschreiben.

Abschließend soll nun das Gewalthandeln der Schüler (Tätergesamtindex) in einem Gesamtmodell durch Faktoren aus dem familialen Kontext erklärt werden. Einbezogen werden die Variablen, mit denen das Eltern-Kind-Verhältnis erfasst wurde (Verstehen mit den Eltern, gerne haben, der elterliche Erziehungsstil, Interesse der Eltern an der Schulleistung ihrer Kinder, Gewalt in der Familie bzw. Erziehung (gruppiert)) sowie die Haltung der Schüler zur Gewalt (gruppiert).[9] Außerdem wurden Merkmale der Schüler (Geschlecht, Alter, Migration), die Art der besuchten Schule und die ökonomische Lage der Familie in das Modell aufgenommen. Einbezogen wurden die Haupteffekte sowie die Wechselwirkung zwischen familialer Gewalt und Gewalthaltung.[10]

Insgesamt lassen sich mit den einbezogenen Variablen zusammen 40,2% der Gesamtvariation des Gewaltverhaltens der Schüler in der Schule erklären. Dabei fällt sofort auf, dass die Einstellung der Schüler zur Gewalt in ganz erheblichem Maße zur Erklärungskraft des Modells beiträgt: Die Differenzen zwischen den vier Einstellungsgruppen (siehe Fußnote 9) erklären alleine bereits 21,6% der Variation der Schülergewalt.[11] Die Einstellung zur Gewalt bleibt damit innerhalb dieses Modells der wirkungsmächtigste Faktor bei der Analyse von Schülergewalt. Die Gewalterfahrung in der Familie weist als Einzelfaktor nur noch einen minimalen Einfluss auf (0,7%), wirkt aber etwas stärker gemeinsam mit der Haltung gegenüber der Gewalt (2,7%). Die Eingangsvermutung, dass der Effekt aus familialer Gewalt und Gewalt in der Schule mehr für Schüler zuträfe, konnte damit nicht bestätigt werden.

Der elterliche Erziehungsstil hat in diesem Modell keinen signifikanten Einfluss mehr auf das Gewalthandeln. Das emotionale Vertrauensverhältnis zwischen Eltern und Kind („Meine Eltern haben mich sehr gerne") wirkt ebenfalls eindeutig, wenn auch sehr schwach (2,3%) auf das Gewalthandeln in der Schule ein. Bei allen anderen Variablen ist der Effekt zwar statistisch gesichert und in dem jeweils vorher beschriebenen Sinne, aber die partielle Erklärungskraft liegt jeweils unter 1% und ist damit für die Gesamterklärung eher minimal.

---

[9] Die Gruppierung erfolgte, indem Verteilungs- und Inhaltsaspekte kombiniert wurden. Danach waren 27,3% „(eher) ablehnend" (Skalenwert 0 bis 1,25), 32,1% „(noch) eher ablehnend" (Skalenwert: >1,25 bis 3,0), 25% „noch eher ablehnend bis unentschieden" (Skalenwert: 3,01 bis 4,99), 15,6% „unentschieden bis stark befürwortend" (Skalenwert: 5,0 bis 10,0).

[10] Werden zudem die Wechselwirkungen berücksichtigt, steigert sich die Erklärungskraft des Modells nur um 0,1 bis 0,9%-Punkte. Deshalb wurde darauf verzichtet.

[11] Der durchschnittliche Gesamtgewaltwert betrug bei den „(eher) Ablehnenden" 0,2, bei den „(noch) eher Ablehnenden" 0,4, bei den „noch eher Ablehnenden bis Unentschiedenen" 0,7, bei den „Unentschiedenen bis stark Befürwortenden" 1,9.

Gewalt in der Familie – Gewalt in der Schule?

Tab. 4.12: Varianzanalyse: Täter-Gesamtgewaltindex 2004

Quelle	Quadratsumme vom Typ III	df	Mittel der Quadrate	F	α	Partielles Eta²
Korrigiertes Modell	1.585,500*	43	36,872	57,044	< 0,001	41,0%
Konstanter Term	417,514	1	417,514	645,922	< 0,001	15,4%
Geschlecht	8,489	1	8,489	13,134	< 0,001	0,4%
Alter	5,983	2	2,992	4,628	0,010	0,3%
Schulart	9,449	3	3,150	4,873	0,002	0,4%
Ökon. Lage	27,874	4	6,968	10,781	< 0,001	1,2%
Migration	2,916	1	2,916	4,511	0,034	0,1%
Verstehen	17,028	4	4,257	6,586	< 0,001	0,7%
Erz.stil	3,397	3	1,132	1,752	0,154	0,1%
gerne haben	52,734	4	13,183	20,396	< 0,001	2,3%
Kümmern	15,390	6	2,565	3,968	0,001	0,7%
Gewalt i. d. Familie	16,944	3	5,648	8,738	< 0,001	0,7%
Haltung zur Gewalt	629,240	3	209,747	324,493	< 0,001	21,6%
Gew./Fam./Haltung	63,601	9	7,067	10,933	< 0,001	2,7%
Fehler	2.284,967	3.535	,646			
Gesamt	5.456,895	3.579				
Korrigierte Gesamtvariation	3.870,467	3.578				

*R-Quadrat = 41,0% (korrigiertes R-Quadrat = 40,2%).

4.6 Zusammenfassung

Die meisten einleitend zu diesen Kapitel formulierten Vermutungen, die überwiegend aus bereits bestehenden Untersuchungen entnommen wurden, konnten für die Situation an bayerischen Schulen bzw. für das Gewalthandeln der Schüler in der Schule bestätigt werden:

- *Im Großen und Ganzen haben bayerische Schülerinnen und Schüler ein relativ gutes Verhältnis zu ihren Eltern*: Sie verstehen sich im Durchschnitt gut mit ihnen, gehen im Mittel ganz deutlich davon aus, dass ihre Eltern sie sehr gerne haben, meinen, dass ihre Eltern sich um ihre Schulsituation kümmern. Diese verschiedenen Bedingungen hängen dabei untereinander zusammen und bestärken bzw. schwächen sich im Wesentlichen gegenseitig.

- *Eine schlechte ökonomische Lage in der Familie* erhöht die Wahrscheinlichkeit, dass Schüler Gewalt in der Familie erfahren. Eine ungünstige ökonomische Situation der Familie (Verzicht, Mangel) wirkt sich sehr negativ auf das Eltern-Kind-Verhältnis aus: Ungünstige Erziehungsstile (hart, streng; wechselhaft) treten häufiger auf, das emotionale Vertrauen (die Eltern haben das Kind in seiner Perzeption sehr gerne) ist schwächer, die elterliche Sorge um die Schule ist rückläufig, das Maß an Gewaltanwendung in der Familie bzw. Erziehung nimmt zu.

- *Gut die Hälfte der Schüler macht 2004 Gewalterfahrungen in der Familie, wenngleich diese im Durchschnitt (1,0 auf einer 10er-Skala) nicht sehr ausgeprägt sind.* Die meisten Schüler, die körperliche Gewalt seitens ihrer Eltern erleben, machen diese Erfahrungen nicht sehr oft. (Männliche) Schüler, Jüngere (10-13 Jahre), Nichtdeutsche, Hauptschüler und Schüler aus ärmeren bzw. armen Familien machen diese Erfahrungen zu Hause häufiger.
  Der Zeitvergleich 1994 – 1999 – 2004 konnte nur für zwei Aussagen vorgenommen werden (Schläge nach schlechten Noten, Ohrfeigen nach einer Dummheit). Dabei zeigt sich eine leichte Zunahme familialer Gewalt: 2004 verneint zwar immer noch die Mehrheit der Schüler explizit, bei schlechten Noten keine Schläge zu bekommen, aber der Anteil ist gegenüber 1994 und 1999 deutlich heruntergegangen. Dafür verneinen mehr Schüler nur bedingt, geschlagen zu werden. Möglicherweise ist das aber eher ein Wahrnehmungsphänomen als Folge des Diskurses um das Verbot der Züchtigung durch die Eltern als reale Veränderung, denn damit hängt keine vermehrte Gewaltaktivität in der Schule zusammen (wie vielleicht zu vermuten gewesen wäre), sondern dies geht im Gegenteil einher mit einer verringerten Gewaltaktivität.

Gewalt in der Familie – Gewalt in der Schule?

- *In einem Gesamtmodell zeigt sich für 2004, dass der Erziehungsstil und das emotionale Vertrauen* (Eltern haben das Kind sehr gerne) zwar nicht sehr ausgeprägt, aber *die vergleichsweise stärksten Einflussfaktoren auf Gewalterfahrungen in der Familie sind* (ca. 4% Erklärungskraft). Die ökonomische Lage wirkt schwach, aber mehrfach ein: sowohl als Einzelfaktor als auch gemeinsam mit dem emotionalen Vertrauen, dem Verstehen mit den Eltern sowie mit dem Erziehungsstil.

- *Die Art der Erziehung und die Gewalt in der Familie beeinflussen das Ausmaß, mit dem Schüler selbst Täter werden.* „Hart und manchmal ungerecht" erzogene Schüler fallen über alle Erhebungszeitpunkte (1994, 1999, 2004) hinweg bei allen Gewaltformen durch die größte Gewaltaktivität in der Schule auf. Wer von seinen Eltern entsprechend erzogen wird, übernimmt diese Praktiken und gibt sie über die Interaktionen an Andere weiter. Die Kluft zu den übrigen Schülern, die anders erzogen werden, geht im Zeitverlauf immer weiter auseinander, denn von 1999 auf 2004 ging die Gewaltaktivität bei „hart, aber gerecht", „liebevoll" und „wechselhaft" Erzogenen durchgängig zurück. „Hart und teils ungerecht" Erzogene zählen damit eher zu den „Sorgenfällen" bei der Gewalt an Schulen, was auch daran deutlich wird, dass bei ihnen der Anteil, der zum „kleinen harten Kern" gehört, mit knapp einem Achtel deutlich überhöht ist.

- *Weiter bestätigte sich erneut, dass die Gewaltaktivität in der Schule mit der Gewaltbelastung in der Familie zunimmt*: Wer hoch und höher belastet ist, erweist sich auch in der Schule häufiger als Gewaltausübender.

- *Der Zeitvergleich ergab, dass die intensiver bzw. regelmäßiger körperlich sanktionierten Schüler* – Schläge nach schlechten Noten bzw. Prügel nach Dummheiten – *2004 häufiger gewaltaktiv wurden als 1994 und 1999, wogegen von den körperlich wenig bis gar nicht Bestraften 2004 weniger Gewalt ausging als in den Vergleichsjahren zuvor.* Im unteren Bereich erzieherischer Gewalt verbessert sich die Lage mit Blick auf die Gewaltausübung in der Schule, im mittleren Bereich bleibt im Wesentlichen alles, wie es ist, und im oberen Bereich elterlicher Gewaltanwendung verschlechtert und verdichtet sich das Geschehen um *einen kleineren harten Kern*.

- *Bayerische Schülerinnen und Schülern sehen Gewalt zur Zielerreichung und/oder aus Spaß zwar nicht gänzlich als dysfunktional, lehnen sie aber im Durchschnitt* (Wert 3,0 auf einer 10er-Skala) *eher ab.* (Schüler, Jugendliche, Haupt- und Berufsschüler, nicht-deutsche Schüler, Schüler aus armen Familien bewerten Gewalt positiver als die jeweiligen Vergleichsgruppen).

- *Dabei wirkt die familiale Gewaltsituation auf die Ausprägung dieser Einstellung ein*: Es bestätigt sich, dass die Gewalterfahrung in der Familie bei den (geschlagenen) Schülern eine positive(re) Einstellung gegenüber Gewalt fördert. Beide gemeinsam beeinflussen die Gewalthandlungen der Schüler gesichert, wenn auch nicht sehr stark ausgeprägt. Die familiale Gewalt alleine wirkt zwar weiter, hat aber nur noch einen eher marginalen Einzeleffekt auf das schulische Gewalthandeln.

- *Auffallend und herausragend ist die besondere Bedeutung der Einstellung zur Gewalt für den Gewalteinsatz in der Schule*: Werden die Faktoren aus dem Kontext der Familie einbezogen, dann erweist sich die Haltung zur Gewalt als die im Vergleich wirkungsmächtigste Einflussgröße hinter der Gewaltanwendung in der Schule. Je positiver die Haltung zur Gewalt wird, desto häufiger wenden Schüler auch Gewalt an. Mögliche positive Erfahrungen durch den Gewaltvollzug – Zielerreichung, „Effizienz" – können die Haltung zur Gewalt bekräftigen und verstärken, was wiederum die Schwelle für den Gewalteinsatz senkt.

5. Medien und Gewalt

Bei der Diskussion um mögliche Ursachen von Gewalt wird immer wieder auf den Einfluss der Massenmedien verwiesen. Ein durch gewalttätige (und oft unrealistische) Filme, Video- und Computerspiele steigendes, allgemein gesellschaftlich akzeptiertes Gewaltniveau, das die Hemmschwelle senke und die Bereitschaft erhöhe, selbst Gewalt auszuüben, wird häufig als eine der Ursachen von Gewalt an Schulen betrachtet. Die Existenz eines derartigen Zusammenhangs erscheint zwar plausibel, darf aber keineswegs monokausal gesehen werden. Massenmediale Gewaltdarstellung ist vielmehr nur ein Erklärungsversuch für jugendliche Gewaltausübung unter vielen anderen.

Um den Zusammenhang von Medienkonsum und Gewalttätigkeit näher zu untersuchen, sind zunächst einige begriffliche Klärungen notwendig. Zentral ist in diesem Kontext der Gewaltbegriff. Da der Begriff der Gewalt in der Literatur oft nur sehr unpräzise gebraucht und häufig nicht explizit definiert wird, erzielen verschiedene Studien, die sich mit Gewalt in den Medien befassen, zwangsläufig äußerst unterschiedliche Untersuchungsergebnisse. Je nachdem, ob von einem engen oder einem weiten Gewaltbegriff ausgegangen wird (vgl. hierzu auch Kap. 1), kommt man zu einem geringen oder hohen Gewaltniveau in den Medien. Dies wird anschaulich von Wegener (1994: 64) belegt (vgl. auch Merten 1993; Kania 2000). Sie bezieht sich dabei auf eine Studie aus dem Jahre 1978 von Gerbner, in der Unfälle, Morde, Naturkatastrophen mit Gewaltakten von Dick und Doof, Donald Duck und Slapstick-Aktionen gleichgesetzt werden, wodurch sich ein relativ großer Anteil von Gewalt ergibt.

Will man das Phänomen der Gewalt untersuchen, so ist zunächst der Forschungsgegenstand zu bestimmen und ein- bzw. abzugrenzen. Die Definition von Gewalt – wie auch immer sie aussehen mag – kann dabei nie den Anspruch auf Vollständigkeit, Eindeutigkeit etc. erheben. Auf die diversen Schwierigkeiten, die die Festlegung des Begriffs mit sich bringt, soll hier allerdings nicht näher eingegangen werden (s. o.). Statt dessen sei auf Kunczik (1994: 13) verwiesen, der diese Probleme näher erläutert. In der Literatur sind verschiedene Vorschläge für Gewaltbegriffe zu finden:
1. *Häufig wird in Bezug auf Gewaltdarstellungen in den Massenmedien zwischen personaler und struktureller Gewalt unterschieden.* Personale Gewalt wird nach Kunczik (1994: 11) als „die beabsichtigte physische und/oder psychische Schädigung einer Person, von Lebewesen und Sachen durch eine andere Person" verstanden. Schädigungen, die anderen unbeabsichtigt zugefügt werden, sind damit ausgeklammert. Aus diesem Grund wird zusätzlich – in Anlehnung an Merten (1993: 27) – zwischen intentionaler (also vom Täter beabsichtigter) und nonintentionaler Gewalt (z. B. Unglücke, Naturkatastrophen) differenziert.

Strukturelle Gewalt ist nach Galtung (bei Kunczik 1994: 13) „die in ein soziales System eingebaute Gewalt (Ungerechtigkeit)". Sie zeichnet sich dadurch aus, dass bei dieser Form von Gewalt nicht unbedingt ein konkreter Akteur zu erkennen sein muss. Strukturelle Gewalt drückt sich in ungleichen Machtverhältnissen bzw. Lebenschancen aus, wobei charakteristisch ist, dass sich das Opfer nicht notwendigerweise dessen bewusst sein muss. Für strukturelle Gewalt ist zudem typisch, dass sie anonym ist und in entpersonifizierter Form wirkt. Sie stellt sich meist in einem dauerhaften gesellschaftlichen Zustand dar, ihre Auswirkungen werden nur indirekt sichtbar (Wegener 1994: 66).

2. *Ein weiteres Differenzierungskriterium ist die Unterscheidung zwischen realer und fiktiver Gewalt.* Reale Gewalt präsentiert sich beispielsweise in Dokumentationssendungen oder in den Nachrichten, fiktive Gewalt kommt etwa in Spielfilmen oder Krimis vor und beruht auf erdachten Konzepten.

Medien üben nicht grundsätzlich einen negativen Einfluss auf Kinder und Jugendliche aus. Man denke nur an spezielle kindgerechte Sendungen wie die „Sesamstraße", „Die Sendung mit der Maus" oder „Löwenzahn". Wie verschiedene Untersuchungen belegen, sind solche Sendungen durchaus pädagogisch sinnvoll und nützlich. So können Kinder durch den Konsum von pädagogisch wertvollen Medieninhalten Rollen- und Verhaltensmuster lernen, die auch später als angemessenes Sozialverhalten beurteilt werden. Auch können pädagogisch sinnvolle Sendungen zur Stärkung des Selbstvertrauens und der Selbstkontrolle beitragen. Sie können helfen, Vorurteile abzubauen, oder über heikle Themen aufklären – und dies kann möglicherweise zur Vermeidung von Gewalt beitragen.

Auf der anderen Seite können von den verschiedenen Medienangeboten nicht zu unterschätzende, jugendgefährdende Impulse ausgehen. Mit ein Grund dürfte wohl das gerade in den letzten Jahren steigende Medienangebot sein, das zugleich von einer Inflation der Inhalte und Formate begleitet wird. Zwar schauen sich Kinder und Jugendliche auch qualitativ hochwertige Sendungen an, höhere Aufmerksamkeit erfahren allerdings solche Action- und Zeichentrickfilme, die von den Erwachsenen als gewalttätig beurteilt werden. Gegen diese neue Art der Kinder- und Jugendfilme wird vor allem der Einwand erhoben, dass diese die Hemmschwelle senken und einen negativen Einfluss auf das soziale Verhalten der Kinder und Jugendlichen haben können.

Angesichts dieser Thesen stellt sich die Frage, ob die Vermutung, dass die Medien und der Medienkonsum für eine zunehmende Gewalttätigkeit der Schüler verantwortlich zu machen sind, stichhaltig ist. Vor allem im Zusammenhang mit der Untersuchung der Freizeitgestaltung wurde der Medienkonsum als mögliche Ursache für die Anwendung von Gewalt, bzw. die Bereitschaft, Gewalt anzuwenden, thematisiert (vgl. Brosius/Esser 1995; Merten 2000). Bedauerlicherweise liegt bislang keine allgemein akzeptierte theoretische Fundierung hinsichtlich des Verhältnisses von Medienkonsum und Verhalten vor. Einigkeit jedoch herrscht bezüglich des Ausmaßes von Gewaltdarstellungen in den Medien. Im deutschen Fernsehen werden jährlich etwa 10.000 Morde und 60.000 Mordversuche gezeigt (Kunczik

1993: 98) und Jugendliche in Amerika sollen bis zu ihrem 18. Lebensjahr sogar mehr als 15.000 Morde im Fernsehen verfolgt haben (Ingenkamp 1984: 123).

Das Fernsehverhalten Jugendlicher steht in Art und Umfang in engem Zusammenhang mit dem ihrer Eltern bzw. mit deren sozialer Herkunft. So korrespondieren die Sehgewohnheiten der Kinder mit dem Ausmaß des väterlichen Fernsehkonsums in der Freizeit (Hunzinker et al. 1975: 302). Je niedriger der soziale Status der Eltern ist, desto höher ist der (unkontrollierte) Fernsehkonsum der Kinder (Lang 1980: 17).

In Videofilmen scheint das Ausmaß der Gewaltdarstellungen noch größer zu sein. Leider existieren hierzu keine genaueren Daten. Zum Videokonsum liegen aber einige Basisinformationen vor: Rauscher hat im Jahre 1985 in einer Studie festgestellt, dass nur 33% aller 12- bis 17-Jährigen Schüler noch kein Horrorvideo gesehen haben. Insbesondere indizierte Videos sind bei Schülern sehr beliebt und werden von diesen relativ häufig konsumiert. So ist der Anteil der 12- bis 17-Jährigen Schüler, die bereits indizierte Videos gesehen haben, mit 12,7% ausgesprochen hoch (Rauscher 1985: 406).

Scheungrab (1993) befragte Jugendliche und Heranwachsende in Jugendstrafvollzugsanstalten, um Zusammenhänge zwischen dem Filmkonsum und ihrer Delinquenz zu untersuchen. Drei Viertel der erfassten Jugendlichen hatten bereits als Minderjährige konfiszierte Filme gesehen und fast alle Jugendlichen als Minderjährige schon indizierte, nur für Erwachsense zugelassene Filme. Ungefähr ein Fünftel der Inhaftierten hatte vor ihrer Festnahme pro Woche, zwei Fünftel pro Monat mindestens ein Horrorvideo angeschaut. Die zunehmende Verbreitung von Videogeräten führt wohl auch zu einem Anstieg des Konsums besonders gewalttätiger und/oder pornografischer Filme.

Neben Fernsehen und Video spielen auch der (Heim-)Computer und diesbezüglich vor allem Computerspiele für die Freizeitgestaltung eine wichtige Rolle. Ein Großteil der Spiele läuft dabei nach dem Schema mutueller Gewalt ab: Dem Spieler werden einfache, leicht durchschaubare Konflikte vorgegeben, die sich nur gewaltsam lösen lassen. Der „gute" Held soll dabei unter Anwendung von Gewalt den „Bösen" besiegen bzw. töten (Heidrich 1992: 34).

Gelegentlich wird – vor allem in weniger differenzierten Beiträgen zur Medienwirkung – ein direkter Zusammenhang zwischen dem Konsum gewalttätiger Medieninhalte und Gewaltausübung unterstellt. Tatsächlich jedoch scheint der Sachverhalt sehr viel komplizierter und komplexer zu sein. Die Auswirkungen von Gewaltdarstellungen in den Medien hängen mitunter von der Art der Darbietung (Handlungskontext, Inszenierung, Art und Weise der Gewaltdarstellung), der Person des Konsumenten (Alter, Geschlecht, Aggressivität, soziale Integration) und schließlich auch vom sozialen Kontext ab, in welchem der Medienkonsum stattfindet (alleine, mit Freunden, mit der Familie) (Kunczik 1993: 98). Zudem ist die Beziehung zwischen Gewaltbetrachtung in den Medien und Gewaltausübung nicht nur auf theoretisch konzeptioneller Ebene umstritten (Groebel 1988), vielmehr lassen sich – bezogen auf einzelne Theorien – gleichzeitig meist auch widersprüchliche oder empirisch nicht belegbare Aussagen finden. Im Folgenden sind einige wichtige theoretische Ansätze zur Wirkung von Medien auf das alltägliche Handeln zusammengestellt:

1. Die *Lerntheorie* geht davon aus, dass man durch den Aufbau der Sendungen bzw. Spiele lernen kann, dass sich die Anwendung von Gewalt lohnt. Man müsse dabei nur selbst gut aufpassen, nicht bestraft zu werden, wie etwa „böse" Protagonisten am Ende einer Filmhandlung (Kunczik 1993: 99). Die Wirkung aggressiver Computerspiele lässt sich ähnlich interpretieren (Heidrich 1992).

2. *Ein weiterer lerntheoretischer Ansatz* nimmt an, dass es standardisierte Helden gibt, die in Serien regelmäßig auftreten. Durch die Häufigkeit ihres Erscheinens sind sie beinahe schon zu Familienmitgliedern und Identifikationsfiguren und ihre Handlungen berechenbar geworden. Gewalt wird dabei sowohl von den „guten" Serienhelden als auch von deren „bösen" Gegenspielern eingesetzt. Der entscheidende Unterschied liegt darin, dass die Gewaltanwendungen der „guten" Serienhelden als legitimes Mittel betrachtet werden, um bestimmte Ziele zu erreichen (Barthelmes et al. 1983: 110). Aus lerntheoretischer Sicht wird dies insofern relevant, als es den jugendlichen Zuschauern gerechtfertigt erscheinen mag, Gewalt für den „guten Zweck" anzuwenden. (Der Zweck heiligt die Mittel!)

3. Dem gegenüber behauptet die *Katharsisthese*, dass der gedankliche Mitvollzug von Gewalthandlungen zur Folge hat, dass die Bereitschaft des Betrachters, danach selbst gewalttätig zu handeln, gesenkt würde. Da diese These jedoch kaum empirisch bestätigt werden konnte, rücken selbst ehemalige Verfechter der Katharsisthese heute mehr und mehr von ihr ab.

4. Nach Auffassung der *Inhibitionsthese* löst eine sehr realistische Darstellung von Gewalt, insbesondere von Gewaltfolgen, beim Betrachter Angst aus. Deswegen sinkt die Aggressionswahrscheinlichkeit. Durch die eindeutig negative Besetzung von Gewalt in der Öffentlichkeit wird durch die Darstellung von Gewalt die Hemmschwelle angehoben (Anfang/Theunert 1981: 10).

5. Ein weiterer Ansatz, der sich empirisch kaum bestätigen lässt, ist die *These der kognitiven Unterstützung*. Diese geht davon aus, dass das Ansehen von Gewalt vor allem bei Personen mit geringen kognitiven Fähigkeiten zu einer Unterstützung der Kontrolle von aggressiven Impulsen führt.

6. Ebenfalls keine eindeutigen Belege finden sich für die *Stimulationsthese*, die auf der Annahme basiert, dass das Betrachten von Gewalttaten zur Stimulierung der Gewalttätigkeit der Konsumenten führt. Dabei kann nicht ausgeschlossen werden, dass das Fernsehen Objekte, Richtung und Art der Aggression bestimmen kann (Groebel 1988: 477).

7. Die *Habitualisierungsthese* geht davon aus, dass im Falle einer häufigen Betrachtung violenter Fernsehinhalte die Beobachter allmählich abstumpfen, übersättigt werden und Gewalt schließlich als alltägliches Verhalten akzeptieren. Da durch das regelmäßige Ansehen von Filmen mit einem hohen Anteil an gewalttätigen Elementen ein gewisser Gewöhnungseffekt eintritt, werden Gewaltdarstellungen nicht mehr als interessant empfunden (Anfang/Theunert 1981: 10). Nach Kunczik (1993: 100) ist die Habitualisierungsthese jedoch noch eine empirische Überprüfung schuldig.

8. Die *Suggestions-/Imitationsthese* vertritt die Ansicht, dass Konsumenten von Gewaltdarstellungen im Fernsehen zu ihrer Nachahmung angehalten werden. In der Literatur wird die Suggestionsthese allerdings nicht mehr vertreten, denn sie ließ sich nur bei pathologischen Fällen (also bei psychisch Kranken) empirisch bestätigen. Scheungrab (1993) konnte allerdings feststellen, dass 70% der von ihm befragten inhaftierten Jugendlichen und Heranwachsenden schon Überlegungen angestellt hatten, kriminelle Praktiken, die sie im Fernsehen gesehen hatten, selbst anzuwenden, und 30% haben bereits im Fernsehen gesehene kriminelle Handlungen selbst praktiziert. Bedenkt man, dass kriminelle Handlungen meist gewalttätigen Charakter haben, so ist ein gewisses Imitationsverhalten nicht auszuschließen.

9. Ausgangspunkt der *These der allgemeinen Erregung* ist, dass aufregende Darstellungen weitestgehend unabhängig von ihrem Inhalt bei den Betrachtern einen Erregungszustand auslösen. Somit kann sich die Betrachtung von z. B. Pornografie und Fernsehdramen analog auswirken wie die Betrachtung von Gewaltdarstellungen. Dagegen ist einzuwenden, dass zum einen nur ein kurzfristiger Effekt zu beobachten ist, und dass zum anderen Erregungen, die möglicherweise zur Ausübung von Gewalt führen, nicht nur durch Gewaltdarstellungen ausgelöst werden. Nach Barthelmes et al. (1983: 108) müssen bestimmte Voraussetzungen erfüllt sein, damit Gewaltdarstellungen in den Medien kurzfristig gewalttätige Verhaltensweisen auslösen, so zum Beispiel die häufige und unaufmerksame Betrachtung von Gewaltszenen, Darstellungen, die relativ realitätsnah sind sowie eine positive Bewertung von Gewalt im sozialen Umfeld (Familie).

10. Das *Konzept der Wirkungslosigkeit* geht davon aus, dass es – abgesehen von pathologischen Fällen – keine Beziehungen zwischen der Betrachtung medialer Gewaltdarstellungen und vermehrter Gewalttätigkeit gibt. Eine grundsätzliche Wirkung der Medien wird dabei jedoch nicht bezweifelt; geleugnet wird lediglich ein Effekt bezüglich der Ausübung von Gewalt aufgrund des Gesehenen.

11. Ein weiterer Ansatz vertritt die These, dass der *Konsum gewalttätiger Medieninhalte Folge verstärkter Gewalttätigkeit* ist. Gewaltbehaftete Sendungen werden demnach deshalb angeschaut, um das eigene Verhalten zu rechtfertigen und sich vor (Selbst-)Vorwürfen zu schützen. Denn vor dem Hintergrund der Gewaltdarstellungen in den Medien erscheint das eigene Verhalten als „normal".

Groebel kam in einer kulturvergleichenden Studie zu dem Ergebnis, dass aggressivere Kinder gewalttätige Filme und Sendungen bevorzugen (Groebel 1988: 475). Als Erklärung führt er an, dass bei diesen Kindern bereits umweltbedingte aggressive Kognitionen bestehen und diese durch das Fernsehen nur noch verstärkt werden (Groebel 1988: 478).

Obwohl sich die hier referierten (Hypo-)Thesen maßgeblich voneinander unterscheiden, bildet sich doch als gemeinsamer Tenor heraus, dass Gewaltdarstellungen in den Medien mit Gewaltausübung einhergehen und ein häufiger Konsum gewalttätiger Medieninhalte mit der Häufigkeit der Anwendung von Gewalt in einem Wechselverhältnis stehen kann. Daher wird im Folgenden der Medienkonsum der Schüler näher in den Blick genommen. Im Vordergrund steht die Frage, welche Zusammenhänge zwischen dem Medienkonsum von Schülern und ihrer Gewalttätigkeit bestehen. Dabei kann jedoch nicht der Anspruch erhoben werden, endgültige Aussagen zur Richtung einer Kausalbeziehung zu machen. Grundlegender Ausgangspunkt der folgenden Analysen ist gleichwohl, dass der Medienkonsum mindestens einer von mehreren Faktoren ist, die Gewalttätigkeiten provozieren (können) (vgl. auch Lamnek 1997a).

5.1 Die Mediennutzung

Wie Kinder und Jugendliche Medien nutzen, wird im Rahmen unserer Studie anhand des häufigsten medienbezogenen Ausstattungselements, des Fernsehers, überprüft. Fernsehgeräte gibt es mittlerweile – wie auch die Zahlen der Einkommens- und Verbraucherstichprobe zeigen – in praktisch jedem Haushalt – häufig gibt es sogar mehr als eines. Zusätzlich zu der Häufigkeit des Konsums verschiedener Medieninhalte haben wir 2004 erstmalig auch die Dauer der individuellen Fernsehnutzung pro Tag erfasst. Diese wird vorweg dargestellt, da ein direkter Vergleich mit den beiden anderen Erhebungen nicht vorgenommen werden kann.

Mit 32,3% und 18,2% geben die Schüler am häufigsten eine Dauer von bis zu 2,5 Stunden bzw. bis zu 3 Stunden Fernsehkonsum pro Tag an. Nur ca. 6% der

Medien und Gewalt

bayerischen Schüler sitzen mehr als vier Stunden pro Tag vor dem Fernseher. Mit jeweils etwa 10% wird eine Dauer von einer halben bis zwei Stunden genannt (vgl. Abb. 5.1). Die Verteilung des Fernsehkonsums ist damit durch ein moderates Übergewicht zugunsten der Kategorien geringerer Nutzung gekennzeichnet. Die Aufschlüsselung nach dem Geschlecht verstärkt dieses Übergewicht bei den Schülerinnen und verringert es bei den Schülern. Letztere verbringen also durchschnittlich mehr Freizeit mit Fernsehen als Schülerinnen. Dies gilt auch innerhalb der verschiedenen Schularten.

Abb. 5.1: Fernsehkonsum pro Tag 2004 nach Geschlecht

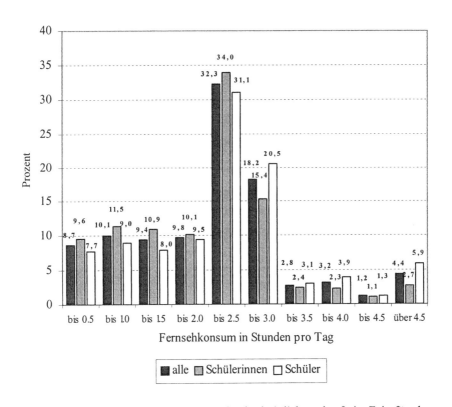

Haupt- und Berufsschüler verwenden durchschnittlich mehr freie Zeit für das Fernsehen als Schüler an Realschulen und Gymnasien. Die Gymnasiasten unterscheiden sich am deutlichsten von den anderen Schülern: Sie verbringen wesentlich weniger Zeit vor dem Fernseher als Hauptschüler, Berufsschüler und Realschüler, wobei der Abstand in dieser Reihenfolge abnimmt.

Tab. 5.1: Dauer des Fernsehkonsums pro Tag 200 nach Schulart

	Hauptschule	Berufsschule	Realschule	Gymnasium	alle
Wie viele Stunden am Tag schaust du ungefähr fern?	5,0	4,8	4,7	4,2	4,7

Mittelwerte einer Skala von 1= „bis 0,5 Stunden" bis 10 = „über 4,5 Stunden"

Das Alter hat keinen signifikanten Einfluss auf die Dauer des täglichen Fernsehkonsums ($Eta^2 = 1\%$; $\alpha = 0,056$). Dies überrascht, weil doch allgemein eine Zunahme mit dem Alter erwartbar wäre.

Tab. 5.2: Dauer des Fernsehkonsums pro Tag 2004 nach Alterskategorien

	10 bis 13 Jahre	14 bis 17 Jahre	18 Jahre und älter	alle
Wie viele Stunden am Tag schaust du ungefähr fern?	4,6	4,7	4,7	4,7

Mittelwerte einer Skala von 1= „bis 0,5 Stunden" bis 10 = „über 4,5 Stunden"

Seit der ersten Erhebung 1994 wurden die Schüler nach der Häufigkeit gefragt (nie, einmal im Monat, einmal in der Woche, mehrmals in der Woche und täglich), mit der sie die in Tab. 5.3 stehenden Formate konsumieren. Aus den Angaben der Schüler wurden (wie schon in Tab. 5.1 und 5.2) – streng genommen nicht ganz zulässig, zwecks einer besseren Vergleichbarkeit und Darstellung jedoch praktikabel und eingängig – Mittelwerte berechnet. In der Tabelle sind die Mittelwerte nach Jahren aufgeschlüsselt.

Nachrichten sind über die drei Messzeitpunkte hinweg stabil die am häufigsten gesehenen Sendungen, gefolgt von Comics und Abenteuerfilmen, die aber eine eher zurückgehende Tendenz aufweisen, was auch für politische Sendungen, Heimatfilme und Western gilt. Über den Untersuchungszeitraum ergaben sich jedoch sowohl bei diesen vier Genres als auch bei den sich im Mittelfeld befindlichen Sendungen keine großen Veränderungen. Für die Gattungen der Kriegs-, Horrorfilme und Sexfilme, die mit Gewaltdarstellungen assoziiert werden können, zeigt sich in den Mittelwerten seit 1999 keine merkliche Veränderung, gegenüber 1994 jedoch eine (leichte) Zunahme.

Medien und Gewalt

Tab. 5.3: Konsumhäufigkeit verschiedener Medieninhalte
1994 – 1999 – 2004

Medieninhalt	1994	1999	2004
Nachrichten	2,5	2,5	2,4
Politische Sendungen	0,8	0,8	0,7
Dokumentarfilme	1,2	1,3	1,4
Comics	2,1	2,0	1,8
Krimis	1,6	1,7	1,5
Heimatfilme	0,7	0,5	0,7
Abenteuerfilme	2,1	1,9	1,9
Western	1,2	0,8	0,8
Science Fiction	1,4	1,6	1,2
Kriegsfilme	1,0	1,1	1,1
Horrorfilme	1,1	1,3	1,3
Sexfilme	0,6	0,8	0,8

Mittelwerte einer Skala von 0 (nie) bis 4 (täglich).

Abb. 5.2: Medienkonsum („täglich gesehen") 1994 – 1999 – 2004

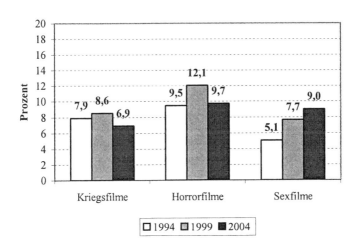

Bei der ausschließlichen Betrachtung des täglichen Konsums fällt auf, dass insbesondere der Konsum von Kriegs- und Horrorfilmen moderat zurückgegangen ist. Die Anteile beider Kategorien haben seit 1999 abgenommen, Kriegsfilme um 1,7 Prozentpunkte von 8,6% auf 6,9% und Horrorfilme um 2,4 Prozentpunkte von 12,1% auf 9,7%. Gegenüber 1994 betrachten Schüler 2004 auch seltener Kriegsfilme, aber noch ungefähr genauso oft Horrorfilme. Im Gegensatz dazu hat sich der tägliche Konsum von Sexfilmen gegenüber 1999 um 1,3 Prozentpunkte von 7,7% auf 9,0% und gegenüber 1994 um 3,9 Prozentpunkte erhöht.

Das Außerordentliche an diesen Entwicklungen ist, dass zwar der tägliche Konsum von Horror- und Kriegsfilmen seit 1999 wieder abgenommen hat (Abb. 5.2), aus der Darstellung der Mittelwerte aber deutlich wird, dass es sich hierbei nur um eine Verschiebung der internen Kategorien handelt. D.h., dass zwar der tägliche Konsum von Horror- und Kriegsfilmen seit 1999 sich reduziert hat, nicht aber der Konsum von Horror- und Kriegsfilmen insgesamt. Die Anteile der beiden äußeren (extremen) Kategorien („täglich gesehen" vs. „nie gesehen") haben sich also zugunsten der beiden mittleren Kategorien („mehrmals in der Woche gesehen" vs. „einmal im Monat gesehen") verschoben.

Tab. 5.4: Häufigkeit des Konsums verschiedener Medieninhalte nach Geschlecht 1994 – 1999 – 2004

Medieninhalt	Schüler			Schülerinnen		
	1994	1999	2004	1994	1999	2004
Nachrichten	2,6	2,6	2,6	2,3	2,4	2,2
Politische Sendungen	1,0	1,0	0,8	0,6	0,6	0,5
Dokumentarfilme	1,3	1,4	1,6	1,0	1,2	1,2
Comics	2,2	2,2	2,0	1,9	1,8	1,5
Krimis	1,7	1,7	1,5	1,4	1,7	1,4
Heimatfilme	0,6	0,5	0,7	0,8	0,6	0,7
Abenteuerfilme	2,3	2,1	2,1	1,8	1,8	1,7
Western	1,5	1,0	1,0	0,9	0,5	0,5
Science Fiction	1,8	1,9	1,5	0,9	1,1	0,8
Kriegsfilme	1,5	1,6	1,6	0,4	0,5	0,5
Horrorfilme	1,4	1,5	1,6	0,8	1,0	1,0
Sexfilme	1,0	1,3	1,4	0,3	0,3	0,2

Mittelwerte einer Skala von 0 (nie) bis 4 (täglich).

Differenziert man zwischen den Fernsehgewohnheiten von Mädchen und Jungen (Tab. 5.4), bestätigt sich der oben erläuterte Sachverhalt, wonach Schüler mehr freie

Zeit vor dem Fernsehgerät verbringen als Schülerinnen. Die Mittelwerte der einzelnen Genres sind bei Schülerinnen zu allen Erhebungszeitpunkten durchgängig niedriger als bei Schülern. Besonders groß sind die geschlechtsspezifischen Differenzen bei Sex-, Kriegs-, Horror-, und Science Fiction-Filmen.

Während sich bei Kriegs-, Horror-, und Science Fiction-Filmen keine sehr eindeutige Tendenz im Zeitverlauf herauslesen lässt, haben sich die geschlechtsspezifischen Unterschiede bei Sexfilmen im Zeitverlauf stetig vergrößert: 1994 weisen Schüler einen Durchschnitt von 1,0 auf, Schülerinnen einen Schnitt von 0,3 (Mittelwertdifferenz 0,7). 1999 beträgt der Mittelwert bei den Schülern 1,3, bei den Schülerinnen 0,3 (Mittelwertdifferenz 1,0) und 2004 bei den Schülern 1,4, bei den Schülerinnen 0,2 (Mittelwertdifferenz 1,2).

Es ist festzuhalten, dass Jungen nicht nur häufiger fernsehen, vielmehr konsumieren sie vor allem öfter als Mädchen Filme, die im Zusammenhang mit Gewaltdarstellungen in den Medien wohl Relevanz beanspruchen (können) (Science Fiction-Filme, Kriegsfilme, Horrorfilme, Sexfilme). Im Verlauf der Jahre nimmt bei Schülerinnen und Schülern der Konsum bei Kriegs- und Horrorfilmen von 1994 über 1999 zu 2004 leicht zu, bei den Mädchen auf niedrigerem Niveau. Während bei den Sexfilmen bei den Mädchen eine leicht abnehmende Tendenz über die Zeit zu registrieren ist, nimmt der Konsum bei den Jungen nicht unerheblich zu.

Dies spiegelt auch die Analyse der Genres Kriegs- Horror- und Sexfilme bezüglich der Merkmalsausprägung „täglich gesehen", aufgeschlüsselt nach dem Geschlecht, wider. Diese Sendungen werden in einem wesentlich geringeren Umfang von Mädchen gesehen. Die Unterschiede sind Abb. 5.3 zu entnehmen, in der auch der zeitliche Verlauf illustriert ist. Bei den Schülern fällt auf, dass der intensive Konsum von Horror- und Kriegsfilmen seit 2004 wieder in etwa auf das Niveau von 1994 zurückgegangen ist. Während 1999 noch 14,2% der Schüler täglich Kriegsfilme und 16,9% täglich Horrorfilme ansahen, wurden 2004 nur noch von 11,9% Kriegsfilme und von 13,3% Horrorfilme konsumiert. Nur der Anteil männlicher Schüler, die täglich Sexfilme sehen, hat sich seit der ersten Erhebung (1994) deutlich gesteigert: von (1994) 7,7% über (1999) 12,5% auf 15,5% (2004).

Bei den Mädchen dagegen haben sich die Anteile derer, die täglich Kriegs-, Horror oder Sexfilme konsumieren, seit 1999 durchgängig verringert. Kriegs- und Sexfilme werden von Schülerinnen mit einem sehr geringen Anteil von nur noch 1,4 bzw. 1,6% (2004) im Vergleich zu 2,2 bzw. 2,4% (1999) täglich betrachtet. Aber auch Horrorfilme werden nur von 5,5% täglich gesehen. Der Anteil ist damit seit 1999 um 1,3 Prozentpunkte in etwa auf das Niveau von 1994 gesunken.

Differenziert man bei der Häufigkeit der Betrachtung bestimmter Sendungen zwischen den vier in die Studie einbezogenen Schularten, ist festzustellen, dass die schulartspezifischen Unterschiede relativ gering sind. Fernseh- bzw. Videokonsum ist offenbar unabhängig von sozialstrukturellen Hintergrundvariablen ein fester Bestandteil jugendlicher Freizeitgestaltung. Andererseits ist klar erkennbar, dass mit steigendem Bildungsniveau jene Formate, die als gewaltaffiner gelten können, weniger häufig genutzt werden.

Abb. 5.3: Medienkonsum („täglich gesehen") nach Geschlecht 1994 – 1999 – 2004

Schüler

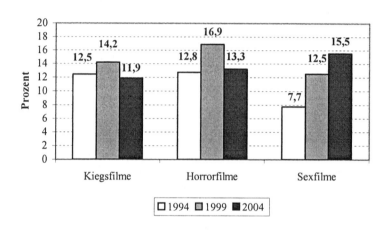

Schülerinnen

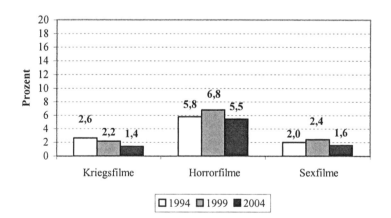

Medien und Gewalt

Tab. 5.5:   Häufigkeit des Medienkonsums 2004 nach Schulart

Medieninhalt	Hauptschule	Berufsschule	Realschule	Gymnasium	alle
Nachrichten	2,2	2,6	2,5	2,6	2,5
Politische Sendungen	0,5	0,9	0,7	0,9	0,8
Dokumentarfilme	1,2	1,3	1,3	1,4	1,3
Comics	2,2	1,9	1,9	1,7	1,9
Krimis	1,7	1,5	1,7	1,5	1,6
Heimatfilme	0,9	0,5	0,6	0,5	0,6
Abenteuerfilme	2,3	1,9	1,9	1,7	2,0
Western	1,2	0,8	0,8	0,8	0,9
Science Fiction	1,5	1,5	1,4	1,1	1,4
Kriegsfilme	1,2	1,3	1,0	0,7	1,0
Horrorfilme	1,5	1,5	1,2	0,8	1,2
Sexfilme	0,8	1,1	0,7	0,4	0,8

Mittelwerte einer Skala von 0 (nie) bis 4 (täglich).

Der Vergleich mit den Daten von 1999 ergibt nur marginale Unterschiede, die eine tiefer gehende Interpretation erübrigen. D.h. im Zeitverlauf haben sich keine nennenswerten Veränderungen ergeben. Die Verteilung des Bildungsniveaus hinsichtlich der Konsumhäufigkeit verschiedener Medieninhalte hat sich seit den Erhebungen 1994 und 1999 nicht wesentlich verändert.

Die schulartspezifische Analyse ergibt daher wie 1999 zwei zentrale Befunde: Schüler schauen umso häufiger Nachrichten und politische Sendungen an, je höher ihr Bildungsniveau ist. Die niedrigsten Mittelwerte sind jeweils bei den Hauptschülern zu finden. Gleiches gilt auch für Dokumentarfilme. Für Science-Fiction-, Kriegs-, Horror- und Sexfilme lässt sich ein gegenläufiger Trend feststellen: Hier sind die niedrigsten Durchschnittswerte jeweils bei Gymnasiasten zu finden, die höchsten bei Berufsschülern.

Auch Glogauer (1990: 126) konnte in einer Untersuchung von 455 Hauptschülern im Sommer 1988 bezüglich des Konsums von Horror- und Pornovideos bei Hauptschülern vergleichsweise hohe Werte feststellen. Danach hatten 23% der Schüler der 5. Jahrgangsstufe bereits Horror- und Pornovideos konsumiert bzw. konsumierten sie mehr oder weniger regelmäßig. Für die 6. Klasse ermittelte er einen diesbezüglichen Wert von 28%, in der 7. Klasse von 41%, in der 8. Klasse bereits 45% und in der 9. Klassenstufe sogar 62%. Bei vielen Schülern scheint demnach der Konsum von Horror-, Action- und Pornovideos zur Gewohnheit geworden zu sein (Glogauer 1990: 126). Gerade indizierte und beschlagnahmte Titel üben dabei eine besondere Anziehungskraft auf die jungen Menschen aus.

Tab. 5.6: Häufigkeit des Medienkonsums 2004 nach Alter

Medieninhalt	10-13 Jahre	14-17 Jahre	18 und älter	alle
Nachrichten	2,2	2,5	2,8	2,5
Politische Sendungen	0,5	0,8	1,2	0,8
Dokumentarfilme	1,2	1,3	1,5	1,3
Comics	2,2	1,8	1,7	1,9
Krimis	1,6	1,6	1,5	1,6
Heimatfilme	0,9	0,5	0,4	0,6
Abenteuerfilme	2,2	1,9	1,7	2,0
Western	1,1	0,8	0,7	0,9
Science Fiction	1,2	1,5	1,4	1,4
Kriegsfilme	0,8	1,2	1,1	1,1
Horrorfilme	1,0	1,5	1,2	1,2
Sexfilme	0,4	0,9	0,9	0,8

Mittelwerte einer Skala von 0 (nie) bis 4 (täglich).

Da sich jedoch das Altersspektrum der Schüler in den vier Schularten nicht unwesentlich voneinander unterscheidet, können die Differenzen, die wir als durch das Bildungsaspirationsniveau verursacht interpretieren, auch durch Alterseffekte beeinflusst sein. So sind Berufsschüler allgemein älter als Haupt- und Realschüler, an Gymnasien ist hingegen das gesamte Altersspektrum vertreten. Aus diesem Grund muss überprüft werden, ob sich die Schüler der verschiedenen Altersklassen hinsichtlich ihres Fernsehkonsums voneinander abheben.

Ein Alterseinfluss auf die Konsumhäufigkeit bestimmter Sendungen ist insbesondere bei Comics und Nachrichtensendungen zu konstatieren. Während Comics am häufigsten von den jungen Schülern (10 bis 13 Jahre) betrachtet werden, für die sich ein Durchschnittswert von 2,2 errechnet, und während der entsprechende Wert bei den ältesten (18 Jahre und älter) 1,7 beträgt, liegen bei den Nachrichten die ältesten Schüler an der Spitze. Diese heben sich mit 2,8 von der jüngsten Schülergruppe (10 bis 13 Jahre) mit einem Mittelwert von 2,2 ab. Auch politische Sendungen oder Dokumentarfilme werden mit zunehmendem Alter beliebter. Filmarten, die insbesondere im Zusammenhang mit dem Phänomen der Gewalt an Schulen Relevanz beanspruchen, wie etwa Science Fiction-Filme, Kriegs-, Horror- und Sexfilme, werden von den Schülern der mittleren Altersklasse vergleichsweise häufiger gesehen als von den ganz jungen Schülern oder denen der ältesten Kategorie. Eine über die Altersgruppen hinweg gleich bleibende Attraktivität ist bei Krimis festzustellen. Bei Abenteuerfilmen weisen dagegen wiederum die jüngeren Schüler einen höheren Wert auf. Bei Western und Heimatfilmen ist mit zunehmendem Alter eine leicht sinkende Konsumtendenz auszumachen. Diese Zusammen-

Medien und Gewalt

hänge verstärken sich, wenn man die Alterskategorien etwas feiner abstuft, wodurch die aufgezeigten Tendenzen grundsätzlich bestätigt werden.

1999 konnte im Vergleich zu 1994 noch eine „Vorverlagerung" konstatiert werden, in der zum Ausdruck kam, dass vor allem jüngere Schüler 1999 wesentlich häufiger und ältere Schüler wesentlich weniger Kriegs-, Horror- und Sexfilme ansahen als noch 1994. Dieser Trend ist im Jahr 2004 zum Erliegen gekommen. Im Vergleich zur Befragung 1999 können keine nennenswerten Verschiebungen mehr innerhalb der Alterskategorien beobachtet werden. Die Ergebnisse zu 1999 unterscheiden sich nur sehr randläufig und werden daher auch nicht weitergehend interpretiert.

5.2 Die Verarbeitung von Mediengewalt

Neben der Häufigkeit des Sehens bestimmter Filme und Sendungen und der grundsätzlichen Frage, wie viele Stunden pro Tag für den Konsum von Videos und Fernsehsendungen aufgebracht werden, sollte auch die Verarbeitung der Medieninhalte genauer analysiert werden, um denkbare Zusammenhänge mit konkreten Gewalthandlungen besser erfassen zu können. Da vermutet werden kann, dass die Gewaltverarbeitung zumindest als *ein* wichtiger Faktor zwischen dem Konsum von gewaltförmigen Medieninhalten und der Gewaltausübung steht, wird man der Komplexität des Phänomens durch die Berücksichtigung dieses Faktors wesentlich gerechter. Im Folgenden soll daher die Verarbeitung von Mediengewalt als vermittelnde Variable näher betrachtet werden. Wie in den zwei vorangegangenen Erhebungen wurden die Schüler gebeten, die massenmediale Gewalt einzuschätzen. 2004 wurden dazu allerdings nur noch drei von vier Items abgefragt („Wenn Menschen in Filmen zusammengeschlagen oder getötet werden, bekomme ich Angst" wurde weggelassen), die von den Schülern auf einer Skala (von stimme voll zu bis stimme überhaupt nicht zu) bewertet werden sollten. Folgende Items wurden Ihnen dazu vorgelegt:

- „Helden in Kriegs- und Actionfilmen sind Vorbilder."
- „Filme mit Schlägereien und Morden zeigen nur die Wirklichkeit."
- „In guten Videospielen muss der Held den Feind besiegen."

In Abb. 5.4 ist die Verteilung der Antworten grafisch dargestellt. Fast drei Viertel der Schüler lehnen die Aussage „Helden in Kriegs und Actionfilmen sind Vorbilder" ab (25,7%) bzw. völlig ab (48,2%). Etwas weniger als ein Fünftel (19,3%) spricht sich weder gegen noch für die Aussage aus und nur knappe 7% stimmen dem Item zu (3,4%) bzw. völlig zu (3,4%). Nicht derart eindeutig wurde dagegen die Aussage „Filme mit Schlägereien und Mord zeigen nur die Realität" von den Befragten bewertet. Ein gutes Drittel (35%) der Schüler war ambivalenter Meinung. Nur knapp die Hälfte lehnte dieses Statement ab (23,5%) bzw. völlig ab (21,5%). Ein Fünftel sprach sich im Sinne der Aussage aus und stimmte ihr zu

(12,7%) bzw. völlig zu (7,3%). Dagegen wandte sich nur etwa ein knappes Drittel gegen das Statement, dass in „guten Videospielen der Held die Feinde besiegen muss". Etwa 40% stimmten zu bzw. völlig zu. Etwa 30% bewerteten die Aussage mit teils/teils.

Abb. 5.4: Verarbeitung von Mediengewalt durch die Schüler 2004

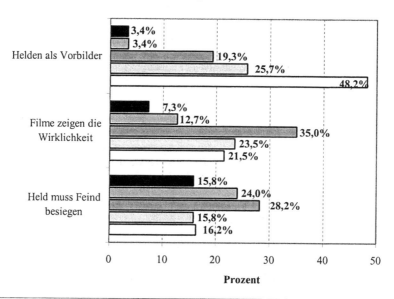

Um die Verarbeitung von Mediengewalt auch bezüglich des zeitlichen Verlaufs näher charakterisieren zu können, sind in Tab. 5.7 die Mittelwerte für die einzelnen Erhebungszeitpunkte und Aussagen berechnet worden. Durchweg stellt sich dabei heraus, dass die Verarbeitung von Mediengewalt sich verändert hat. Der leichte Trend, wonach Gewalt in den Medien von den Schülern immer positiver bewertet und stärker akzeptiert wird, setzt sich auch im Jahr 2004 fort. Der Anstieg der Mittelwerte von 1994 auf 1999 hat sich von 1999 auf 2004 sogar noch vergrößert. Die Akzeptanz von Gewalt in den Medien hat also in den letzten zehn Jahren moderat zugenommen. Gewaltdarstellungen in den Medien sind damit ein stückweit „normaler" geworden. Es ist ein gewisser Gewöhnungseffekt eingetreten.

Inwiefern sich die Mittelwerte in Relation zu sozialstatistischen Merkmalen voneinander unterscheiden, muss noch untersucht werden. Tab. 5.8 zeigt die Mit-

Medien und Gewalt

telwerte der einzelnen Statements zur Gewaltverarbeitung differenziert nach dem Geschlecht. Daraus lässt sich ablesen, dass Schüler gewalttätige Medienhalte fast durchweg (mit Ausnahme der Schlägereien 1999) positiver bewerten als Schülerinnen und zwar über nahezu alle Erhebungszeitpunkte hinweg.

Tab. 5.7: Verarbeitung von Gewalt in den Medien
1994 – 1999 – 2004

	1994	1999	2004
Helden in Kriegs- und Actionfilme sind Vorbilder.	1,5	1,6	1,9
Filme mit Schlägereien und Morden zeigen nur die Realität.	2,3	2,4	2,6
In guten Videospielen muss der Held die Feinde besiegen.	2,6	2,8	3,1

Mittelwerte einer Skala von 1 (stimmt überhaupt nicht) bis 5 (stimmt völlig).

Tab. 5.8: Verarbeitung von Gewalt in den Medien nach Geschlecht
1994 – 1999 – 2004

	1994		1999		2004	
	Schülerinnen	Schüler	Schülerinnen	Schüler	Schülerinnen	Schüler
Helden in Kriegs und Actionfilmen sind Vorbilder.	1,3	1,7	1,4	1,8	1,7	2,1
Filme mit Schlägereien und Morden zeigen nur die Realität.	2,2	2,4	2,4	2,4	2,5	2,7
In guten Video-Spielen muss der Held die Feinde besiegen.	2,3	2,9	2,6	3,0	2,8	3,4

Mittelwerte einer Skala von 1 (stimmt überhaupt nicht) bis 5 (stimmt völlig).

Am wenigsten ausgeprägt sind die Mittelwertdifferenzen bei dem Statement „Filme mit Schlägereien und Morden zeigen nur die Realität". Während sich 1999 keine Unterschiede zeigten (2,4 zu 2,4), entspricht die Mittelwertdifferenz mit 0,2 2004 wieder der von 1994. Die Wahrnehmung von Helden in Kriegs- und Actionfilmen als Vorbilder ist in allen Erhebungswellen bei Schülern mit einem um 0,4 höheren Mittelwert deutlich ausgeprägter als bei Schülerinnen. Noch auffälliger ist die geschlechtsspezifische Differenz bei der Bewertung von Helden in Videospielen. Für das Jahr 2004 (2,8 vs. 3,4) und 1994 (2,3 vs. 2,9) können deutliche Unterschiede ausgemacht werden, nur 1999 waren sie etwas weniger stark ausgeprägt (2,6 vs. 3,0). Für die Analyse nach dem Geschlecht kann also festgehalten werden, dass die Unterschiede der Gewaltverarbeitung über den untersuchten Zeitraum hinweg sich nur wenig verändert haben, lediglich das Niveau der Gewaltverarbeitung hat sich in Richtung einer breiteren Akzeptanz und positiveren Bewertung von gewalttätigen Darstellungen in Medien verschoben, wie aus Tab. 5.7 ersichtlich war.

Tab. 5.9: Verarbeitung von Gewalt in den Medien nach Alter
1994 – 1999 – 2004

	1994			1999			2004		
	10-13 Jahre	14-17 Jahre	18 u. älter	10-13 Jahre	14-17 Jahre	18 u. älter	10-13 Jahre	14-17 Jahre	18 u. älter
Helden in Kriegs- und Actionfilmen sind Vorbilder.	1,5	1,6	1,5	1,8	1,5	1,5	2,0	1,8	1,7
Filme mit Schlägereien und Morden zeigen nur die Realität.	2,3	2,3	2,2	2,5	2,5	2,2	2,6	2,7	2,5
In guten Video-Spielen muss der Held Feinde besiegen.	2,7	2,6	2,3	3,1	2,7	2,5	3,3	3,1	2,7

Mittelwerte einer Skala von 1 (stimmt überhaupt nicht) bis 5 (stimmt völlig).

Die Verarbeitung von Gewalt in den Medien ist, wie gesehen, nicht unabhängig vom Geschlecht, aber auch der Einfluss des Alters spielt eine Rolle. Wie aus Tab. 5.9 hervorgeht, bewerten vor allem jüngere Schüler die Darstellung von Gewalt in den Medien positiver als ältere. Die Alterskategorie der 18-Jährigen und Älteren weist über den gesamten Untersuchungszeitraum hinweg die niedrigsten Werte auf. Welche Werte am höchsten sind, variiert dagegen zum Teil mit den Untersuchungszeitpunkten: 1999 und 2004 besitzen die 10-13-Jährigen Schüler überwiegend die höchsten Werte. 1994 zeigten sich dagegen nur geringe Unterschiede zwischen den verschiedenen Altersklassen. Die Affinität zu gewalttätigen Medieninhalten hat sich also seit 1994 in die Alterskategorie der 10-13-Jährigen verlagert. Die geringsten Verschiebungen zeigen sich dabei – wie auch schon bei der Differenzierung nach dem Geschlecht – bei der Bewertung, dass Filme mit Schlägereien und Morden eigentlich nur die Realität zeigen.

Medien und Gewalt 177

5.3 Mediennutzung und Gewalttätigkeit

Inwiefern Mediennutzung mit Gewaltausübung einhergeht, soll nachfolgend geklärt werden. Man darf dabei nicht davon ausgehen, dass kausale Wirkungsmechanismen aufgedeckt werden können und natürlich erst recht keine monokausalen Strukturen. Mit unserem Untersuchungsdesign können keine Aussagen über die Richtung bzw. Kausalität der Zusammenhänge getroffen werden. Ziel ist deshalb in erster Linie, empirisch beobachtbare statistische Zusammenhänge im Sinne eines gemeinsamen Auftretens von gewalttätigen Handlungen einerseits und dem Konsum von gewalttätigen Medieninhalten andererseits zu beschreiben. Es ist also keineswegs von einer Kausalrelation auszugehen, nach der allein der Konsum von Mediengewalt Gewalthandlungen auslösen würde. Vielmehr ist anzunehmen, dass beides Phänomene einer durch Momente wie Action und Spannung gekennzeichneten spezifischen Jugendkultur sind.

Bevor die Mediennutzung im Längsschnitt auf ihren Zusammenhang mit der praktizierten Gewalttätigkeit durchleuchtet wird, untersuchen wir diesen Zusammenhang bei den 2004 erstmals erhobenen Daten zum täglichen Konsum gewaltförmiger Medieninhalte und der Gewalttätigkeit. Die Berechnungen der Eta^2-Koeffizienten ergeben aber nur ziemlich geringe Werte für die einzelnen Gewaltindizes. Der Anteil erklärter Varianz für den Index der physischen Gewalt beträgt ca. 4,5%, für Gewalt gegen Sachen 3,3%, für psychische Gewalt 4,1% und für verbale Gewalt 5,1%. Im Vergleich zu den erklärten Varianzen, die sich ergeben, wenn man die Intensität des Konsums von Kriegs-, Horror- und Sexfilmen zur Gewalttätigkeit in Beziehung setzt, ist die Erklärungskraft der täglichen Mediennutzung als eher gering einzustufen.

In Abb. 5.5 sind die einzelnen Anteile der erklärten Varianz an der physischen Gewalt durch die Intensität der Nutzung verschiedener Medieninhalte über den untersuchten Zeitraum grafisch veranschaulicht. Der physische Gewaltindex wurde exemplarisch herausgegriffen, da es sich bei dieser Form von Gewalt um jene handelt, die alltäglich für die „eigentliche" Gewalt gehalten wird.

Bei den drei am ehesten mit Gewaltdarstellungen in Verbindung gebrachten Genres der Kriegs-, Horror- und Sexfilme ergeben sich die größten Werte (Eta^2 bis zu 20,8%), was für 2004 noch verstärkt gilt. Abenteuerfilme und Krimis besitzen eine weitaus geringere Erklärungskraft: Mit Anteilen an der erklärten Varianz von 2,0% bis 3,0% spielen diese Medieninhalte eine eher untergeordnete Rolle hinsichtlich der Ausübung von physischer Gewalt. Die Intensität des Konsums von Science Fiction-Filmen variiert in einem ähnlich starken Ausmaß wie der tägliche Konsum von Medien mit dem Index der physischen Gewalttätigkeit (Eta^2 ca. 5%).

Bei der Betrachtung der einzelnen Erhebungszeitpunkte fällt insbesondere bei den Kriegs-, Horror- und Sexfilmen auf, dass sich die erklärte Varianz seit 1994 zunehmend vergrößert hat. Konnte man 1994 unter Kenntnis der Variation des

Konsums von Sexfilmen den Vorhersagefehler für den Index der physischen Gewalt um ca. 14,7% reduzieren, waren es 1999 15,3% und 2004 erhöhte sich der Wert nochmals deutlich auf 20,8%. Die Entwicklung bei den Horrorfilmen verläuft dagegen etwas gemäßigter. Das Varianzaufklärungspotenzial erhöhte sich von 12,5% 1994 auf 13,5% 1999 und beträgt 2004 15,1%. Die Zunahme der erklärten Varianz durch den Konsum von Kriegsfilmen ist von 1994 (10,6%) auf 1999 (13,4%) etwas stärker und hat 2004 (15,5%) einen leicht höheren Anteil an der Varianzaufklärung als die Intensität des Konsums von Horrorfilmen.

Abb. 5.5: Stärke des Zusammenhangs zwischen dem Anschauen bestimmter Sendungen und der physischen Gewalttätigkeit (Eta^2) 1994 – 1999 – 2004

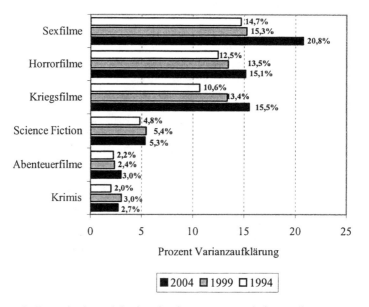

Es ist naheliegend, dass sich der durch spannungsgeladene Filme provozierte Erregungszustand nicht auf alle vier Arten von Gewalt, die in unserer Untersuchung berücksichtigt wurden, gleichermaßen auswirkt. Deshalb wird nun der Zusammenhang zwischen dem Medienkonsum und *allen* Gewaltindizes dargestellt. Auch bei den anderen Gewaltformen bestätigt sich, dass mit zunehmendem Erregungsniveau der Filme die Assoziation zwischen der Betrachtung gewisser Sendungen und den vier Gewaltindizes wächst. Die Wirkungen des häufigen Konsums bestimmter Sendungen auf die vier Gewaltindizes sind bei Jungen und Mäd-

Medien und Gewalt

chen unterschiedlich. Daher wurden für Schüler und Schülerinnen getrennte Analysen für das Jahr 2004 durchgeführt (Abb. 5.6 und Abb. 5.7).

Abb. 5.6: Stärke des Zusammenhangs zwischen dem Anschauen bestimmter Sendungen und der Gewalttätigkeit (Eta^2) bei Schülern 2004

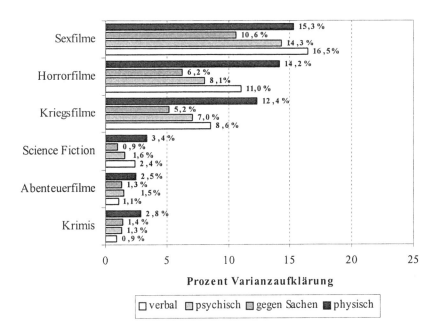

Wie schon bei der Erklärung der physischen Gewalt werden auch die übrigen Gewaltindizes nur zum sehr geringen Teil durch den Konsum von Krimis, Science Fiction- und Abenteuerfilmen beeinflusst. Bei den Schülerinnen sind die Eta^2-Werte dieser Medieninhalte etwas stärker ausgeprägt (nicht bei Krimis) – insbesondere bei der verbalen Gewalt – als bei den Schülern.

Den stärksten Effekt hat der Konsum von Sexfilmen. Über alle Gewaltindizes hinweg ergeben sich bei diesen die stärksten Zusammenhänge. Das gemeinsame Auftreten von intensivem Sexfilmkonsum und der Ausübung verschiedener Gewaltformen unterscheidet sich jedoch hinsichtlich des Geschlechts. Während der Konsum von Sexfilmen bei den Schülerinnen den Vorhersagefehler des physischen

Gewaltindexes um ca. 20% verringert, sind es bei den Schülern „nur" ca. 15%. Genau entgegengesetzt verhält es sich bei der verbalen Gewalt. Der Konsum von Sexfilmen erklärt bei den Schülerinnen nur 7% der Varianz, während der Anteil der erklärten Varianz bei den Schülern mit ca. 17% deutlich höher ist.

Abb. 5.7: Stärke des Zusammenhangs zwischen dem Anschauen bestimmter Sendungen und der Gewalttätigkeit (Eta^2) bei Schülerinnen 2004

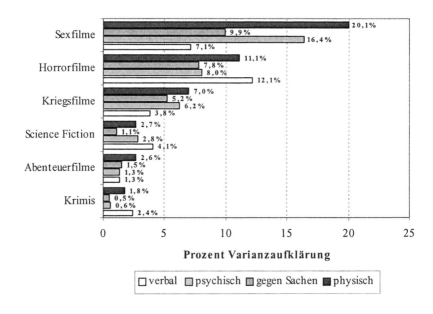

Für die Indizes der psychischen und der Gewalt gegen Sachen sind keine größeren Unterschiede zwischen Jungen und Mädchen bezüglich des Konsums von Sexfilmen festzustellen. Mit 14,3% für Schüler und 16,4% für Schülerinnen ist die erklärte Varianz für Gewalt gegen Sachen relativ hoch. Etwas geringer ist der Zusammenhang zwischen dem Konsum von Sexfilmen und psychischer Gewalt: für Schülerinnen 9,9% und für Schüler 10,6%.

Für den Konsum von Sexfilmen kann man also für 2004 festhalten, dass Mädchen zwar wesentlich seltener Sexfilme konsumieren als Jungen. Dafür üben Mädchen, die häufiger Sexfilme sich ansehen, öfter physische Gewalt auf Mitschüler aus als Jungen mit vergleichbaren Medienkonsummustern. Umgekehrt findet sich

Medien und Gewalt 181

bei Schülern ein stärkerer Zusammenhang zwischen dem Konsum von Sexfilmen und der verbalen Gewalt als bei den Schülerinnen.

Bezüglich der Horrorfilme zeigen sich in abgeschwächter Form ähnliche Differenzierungen: Horrorfilme werden von Jungen und Mädchen auch dann in zunehmendem Maße konsumiert, wenn sie häufiger verbale Gewalt anwenden. Bei Mädchen (12,1%) ist dieser Zusammenhang leicht stärker ausgeprägt als bei Jungen (11,0%). Dies gilt im gleichen Maße für die psychische Gewalt und die Gewalt gegen Sachen. Der Anteil erklärter Varianz für den physischen Gewaltindex ist bei Schülerinnen, die häufiger Horrorfilme sehen, etwas geringer (11,1%) als bei den Schülern (14,2%). Für Kriegsfilme gilt dies in analoger Weise mit etwas kleineren Effekten.

In Abhängigkeit von den konsumierten Medieninhalten tritt bei Jungen und Mädchen ein je unterschiedlich häufiges Gewaltverhalten auf: Das Betrachten von Sexfilmen geht bei Jungen in stärkerem Maße mit verbaler Gewaltausübung einher und hängt bei Mädchen stärker mit physischer Gewalt zusammen. Der Einfluss der häufigen Betrachtung von Kriegs-, Horror- und Sexfilmen auf die Ausübung von physischer und verbaler Gewalt ist bei Jungen stärker als auf die Anwendung von psychischer Gewalt und von Gewalt gegen Sachen.

Die Analyse des Einflusses verschiedener Medieninhalte auf den Gesamtgewaltindex ergibt, dass Sexfilme mit einem Eta^2 = 23% am stärksten, Horrorfilme mit einem Eta^2 = 16% am zweitstärksten und Kriegsfilme mit einem Eta^2 = 14% am geringsten „wirken". Diese Rangfolge ist damit seit 1994 gleich geblieben, aber die Stärke des Einflusses der verschiedenen Sendungen hat sich seit 1999 für Sexfilme (Eta^2 = 16%) deutlich und für Horror- (Eta^2 = 15%) und Kriegsfilme (Eta^2 =12%) leicht verstärkt. Dies bedeutet, dass die Gewalt fördernden Wirkungen des Konsums dieser Fernsehformate sich in den letzten zehn Jahren tendenziell verstärkt haben. Aufschluss über die Frage, inwieweit sich die Zusammenhänge seit der ersten Befragung 1994 auch für die einzelnen Gewaltindizes verändert haben, gibt Tab. 5.10.

Wie aus der vorhergehenden Analyse für den Gesamtgewaltindex zu erwarten ist, haben vor allem die Sexfilme seit 1999 bei den Gewaltformen der physischen bzw. psychischen Gewalt und bei der verbalen Gewalt an Erklärungskraft gewonnen.

Darüber hinaus ist in Tab. 5.10 erkennbar, dass sich bezüglich des Ausmaßes der verschiedenen Gewaltformen bei der physischen Gewalt und bei der verbalen Gewalt ein klarer Trend abzeichnet. In beiden Kategorien haben sich die Eta^2-Koeffizienten durchgängig erhöht, während dieser Trend für die psychische Gewalt und für die Gewalt gegen Sachen nicht konstatiert werden kann. Vielmehr scheinen diese Gewaltformen von einem Erhebungszeitpunkt zum anderen mehr bzw. weniger von den verschiedenen Filmtypen beeinflusst zu sein. Bemerkenswert ist, dass das Varianzaufklärungspotenzial für die psychische Gewalt von 1994 auf 1999 tendenziell abgenommen und von 1999 auf 2004 wieder zugenommen hat. Die Werte der Gewalt gegen Sachen sperren sich hingegen einer weitergehenden Interpretation.

Tab. 5.10: Stärke des Zusammenhangs (Eta^2) zwischen dem Konsum von Kriegs-, Horror- und Sexfilmen und der Anwendung von Gewalt 1994 – 1999 – 2004

1994				
Filmgattung	physische Gewalt	Gewalt gegen Sachen	psychische Gewalt	verbale Gewalt
Kriegsfilme	10,6%	6,5%	7,2%	5,6%
Horrorfilme	12,5%	9,6%	9,0%	10,4%
Sexfilme	14,7%	11,1%	13,5%	8,8%
1999				
Filmgattung	physische Gewalt	Gewalt gegen Sachen	psychische Gewalt	verbale Gewalt
Kriegsfilme	13,4%	6,8%	7,9%	7,5%
Horrorfilme	13,5%	7,4%	8,6%	12,5%
Sexfilme	15,3%	9,6%	11,4%	9,9%
2004				
Filmgattung	physische Gewalt	Gewalt gegen Sachen	psychische Gewalt	verbale Gewalt
Kriegsfilme	15,5%	6,0%	8,8%	8,8%
Horrorfilme	15,1%	7,5%	9,2%	13,0%
Sexfilme	20,8%	11,2%	17,1%	14,3%

Offen bleibt auch, auf welche Faktoren die Zunahme der Varianzaufklärung von 1999 auf 2004 zurückgeführt werden kann, wenn der Konsum von Gewalt darstellenden Medieninhalten (Horror-, Kriegs- und Sexfilme) gleichzeitig auf dem Niveau von 1999 stagniert (vgl. Tab. 5.3). Für den starken Anstieg der erklärten Varianz durch den Konsum von Sexfilmen kann offensichtlich verantwortlich gemacht werden, dass ein größerer Teil (insbesondere männlicher) Schüler täglich Sexfilme ansieht (vgl. Abb. 5.3).

Da sich die Anteile der erklärten Varianz aber auch bei den Kriegs- und Horrorfilmen erhöht haben, wurde die Entwicklung der Schüler näher unter die Lupe genommen, die angaben, täglich Kriegs-, Horror- und Sexfilme zu sehen. 1999 machte diese Gruppe der Schüler 3,0% aller Befragten aus. 2004 betrug der Anteil jedoch nur noch 2,6%. Auch diese Konsumenten können auf den ersten Blick die Erhöhung des erklärten Varianzanteils durch Horror- und Kriegsfilme nicht bedingen. Differenziert man diese Gruppen aber nach dem Geschlecht, erkennt man, dass der Anteil der Schülerinnen in dieser „extremen" Gruppe seit 1999 deutlich zurückgegangen ist, von 1999 mit fast 17% auf 2004 auf nur noch 6%. Ein ähnliches Bild ergibt sich, wenn man die Befragten, die „täglich sehen" für die drei Filmtypen einzeln analysiert. Im Laufe der untersuchten Zeitpunkte stellt sich dabei heraus, dass die Kategorie „täglich gesehen" zum immer größer werdenden Teil von männlichen Schülern repräsentiert wird. Damit lässt sich auch der Anstieg der Eta^2-Koeffizienten bezüglich der Horror- und Kriegsfilme von 1999 auf 2004 besser deuten, da bei Jungen die Anteile der erklärten Varianz durch diese beiden Filmgenres zumeist größer sind als bei Mädchen (siehe Abb. 5.6 und Abb. 5.7).

Man kann damit festhalten, dass die höheren Eta^2 Werte – bei einem insgesamt stagnierenden Konsum von gewaltdarstellenden Medieninhalten insbesondere von 1999 auf 2004 – zum Teil auf die Verschiebung des Geschlechterverhältnisses in den Kategorien des täglichen Konsums von Horror- und Kriegsfilmen zurückgeführt werden können. Für die Erhöhung der Varianzaufklärung durch Sexfilme kann die Zunahme des täglichen Konsums dieses Genres durch Schüler verantwortlich gemacht werden (siehe Abb. 5.2).

Die Assoziation zwischen dem Konsum dieser Medienformate (Sex-, Kriegs- und Horrorfilme) und der Anwendung von Gewalt im konkreten Handeln ist offensichtlich. Dies darf aber nicht dazu verleiten, diesen Zusammenhang als simplen Kausalzusammenhang zu interpretieren. Vielmehr ist anzunehmen, dass beide Phänomene – sowohl das Interesse am Konsum medialer Gewaltdarstellungen als auch das Auftreten von gewalttätigem Verhalten – als „Bestandteile einer spezifischen Jugendkultur, die durch Momente wie Action und Spannung gekennzeichnet ist" (Fuchs et al. 1996: 250) zurückzuführen und daher als für das Jugendalter typische, aber eben nur vorübergehende Erscheinungen zu verstehen sind.

Auch Hopf kommt in ihrer qualitativen Untersuchung zu dem Schluss, dass es sich um keine kausalen Zusammenhänge handelt sondern vielmehr um das gleichzeitige Auftreten zweier ähnlicher Phänomene, deren Ursachen an anderer Stelle zu suchen sind: „Aggressivität und Gewaltbereitschaft auf der einen Seite und extensiver Filmkonsum auf der anderen Seite resultieren gleichermaßen aus frustrierenden Beziehungserfahrungen. Ein statistischer Zusammenhang zwischen Filmkonsum und Gewaltbereitschaft ist daher erwartbar" (Hopf 2001: 165; 2005).

Analysiert man die Zusammenhänge zwischen dem Konsum bestimmter Sendungen und der Ausübung der vier Gewaltformen getrennt nach den vier Schularten, ergeben sich interessante Ergebnisse. Einige dieser Befunde werden im Folgenden herausgegriffen, wobei wir uns auf eher generalisierende Aussagen beschränken.

Tab. 5.11: Filmkonsum und Gewalttätigkeit 2004 nach der Schulart (Eta^2)

Hauptschule				
Filmgattung	physische Gewalt	Gewalt gegen Sachen	psychische Gewalt	verbale Gewalt
Kriegsfilme	14%	4%	6%	8%
Horrorfilme	13%	6%	6%	12%
Sexfilme	25%	11%	17%	14%
Berufsschule				
Filmgattung	physische Gewalt	Gewalt gegen Sachen	psychische Gewalt	verbale Gewalt
Kriegsfilme	12%	7%	9%	8%
Horrorfilme	11%	6%	8%	9%
Sexfilme	16%	9%	15%	12%
Realschule				
Filmgattung	physische Gewalt	Gewalt gegen Sachen	psychische Gewalt	verbale Gewalt
Kriegsfilme	15%	6%	9%	8%
Horrorfilme	15%	10%	12%	16%
Sexfilme	21%	15%	18%	17%
Gymnasium				
Filmgattung	physische Gewalt	Gewalt gegen Sachen	psychische Gewalt	verbale Gewalt
Kriegsfilme	17%	11%	15%	9%
Horrorfilme	21%	14%	15%	15%
Sexfilme	23%	13%	19%	15%

Insgesamt sind die Zusammenhänge zwischen dem Ansehen bestimmter Sendungen und der Ausübung von Gewalt fast durchgängig bei den Gymnasiasten am stärksten. Dies ist insofern bemerkenswert, als in der Befragung von 1994 die Berufsschüler und in der Befragung 1999 die Realschüler diejenigen waren, bei denen sich die stärksten Relationen ergeben haben. Gymnasiasten neigen also in stärkerem Maße zu gewalttätigen Handlungen, wenn sie intensiv gewaltdarstellende und erregende Filme konsumieren, als Schüler der anderen Schularten, wobei die Gruppe der Gymnasiasten als Ganzes seltener solche Filme sieht.

Bei nahezu allen vier Schultypen sind die Assoziationen mit physischer Gewalt stärker als die mit psychischer, verbaler oder Gewalt gegen Sachen. Die Zusammenhänge mit psychischer Gewalt weisen nach der physischen Gewalt – bis auf

Medien und Gewalt

die Hauptschule – die stärksten Werte auf. In der Hauptschule dagegen ist die Assoziation mit der verbalen Gewalt nach der physischen Gewalt am stärksten ausgeprägt. Die schwächsten Zusammenhänge errechnen sich über alle Schularten hinweg bei der Gewalt gegen Sachen.

Tab. 5.12: Filmkonsum und Gewalttätigkeit 2004 nach dem Alter (Eta^2)

Filmgattung	10-13 Jahre			
	physische Gewalt	Gewalt gegen Sachen	psychische Gewalt	verbale Gewalt
Kriegsfilme	17%	5%	8%	10%
Horrorfilme	18%	8%	10%	16%
Sexfilme	24%	14%	20%	14%

Filmgattung	14-17 Jahre			
	physische Gewalt	Gewalt gegen Sachen	psychische Gewalt	verbale Gewalt
Kriegsfilme	14%	6%	9%	7%
Horrorfilme	13%	6%	8%	10%
Sexfilme	23%	9%	16%	13%

Filmgattung	18 Jahre u. älter			
	physische Gewalt	Gewalt gegen Sachen	psychische Gewalt	verbale Gewalt
Kriegsfilme	19%	12%	14%	10%
Horrorfilme	16%	7%	12%	10%
Sexfilme	17%	12%	17%	16%

Auch bezüglich des Alters ergeben sich aufschlussreiche Relationen: Die Analyse der verschiedenen Gewaltformen in Abhängigkeit von dem Konsum Gewalt darstellender Medieninhalte nach den verschieden Alterskategorien lässt erkennen, dass die Zusammenhänge mit der physischen Gewalt bei den 10-13-Jährigen zumeist am stärksten und fast durchweg bei der mittleren Alterskategorie am schwächsten sind. Weiterhin ist im Bereich der physischen Gewalt der Einfluss von Sexfilmen bei den 10-13-Jährigen und bei den 14-17-Jährigen am höchsten.

Bei den anderen Gewaltformen ist keine klare Richtung zu erkennen. Tendenziell kann man aber sagen, dass der Konsum von Kriegs-, Horror- und Sexfilmen bei den 18-Jährigen und Älteren stärker mit psychischer Gewalt, verbaler Gewalt und besonders mit Gewalt gegen Sachen einhergeht als bei den übrigen Alterskategorien. Die mittlere Altersklasse weist dabei für fast alle Gewaltformen die geringsten Werte auf. Auf weitere Ergebnisse wird hier nicht eingegangen, da sie der Tab. 5.12 zu entnehmen sind, die die einzelnen Eta^2-Koeffizienten beinhaltet.

5.4 Die Verarbeitung von Mediengewalt und Gewalttätigkeit

Für die Erklärung von Gewalt ist nicht allein die Häufigkeit des Konsums gewaltförmiger Medieninhalte heranzuziehen. Vielmehr spielt auch deren Verarbeitung eine zentrale Rolle. Berücksichtigt man beide Bedingungen gleichzeitig, lassen sich begründetere Aussagen zur Gewalttätigkeit ableiten. Bei der Analyse der Gewaltaktivitäten in Abhängigkeit von der Verarbeitung von Mediengewalt beziehen wir uns nur auf die physische Gewalt, da diese die bedeutendste (wenn auch nicht die häufigste) und in der Regel auch die schwerwiegendste ist (vgl. Abb. 5.8).

Abb. 5.8: Ausübung physischer Gewalt 2004 in Abhängigkeit von der Gewaltverarbeitung

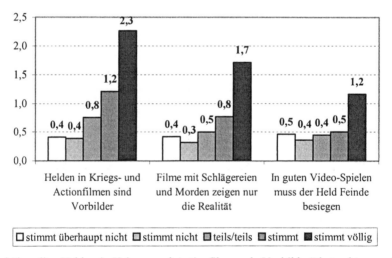

Schüler, die „Helden in Kriegs- und Actionfilmen als Vorbilder" betrachten, weisen hinsichtlich physischer Gewalt mit 2,3 einen deutlich höheren Skalenwert auf als Schüler, für die das nicht der Fall ist. Sie gehen damit wohl auch davon aus, dass sie mit dem von den Helden in der Fiktion gezeigten Verhalten auch in der Realität Erfolg haben werden. Mit abnehmender Akzeptanz dieses Items geht auch der Skalenwert für physische Gewalt zurück.

Die Einstufung der Aussage „Filme mit Schlägereien und Morden zeigen nur die Realität" drückt eine etwas geringere Identifikation mit den Medieninhalten aus. Schüler, die diesem Item zustimmen, sind zwar der Auffassung, dass die Gewalttätigkeiten und Brutalitäten, die in den Filmen präsentiert werden, auch in der Realität so vorkommen, sind allerdings nicht automatisch auch der Ansicht, dass sie sich selbst so verhalten müssen. Dies spiegelt sich in den Zahlen wider: Insgesamt sind die Indexwerte geringer als beim ersten Item, wobei auch hier mit wachsender Zustimmung der Skalenwert für physische Gewalt steigt.

Nochmals geringer, wenn auch wieder mit zunehmender Zustimmung steigend, sind die Werte für physische Gewalt hinsichtlich der Auffassung, dass „der Held in guten Videospielen Feinde besiegen muss". Vergleicht man die Ergebnisse mit den Daten aus der Befragung von 1999, so ergibt sich, dass sich der Einfluss der Gewaltverarbeitung noch verstärkt hat, denn die Abstände der Mittelwerte zwischen den verschiedenen Ausprägungen der Gewaltverarbeitung und der physischen Gewalttätigkeit haben sich in den extremen Positionen („stimmt völlig") seit 1999 etwas vergrößert. Die Tendenz, wonach mit steigender Akzeptanz der Items auch die physischen Gewaltaktivitäten zunehmen, gilt für 2004 und 1999, wobei aber die Gewaltwerte bei den nicht völlig zustimmenden Schülern 2004 niedriger sind als 1999.

Unabhängig davon, ob das Betrachten von Kriegs-, Horror- und Sexfilmen etc. direkt und unmittelbar Gewalthandeln auslöst oder ob der Medienkonsum nur als intervenierende Variable die Beziehung zwischen bestimmten Grundeinstellungen und Gewalttätigkeit beeinflusst, sind die festgestellten statistischen Relationen durchaus alltagsrelevant. Fiktive Gewaltdarstellungen, wie sie in verschiedenen Filmen gezeigt werden, müssen als potenzielle Auslöser bzw. Verstärker für die Anwendung von Gewalt gesehen werden. Auch Lukesch (2002) referiert vergleichbare Ergebnisse. Nach seinen noch etwas drastischer formulierten Ausführungen bestehen zwischen allen Arten abweichenden Verhaltens und dem Konsum von Gewaltdarstellungen in den Medien eindeutige Zusammenhänge: „In einem Kausalmodell konnte unter Berücksichtigung von Familienklima- und -strukturmerkmalen sowie Aspekten der Kommunikation über die Medienerfahrung der im Vergleich zu anderen Medien (Fernsehen, Comics, Bücher) hohe Stellenwert des Videokonsums, vor allem in seiner gewalttätigen Variante, für delinquenzbegünstigende Merkmale herausgestellt werden" (Lukesch 2002: 656).

5.5 Medienwirkung zusammengefasst

Ausgangspunkt unserer Überlegungen war, dass zwischen dem Konsum von Gewaltdarstellungen in den Medien und selbst ausgeübter Gewalt kein direkter kausaler Zusammenhang besteht bzw. dass ein solcher auf Grund unseres Untersuchungsdesigns nicht überprüfbar ist. Unser Ansatz war daher, dass der Konsum gewalttätiger Medieninhalte und die Ausübung von Gewalt gemeinsam auftreten und miteinander korrelieren:

- *Schüler verbringen nicht nur mehr Zeit vor dem Fernseher, sie konsumieren auch deutlich öfter als Schülerinnen gewaltdarstellende und erregende Filme.* Besonders deutlich wird dies im Zeitverlauf. Die Gruppe derer, die sich täglich Kriegs-, Horror- und/oder Sexfilme ansehen, wird immer größer und besteht 2004 fast nur noch aus männlichen Schülern. Schüler verschiedener Schularten unterscheiden sich im Medienkonsum: Während sich Gymnasiasten häufiger Nachrichten, politische Sendungen und Dokumentarfilme anschauen, dominieren die Schüler der übrigen Schularten bei allen anderen Formaten. Je älter die Schüler sind, desto eher sehen sie Nachrichten, politische Sendungen und Dokumentarfilme. Nur bei Krimis gibt es keine altersspezifische Verteilung.

- *Insgesamt hat sich der Konsum von Horror- und Kriegsfilmen seit 1999 kaum verändert.* Während sich der Konsum von Horror- und Kriegsfilmen sich eher in den Kategorien des moderateren Konsums bewegt *hat, hat sich die Zahl derer, die angeben, täglich Sexfilme zu konsumieren, vornehmlich bei den Jungen, erhöht.*

- *Vor allem junge Schüler beurteilen Gewalt in den Medien positiv, wobei sich in den letzten zehn Jahren die tendenzielle Affinität zu Gewalt in die jüngeren Alterkategorien vorverlagert hat.*

- *Für die Verarbeitung von Mediengewalt lässt sich feststellen, dass die Akzeptanz von Gewalt in den Medien in den letzten zehn Jahren moderat zugenommen hat.* Gewaltdarstellungen in den Medien sind damit ein stückweit „normaler" geworden. Es ist ein gewisser Gewöhnungseffekt eingetreten.

- Die tägliche Dauer des Fernsehkonsums (unabhängig von der Art der Fernsehinhalte) hat einen nur mäßigen Einfluss auf die unterschiedlichen Gewaltformen, die von den Schülern praktiziert werden. *Es ist vielmehr die Art der Fernsehsendungen, die die Gewaltaktivitäten stärker determiniert.*

Medien und Gewalt

Abb. 5.9: Stärke des Zusammenhangs (Eta^2) zwischen dem Anschauen bestimmter Sendungen und der Gewalttätigkeit (Gesamtgewaltindex) 1994 – 1999 – 2004

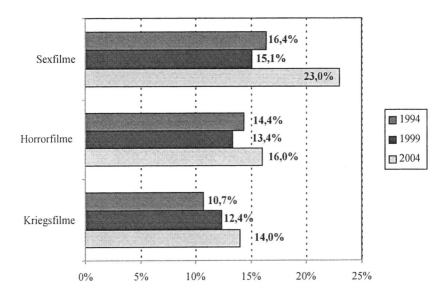

- *Zwischen der Mediennutzung und der Gewalttätigkeit sind die deutlichsten Zusammenhänge für die Kriegs-, Horror- und Sexfilme zu konstatieren.* Dabei erweisen sich Sexfilme als stärker gewaltprovozierend oder – verstärkend als Kriegs- oder Horrorfilme. Für den untersuchten Zeitraum haben die Zusammenhänge zwischen der Gewalttätigkeit und dem Konsum von Kriegs-, Horror- und Sexfilmen zugenommen. Am stärksten hat sich die Assoziation mit der eigenen Gewalttätigkeit bei den Sexfilmen erhöht.

Wenn Schülerinnen häufig Sexfilme konsumieren – was nur sehr wenige Mädchen tun, und im Zeitverlauf werden es sogar noch weniger –, dann üben sie auch stärker physische Gewalt auf ihre Mitschüler(innen) aus. Ein analoger Effekt zeigt sich für Schüler bei der verbalen Gewalt.

Auffallend ist, dass sich bezüglich der Schulart seit 1999 eine Verschiebung der stärksten Zusammenhänge in Richtung des Gymnasiums ergeben hat. Bei Gymnasiasten, die häufig gewaltdarstellende und erregende Medien konsumieren – wie bei den Mädchen betrifft dies nur einen sehr kleinen Teil –, kann ein stärkerer Zusammenhang mit der eigenen Gewalttätigkeit ausgemacht werden als bei den anderen Schularten.

- *Auch die Art der Gewaltverarbeitung geht zunehmend mit der eigenen physischen Gewalttätigkeit einher:* Die „völlige" Akzeptanz von Gewaltinhalten in Mediendarstellungen als „Realität" oder „Vorbild" führt zu verstärkten physischen Gewaltaktivitäten.

- *Im Zeitverlauf ist von 1994 bis 2004 eine deutliche Zunahme der Varianzerklärung im Gesamtgewaltindex durch den Konsum gewaltförmiger Medieninhalte (Sex-, Horror- und Kriegsfilme) zu konstatieren, d. h. die gewaltfördernde Wirkung dieser Genres hat sich verstärkt.*

6. Migrationshintergrund und Gewalt

Die Frage, ob Menschen mit Migrationshintergrund gegenüber der jeweiligen autochthonen Bevölkerung in stärkerem Maße durch abweichendes Verhalten und Kriminalität in Erscheinung treten, gehört zu einer der umstrittensten Fragen der empirischen Devianzforschung. Im Kontext der Forschungen zur Gewalt an Schulen wurde bereits auf Basis unserer zweiten Untersuchungswelle eine ausführliche Analyse der Gewalthäufigkeit unter ausländischen im Vergleich zu deutschen Schülern vorgenommen (Fuchs 1997). Die Ergebnisse der Analyse lassen sich wie folgt zusammenfassen: Bei einer kruden Gegenüberstellung von einheimischen deutschen und Schülern mit ausländischer Staatsangehörigkeit treten letztere durch leicht höhere Gewalthäufigkeiten in Erscheinung. Bei Kontrolle von sozialen Hintergrundmerkmalen – Geschlecht, Alter, Bildungsaspirationsniveau (gemessen über die besuchte Schulart) usw. – reduziert sich jedoch die stärkere Auffälligkeit der ausländischen Schüler weitgehend. Damals wurde vermutet, dass bei Einbezug zusätzlicher soziodemografischer und sozioökonomischer Hintergrundvariablen die stärkere Gewaltauffälligkeit der ausländischen Schüler nahezu vollkommen verschwinden würde.

Schon in dieser früheren Analyse wurde argumentiert, dass eine Operationalisierung des Migrationshintergrunds über die Staatsangehörigkeit allein unzureichend ist. Daher haben wir in dieser dritten Erhebungswelle ein umfangreiches Modul zur Identifikation von Schülern mit Migrationshintergrund implementiert: Neben dem Geburtsland wurden nun auch die eigene und die Migrationserfahrung der Eltern und Großeltern ermittelt. Schließlich haben wir nach der Staatsangehörigkeit und dem subjektiven Selbstverständnis als Deutscher bzw. „Ausländer" gefragt. Auf Basis dieser relativ umfangreichen Informationen über objektive Bedingungen (Staatsangehörigkeit, Geburtsland) des Migrationshintergrunds bzw. der eigenen Migrationserfahrung sowie der subjektiven Zuschreibung erhoffen wir, eine gründliche Differenzierung von Schülern vornehmen zu können, auf die Belastungsfaktoren zutreffen, von denen man nach Lage der Literatur ausgehen kann, dass sie die Gewalthäufigkeit erhöhen.

Die Theorien, die zur Erklärung der stärkeren Devianzbelastung bei Menschen mit Migrationshintergrund herangezogen werden, reichen von der Kulturkonflikttheorie, die von der Vorstellung der Relativität der kulturellen Werte geprägt ist, über die Subkulturtheorie, die davon ausgeht, dass sich in Migrationspopulationen eigenständige kulturelle Normensysteme ausprägen, bis hin zu anomietheoretischen Überlegungen, die – verkürzt gesagt – davon geleitet werden, dass Migrationspopulationen in stärkerem Maße von kulturellen und normativen Desintegrations- und sozialen Exklusionsprozessen betroffen sind und daher sowohl als Aggregat als auch als Individuen häufiger mit Lebensumständen konfrontiert sind, die deviantes Verhalten hervorrufen können.

Daneben wurde aber auch – dem labeling approach folgend – die These vertreten, dass die in der amtlichen Statistik sichtbare stärkere Belastung von Ausländern bzw. Personen mit Migrationshintergrund mit devianten Verhaltensweisen Folge einer selektiven Zuschreibung durch die Kontrollinstanzen sei. Diese Hypothese können wir mit den Daten zur Gewalthäufigkeit von Schülern in der Schule aber nicht überprüfen.

Wir werden daher im Wesentlichen der Frage nachgehen, ob Schüler mit Migrationshintergrund tatsächlich durch eine höhere Gewalthäufigkeit an Schulen in Erscheinung treten und ob diese gegebenenfalls nachweisbaren Differenzen sich verringern oder sogar verschwinden, wenn man die spezifische sozialstrukturelle und sozioökonomische Lebenslage der betroffenen Schüler berücksichtigt. Sollte sich bei Kontrolle soziodemografischer bzw. sozioökonomischer Variablen ein Unterschied zwischen Deutschen und Zuwanderern bewahrheiten, wären überhaupt erst die Voraussetzungen gegeben, eine solche Differenz erklären zu wollen. Eine Überprüfung der o.g. Theorieansätze zur Erklärung einer potenziell stärkeren Devianzbelastung bei ausländischen Schülern ist aber nicht beabsichtigt und nicht möglich

Weil sich die Operationalisierung für die vom Migrationshintergrund betroffenen Schüler über die drei Messzeitpunkte hinweg gravierend verändert hat, beziehen sich die nachfolgenden Ergebnisse ausschließlich auf die Befragten aus der Erhebungswelle 2004. Für Befunde aus den früheren Befragungen, die nicht direkt mit den hier referierten Befunden vergleichbar sind, sei auf die entsprechenden Abschlussberichte der Studien verwiesen (Fuchs et al. 1996; Fuchs et al. 2001).

6.1 Staatsangehörigkeit

Spätestens seit der Änderung des Staatsangehörigkeitsrechtes gibt die von einem Befragten berichtete Staatsangehörigkeit nur noch in einem begrenzten Umfang Auskunft über die Migrationserfahrung der Person bzw. deren Eltern und/oder Großeltern. Dennoch sollen in einem ersten Zugang Analysen mit dieser Variablen vorgenommen werden.

Gemäß unseren Daten geben 8,3% (362) der Schüler an, dass sie entweder ausschließlich über eine nicht-deutsche Staatsangehörigkeit verfügen (5,7% (250)) oder aber neben der deutschen Staatsangehörigkeit noch eine weitere besitzen (2,6% (112)). Die ganz überwiegende Mehrheit der Befragten (91,7% (3.993)) verfügt jedoch ausschließlich über die deutsche Staatsangehörigkeit.

Eine Differenzierung des Anteils der Schüler mit nicht-deutscher Staatsangehörigkeit nach dem Alter ergibt, dass in der Alterskategorie der 10- bis 11-Jährigen mit 95,4% (539) die Zahl der Schüler mit ausschließlich deutscher Staatsangehörigkeit am höchsten ist, während unter den 20-Jährigen und Älteren der Anteil mit ausschließlich nicht-deutscher Staatsangehörigkeit bzw. mit deutscher und nicht-deutscher Staatsangehörigkeit zugleich mit 12,5% am höchsten ist ($\alpha < 0{,}01$).

Abb. 6.1:   Staatsangehörigkeit der Schüler 2004

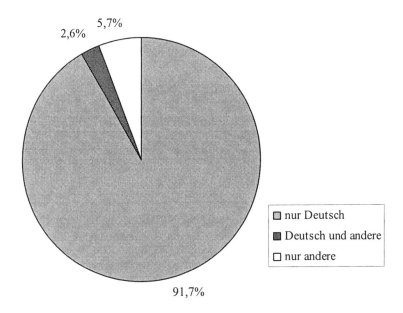

Während die relative Zahl der Schüler mit ausschließlich deutscher Staatsangehörigkeit bei den Hauptschulen mit 88,8% (1.078) am geringsten ausfällt, finden wir bei den Gymnasien mit 93,8% (1.213) den höchsten Anteil der Schüler mit ausschließlich deutscher Staatsangehörigkeit. Die Berufsschulen (91,2% (985)) und die Realschulen (93,4% (718)) liegen zwischen diesen beiden Extremen. Auffällig ist, dass Schüler, die über eine deutsche und eine andere Staatsangehörigkeit verfügen in allen vier Schularten ähnlich stark vertreten sind. Der Anteil schwankt zwischen 2,3% (18) bei den Realschülern und 2,7% bei den Berufsschulen bzw. den Gymnasien. Deutlichere Differenzen sieht man hingegen bei den Schülern mit ausschließlich nicht-deutscher Staatsangehörigkeit, der zwischen 3,5% (45) bei den Gymnasien und 8,6% (105) bei den Hauptschulen schwankt. Auch hier liegen die Realschulen (4,3% (33)) und die Berufsschulen (6,1% (66)) zwischen diesen beiden Extremen ($\alpha < 0{,}001$).

Eine einfache Gegenüberstellung der Schüler mit deutscher Staatsangehörigkeit und denjenigen mit anderer Nationalität ergibt eine sichtbare stärkere Gewaltbelastung der Schüler, die nicht ausschließlich über die deutsche Staatsangehörigkeit verfügen. Dies lässt sich für alle vier Gewaltformen statistisch höchst signifikant nachweisen (vgl. Tab. 6.1):

Tab. 6.1: Gewaltindizes 2004 nach Staatsangehörigkeit

Staatsangehörigkeit	Gewalt gegen Personen	Gewalt gegen Sachen	Psychische Gewalt	Verbale Gewalt
nur Deutsch	0,5	0,4	0,4	2,1
Deutsch und andere	1,0	0,9	0,7	2,9
nur andere	1,1	0,8	0,7	2,7
Alle	0,6 ***	0,4 ***	0,4 ***	2,1 ***

*** $\alpha < 0,001$. Gewaltindizes von 0 bis 10.

Bei der Gewalt gegen Personen sind deutsche Schüler mit durchschnittlich 0,5 Skalenpunkten belastet, wohingegen solche mit ausschließlich nicht-deutscher Staatsangehörigkeit auf einen Indexwert von 1,1 kommen und sich für Schüler, die zusätzlich zu ihrer deutschen Staatsangehörigkeit noch eine andere besitzen, ein Punktwert von 1,0 errechnet ($\alpha < 0,001$).

Ganz analog, jedoch auf niedrigerem Niveau verhält es sich für die Gewalt gegen Sachen: Auch hier weisen Schüler mit nicht-deutscher Staatsangehörigkeit jeweils deutlich höhere Durchschnittswerte auf als jene mit ausschließlich deutscher Staatsangehörigkeit ($\alpha < 0,001$).

Auch für die psychische Gewalt lässt sich ein analoges Verhältnis dokumentieren: Die Schüler mit nicht-deutscher Nationalität sind etwa doppelt so stark gewaltbelastet wie jene mit ausschließlich deutscher Staatsangehörigkeit ($\alpha < 0,001$).

Etwas weniger gravierend fällt der Unterschied zwischen deutschen und nicht-deutschen Schülern bei der verbalen Gewalt aus: Hier sind Schüler mit ausschließlich deutscher Nationalität durchschnittlich mit 2,1 Indexwerten belastet, wohingegen Schüler mit nicht-deutscher Staatsangehörigkeit 2,7 Skalenpunkte aufweisen und schließlich binationale Schüler einen Durchschnittswert von 2,9 haben ($\alpha < 0,001$).

Zwar finden wir also einen eindeutigen Befund, der darauf schließen ließe, dass ausländische Schüler stärker gewaltbelastet sind als deutsche, jedoch muss darauf hingewiesen werden, dass die Erklärungskraft (Eta^2) der Staatsangehörigkeit mit etwa einem Prozent ausgesprochen gering ausfällt.

Vorausgehende Analysen im Kapitel 3 hatten ergeben, dass die Gewaltbelastung der Schüler zwischen den vier untersuchten Schularten derart differiert, dass die Gewaltbelastung bei niedrigem Bildungsaspirationsniveau deutlich höher ausgeprägt war als bei höherem. Wenn wir nun feststellen, dass der Anteil der Schüler mit nicht-deutscher Staatsangehörigkeit bei den Schulen, die besonders stark durch Gewalt belastet sind, eher größer ausfällt, stellt sich die Frage, ob die höhere Gewaltbelastung bei nicht-deutscher Staatsangehörigkeit nun an dem Merkmal der Nationalität hängt oder den möglicherweise damit verknüpften normativ-kulturellen Besonderheiten, die auf eine spezifische Sozialisationserfahrung im Elternhaus oder den Migrationshintergrund zurückzuführen sind, oder aber ob der Besuch einer Schule mit ohnehin schon hohem Gewaltniveau sich eben auch auf die Schüler dieser Schule auswirkt, die – zufälligerweise – eine nicht-deutsche Staatsangehörigkeit aufweisen. Dieser Frage werden wir im Folgenden mit einer differenzierten Analyse nachgehen.

Tab. 6.2: Gewaltindizes 2004 nach Schulart und Staatsangehörigkeit

Staatsangehörigkeit	Gewalt gegen Personen	Gewalt gegen Sachen	Psychische Gewalt	Verbale Gewalt
Hauptschule				
nur Deutsch	0,8	0,4	0,4	2,4
Deutsch und andere	1,5	0,6	0,8	3,4
nur andere	1,5	1,0	0,9	3,0
Alle	0,9 ***	0,4 ***	0,5 ***	2,5 ***
Berufsschule				
nur Deutsch	0,5	0,4	0,4	2,2
Deutsch und andere	0,8	0,4	0,4	2,4
nur andere	0,8	0,4	0,6	2,3
Alle	0,5	0,4	0,4	2,2
Realschule				
nur Deutsch	0,5	0,4	0,4	2,2
Deutsch und andere	1,2	1,4	1,3	3,0
nur andere	1,0	1,1	0,9	2,7
Alle	0,5 ***	0,5 ***	0,4 ***	2,2 +
Gymnasium				
nur Deutsch	0,3	0,3	0,2	1,7
Deutsch und andere	0,6	1,2	0,7	2,8
nur andere	0,5	0,6	0,5	2,4
Alle	0,3 *	0,3 ***	0,2 ***	1,7 ***

+ = α < 0,1; * = α < 0,05; ** = α < =,01; *** = α < 0,001.

Die vergleichende Analyse nach Staatsangehörigkeit und besuchter Schulart zeigt, dass es bei allen vier Gewaltformen signifikante Unterschiede gibt. Immerhin erbringt die Kontrolle der Schulart einen mäßigen Einfluss der (auch) nicht-deutschen Staatsangehörigkeit auf das Gewaltniveau. Lediglich in den Berufsschulen spielt die Staatsangehörigkeit keine Rolle für die Gewaltintensität. Auffällig ist weiter, dass die Unterschiede zwischen den Staatsangehörigkeitsgruppen nach Gewalttaten differieren: Während die Gewalt gegen Personen an den Hauptschulen am stärksten ausfällt und an Gymnasien eher geringer ausgeprägt ist, scheint die Differenz nach Nationalität bei der Gewalt gegen Sachen an Realschulen und Gymnasien eher größer zu sein. Auch bei den anderen Gewaltformen gibt es schulartspezifische Ausprägungen der Differenzen. Insgesamt schwankt aber die Erklärungskraft der Staatsangehörigkeit in den einzelnen Schularten lediglich zwischen 1% und maximal 3% (Eta^2) (vgl. Tab. 6.2).

In einem nächsten Schritt haben wir neben der besuchten Schulart auch noch weitere soziodemografische und sozioökonomische Hintergrundvariablen berücksichtigt und die Mittelwerte für die verschiedenen Staatsangehörigkeitsgruppen bezüglich des Einflusses dieser möglicherweise nicht gleichmäßig auf die Staatsangehörigkeitsgruppen einwirkenden Hintergrundvariablen kontrolliert. Die Tab. 6.3 zeigt die arithmetischen Mittel für die vier Gewaltindizes, wobei neben der besuchten Schulart auch das Geschlecht und das Alter als Kontrollvariablen berücksichtigt wurden.

Betrachtet man zunächst die Mittelwerte für die Gewalt gegen Personen, so stellen wir nach wie vor einen höchst signifikanten Unterschied zwischen den Schülern mit nur deutscher Staatsangehörigkeit (0,5) und den beiden anderen Gruppen (je 1,0) fest ($\alpha < 0,001$). Sowohl Schüler, die ausschließlich über eine nicht-deutsche Staatsangehörigkeit verfügen als auch jene, die neben dem deutschen noch einen weiteren Pass besitzen, sind beim Index für die physische Gewalt gegen Personen jeweils doppelt so stark auffällig. Ganz analog verhält es sich bei der Gewalt gegen Sachen: Auch hier weisen trotz Kontrolle von Schulart, Geschlecht und Alter die Schüler mit einer anderen als der deutschen Staatsangehörigkeit jeweils etwa doppelt so hohe Indexwerte auf ($\alpha < 0,001$).

Vergleicht man diese korrigierten Mittelwerte mit den unkorrigierten Mittelwerten ohne Kontrolle von Schulart, Geschlecht und Alter (in Tab. 6.1), so stellt man bereits geringe Differenzen fest: Schüler mit nicht-deutscher Staatsangehörigkeit sind bei Kontrolle der soziodemografischen und sozioökonomischen Hintergrundvariablen jeweils geringfügig weniger auffällig als bei unkontrollierter Betrachtung. Für die psychische Gewalt lässt sich ein solcher Effekt jedoch nicht nachweisen. Hier bleibt es bei dem schon bekannten Befund aus Tab. 6.1 (vgl. S. 192).

Auch für die verbale Gewalt finden wir so gut wie keine Unterschiede zwischen den korrigierten und unkorrigierten Mittelwerten: Schüler mit deutscher Staatsangehörigkeit kommen auf einen Durchschnittswert von 2,1 Punkten, während Schüler mit deutscher und anderer Staatsangehörigkeit auf 2,9 Indexpunkte im Mittel kommen. Lediglich bei Schülern mit ausschließlich nicht deutscher Staatsangehörigkeit sehen wir eine klare Absenkung des durchschnittlichen In-

Migrationshintergrund und Gewalt

dexwertes bei Kontrolle von Schulart, Geschlecht und Alter. Hier verringert sich der Indexwert von 2,7 (unkorrigiert) auf 2,5 (korrigiert; $\alpha < 0{,}001$).

Tab. 6.3: Gewaltindizes 2004 nach Staatsangehörigkeit kontrolliert für den Einfluss von Schulart, Geschlecht und Alter

Staatsangehörigkeit	Gewalt gegen Personen	Gewalt gegen Sachen	Psychische Gewalt	Verbale Gewalt
nur Deutsch	0,5	0,4	0,4	2,1
Deutsch und andere	1,0	0,7	0,7	2,9
nur andere	1,0	0,8	0,7	2,5
Alle	0,6 ***	0,4 ***	0,4 ***	2,1 ***

*** = $\alpha < 0{,}001$. Indexwert von 0 bis 10.

Die Kontrolle von Geschlecht, Alter und Schulart modifiziert die Gewaltbelastung der nicht-deutschen Schüler derart, dass mäßige und nicht durch gängige Reduktionen gegenüber den bivariaten Indexwerten auftreten. Allerdings bleibt die grundsätzliche stärkere Belastung der nicht-deutschen Schüler bei allen Gewaltarten erhalten.

Die ansatzweise sichtbare, aber doch mäßige Reduktion der Unterschiede zwischen den betrachteten Staatsangehörigkeitsgruppen bei Kontrolle von soziodemografischen und sozioökonomischen Hintergrundvariablen veranlasst dazu, weitere Variablen in die Berechnung der Mittelwertunterschiede einzubeziehen. Dabei stützen wir uns auf Indizes, die wir für den Messzeitpunkt 2004 in Anlehnung an unsere Schüleruntersuchung zum Rechtsextremismus im Jahr 2001 (Fuchs et al. 2003) auch in den Fragebogen für die Schülerbefragung 2004 zur Gewalt an Schulen implementiert haben. Eine genauere Beschreibung der Skalen kann hier nicht geleistet werden. Es wird daher auf die verwendeten Indizes im Fragebogen im Anhang verwiesen. Berücksichtigt wurde eine Skala in Anlehnung an das Desintegrations-Verunsicherungs-Theorem von Heitmeyer (1995), wobei neben einem Index zur Desintegration (Frage 16) auch ein Index zur Handlungsunsicherheit (Frage 20) gebildet wurde. Hinzu kommt in Anlehnung an Silbereisen und Walper (1987) ein Index zur Transgressionsbereitschaft (Frage 19) sowie ein Anomieindex (Frage 28). In Anlehnung an die älteren Arbeiten zur Autoritarismusforschung (Adorno et. al. 1950, Lederer 1983, Oesterreich 1993) wurde schließlich ein Index zum Autoritarismus aufgenommen (Frage 29), sowie schließlich in Anlehnung an Hopf (1992) ein Index zur Gewalterfahrung in der familialen Sozialisation (Frage 33).

Die Tabelle 6.4 auf S. 197 stellt die Ergebnisse zu den Signifikanzen mit Hilfe des allgemeinen linearen Modells zum Einfluss von Faktoren und Kovariaten zusammen. Die angegebenen Signifikanzen beziehen sich jeweils auf einen F-Test, der den Einfluss der Kovariate bzw. des Faktors bestimmt. Die Modelle wurden – um eine leichtere Integration zu ermöglichen – ohne Interaktionen spezifiziert. Ein Blick auf die korrigierten R^2 für die Gesamtmodelle verdeutlicht, dass wir etwa ein Viertel der Varianz der jeweiligen Gewaltarten durch die Modelle erklärt werden können. Umgekehrt folgt daraus, dass wir aber den ganz überwiegenden Teil des Gewaltaufkommens durch die kontrollierten Variablen nicht vorhersagen können. Betrachtet man die einzelnen einbezogenen Faktoren und Kovariaten, so stellt man fest, dass Schulart, Geschlecht und Alter jeweils ein höchst signifikanter Einfluss zukommt. Auch die Indizes Desintegration und Transgressionsbereitschaft tragen jeweils höchst signifikant zur Erklärung der Gewalt gegen Personen bei. Anders sieht es mit der Anomie und dem Autoritarismus aus, die beide in diesem Modell keinen signifikanten Einfluss haben. Jedoch kommt der Gewalterfahrung in der Familie ein höchst signifikanter Einfluss zu.

Betrachtet man die Mittelwerte des Gewaltindex für die Gewalt gegen Personen bei Kontrolle all der genannten Variablen, so stellt man zwar nach wie vor einen höchst signifikanten Unterschied zwischen den Staatsangehörigkeitsgruppen fest, jedoch ist die Differenz zwischen den Schülern mit deutscher Staatsangehörigkeit (0,5), den Schülern mit deutscher und anderer Staatsangehörigkeit (0,7) und den Schülern mit ausschließlich anderer Nationalität (0,9) sichtbar zurückgegangen. Man könnte an dieser Stelle spekulieren, dass bei Kontrolle weiterer relevanter Hintergrundmerkmale (insbesondere Bildung und Berufstätigkeit sowie finanzielle Ressourcen der Eltern) möglicherweise eine weitere Reduktion des Gewaltaufkommens bei nicht-deutschen Staatsangehörigkeitsgruppen nachweisbar wären. Wir haben in unserem Fragebogen zwar versucht, sowohl die finanzielle Lage der Haushalte der Schüler zu ermitteln, als auch das Bildungsniveau und die Stellung im Beruf der Eltern – jedoch haben sich diese Variablen in früheren Untersuchungen als nicht besonders valide erwiesen. Nach aller Erfahrung können insbesondere jüngere Schüler nur wenig Auskunft über Bildungsniveau, Einkommen und Erwerbstätigkeit ihrer Eltern geben. Daher wurden diese Variablen nicht in der Analyse berücksichtigt.

Bei der Varianzerklärung der Gewalt gegen Sachen durch die oben aufgeführten Variablen haben Schulart und Alter bei Kontrolle der sonstigen Variablen keinen signifikanten Einfluss mehr. Diese Gewaltform scheint also Schulart übergreifend virulent zu sein. Lediglich das Geschlecht ist eine erklärungskräftige Variable. Auch bei dieser Gewaltart kommt der Handlungsunsicherheit und der Anomie, wie bei fast allen anderen Analysen, kein signifikanter Einfluss zu; lediglich die Transgressionsbereitschaft, die Desintegration, der Autoritarismus und die Gewalterfahrung in der Familie sind Bedingungen, die einen signifikanten Effekt besitzen. Betrachtet man die für die oben genannten Variablen korrigierten Mittelwerte der Gewalthäufigkeit für die verschiedenen Staatsangehörigkeitsgruppen, so stellt man eine deutlichere und sichtbare Reduktion der Unterschiede zwischen den

Schülern mit deutscher Staatsangehörigkeit (0,4 Skalenpunkte) und den beiden anderen Kategorien fest. Während sich in der unkorrigierten Betrachtung für die Schüler mit deutscher und anderer Nationalität ein Durchschnittswert von 0,9 errechnet, kommen wir bei kontrollierter Analyse auf 0,5 Skalenpunkte. Auch für die Schüler, die ausschließlich über eine andere als die deutsche Staatsangehörigkeit verfügen, gibt es entsprechende Unterschiede (0,8 Skalenpunkte zu 0,7 Skalenpunkten; $\alpha < 0,001$).

Tab. 6.4.: Varianzerklärung von soziodemografischen und von sozialen Hintergrundvariablen für die Gewaltindizes 2004 bei deutschen und nicht-deutschen Staatsangehörigen

Einflussfaktoren	Gewalt gegen Personen	Gewalt gegen Sachen	Psychische Gewalt	Verbale Gewalt
Staatsangehörigkeit	***	***	**	**
Schulart	***	n.s.	**	***
Geschlecht	***	***	***	***
Alter	***	n.s.	n.s.	**
Index Desintegration	***	*	*	***
Index Transgressionsbereitschaft	***	***	***	***
Index Handlungsunsicherheit	n.s.	n.s.	n.s.	n.s.
Index Anomie	n.s.	n.s.	n.s.	**
Index Autoritarismus	n.s.	*	n.s.	n.s.
Index Gewalt in der Familie	***	***	***	*
Korrigiertes R^2	0,27	0,21	0,21	0,28
Für obige Variablen korrigierte Mittelwerte für die Indizes				
Deutsche Staatsangehörigkeit	0,5	0,4	0,4	2,1
Deutsch und andere	0,7	0,5	0,5	2,4
Andere Staatsangehörigkeit	0,9	0,7	0,6	2,5

* $\alpha < 0,05$; ** $\alpha < 0,01$; *** $\alpha < 0,001$.

Auch für die psychische Gewalt ermitteln wir eine Reduktion der Differenzen zwischen den Staatsangehörigkeitsgruppen, die für die Schüler mit deutscher und anderer Staatsangehörigkeit mit –0,2 Skalenpunkten besonders deutlich ausfällt.

Schüler, die ausschließlich eine nicht-deutsche Staatsangehörigkeit besitzen, erreichen mit einem Rückgang von 0,7 auf 0,6 Skalenpunkte eine sichtbare Verringerung der Gewaltbelastung, so dass die Unterschiede zwischen den drei Staatsangehörigkeiten nun nur noch maximal 0,2 Skalenpunkte betragen.

Bei der verbalen Gewalt stellen wir einen signifikanten Einfluss von Schulart, Geschlecht und Alter auf die Gewalthäufigkeit fest. Die Desintegration sowie die Transgressionsbereitschaft haben gleichfalls signifikantes Gewicht, ebenso wie die Anomie und die Gewalterfahrung in der Familie, was insgesamt zu einem korrigierten R^2 von 0,28 führt. Vergleicht man die korrigierten Mittelwerte für die drei Staatsangehörigkeitskategorie mit den unkorrigierten, so finden wir sowohl für die Schüler mit deutscher und nicht-deutscher Nationalität (2,9 zu 2,4) als auch für die Schüler mit ausschließlich nicht-deutscher Staatsangehörigkeit (2,7 zu 2,5) deutliche und sichtbare Rückgänge der Gewaltbelastung.

Hier wie auch bei der psychischen Gewalt verbleibt jedoch ein hoch signifikanter Einfluss der Staatsangehörigkeit auf die Gewaltbelastung; wir vermuten aber, dass wir bei Berücksichtigung weiterer sozioökonomischer und soziodemografischer Hintergrundvariablen eine weitere Angleichung der Staatsangehörigkeitsgruppen nachweisen könnten. Zusammenfassend interpretieren wir die Befunde dahingehend, dass der Staatsangehörigkeit im Vergleich zu anderen Variablen nur ein untergeordneter, aber modellimmanent signifikanter und erkennbarer Einfluss auf die Gewalthäufigkeit zukommt, dessen Größe möglicherweise durch die Kontrolle weiterer Drittvariablen weiter eingeschränkt werden könnte.

6.2 Migrationshintergrund

Spätestens seit der Reform des Staatsangehörigkeitsrechts lässt sich der Vergleich von „Ausländern" und „Deutschen" nicht mehr ausschließlich über die Staatsangehörigkeit vornehmen. Faktisch ist mit der Staatsangehörigkeit nur ein sehr unsicherer Indikator für einen Migrationshintergrund in der Herkunftsfamilie gegeben. Daher haben wir den Migrationshintergrund der Familien der Schüler noch anderweitig eruiert. Die Informationen wurden in einer Variablen zusammengefasst, die Schüler differenziert, die keinen Migrationshintergrund in der Familie haben und diese von solchen unterscheidet, die zwar nicht selbst und auch deren Eltern nicht gewandert, bei denen aber die Großeltern als Migranten nach Deutschland gekommen sind. Als weitere Kategorie werden Schüler ausgewiesen, die zwar nicht selbst gewandert, bei denen aber die Eltern und möglicherweise auch die Großeltern nach Deutschland eingereist sind. Und schließlich wird eine Kategorie gebildet, bei der die Befragten selbst als Zuwanderer nach Deutschland gekommen sind. Auf diese Weise haben wir eine vierstufige Variable mit den beiden Extremen „nicht gewandert" bis „selbst gewandert" gebildet.

Die Analysen zum Migrationshintergrund berücksichtigen also nicht, welche Staatsangehörigkeit die Schüler bzw. ihre Eltern und Großeltern tatsächlich haben,

Migrationshintergrund und Gewalt

sondern schauen nur darauf, ob die Befragten bzw. ihre Vorgängergeneration(en) als Migranten nach Deutschland gekommen sind. Damit schließt diese Variable andere Schülergruppen ein: Zusätzlich berücksichtigt werden deutschstämmige Zuwanderer (Aussiedler).

Tab. 6.5: Gewaltindizes 2004 nach Migrationshintergrund

Migrationshintergrund	Gewalt gegen Personen	Gewalt gegen Sachen	Psychische Gewalt	Verbale Gewalt
Ohne Migrationshintergrund	0,5	0,3	0,3	2,1
Selbst und Eltern nicht gewandert, aber Großeltern	0,7	0,5	0,5	2,5
Selbst nicht gewandert, aber Eltern (und ggf. Großeltern)	0,9	0,7	0,6	2,6
Selbst gewandert	0,8	0,5	0,5	2,2
Alle	0,6 ***	0,4 ***	0,4 ***	2,1 ***

*** $\alpha < 0,001$. Indexwerte von 0 bis 10.

Bei der Gewalt gegen Personen finden wir einen höchst signifikanten Einfluss des Migrationshintergrunds auf die Höhe des Index: Während Schüler ohne Migrationshintergrund in der Herkunftsfamilie einen durchschnittlichen Indexwert von 0,5 erreichen, weisen Schüler, deren Großeltern gewandert sind, mit 0,7 Skalenpunkten schon einen sichtbar höheren Wert auf. Die höchste Gewaltbelastung finden wir bei denjenigen, die zwar nicht selbst gewandert sind, aber deren Eltern als Migranten nach Deutschland migriert sind (0,9). Schüler, die selbst als Zuwanderer in Deutschland einreisten, erreichen mit 0,8 Skalenpunkten ebenfalls eine deutlich erhöhte Gewaltbelastung ($\alpha < 0,001$).

Ganz ähnlich stellt es sich für die Gewalt gegen Sachen dar, bei der der Indexwert von den Schülern ohne Wanderung (0,3) bis zu den Schülern, deren Eltern als Migranten nach Deutschland gekommen sind (0,7) anwächst. Selbst nach Deutschland eingewanderte Schüler weisen mit 0,5 Skalenpunkten demgegenüber wieder einen etwas niedrigeren Indexwert auf. Gleichwohl bleibt es bei dem hoch signifikanten Einfluss des Migrationshintergrunds auf die Gewalthäufigkeit gegenüber Sachen ($\alpha < 0,001$). Ganz ähnliche Effekte finden wir bei der psychischen ($\alpha < 0,001$) und bei der verbalen Gewalt ($\alpha < 0,001$).

Auffällig ist bei der Betrachtung aller vier Gewaltformen, dass Schüler, die selbst als Migranten nach Deutschland gewandert sind, gegenüber denjenigen, die zwar nicht selbst, aber deren Eltern nach Deutschland eingereist sind, jeweils etwas geringere Gewaltbelastungen aufweisen. Hier finden wir den klassischen Befund der Migrationssoziologie bestätigt, wonach die erste Migrantengeneration in der Regel eher auf Konformität und Anpassung aus ist, wohingegen die stärksten Devianzprobleme mit der zweiten Generation der Zuwanderer verbunden sind. Andererseits ist klar ersichtlich, dass Schüler mit Migrationserfahrungen jedweder Art bei allen Gewaltformen stärker belastet sind, als Befragte ohne Migrationshintergrund.

Auch für die Analysen zum Migrationshintergrund haben wir deshalb in einem nächsten Schritt eine Reihe von weiteren sozialen Hintergrundvariablen berücksichtigt, um festzustellen, ob dem Migrationshintergrund bei Kontrolle dieser Variablen nach wie vor ein signifikanter Einfluss auf die Gewalthäufigkeit zukommt (vgl. Tab. 6.6).

Betrachten wir die durchschnittliche Gewaltbelastung der Schüler bei Kontrolle der in der Tab. 6.6 enthaltenen Hintergrundvariablen, so stellen wir für den Migrationshintergrund bei allen vier Gewaltformen einen zumindest hoch signifikanten Einfluss fest. Die Differenzen zwischen den Schülern mit unterschiedlich stark ausgeprägtem Migrationshintergrund verringern sich jedoch sichtbar: Sowohl bei der Gewalt gegen Personen als auch bei der Gewalt gegen Sachen sind Schüler mit Migrationshintergrund gegenüber denen ohne Wanderungserfahrungen zwar nach wie vor stärker gewaltbelastet, die Differenz verringert sich aber um etwa ein Zehntel Skalenpunkt. Gleiches gilt für die psychische Gewalt. Besonders ausgeprägt ist dies bei der verbalen Gewalt der Fall, bei der die Belastung der selbst gewanderten Schüler und derjenigen, die zwar nicht selbst migriert, aber deren Eltern als Zuwanderer nach Deutschland eingereist sind, um jeweils einen Zehntelpunkt zurückgeht, und die Gewaltbelastung der Schüler, die zwar nicht selbst und auch deren Eltern nicht gewandert sind, aber deren Großeltern Einwanderer waren, um 0,2 Skalenpunkte abnimmt (vgl. jeweils Tab. 6.5 und 6.6).

Von daher können wir davon ausgehen, dass dem Migrationshintergrund nach wie vor ein signifikanter Einfluss auf die Gewaltaktivität der Schüler zukommt. Auf weitgehend gesichertem Boden stehen wir, wenn wir behaupten, dass die Unterschiede zur einheimischen deutschen Bevölkerung sich bei Kontrolle von Hintergrundvariablen verringern. In den Bereich der Spekulation begeben wir uns, wenn wir unterstellen, dass die Unterschiede sich weiter reduzieren bzw. vielleicht sogar ganz verschwinden würden, wenn wir auf Basis einer größeren Fallzahl zusätzliche Variablen kontrollieren würden.

Es ist festzuhalten, dass eine stärkere Auffälligkeit von Migrantenkindern und Migrantenjugendlichen hinsichtlich der untersuchten vier Gewaltformen an Schulen nicht von der Hand zu weisen ist, wenngleich uns der Hinweis wichtig scheint, dass anderen sozialen Hintergrundvariablen wie insbesondere dem Geschlecht und dem Alter eine weitaus wichtigere Rolle bei der „Erklärung" von Gewalt an Schulen zukommt.

Tab. 6.6: Varianzerklärung von soziodemografischen und von sozialen Hintergrundvariablen für die Gewaltindizes 2004 bei Schülern mit und ohne Migrationshintergrund

Einflussfaktoren	Gewalt gegen Personen	Gewalt gegen Sachen	Psychische Gewalt	Verbale Gewalt
Migrationshintergrund	***	***	***	**
Schulart	***	n.s.	***	**
Geschlecht	***	***	***	***
Alter	***	n.s.	**	n.s.
Index Desintegration	***	n.s.	***	*
Index Transgressionsbereitschaft	***	***	***	***
Index Handlungsunsicherheit	n.s.	n.s.	n.s.	n.s.
Index Anomie	n.s.	n.s.	**	n.s.
Index Autoritarismus	n.s.	*	n.s.	n.s.
Index Gewalt in der Familie	***	***	*	***
Korrigiertes R^2	0,27	0,21	0,28	0,22
Für obige Variablen korrigierte Mittelwerte für die Indizes				
Ohne Migrationshintergrund	0,5	0,4	0,4	2,1
Selbst und Eltern nicht gewandert, aber Großeltern	0,6	0,5	0,4	2,3
Selbst nicht gewandert, aber Eltern (und ggf. Großeltern)	0,8	0,6	0,5	2,5
Selbst gewandert	0,7	0,5	0,4	2,1

* $\alpha < 0,05$; ** $\alpha < 0,01$; *** $\alpha < 0,001$.

6.3 Aussiedler und Ausländer im Vergleich

Abschließend widmen wir uns der Frage, ob Kinder und Jugendliche aus Aussiedlerfamilien sich von solchen aus anderen Migrantenfamilien hinsichtlich der Gewaltaktivitäten in Schulen unterscheiden. Dazu haben wir ermittelt, ob Eltern oder Großeltern als Ausländer oder Aussiedler nach Deutschland eingereist sind. Entsprechend differenzieren wir zwischen Schülern, deren Eltern weder Ausländer noch Aussiedler sind (also die autochthone deutsche Bevölkerung), und solchen, deren Eltern Ausländer sind, sowie Schülern, deren Eltern Aussiedler sind. Zudem fragen wir, „wie weit entfernt" die Migrationserfahrung in der Familie ist. Dabei benutzen wir die schon verwendete Variable, die unterscheidet, ob die Schüler selbst, ob ihre

Eltern bzw. Großeltern eingewandert sind, oder ob es in der Familie scheinbar überhaupt keinen Migrationshintergrund gibt. Die Tabelle 6.7 enthält nun die Indexwerte für die vier Gewaltformen, wobei wir zum einen die Migrationserfahrung und zum anderen die Differenzierung nach Aussiedler und Ausländer vornehmen.

Bei der physischen Gewalt stellen wir fest, dass die deutschen Schüler ohne Migrationshintergrund mit 0,5 Skalenpunkten etwa genauso gewaltauffällig sind wie diejenigen, deren Großeltern als Aussiedler nach Deutschland gekommen sind. In diesen Familien finden wir also weder für die Befragten selbst, noch für deren Eltern eine Migrationserfahrung – lediglich die Großeltern sind Migranten. Damit können wir feststellen, dass die dritte Aussiedlergeneration in etwa genauso auffällig oder unauffällig ist wie die autochthone deutsche Bevölkerung. Aussiedlerschüler, deren Eltern nach Deutschland gekommen sind, während sie selbst aber in Deutschland geboren wurden, weisen mit 0,8 Skalenpunkten den höchsten Durchschnittswert innerhalb der Aussiedlerpopulation auf. Etwas geringer fällt der Durchschnittswert für die selbst migrierten Aussiedlerjugendlichen aus (0,7 Indexpunkte).

Jeweils etwas höhere Indexwerte besitzen Schüler aus Ausländerfamilien: Mit zunehmender Distanz der Migrationserfahrung nimmt die durchschnittliche Gewalthäufigkeit ab: Jugendliche, die selbst gewandert sind bzw. solche, die zwar nicht selbst nach Deutschland eingereist sind, aber deren Eltern als Ausländer nach Deutschland gekommen sind, erreichen jeweils 0,9 Skalenpunkte. Befragte, bei denen bereits die Großelterngeneration, nicht aber sie selbst und die Elterngeneration als Ausländer eingereist sind, erreichen durchschnittlich 0,7 Punkte auf dem Index für die Gewalt gegen Personen.

Weiter haben wir eine auffällige, aber mit 67 Personen kleine Gruppe identifiziert, bei der weder die Eltern noch die Großeltern als Ausländer oder Aussiedler nach Deutschland gekommen sind und die selbst nicht in Deutschland geboren ist. Hierbei handelt es sich vermutlich um eine Mischung verschiedener Konstellationen: Denkbar sind zum einen Kinder von Deutschen, die im Ausland geboren wurden, etwa während eines Auslandsaufenthaltes, aber ebenso Adoptivkinder von deutschen Eltern aus anderen Ländern sowie Gastschüler, die sich nur vorübergehend in Deutschland aufhalten. Auffällig ist, dass diese kleine Gruppe mit 1,2 Indexpunkten die relativ höchste Belastung bei der Gewalt gegen Personen aufweist.

Ein ganz ähnliches Muster wie bei der Gewalt gegen Personen finden wir auch bei der Gewalt gegen Sachen: Hier sind die Deutschen ohne Migrationshintergrund mit 0,3 Indexpunkten ebenso am geringsten belastet und die kleine auffällige Gruppe, die sich vermutlich aus im Ausland geborenen Kindern, Gastschülern und Adoptivkindern aus dem Ausland zusammensetzt, erreicht mit 1,0 Indexpunkten den relativ höchsten Wert. Alle übrigen Aussiedler- und Ausländerpopulationen liegen zwischen diesen beiden Extremen. Auffällig bei der Gewalt gegen Sachen ist, dass sowohl Schüler, bei denen bereits die Großeltern als Zuwanderer nach Deutschland gekommen sind, als auch jene, die selbst gewandert sind, unabhängig vom Ausländer- bzw. Aussiedlerstatus, mit 0,5 Skalenpunkten ähnliche niedrige, wenn auch im Vergleich zu den einheimischen Deutschen etwas höhere Durchschnittswerte besitzen. Lediglich die zweite Generation der Ausländer und Aussiedler erreicht jeweils etwas höhere Belastungszahlen.

Auch für die psychische Gewalt gilt, dass deutsche Schüler ohne Migrationshintergrund mit 0,3 Skalenpunkten den geringsten Wert erzielen. Wieder zeigt sich, dass die zweite Generation der Zuwanderer jeweils leicht stärker gewaltbelastet ist als die erste Generation der selbst migrierten Kinder und Jugendlichen wie auch im Vergleich zur dritten Generation, also derjenigen, bei denen bereits die Großeltern eingewandert sind, während sie selbst und ihre Eltern keine Migranten sind.

Bei der verbalen Gewalt stellen sich wieder die einheimischen deutschen Kinder und Jugendlichen ohne Migrationshintergrund als die im Vergleich harmlosesten heraus (2,0 Indexpunkte). Auffällig im Vergleich zu den anderen Gewaltformen ist, dass die selbst migrierte erste im Vergleich zur zweiten und dritten Migrantengeneration jeweils niedrigere Indexwerte bei der verbalen Gewaltbelastung aufweist. Wir interpretieren dies dahingehend, dass bei dieser Gruppe die Sprachkenntnisse noch nicht ausreichend ausgebildet sind, um verbal auffällig zu werden. Dennoch muss festgehalten werden, dass alle Migrantengruppen – sowohl Aussiedler wie auch Ausländer – jeweils stärker verbal aggressiv sind, als die einheimischen deutschen Schüler. Dies spricht dafür, dass es im Wesentlichen die Migrationserfahrung zu sein scheint, die ggf. verstärkend auf die Gewalthäufigkeit einwirkt, und nicht bzw. nicht in erster Linie die kulturelle oder ethnische Zugehörigkeit. Dieser Effekt der Migrationserfahrung schwindet aber, denn in der dritten Generation (= nur die Großeltern sind gewandert) ist die Gewaltauffälligkeit der Nachkommen der Migranten deutlich reduziert und erreicht z. T. das Niveau der autochthonen Bevölkerung – allerdings ist es den Schulen kaum zuzumuten, weitere 25 Jahre abzuwarten, bis sich das Gewaltproblem tendenziell in der Generationsfolge löst.

Schüler mit Migrationshintergrund sind bei allen Gewaltformen etwas stärker belastet als deutsche Schüler. Sind die Befragten selbst migriert, sind deren Gewaltaktivitäten etwas schwächer ausgeprägt als wenn die Eltern und/oder Großeltern eingewandert sind.

Tab. 6.7: Gewaltindizes 2004 nach Migrationshintergrund

Migrationshintergrund	Eltern weder Ausländer noch Aussiedler	Eltern Ausländer	Eltern Aussiedler
Gewalt gegen Personen			
Ohne Migrationshintergrund	0,5	•	•
Selbst und Eltern nicht gewandert, aber Großeltern	•	0,7	0,5
Selbst nicht gewandert, aber Eltern (und ggf. Großeltern)	•	0,9	0,8
Selbst gewandert	1,2	0,9	0,7
Gewalt gegen Sachen			
Ohne Migrationshintergrund	0,3	•	•
Selbst und Eltern nicht gewandert, aber Großeltern	•	0,5	0,5
Selbst nicht gewandert, aber Eltern (und ggf. Großeltern)	•	0,6	0,7
Selbst gewandert	1,0	0,5	0,5
Psychische Gewalt			
Ohne Migrationshintergrund	0,3	•	•
Selbst und Eltern nicht gewandert, aber Großeltern	•	0,4	0,4
Selbst nicht gewandert, aber Eltern (und ggf. Großeltern)	•	0,6	0,5
Selbst gewandert	0,9	0,5	0,4
Verbale Gewalt			
Ohne Migrationshintergrund	2,0	•	•
Selbst und Eltern nicht gewandert, aber Großeltern	•	2,5	2,4
Selbst nicht gewandert, aber Eltern (und ggf. Großeltern)	•	2,6	2,5
Selbst gewandert	2,3	2,4	2,2

• = Angabe sachlich nicht möglich

6.4 Zusammenfassung

- *Der Anteil der Schüler mit ausschließlich deutscher Staatsangehörigkeit beträgt in unserer Erhebung 91,7%, während binationale Schüler 2,6% ausmachen. Der Rest von 5,8% besitzt eine ausschließlich nicht-deutsche Staatsangehörigkeit.*

- *Die Gewaltbelastung der autochthonen Deutschen ist niedriger als die von Schülern mit anderen Staatsangehörigkeiten:* Bei der physischen Gewalt sind Schüler mit ausschließlich deutscher Staatsangehörigkeit nur halb so stark belastet wie die anderen, was ähnlich für die psychische und die Gewalt gegen Sachen gilt. Nur bei der verbalen Gewalt liegt die Proportion bei ca. 1,4.

- *Die Erklärungskraft der Staatsangehörigkeit allein für die Gewaltaktivitäten der Schüler ist aber recht gering ausgeprägt.* Der „Pass" hat zwar einen modellimmanenten und signifikanten Effekt auf das Gewalthandeln der Schüler, ist aber weniger bedeutsam als andere Variablen.

- *Bei Kontrolle von Geschlecht, Alter und Schulart reduziert sich nämlich der durch die Nationalität erklärte Anteil der Differenzen des Gewalthandelns von Schülern, bleibt aber grundsätzlich bestehen.* Dies gilt auch für den Einbezug von Gewalt in der Familie, Desintegration und Transgressionsbereitschaft. Daraus schließen wir, dass weitere Kontrollvariablen den Zusammenhang zwischen Staatsangehörigkeit und Gewaltbelastung evtl. weiter reduzieren würden.

- *Schüler, deren Eltern nach Deutschland eingewandert sind, sind stärker von Gewalt betroffen als solche, die selbst migriert sind.* Allgemein sind aber Migrationserfahrungen gewaltfördernd, und zwar bei allen Gewaltarten. Kontrolliert man Drittvariablen, reduziert sich dieser Effekt.

- *Da Aussiedler- und Ausländerkinder in analoger Weise gewaltaktiv sind, ist eher die Migrationserfahrung mit den daraus resultierenden Konsequenzen als die kulturelle oder ethnische Zugehörigkeit für die höhere Gewaltbelastung im Vergleich zu deutschen Schülern verantwortlich.*

- *Insgesamt wird man wohl davon ausgehen können, dass Staatsangehörigkeit und Migration an sich für die Täterschaft junger Menschen weniger entscheidend sind als die damit verbundenen sozialen Voraussetzungen und Konsequenzen.*

7. Waffenbesitz in der Schule

Als Anfang bis Mitte der 1990er Jahre die derzeitige mediale und fachöffentliche Diskussion um die Gewalt an Schulen einen Höhepunkt erreichte, war der Waffenbesitz von Schülerinnen und Schülern an allgemein bildenden und beruflichen Schulen eine der „dramatischsten Bedrohungen", die im öffentlichen Diskurs thematisiert wurden. Schon in den zurückliegenden Analysen auf Basis der ersten und zweiten Erhebungswelle haben wir uns mit dem Waffenbesitz beschäftigt. Wir setzen dies hier fort und gehen der Frage nach, in welchem Umfang Schülerinnen und Schüler von Mitschülern mit einer Waffe bedroht werden bzw. wie häufig sie sie selber auf andere Schüler richten. Schließlich prüfen wir, ob es einen Zusammenhang zwischen Waffenbesitz und Gewalthäufigkeit in der Schülerpopulation gibt, ob also Waffen Begleiterscheinungen oder Katalysatoren extensiver Gewalt sind. Wir gebrauchen im Weiteren den Begriff der Waffe, obgleich nicht alle genannten Gegenstände ausschließlich oder dominant die Funktion einer Waffe erfüllen (z.B. Messer oder Tränengas).

7.1 Waffenbesitz im Zeitverlauf

Im Fragebogen aller drei Erhebungswellen sind gleich lautend Fragen zum Waffenbesitz enthalten, d.h. sie wurden Anfang der 1990er Jahre bei der Planung der ersten Erhebungswelle formuliert. Daraus folgt, dass aktuelle Entwicklungen bei der Nutzung spezifischer Waffenformen im Fragebogen für die dritte Erhebungswelle nicht berücksichtigt werden konnten. Deshalb stehen uns nur Angaben zu Waffenarten zur Verfügung, von denen wir Anfang der 1990er Jahre annahmen, dass sie unter Schülern verbreitet sind. Hier zeigt sich das typische Problem von „Quer-Längsschnittuntersuchungen", bei denen man entweder Restriktionen bei der Aussagekraft im jeweiligen Querschnitt oder aber Nachteile im Zeitvergleich hinzunehmen hat, falls faktische Veränderungen hinsichtlich der Waffenarten eingetreten sind. Wir haben uns für die Vergleichbarkeit der Befunde im Zeitverlauf entschieden und nehmen daher Beeinträchtigungen oder eine unzureichende Abbildung des Waffenbesitzes im Jahr 2004 in Kauf.

Der Waffenbesitz wurde in zwei Teilen erhoben: Zum einen sollten die Schüler mitteilen, ob sie „schon einmal im laufenden Schuljahr" eine der aufgeführten Waffenarten mit in die Schule genommen haben, und zum anderen, ob sie am Befragungstag eine der genannten waffenartigen Gegenstände in der Schule dabei haben. Die folgenden Analysen beschränken sich auf den zweiten Teil der Frage, weil die Rückerinnerung an das laufende Schuljahr und das Mitführen einzelner Waffenarten über einen längeren Zeitraum als fehlerträchtiger gelten kann als die Auskunft zum Befragungstag. Bei dem heiklen Thema des Waffenbesitzes müssen wir allerdings in besonderer Weise in Rechnung stellen, dass einzelne Schüler sich durch aus ihrer Sicht spektakuläre Antworten möglicherweise in Szene setzen wollen und andere angesichts der offensichtlichen Illegalität des Mitführens von

Waffen dieses verheimlichen. Angesichts dieser Unwägbarkeiten müssen die Befunde zu den Waffen mit gewisser Vorsicht interpretiert werden, doch kann man wohl davon ausgehen, dass sich die gegensätzlichen Strategien tendenziell kompensieren werden.

Im Jahr 2004 hat etwa jeder zwanzigste Schüler am Befragungstag ein Messer mit in die Schule genommen (5,0%, 225). An zweiter Stelle folgt die Kette, die von 3,6% (161) mitgeführt wurde. Der Schlagring steht mit 3,1% (138) an dritter Stelle. Alle übrigen Waffenarten werden jeweils von 2% bis 3% am Befragungstag mit in die Schule genommen.

Analysiert man den Waffenbesitz im Zeitverlauf, so stellen wir für sieben der acht aufgeführten Waffenarten sowie für die Kategorie sonstiges eine hochsignifikante Zunahme des Anteils der Schüler fest, die eine solche Waffe mit in die Schule gebracht haben. Lediglich bei den Messern registrieren wir einen Rückgang:

Tab. 7.1: Waffenbesitz am Befragungstag 1994 – 1999 – 2004

Waffenart	1994	1999	2004	
Schlagring	1,2% (40)	1,3% (54)	3,1% (138)	***
Messer	8,9% (289)	6,2% (258)	5,0% (225)	***
Gaspistole	1,2% (38)	1,3% (53)	2,5% (115)	***
Kette	1,0% (34)	1,7% (69)	3,6% (161)	***
Tränengas	2,0% (66)	1,7% (70)	2,7% (120)	**
Schlagholz	0,6% (21)	0,7% (31)	2,0% (92)	***
Wurfstern	1,1% (37)	0,9% (38)	2,1% (96)	***
Pistole, Revolver	0,8% (25)	1,1% (45)	2,6% (117)	***
Sonstiges	1,9% (61)	1,9% (78)	2,9% (133)	**

** = $\alpha < 0,01$; *** = $\alpha < 0,001$.

Während 1994 noch 8,9% (289) der Befragten ein Messer mit in die Schule gebracht haben, sinkt der Anteil über 6,2% (258) 1999 auf 5,0% (225) im Jahr 2004. Insofern muss man also von einer Diversifizierung des Waffenarsenals unter Schülern ausgehen: Wenn Schüler Anfang der 1990er Jahre eine Waffe mit in die Schule gebracht haben, dann handelte es sich dabei ganz überwiegend um ein Messer. Dies hat sich bis zum Jahr 2004 dahingehend verschoben, dass das Messer immer noch den ersten Platz einnimmt, dass aber die übrigen Waffenarten erheblich „aufgeholt" haben. Besonders dramatisch ist der Anstieg bei der Pistole und beim Revolver, wo 1994 lediglich 0,8% (25) der Schüler eine solche Waffe dabei hatten, während es im Jahr 2004 immerhin 2,6% (117) sind. Noch etwas deutlicher fällt der Zuwachs bei dem Mitbringen einer Kette aus, das von 1,0% (34) 1994 auf 3,6% (161) im Jahr 2004 anwachsen ist. Interessant sind auch die „sonstigen" Waffen, die von 1,9% (61) 1994 auf 2,9% (133) im Jahr 2004 zugenommen haben. Offenbar haben andere, als die aufgeführten Waffenarten bei den Schülern auch an Verbreitung zugenommen.

Waffenbesitz ist in der befragten Schülerschaft ganz überwiegend ein männliches Phänomen, denn es gilt für alle Waffenformen, dass männliche Schüler jeweils hoch- oder höchstsignifikant häufiger diese am Befragungstag dabei haben: 7,7% (179) der männlichen Schüler haben ein Messer mit in die Schule gebracht, 4,4% (103) eine Kette und 4,2% (97) einen Schlagring bzw. eine sonstige Waffe. Auch die übrigen Waffenarten – Gaspistole, Tränengas, Schlagholz, Wurfstern sowie Pistole und Revolver – werden jeweils von 3% bis 4% der männlichen Schüler mitgeführt.

Tab. 7.2: Waffenbesitz am Befragungstag 2004 nach Geschlecht

Waffenart	Männlich	Weiblich	Alle	
Schlagring	4,2% (97)	1,7% (37)	3,1% (138)	***
Messer	7,7% (179)	1,9% (40)	5,0% (225)	***
Gaspistole	3,5% (81)	1,5% (31)	2,5% (115)	***
Kette	4,4% (103)	2,5% (53)	3,6% (161)	***
Tränengas	3,7% (85)	1,5% (32)	2,7% (120)	***
Schlagholz	3,0% (69)	1,0% (21)	2,0% (92)	***
Wurfstern	3,3% (76)	0,8% (18)	2,1% (96)	***
Pistole, Revolver	3,9% (90)	1,0% (22)	2,6% (117)	***
Sonstiges	4,2% (97)	1,5% (31)	2,9% (133)	**

** = α < 0,01; *** = α < 0,001.

Allerdings nehmen Schülerinnen keineswegs überhaupt keine Waffen mit: Zwar gibt es eine kleine Verschiebung in der Reihenfolge der am häufigsten mitgeführten

Waffen – die Kette liegt mit 2,5% (53) vor dem Messer (1,9%, 40) –, jedoch finden wir auch bei allen übrigen Waffenarten in der Regel 1% bis 2% der Schülerinnen, die eine entsprechende Waffe am Befragungstag mit in die Schule gebracht haben.

Nun darf man allerdings nicht davon ausgehen, dass jeder Schüler, der am Befragungstag eine Waffe mit in die Schule nimmt, diese ständig – also „jeden Tag" – mitführt, aber insgesamt muss doch zur Kenntnis genommen werden, dass zumindest gelegentlich sowohl Mädchen als auch Jungen waffenartige Gegenstände mit in die Schule bringen. Dabei ist es eine offene Frage, ob diese zum eigenen Schutz (Abwehr von potenzieller und befürchteter Gewalt) oder zum gezielt gewaltförmigen Einsatz dabei sind. Auch bedeutet der Besitz von Waffen keineswegs automatisch deren Einsatz, denn auch pures Imponiergehabe oder Lust an der Übertretung schulischer Regeln mögen Motive sein.

In einem weiteren Schritt haben wir geprüft, wie viele Schüler überhaupt *irgendeine* der angegebenen Waffenarten mit in die Schule genommen haben. Dabei ergibt sich, dass insgesamt 11% am Befragungstag irgendeine Waffe mit dabei hatten. Dieser Prozentwert liegt in etwa auf dem Niveau von 1994 (10,8%, 388), nachdem es 1999 einen Rückgang auf 8,9% (376) gegeben hatte.

Differenziert man nach Schülern und Schülerinnen, so wiederholt sich der Befund, wonach weibliche Schüler mit 6,4% (136) deutlich seltener irgendeine Waffe mit in die Schule bringen als ihre männlichen Mitschüler (15,1%, 349). Auffällig ist jedoch, dass die Zahl der Schüler, die eine Waffe mit in die Schule nahmen, im Zeitverlauf um etwa 1,5 Prozentpunkte abgenommen hat: Waren es 1994 noch 16,6% (313), liegt der Prozentwert 2004 bei 15,1% (349) und damit um 1,5 Prozentpunkte niedriger ($\alpha < 0,01$). Bei den Schülerinnen hingegen finden wir eine Zunahme von 4,1% (69) im Jahr 1994 über 4,4% (88) 1999 auf 6,4% (136) zum letzten Befragungszeitpunkt ($\alpha < 0,01$).

Weiter zeigt die Analyse, dass der Waffenbesitz in den verschiedenen Schularten erheblich differiert: Während wir 2004 bei den Hauptschulen 12,6% (159) Schüler finden, die am Befragungstag irgendeine der angegebenen Waffen mitführen, beträgt Anteil an den Gymnasien nur 9,1% (122). Berufsschulen (12,4%, 140) und Realschulen (9,8%, 78) liegen zwischen diesen beiden Extremen. Auffällig ist weiter, dass die männlichen Berufsschüler mit 17,8% (115) deutlich stärker belastet sind, als die Hauptschüler, während bei den weiblichen Schülern die Hauptschülerinnen mit 9,2% (51) sichtbar vor allen anderen Schularten liegen.

Betrachtet man den Waffenbesitz im Zeitverlauf nach den vier Schularten differenziert, so stellen wir bei den Hauptschulen eine Zunahme von 8,4% (93) 1994 auf 12,6% (159) im Jahr 2004 fest ($\alpha < 0,001$). Ähnliches gilt auf niedrigerem Niveau für die Gymnasien, bei denen der Anteil von 6,7% (70) auf 9,1% (122) angestiegen ist ($\alpha < 0,01$).

Für Berufsschulen registrieren wir hingegen einen deutlichen Rückgang des Waffenbesitzes von 17,5% (171) auf 12,4% (140) im Zehnjahreszeitraum ($\alpha < 0,01$).

Ähnliches gilt – wenn auch nicht statistisch signifikant – für die Realschulen, bei denen der Anteil der Waffenbesitzer um 1,8 Prozentpunkte gesunken ist.

Tab. 7.3: Jedweder Waffenbesitz am Befragungstag nach Schulart 1994 – 1999 – 2004

Schulart	1994	1999	2004	
Alle				
Hauptschule	8,4% (93)	7,7% (97)	12,6% (159)	***
Berufsschule	17,5% (171)	14,4% (159)	12,4% (140)	**
Realschule	11,6% (55)	8,9% (54)	9,8% (78)	n.s.
Gymnasium	6,7% (70)	5,2% (65)	9,1% (122)	**
Alle	10,8% (388)	8,9% (376)	11,0% (499)	**
Männlich				
Hauptschule	12,2% (73)	10,1% (68)	15,4% (105)	*
Berufsschule	25,9% (146)	19,9% (127)	17,8% (115)	**
Realschule	20,7% (172)	15,2% (42)	13,4% (49)	n.s.
Gymnasium	9,8% (49)	7,7% (45)	12,9% (80)	**
Alle	16,6% (313)	13,0% (282)	15,1% (349)	**
Weiblich				
Hauptschule	3,8% (19)	5,0% (28)	9,2% (51)	***
Berufsschule	5,7% (22)	6,5% (29)	4,6% (21)	n.s.
Realschule	3,5% (9)	3,7% (12)	6,0% (25)	n.s.
Gymnasium	3,6% (19)	2,9% (19)	5,6% (39)	*
Alle	4,1% (69)	4,4% (88)	6,4% (136)	**

** = α < 0,01; *** = α < 0,001.

Waffenbesitz in der Schule

Dieser generelle Trend, wonach der Waffenbesitz an Hauptschulen und Gymnasien zunimmt, während er an Berufsschulen und – tendenziell – an Realschulen abnimmt, lässt sich für männliche und weibliche Schüler in ähnlicher Weise nachzeichnen. Analysiert man den Waffenbesitz nach dem Alter der Schüler, so ermittelt man eine jugendphasenspezifische Verteilung, die sich für fast alle Formen devianten Verhaltens aufweisen lässt: Während die Zahl der Waffenbesitzer bei den 10- bis 11-Jährigen bzw. bei den 12- bis 13-Jährigen vergleichsweise gering ausfällt, steigt der Anteil bei den 14- bis 15-Jährigen bzw. den 16- bis 17-Jährigen sichtbar an, um dann erneut bis ins Erwachsenenalter abzufallen. Diese Verteilung gilt insbesondere für 1999 und 2004, während 1994 bei den 18- bis 19-Jährigen noch ein Anstieg erfolgt. Auffällig ist weiter, dass im Jahr 2004 der Anteil der 10- bis 13-Jährigen, die eine Waffe am Befragungstag mit in die Schule genommen haben, gegenüber den früheren Messzeitpunkten deutlich angestiegen ist, wohingegen bei den über 16-Jährigen ein sichtbarer Rückgang des Anteils der Waffenbesitzer festgestellt werden kann. Insofern ist von einer Vorverlagerung des Waffenbesitzes in jüngere Alterskategorien zu sprechen: Heute sind die Waffenbesitzer im Mittel etwas jünger, als sie dies 1994 und 1999 waren.

Abb. 7.1:   Jedweder Waffenbesitz am Befragungstag nach Alter
             1994 – 1999 – 2004

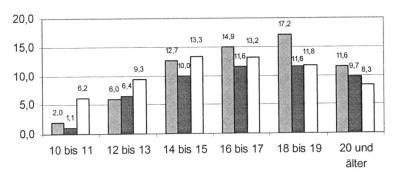

10 bis 11: α < 0,001; 12 bis 13: α < 0,01; 14 bis 15: n.s.; 16 bis 17: n.s.; 18 bis 19: α < 0,01; 20 und älter: n.s.

7.2 Verwendung der Waffen

Dass Schüler Waffen mit in die Schule nehmen, ist an sich schon ein Besorgnis erregendes Ereignis und wird von Lehrern wie Schülern mit Recht als bedrohlich wahrgenommen. Die Frage ist aber, was die Schüler mit den mitgeführten Waffen tatsächlich machen. Denkbar ist, dass Schüler Waffen mit in die Schule nehmen, weil sie sich von Mitschülern bedroht fühlen und sie sich dieser Bedrohung erwehren wollen. Vorstellbar ist aber auch, dass sie Waffen dabei haben, um selbst initiativ andere damit zu bedrohen. Daher haben wir die Schüler gefragt, wie häufig sie von einem anderen Schüler im laufenden Schuljahr schon mit einer Waffe bedroht wurden.

Der ganz überwiegende Teil der Schüler ist noch nie mit einer Waffe in der Schule bedroht worden. Daraus schließen wir, dass die Schüler die Waffen im Wesentlichen nicht mitführen, um diese tatsächlich einzusetzen, sondern möglicherweise, um sich vor Mitschülern zu inszenieren bzw. um damit anzugeben. Letzteres wird durch den Befund bestätigt, wonach nur eine ganz geringe Zahl der Schüler angibt, selbst einen Mitschüler durch eine Waffe im laufenden Schuljahr bedroht zu haben (vgl. Kap. 3), dennoch darf der Waffenbesitz von Schülern nicht verharmlost werden.

Ob Schüler, die im laufenden Schuljahr selbst schon mal von einem Mitschüler mit einer Waffe bedroht wurden, häufiger Waffen mit in die Schule nehmen, wird mit Tab. 7.4 beantwortet:

Tab. 7.4: Jeglicher Waffenbesitz am Befragungstag in Abhängigkeit von einer Bedrohung mit einer Waffe 1994 – 1999 – 2004

	1994		1999		2004	
	Nicht bedroht worden	**Bedroht worden**	**Nicht bedroht worden**	**Bedroht worden**	**Nicht bedroht worden**	**Bedroht worden**
Heute Waffe dabei	9,6% (325)	35,7% (45)	8,0% (321)	35,4% (46)	10,0% (439)	46,7% (50)

alle Unterschiede $\alpha < 0,001$.

Zu allen drei Messzeitpunkten liegt der Anteil der Waffenbesitzer bei denen, die mit einer Waffe bedroht worden sind, um ein Vielfaches höher als bei der Vergleichsgruppe: So geben für das Jahr 2004 lediglich 10% (439) der Befragten an, eine Waffe am Befragungstag mit in die Schule gebracht zu haben, die noch niemals im laufenden Schuljahr von einem Mitschüler mit einer Waffe bedroht wurden, wohingegen 46,7% (50) derjenigen, die bereits bedroht worden sind, eine Waffe mitführen ($\alpha < 0,001$). Ganz analog lassen sich höchst signifikante Zusammenhänge auch für die Befragungszeitpunkte 1994 und 1999 nachweisen, wobei auffällig ist, dass die Prozentsatzdifferenz in den letzten Jahren eher noch zugenommen hat.

Da die ganz überwiegende Mehrheit der Waffenbesitzer tatsächlich noch nie mit einer Waffe bedroht wurde, ist das Argument, man müsse sich verteidigen, eigentlich nicht stichhaltig und eher als Rechtfertigungsstrategie zu behandeln. Daher haben wir in einem zweiten Schritt gefragt, ob die Waffenbesitzer möglicherweise ihre Waffen nicht in erster Linie zur Verteidigung benötigen, sondern häufiger von ihren Waffen selbst Gebrauch machen und andere Schüler damit bedrohen.

Tatsächlich gilt, dass Schüler, die am Befragungstag eine Waffe mit in die Schule gebracht haben, sehr viel häufiger einen anderen im laufenden Schuljahr mit einer Waffe bedroht haben, als diejenigen, die keine Waffen am Befragungstag mitführen ($\alpha < 0,001$ für alle Befragungszeitpunkte). So zeigt sich für 2004, dass 16.9% (83) der Waffenbesitzer einen anderen Schüler bereits einmal mit einer Waffe bedroht haben, wohingegen nur 0,9% (36) derjenigen, die am Befragungstag keine Waffe mit in die Schule gebracht haben, einen anderen mit einer Waffe bedroht haben. Daraus leiten wir ab, dass es sich bei denjenigen, die am Befragungstag eine Waffe mit in die Schule gebracht haben, tatsächlich um jene Schüler handelt, die „häufiger" Waffen mit in die Schule nehmen, und dass Schüler, die angeben, am Befragungstag keine Waffe mit in die Schule genommen zu haben, tatsächlich selten bis gar nicht solche Gegenstände mitführen. Anders ist es nicht erklärlich, dass die ganz überwiegende Mehrzahl der Schüler, die am Befragungstag keine Waffe dabei hat, tatsächlich auch niemals einen Mitschüler im laufenden Schuljahr mit einer Waffe bedroht hat.

Tab. 7.5: Bedrohung mit der Waffe nach jedwedem Waffenbesitz am Befragungstag 1994 – 1999 – 2004

	1994		1999		2004	
	Keine Waffen	Waffen	Keine Waffen	Waffen	Keine Waffen	Waffen
Einen anderen mit der Waffe bedroht	3,7% (116)	19,7% (74)	2,2% (83)	21,2% (78)	0,9% (36)	16,9% (83)

alle Unterschiede $\alpha < 0,001$.

Ganz entscheidend ist aber der Hinweis, dass auch unter den Waffenbesitzern nur eine Minderheit davon bedrohenden Gebrauch macht. 2004 hatten über 80% der Schüler, die am Befragungstag eine Waffe mit in die Schule genommen hatten, noch niemals einen Mitschüler damit bedroht! Daher vermuten wir, dass die weit überwiegende Mehrheit der Schüler Waffen nicht mit in die Schule bringt, um diese tatsächlich einzusetzen. Vielmehr spielen Inszenierung und Selbstdarstellung und möglicherweise ein latentes Schutzbedürfnis eine größere Rolle. Wenn jedoch Waffen mit in die Schule gebracht werden, ist die Wahrscheinlichkeit deutlich erhöht, dass diese auch auf andere Schüler gerichtet werden. Von daher darf der Waffenbesitz in der Schule nicht bagatellisiert werden, vielmehr ist er als Schaffung von Gelegenheitsstrukturen als potenziell gefährliche Vorbereitungshandlung zu verhindern.

7.3 Waffenbesitz und Gewalt

In welchem Zusammenhang stehen Waffenbesitz und Gewalthäufigkeit? Findet der Waffenbesitz tatsächlich innerhalb der Gruppe derjenigen statt, die überproportional häufig durch Gewalttätigkeit in Erscheinung treten, oder handelt es sich bei den Waffenbesitzern um Schüler, die zwar selbst nicht gewaltaktiv sind, aber Gefahr laufen, Gewaltopfer zu werden?

Analysiert man die vier Gewaltindizes in Abhängigkeit von dem Waffenbesitz, so stellen wir für alle vier Befragungszeitpunkte jeweils höchst signifikante Unterschiede ($\alpha < 0{,}001$ für alle Differenzen) zwischen Waffenbesitzern und Nichtbesitzern fest:

Tab. 7.6: Gewalttätigkeit (Indexwerte) nach jedwedem Waffenbesitz am Befragungstag 1994 – 1999 – 2004

Gewaltart	1994		1999		2004	
	Waffen	Keine Waffen	Waffen	Keine Waffen	Waffen	Keine Waffen
Gewalt gegen Personen	1,8	0,6	2,2	0,5	1,8	0,4
Gewalt gegen Sachen	1,5	0,5	2,0	0,4	1,4	0,3
Psychische Gewalt	1,4	0,4	1,6	0,4	1,3	0,3
Verbale Gewalt	3,6	2,1	4,3	2,3	3,6	1,9

alle Unterschiede $\alpha < 0{,}001$. Mittelwerte auf Index von 0 bis 10.

Für das Jahr 2004 errechnet sich für die Gewalt gegen Personen bei den Waffenbesitzern ein Indexwert von 1,8, während diejenigen, die am Befragungstag keine Waffe mitführen mit 0,4 deutlich weniger gewaltaktiv sind. Ein analoger Unterschied ergibt sich für die Gewalt gegen Sachen, bei der die Waffenbesitzer mit 1,4 Indexpunkten ebenfalls mehrfach häufiger gewalttätig handeln als jene, die keine Waffe dabei haben (0,3 Punkte).

Ähnlich, wenn auch etwas schwächer ausgeprägt, stellt sich die Differenz bei der psychischen Gewalt dar: Hier sind die Waffenbesitzer mit 1,3 Indexpunkten wieder deutlich gewaltaktiver als die Vergleichsgruppe mit 0,3. Ebenfalls stärker fällt die verbale Gewalt bei den Waffenbesitzern aus. Allerdings sind sie hier „nur" um den Faktor 2 stärker belastet (1,9 zu 3,6).

Waffenbesitz korreliert also besonders stark mit der Gewalt gegen Personen und gegen Sachen und weniger ausgeprägt mit der verbalen Gewalt. Angesichts der spezifischen Funktionalität und Symbolik von Waffen ist dies durchaus nachvollziehbar.

Tab. 7.7: Gewalttätigkeit (Indexwerte) der jedweden Waffenbesitzer am Befragungstag nach Geschlecht 1994 – 1999 – 2004

	1994	1999	2004	
Alle				
Gewalt gegen Personen	1,8	2,2	1,8	*
Gewalt gegen Sachen	1,5	2,0	1,4	**
Psychische Gewalt	1,4	1,6	1,3	*
Verbale Gewalt	3,6	4,3	3,6	***
Männlich				
Gewalt gegen Personen	2,0	2,4	2,1	*
Gewalt gegen Sachen	1,6	1,9	1,5	n.s.
Psychische Gewalt	1,5	1,7	1,4	n.s.
Verbale Gewalt	3,6	4,4	3,9	**
Weiblich				
Gewalt gegen Personen	0,9	1,5	1,0	n.s.
Gewalt gegen Sachen	1,0	2,1	1,1	**
Psychische Gewalt	0,8	1,4	0,9	n.s.
Verbale Gewalt	3,6	4,1	2,9	**

* = α < 0,05; ** = α < 0,01; *** = α < 0,001. Mittelwerte auf Index von 0 bis 10.

Betrachten wir die Gewaltauffälligkeit der Waffenbesitzer auf der Zeitachse, so stellen wir einen überraschenden Verlauf fest: Für alle vier Gewaltformen gilt, dass das Gewaltniveau der Waffenbesitzer 2004 statistisch signifikant unter dem von 1999 liegt und wieder das Niveau von 1994 erreicht. Während die Waffenbesitzer also 1999 sichtbar stärker gewaltaffin waren als beim ersten Messzeitpunkt, haben wir in den letzten fünf Jahren wieder einen Rückgang zu verzeichnen. Obgleich also der Anteil der Waffenbesitzer in den letzten Jahren zugenommen hat, ist gleichzeitig ihre Gewaltaktivität zurückgegangen.

Differenziert man die Analyse für männliche und weibliche Schüler, so lässt sich dieser Befund – bei einigen Unterschieden im Detail – im Wesentlichen bestätigen. Auffällig ist allenfalls, dass die verbale Gewalt bei den männlichen Waffenbesitzern nicht mehr ganz auf das Niveau von 1994 zurückgefallen ist, während die Waffenbesitzerinnen heute hinsichtlich der verbalen Gewalt sogar noch etwas weniger auffällig sind als 1994 ($\alpha < 0{,}01$).

Insgesamt lässt sich aus diesem Befund ableiten, dass die stärkere Verbreitung von Waffen an Schulen im Jahr 2004 bisher nicht zu einer Zunahme der Gewalthäufigkeit geführt hat. Dies mag einerseits dadurch erklärt werden, dass nun auch weniger gewaltaffine Schüler Waffen mit in die Schulen bringen, oder aber dadurch bewirkt werden, dass das Gewaltniveau an bayerischen Schulen insgesamt und dabei auch die Gewalttätigkeit der besonders devianten Schüler – und dazu würden wir die Waffenbesitzer zählen – rückläufig ist. Dies soll keine Entwarnung oder Verharmlosung des Waffenbesitzes darstellen, sondern zu einer nüchternen Analyse der Ursachen und Folgen des Waffenbesitzes an Schulen beitragen.

7.4 Zusammenfassung

- *Gut 10% der Schüler haben 2004 am Befragungstag irgendeine Waffe in die Schule gebracht gehabt*; dabei handelt es sich ganz überwiegend um Messer, um Ketten und um Schlagringe. Der Waffenbesitz hat (mit Ausnahme des Messers, bei dem eine Abnahme eingetreten ist) im Zeitverlauf statistisch gesichert zugenommen.

- *Wie bei anderem normabweichenden Verhalten auch sind männliche Schüler etwa zwei bis dreimal so häufig wie Schülerinnen mit Waffen in der Schule anzutreffen.* Während im Zeitverlauf der Waffenbesitz bei Schülern etwas abgenommen hat (-1,5 Prozentpunkte), hat er bei Schülerinnen um 2,3 Prozentpunkte zugenommen (von 4,1% 1994 auf 6,4% 2004). Insofern ist von einer allmählichen Angleichung männlicher und weiblicher Verhaltensmuster zu sprechen.

Waffenbesitz in der Schule

- *Schüler mit niedrigem Bildungsniveau sind hinsichtlich des Waffenbesitzes stärker auffällig.* Zudem muss festgehalten werden, dass neben den Hauptschulen auch die Gymnasien von einem signifikanten Anstieg des Waffenbesitzes betroffen sind, während wir bei den Berufsschülern einen Rückgang registrieren.

- *Schließlich müssen wir von einer tendenziellen Vorverlagerung des Waffenbesitzes in die späte Kindheit und frühe Jugend ausgehen:* Der Anteil der Waffenbesitzer in den jüngeren Jahrgängen (10 bis 14 Jahre) ist sichtbar angestiegen, während bei älteren Schülern ein Rückgang zu verzeichnen ist.

- *Der Waffenbesitz dient eher dem eigenen Schutz oder er ist Imponiergehabe:* Vier Fünftel der Schüler, die am Befragungstag irgendeine Waffe in der Schule dabei hatten, haben noch nie einen Mitschüler bedroht. Schüler, die im laufenden Schuljahr schon einmal mit einer Waffe bedroht wurden, sind bei den Waffenbesitzern etwa viermal so häufig vertreten. Dies indiziert, dass das Mitführen von Waffen eher dem eigenen Schutz dienen soll.

- *Bei den wenigen Schülern (etwa 10%), die ohne Bedrohung eine Waffe mit in die Schule nehmen, dürfte es sich um Imponiergehabe oder Bedrohungsabsichten handeln:* Für 14,9% der Waffenbesitzer gilt Letzteres, denn sie haben schon einmal drohend Gebrauch von der Waffe gemacht.

- *Waffenbesitz und Gewaltaktivitäten (ohne Waffen) sind tatsächlich assoziiert:* Wer Waffen mit sich führt, ist etwa zweimal (bei verbaler Gewalt) bis ca. fünfmal (bei physischer Gewalt gegen Personen oder Sachen) so gewaltaktiv wie die Nichtbesitzer von Waffen.

- *Das Gewaltniveau der Waffenbesitzer ist aber 2004 gegenüber 1999 und teilweise auch gegenüber 1994 gesunken, obgleich der Waffenbesitz in den letzten Jahren zugenommen hat.*

- *Auch wenn sich der Waffenbesitz weit überwiegend als eher harmlos herausstellt, sollte nicht übersehen werden, dass er Gelegenheitsstrukturen schafft, also den potenziellen Einsatz erst ermöglicht!*

8. Drogen und Gewalt

Drogenkonsumenten sind für die Erwachsenengesellschaft in vielerlei Hinsicht ein Problem, auf der moralischen bzw. normativen sowie der sozialen Ebene. Entweder gilt dies sozial als unangemessen – weil Jugendliche damit gegen altersbezogene Verhaltenserwartungen verstoßen und/oder weil befürchtet wird, sie könnten die ihnen gesellschaftlich zugedachten Entwicklungsaufgaben (Schule, Ausbildung) nicht bewältigen – und/oder der Umgang ist qua Gesetz untersagt, so dass jugendliche Drogenkonsumenten zu Straftätern werden. Drogenumgang ist also entweder bereits Delinquenz oder wird zumindest mit deviantem bzw. delinquentem Handeln in Zusammenhang gebracht. Dazu zählt neben dem Drogenhandel auch die Gewaltanwendung, z. B. in Form der sekundären Beschaffungskriminalität (besonders: Raubdelikte) durch Konsumenten harter illegalen Drogen. Dabei stellt sich immer wieder die ungelöste Henne-Ei-Frage: Bewirkt die Droge die Gewalt, oder führt der Weg von der Gewalt zu Drogen? Wird bei illegalen Substanzen die Gewalt durch die Droge bewirkt oder durch eine spezifische Form des Settings, nämlich die Prohibition (Hartwig/Pies 1995; Kreuzer 1987)?

Die Frage muss insofern ungelöst bleiben, als wirkliche Kausalaussagen hierzu nicht vorliegen und dies wohl auch in Zukunft so bleiben wird. Die empirische Forschung bewegt sich im Wesentlichen auf der Ebene von statistischen Zusammenhängen nach dem ex-post-facto-Design. Ein substanzzentriertes Herangehen, das im Sinne einer Kausalitätsannahme einen unmittelbaren Einfluss der Droge auf das Gewalthandeln unterstellt – und experimentell prüfbar wäre – hat nur wenig Aussicht auf wirklichen Erfolg. Zum einen führen pharmakologisch betrachtet nur wenige Substanzen – Alkohol, Kokain, Crack, Gammahydrohybuttersäure (GHB), PCB („Engelsstaub") – zu Stimmungsveränderungen, die in Aggressivität, erhöhte Gewaltbereitschaft und Gewalttätigkeit münden können (vgl. Simon et. al. 2004; Schroers/ Schneider 1998; Feuerlein 1996; Teschke 1989; Gunckelmann 1989; Kreuzer 1987). Zum anderen bedeutet Drogenumgang – gerade bei der als problematisch geltenden Klientel – nicht nur den isolierten Konsum einer einzelnen Substanz.

Egg und Rautenberg (1998) stellen auf Basis einer international vergleichenden Literaturanalyse zwei Linien fest, mit denen dem Zusammenhang zwischen Drogenkonsum und Kriminalität empirisch nachgegangen wird:
Beim kausalen Herangehen werden Drogenkonsum und Kriminalität als ursächlich zusammenhängend analysiert, wobei beide Wirkungsrichtungen nachweisbar sind (vgl. dazu im Besondern: Kreuzer 1987; Kreuzer et al. 1991). In den meisten Studien wurde dabei nachgewiesen, dass der Drogendelinquenzkarriere eine allgemeine Delinquenzkarriere vorausging (Legge/Bathsteen 2000: 79; Kreuzer 1994: 30; Kreuzer et al. 1991: 317 ff.; TuDrop 1984: 196). Allerdings haben Kreuzer et al. gezeigt, dass mit zunehmender Massivität der „Prädelinquenz" sich bei Männern auch die Delinquenz in der Drogenkarriere (Beschaffungsdelikte, Raub, Erpressung, schwerer Diebstahl, Gewaltdelikte) deutlich steigerte (Kreuzer et al. 1991: 327 ff.). Daraus kann geschlossen werden, dass eine Drogenabhängigkeit Delinquenz und Gewalt eher verstärkt und modifiziert, als dass sie sie bewirkt

Drogen und Gewalt

(Kreuzer et al. 1991: 305). Diese rein zeitlichen Abfolgen bedingen aber genauso wie die berichteten statistischen Zusammenhänge noch *kein* Kausalverhältnis, sondern steigern nur die Evidenz. Ähnliches gilt auch für Repräsentativstudien über (Schul-)Jugendliche, die Selbstberichte über Gewalt in Zusammenhang mit Hintergrundfaktoren, wie z. B. auch den Drogenumgang, setzen (vgl. u. a. Fuchs et al. 2001; Luedtke 1999; Arbeitsgruppe Schulevaluation 1998; Engel/Hurrelmann 1994).

Wegen der Probleme mit eindeutigen Wirkungsrichtungen betonen Egg und Rautenberg (1998) die Bedeutung einer anderen Forschungslinie, die zumeist bei sozialwissenschaftlichen Ansätzen, wie z. B. dem von Reuband (1994) zu finden ist, die nämlich *"Delinquenz und Dogenmissbrauch als zwei Bestandteile eines generell devianten Lebensstils verstehen"*. Entscheidend ist dann „die Frage nach den Ursachen für das Zustandekommen dieses devianten Lebensstils" (Egg/Rautenberg 1998: 403).[1]

Schulendogene Faktoren wie Leistungsdruck, reale Überforderung oder Versagensängste (vgl. Hissnauer 1991) können dazu führen, dass Jugendliche als Coping-Strategie (mehr) Drogen konsumieren. Nachweisbar war, dass Jugendliche mit Versagensängsten wesentlich häufiger Alkohol trinken und dass schulisch weniger Erfolgreiche häufiger rauchen (Nordlohne 1992: 123). Auch erfolgte ein gezielter, z. T. auch von Eltern und/oder Ärzten geförderter Einsatz von Arzneimitteln, um Konflikten und Belastungen zu begegnen und emotionale bzw. psychosomatische Stresssymptome (Kopfschmerzen, Nervosität, Erschöpfung, Schlafstörungen) zu bewältigen (Nordlohne/Hurrelmann 1993: 112 ff.).

Exogene Faktoren, die den Drogenumgang steigern können, sind einmal im Elternhaus und zum anderen unter den Peers zu finden. Kinder und Jugendliche, deren Eltern einen problematischen Drogenumgang aufweisen, werden selbst häufiger (problematische) Drogenkonsumenten (vgl. u. a. TUdrop 1984). Die Peers sind zum einen von Bedeutung, weil die Initiation in den Konsum vor allem illegaler Drogen in den Cliquen stattfindet (vgl. u. a. Kreuzer 1987). In einem lerntheoretischen Modell, einer Modifikation der Theorie der differentiellen Assoziation von Sutherland, belegte Reuband (1994) die erhebliche Bedeutung der Peergroup (Clique, Freundeskreis) für die Drogenkarriere. Da sowohl Drogenumgang als auch Delinquenz erlerntes Verhalten sind, kann gerade in Peergroups die Verflechtung zwischen allgemeiner Devianz und Drogendevianz erfolgen.

Die Gretchenfrage bei der Analyse des Zusammenhangs zwischen Drogenumgang und Gewalt bzw. Devianz/Delinquenz lautet, ob Drogenkonsumenten wegen der Drogen möglicherweise häufiger gewalttätig werden oder ob die, die häufiger gewalttätig sind, auch mehr Drogen nehmen. Wie bereits festgestellt, kann dies

---

[1] Reuband (1990) machte auf die Bewertung von Drogen auch unter den Konsumenten aufmerksam; bestimmte Drogen „dürfen" erst nach andere Substanzen genommen werden, da sie als gefährlicher gelten und damit einen „höheren" Stellenwert in der Drogenhierarchie haben. Der Status einer Person und die Drogen entsprechen dann einander: „Gefährliche" Jugendliche und Heranwachsende konsumieren auch gefährlichere Drogen.

aber *nicht im kausalen Sinne* beantwortet werden. Zudem ist nicht zu erwarten, dass eindimensionale Ursache-Wirkungs-Verhältnisse zwischen Drogenkonsum und Gewalthandeln bestehen (vgl. Egg/Rautenberg 1998; Kreuzer 1994; Reuband 1994). Vielmehr ist von einer Mehrzahl von Einflussfaktoren aus der Lebenswelt der Akteure auszugehen.

Zusammenhänge zwischen dem Umgang mit illegalen Drogen und Delinquenz lassen sich aber durchaus nachweisen. Dabei wirken zum einen Drogenumgang, Delinquenz und exogene, aber schulbezogene Belastungsfaktoren zusammen. In der Untersuchung von Engel und Hurrelmann (1993) über risikoreiches Verhalten unter Schülern der Jahrgangsstufen 8 bis 10 lud der Gebrauch von Cannabis hoch auf dem Faktor „instrumentelle Delinquenz", zusammen mit den Items „Sachen weggenommen", „Einbruch" und „Unterschrift nachgemacht" (Engel/Hurrelmann 1993: 237). Dies wird allerdings von der elterlichen Erwartung an die Schulleistungen beeinflusst: Das Delinquenzrisiko erhöht sich ganz deutlich, wenn die Schulleistungen nicht den elterlichen Erwartungen entsprechen (1993: 244).

Weiter gibt es Anhaltspunkte dafür, dass Drogenkonsum und Devianz durch die soziale Marginalisierung gesteigert und in die Lebensführung bzw. den Lebensstil integriert werden. In einer qualitativen Studie über Devianz bei Ost-Berliner Jugendlichen ließ sich bei denen, die beim Übergang von der Schule in die Ausbildung Probleme hatten oder gescheitert waren, neben einer (häufigeren) Gewaltanwendung auch ein häufigerer Konsum von stärkeren (illegalen) Drogen feststellen (Kühnel 1999: 188).

Auch explizite Schulgewaltstudien haben sich mit dem Verhältnis von Drogenumgang und Gewalt befasst. So wies die Arbeitsgruppe Schulevaluation (1998) nach, dass der Drogenkonsum nach dem Gewaltstatus (Unbeteiligte, Opfer, Episodentäter, Täter-Opfer, Täter) variiert, wobei „Täter" und „Täter-Opfer" eindeutig häufiger als die anderen Nikotin, Alkohol sowie andere Drogen zu sich nahmen (Arbeitsgruppe Schulevaluation 1998: 129). In eine ähnliche Richtung gehen die Ergebnisse einer Gewaltstudie bei Münchner Schülern der 9. Jahrgangsstufe und des BVJ (Berufsvorbereitungsjahres), wenngleich die Untersuchung im Drogenteil mehr auf die Prävalenz und weniger auf den Zusammenhang Drogenumgang – Delinquenz abzielte (vgl. Wetzels et al. 1999). Jedoch konsumierten Gewalttäter wesentlich häufiger regelmäßig Drogen aller erhobenen Typen (Nikotin, Alkohol, Cannabis, Speed/Ecstasy, Heroin/Kokain) als Nicht-Gewalttäter. Wetzels et al. schließen daraus, dass der Konsum legaler und illegaler Drogen bildungs- und geschlechtsunabhängig „offenbar Bestandteil eines devianten Lebensstils ist" (Wetzels et al. 1999: 198), wenngleich sie den Drogenumgang (auch wegen der geringen Verbreitung illegaler Drogen) nur als einen unter mehreren relevanten Risikofaktoren für Gewaltdelinquenz betrachten.

Wenn wir fragen, wie die Gewaltanwendung mit dem Drogenkonsum (Häufigkeit bzw. Konsummuster) variiert, gehen wir weder substanzzentriert noch eindimensional an das Thema heran. Drogenumgang und Devianz sind vielmehr beide soziales Handeln und Ergebnisse von Sozialisationsprozessen. Sie werden in dafür typischen sozialen Kontexten erlernt, vor allem in der Familie und in der Peergroup, aber auch in der Schule. Dabei ist davon auszugehen, dass der Einfluss in der Familie grundlegend ist und den Peergroup- und den Schuleffekten vorausgeht. Allerdings erwerben Jugendliche dort nicht nur abweichende „Kompetenzen", sondern vor allem eine Haltung, die deviantes Verhalten gut heißt, in unserem Fall vor allem: ein positives Verständnis für den Gewalteinsatz bzw. eine gesteigerte Gewaltbereitschaft. (Vermutlich werden die Schüler zudem relativ konsistent deviant handeln, also mit großer Wahrscheinlichkeit nicht nur in einem, sondern in mehreren Feldern auffällig sein.)[2]

In der Familie sind vor allem die Bedingungen der Erziehung bzw. die Eltern-Kind-Relation – das emotionale Verhältnis zu den Eltern, elterliche Sorge um die Schule, Erziehungsstil, Gewalt in der Erziehung bzw. in der Familie – zu beachten, bei der Peergroup das Maß an Devianz bzw. Delinquenz. Die Marginalisierung der Familie durch eine ungünstige ökonomische Lage bildet dabei einen zusätzlichen Risikofaktor, der berücksichtigt werden muss.

Der erste Teil der Auswertungen unserer Daten befasst sich im Folgenden mit dem Drogenumgang bayerischer Schüler (5-Monats-Prävalenz), differenziert nach sozialen Lage- und personalen Merkmalen der Befragten, wobei nicht nur die einzelnen Drogen, sondern auch „typische" Muster parallel im erfassten Zeitraum konsumierter Drogen einbezogen werden. Außerdem wird die Entwicklung im Drogenumgang zwischen 1994 und 2004 dargestellt.

Der zweite Teil der Analysen widmet sich der Frage, inwieweit Drogenumgang und Gewaltanwendung in der Schule assoziiert sind und wie sich dieser Zusammenhang über die Zeit verändert hat. Da wir mit Ausnahme weniger Substanzen wie Alkohol, PCP (hier nicht erfasst) und (bedingt) Kokain nicht von einer unmittelbaren Wirkung der Droge auf die Gewaltbereitschaft und Gewalttätigkeit ausgehen können, wird geprüft, in welche weiteren sozialen Kontexte – Peers, Familienklima, Devianz – der Drogenumgang eingebunden ist. Zunächst fragen wir, wie der Drogenumgang mit den Faktoren des Eltern-Kind-Verhältnisses, letztlich also den Bedingungen familialer Sozialisation zusammenhängt. Dann wird das Verhältnis von devianter Peergroup (erfasst über die Intensität der Polizeikontakte) zu Drogenumgang, anschließend der Zusammenhang mit schultypischer Devianz

---

[2] Allerdings verhalten sich Schüler auch bei den an sich legalen Drogen dann nicht normkonform, wenn sie die Altersbegrenzungen missachten. Bei so gut wie allen in Umlauf befindlichen Drogen wird der Umgang in unterschiedlicher Form gesetzlich reglementiert, am wenigsten bei Alkohol, wo nur die öffentliche Abgabe an Personen unter 16 Jahren bzw. 18 Jahren bei Spirituosen ordnungswidrig ist (§ 4 JÖSchG), bzw. bei Nikotin, wo nur das öffentliche Rauchen unter sechzehn Jahren „nicht gestattet" ist (§ 9 JÖSchG).

(Schwänzen) getestet. Konkret geht es also um den Zusammenhang zwischen dem Drogenumgang mit
- der Gewalt in der Familie bzw. Erziehung,
- der elterlichen Sorge um die schulische Situation der Kinder als Ausdruck elterlichen Sich-Kümmerns,
- der Integration in gewalttätige Peergroups,
- der Haltung zur Gewalt und
- der schultypischen Devianz (hier erfasst über das Schwänzen).

Darüber soll die Beziehungsstruktur mit einer insgesamt devianteren bzw. von mehr Devianz gekennzeichneten Lebensführung aufgezeigt werden, einer Lebensführung, bei der legale und vor allem illegale Drogen einen integralen Bestandteil abgeben. Dabei ist analytisch zu trennen in Relationen, bei denen wir davon ausgehen, dass sie den Drogenumgang beeinflussen – die Situation im Elternhaus, die devianten Peers – und solche, bei denen wir prüfen, ob der Drogenumgang mit einer Verhaltensmodifikation in Verbindung gebracht werden kann, nämlich bei der Haltung zur Gewalt sowie dem Gewalthandeln.

Abschließend wird über eine Varianzanalyse der Frage nachgegangen, welche Faktoren alleine und gemeinsam auf das Gewalthandeln einwirken. Da die verschiedenen Formen der Devianz mit hoher Wahrscheinlichkeit korreliert sind, sollten sie nicht nur isoliert, sondern vor allem auch gemeinsam auf das Gewalthandeln in der Schule einwirken. Hier ist von besonderem Interesse, wie groß die Erklärungskraft des Drogenumgangs ist, gemessen an und mit den anderen Einflussgrößen, isoliert betrachtet und zusammen mit anderen wirkend.

8.1 Forschungsergebnisse zum Drogenumgang unter Jugendlichen

Für die Jugendphase ist gerade ein erhöhter Drogenumgang nicht außergewöhnlich, was nicht zuletzt mit alterstypischen Verhaltensweisen wie einer gesteigerten Experimentierbereitschaft und erhöhten Risikofreudigkeit zusammenhängt. Drogenkonsum ist damit Teil jugendlichen Risikoverhaltens und zählt zu den Lebensgefahren in der Jugendphase, was jedoch in mittlerer oder fernerer Zukunft zu gewichtigen Problemen für den jungen Menschen führen kann (vgl. Raithel 2004; 2001; Engel/Hurrelmann 1994). Gerade bei einem früh im Leben einsetzenden Umgang können Drogen zum Integrationsproblem werden, weil sich damit die Gefahr erhöht, dass sie zunehmend in die Lebensführung eingebaut werden und das Leben vermehrt um den Drogenumgang herum organisiert wird. Die möglichen Risiken für die Konsumenten – Gesundheit, soziale Desintegration, kritische psychosoziale Entwicklung (vgl. Silbereisen/Reese 2001; Silbereisen 1999; Engel/Hurrelmann 1994; TuDrop 1984) – machen aber nur den eher wissenschaftsinternen Teil des Diskurses aus. Vor allem geht es um die Gesellschaft, deren Ordnung durch illegalen Drogenumgang sowie durch importierte organisierte (Drogen-)Kriminalität (Schwind 1999: 42) als gefährdet gilt, oder um den Bürger, der vor allem in urbanen Räumen Opfer von Beschaffungskriminalität jugendlicher und heranwachsender Konsumenten harter illegaler Drogen werden kann.

Der Drogenkonsum von jungen Menschen weist in den vergangenen Jahrzehnten zyklische Veränderungen auf: Nach einer „Drogenwelle" um 1970 folgte eine deutliche Abnahme bei legalen und illegalen Drogen bis etwa Mitte/Ende der 1980er-Jahre. Seitdem lässt sich bis um das Jahr 2000 herum eine deutliche Zunahme bei den legalen sowie bei den illegalen Drogen – allen voran Cannabis, aber auch Ecstasy und (bedingt) Kokain nachweisen. Seit ein bis zwei Jahren sind die Zahlen wieder rückläufig, wobei aber noch nicht gesagt werden kann, ob dies eine dauerhafte Reduktion bedeutet. So ist zu bedenken, dass neue Drogen oder Darreichungsformen auf den Markt gekommen sind, die den Drogenkonsum steigern können. Ein Beispiel dafür sind die Alkopops, die limonadehaltigen Alkoholmischgetränke (aus Bier, Wein oder Spirituosen), deren Aufkommen und Erstarken vor ein paar Jahren den Drogenumgang Jugendlicher durchaus veränderte. Sie galten relativ bald als neue Einstiegsdroge für die 12- bis 14-Jährigen, die auch den intensiven Konsum von Alkohol gerade unter den Jüngeren fördert; 2001 erregte das exzessive Trinken unter Jugendlichen die Aufmerksamkeit der WHO und EU. In Deutschland wurde 2004 versucht, dem Konsum durch prohibitive Maßnahmen – starke Preissteigerung durch eine deutliche Steuererhöhung auf Alkopops – entgegenzuwirken, was nach den neuesten Zahlen auch gelungen zu sein scheint.

Deutschlandweit belegen lässt sich der oben erwähnte Trend am Rauchen: So nahm nach den Drogenaffinitätsstudien[3] der Anteil ständiger und gelegentlicher Raucher unter den 12- bis 17-Jährigen über die 1990er Jahre hinweg deutlich zu von einem Fünftel (1993) auf 28% (2001), ging dann aber bis 2005 wieder auf den 1993er-Wert zurück. Männliche und weibliche Jugendliche unterschieden sich nur wenig, in den 1990er-Jahren lagen die Raucheranteile unter weiblichen Jugendlichen sogar um 1-2%-Punkte höher (vgl. BZgA 2005c: 2).

Die jüngste Welle der ESPAD (Europäischen Schülerbefragung zu Alkohol und anderen Drogen) im Jahr 2003 unter Schülern der 9./10. Jahrgangsstufe an Regelschulen ergab, dass in den letzten dreißig Tagen vor der Erhebung 47% der Schülerinnen und Schüler geraucht, gut drei Fünftel Alkopops, etwas mehr als die Hälfte Bier, Wein, Spirituosen getrunken haben (vgl. Kraus 2005).

Beim Rauchen wird dem gelegentlichen Konsum seitens der Konsumenten kein Schädigungsrisiko zugeschrieben, wobei diese Haltung bei Schülerinnen ausgeprägter ist. Mit dem Alkoholumgang verbanden die Schülerinnen und Schüler

---

[3] Die Bundeszentrale für gesundheitliche Aufklärung führt seit 1973 eine Trendstudie zum Drogenumgang bei den 14- bis 25-Jährigen bzw. ab 1979 der 12- bis 25-Jährigen durch, die Drogenaffinitätsstudie, deren Wellen einen Abstand von drei bis vier Jahren haben; die jüngste Erhebung erfolgte 2004 (vgl. BMGS 2004).

mehrheitlich weniger Negatives, sondern eher Positives: Spaß, Glücksgefühl, Entspannung und mehr Kontaktfreudigkeit. Die weite Verbreitung des Alkoholumgangs in dieser Altersgruppe macht nicht den Umgang als solchen, sondern das Konsummuster zum Prädiktor für Risikoverhalten. Dabei ist im Besonderen das Rauschtrinken zu erwähnen, das – wie auch der Alkoholumgang allgemein – nach den Daten der HBSC-Studie zwischen 1998 und 2002 zugenommen hat (Kraus 2005: 29 f.). 38% der Schüler hatten im Monat vor der Befragung (mindestens) ein Rauscherlebnis gehabt, gut ein Zehntel war sogar mindestens einmal die Woche betrunken. Auffällig ist dabei auch die weitere Angleichung zwischen den Geschlechtern, zumindest auf Ebene der Prävalenzdaten (Kraus 2005: 26 f.).

Bei den illegalen Drogen wurde ermittelt, dass zwischen Anfang/Mitte der 1970er und Ende der 1980er-Jahre der Anteil Drogenerfahrener deutlich von einem Fünftel auf ein Achtel zurückging, sich dann aber mit den 1990er-Jahren kontinuierlich steigerte und inzwischen bei 32% (bzw. strukturbereinigt 29%) liegt (vgl. BZgA 2004).

Drei Viertel der 14- bis 17-Jährigen trinken Alkopops, wobei der ein- bis mehrmalige monatliche Konsum am weitesten verbreitet ist (34%). Immerhin 18% greifen aber mindestens einmal die Woche zu Alkopops. Damit ist der Konsum weiter verbreitet und intensiver als unter den 18- bis 29-Jährigen. Alkopops sind also eine jugendtypische Erscheinung – den Jugendschutzbestimmungen zum Trotz (BZgA 2003: 19).

Auch der intensive Konsum (Rauschtrinken, „binge-drinking") – definiert als Konsum von fünf und mehr Flaschen Alkopops an einem Tag – findet unter Jüngeren häufiger statt: 21% der 14- bis 19-Jährigen, aber nur noch 11% der 20- bis 29-Jährigen machten dies in den letzten dreißig Tagen vor der Erhebung. Diese riskante Konsumform kam unter männlichen Jugendlichen deutlich häufiger vor (vgl. BZgA 2003: 18).[4] Zwischen 1998 und 2003 nahm der Konsum von Alkopops deutlich zu: Abstinente und seltene Trinker gingen unter den 14- bis 19-Jährigen stark zurück von 72% auf 48%. Der Anteil derer, die maximal ein- und mehrmals im Monat Alkopops zu sich nahmen, stieg dagegen um den Faktor 2,6 auf 34%. Alkopops mindestens einmal wöchentlich zu trinken, war 1998 ziemlich selten (2%), wurde 2003 dagegen bereits von einem Sechstel praktiziert (vgl. BZgA 2003: 16).

Nach den steuerlichen Verteuerungsmaßnahmen wurde 2005 der Alkohol- und vor allem Alkopopkonsum repräsentativ von der BZgA erhoben (vgl. BZgA 2005b). Dabei ergab sich bei den 12-bis 17-Jährigen ein positiver Effekt: Zum einen ging ihr regelmäßiger – mindestens einmal im Monat – Alkoholgebrauch (Bier/Wein) zurück, zum anderen auch der Konsum von Alkopops, wobei dies

---

[4] Dies spiegelt sich auch in der Entwicklung der stationär behandelten Alkoholintoxikation von 10- bis 19-Jährigen wieder: Eine Auswertung in deutschlandweit 20 Kliniken (von 41 ausgewählten) ergab eine deutliche Zunahme der Fallzahlen. In acht einbezogenen Bundesländern stiegen sie von 2000 auf 2002 um ein Viertel auf 6.776 Fälle (vgl. BMGS 2004). (Die Relation männlich/weiblich betrug etwa 60:40.)

weniger die bier- und weinhaltigen Alkopops betraf, sondern im Wesentlichen (und geschlechtsunabhängig) die spirituosenhaltigen (vgl. BZgA 2005b: 3 ff.). Möglicherweise ist das aber weniger eine Entscheidung der Jugendlichen, sondern eine Auswirkung des Angebots der Hersteller, das sich aufgrund der Gesetzgebung änderte. Als Hauptgründe für die Entscheidung, weniger oder keine Alkopops mehr zu kaufen, wurden vor allem die gestiegenen Preise genannt (63%), aber auch das bessere Wissen um die gesundheitlichen Wirkungen (40%).

8.2 Zum Drogenumgang bayerischer Schülerinnen und Schüler

Wie oft nehmen nun Schüler in Bayern legale und illegale Drogen, um welche Drogen handelt es sich dabei, und wie hat sich der Drogenumgang über das vergangene Jahrzehnt hinweg entwickelt? Zunächst wird auf die Häufigkeit des aktuellen Drogenumgangs bei insgesamt elf Substanzen (und einer zusätzlichen Kategorie „sonstige") eingegangen. Bedauerlicherweise lag die Item-Nonresponse-Rate mit Ausnahme der legalen Drogen zwischen 18 und 22% und war damit unerwartet hoch, was natürlich die Reichweite der Aussagen einschränkt. Dies erstaunt gerade nach den sehr positiven Erfahrungen mit niedrigen Verweigerungsraten in unserer Erhebung aus dem Jahre 1999.[5]

Die geringste Abstinenzrate im vergangenen knappen Halbjahr – nur gut ein Drittel – besteht bei den sog. „weichen" Alkoholika (Bier, Wein, Sekt) (vgl. Abb. 8.1). Drei Zehntel der Befragten – und damit insgesamt knapp die Hälfte aller trinkenden Schüler – trinken nur selten, nämlich höchstens einmal im Monat. Ein weiteres Fünftel nimmt schon etwas häufiger – bis einmal die Woche – Bier, Wein oder Sekt zu sich. Häufig trinken – (mindestens) mehrmals die Woche – gut ein Achtel der Schüler. Die im Durchschnitt am häufigsten konsumierte Droge ist aber – noch knapp vor Bier und Wein (1,1) – Nikotin: Bayerische Schülerinnen und Schüler rauchen im Mittel gut einmal monatlich (1,2). Allerdings ist die Verteilung – typisch bei Nikotin – bipolar: Die Mehrheit von fast drei Fünfteln war im vergangenen halben Jahr Nichtraucher, andererseits rauchten 22% – und damit die Hälfte aller Raucher! – täglich. Spirituosen werden dagegen seltener getrunken, im Mittel weniger als einmal im Monat (0,8). Knapp die Hälfte der Schüler nahm in den zurückliegenden Monaten keinen Schnaps zu sich und gut die Hälfte der Trinkenden (gut ein Viertel aller Schüler) hatte maximal einmal im Monat Schnaps getrunken.

Bei allen anderen erfragten Drogen liegt die Abstinenzrate im erfassten Zeitraum deutlich höher. Aufputsch- bzw. Beruhigungsmittel nahmen jeweils weniger als ein Zehntel der Schüler zu sich, die meisten höchstens einmal im Monat, wobei

---

[5] Hier wäre es interessant, die Verweigerer eingehender zu analysieren, u. a. mit Blick darauf, ob bestimmte Personengruppen diese „heiklen" Fragen besonders häufig auslassen.

allerdings eine kleine Gruppe von jeweils um die 2% durch mehrmaligen wöchentlichen bzw. täglichen Konsum auffällt.

Die mit Abstand häufigste illegale Droge ist Cannabis, entweder in Form von Haschisch oder als Marihuana konsumiert. Ein Sechstel der Schüler hatte im laufenden Halbjahr 2004/2005 Erfahrungen mit Cannabis gemacht, gut die Hälfte aber nur selten, nämlich maximal einmal im Monat. Die übrigen verteilen sich relativ ähnlich, so dass eine kleine Gruppe von zusammen immerhin 4,5% (171) zu den starken Cannabiskonsumenten (mehrmals wöchentlich oder täglich) gerechnet werden muss.

3,6% der Schüler wendeten Lösungsmittel an, die Hälfte davon maximal einmal im Monat.

Bei den sog. „harten" illegalen Drogen liegen die Konsumentenanteile zwischen 1,8% beim Heroin und 3,1% bei Kokain. Hier gab 1% der Schüler an, die jeweilige Droge täglich zu sich zu nehmen. (Wenn es sich um falsche Angaben handeln sollte, wären die Anteile seit 1994 relativ konstant.) Anders interpretiert: Von den anteilsmäßig wenigen LSD-Konsumenten nahm ein Drittel die Droge täglich, ähnlich bei Kokain; bei Crack waren es gut zwei Fünftel, bei Heroin sogar zwei Drittel.

(Auch) 2004 nimmt der Anteil der Drogenkonsumenten mit dem Alter zu, wobei (besonders ausgeprägt bei legalen Drogen und Cannabis) der sichtbare „Sprung" mit dem Übergang in die Altersgruppe der Jugendlichen (14-17 Jahre) einsetzt und danach nur noch ein geringerer Anstieg erfolgt. Bei so gut wie allen Drogen (mit Ausnahme von Crack) weisen Heranwachsende die relativ größten Konsumentenzahlen auf.

Gerade auch mit Blick auf die Prävention fallen bei den Jüngeren (10-13 Jahre) die relativ großen Konsumentenquoten bei den legalen Substanzen, aber auch bei Cannabis und Aufputschmitteln ins Auge: Gut ein Fünftel raucht, ein Fünftel trinkt Spirituosen, fast zwei Fünftel Bier und/oder Wein, jeder Zwanzigste raucht Cannabis-Produkte oder nimmt Aufputschmittel. „Harte" Drogen sind – zumindest nach dem Selbstbericht – für 1,7 bis 2% der 10-13-Jährigen ein Thema.

Drogen und Gewalt

Abb. 8.1: Verbreitung des Drogenkonsums 2004 unter bayerischen Schülern

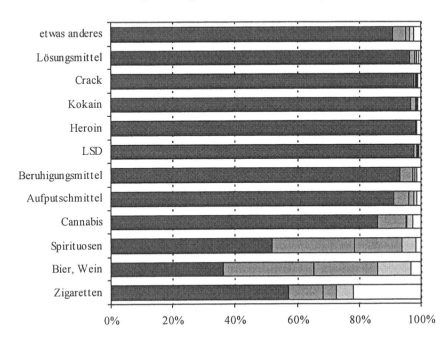

	nie (0)	bis 1x/Monat (1)	bis 1x/Woche (2)	mehrmals/Woche (3)	täglich (4)
etwas anderes	91,0%	4,0%	1,3%	1,3%	2,4%
Lösungsmittel	96,4%	1,7%	0,6%	0,4%	0,8%
Crack	97,7%	0,7%	0,4%	0,2%	1,0%
Kokain	96,9%	1,6%	0,3%	0,3%	1,0%
Heroin	98,2%	0,3%	0,1%	0,1%	1,2%
LSD	97,5%	1,1%	0,2%	0,3%	0,8%
Beruhigungsmittel	93,3%	4,1%	0,8%	0,7%	1,2%
Aufputschmittel	91,1%	5,0%	1,7%	0,9%	1,3%
Cannabis	84,4%	8,9%	0,2%	2,1%	2,5%
Spirituosen	52,0%	26,5%	15,2%	4,6%	1,7%
Bier, Wein	36,2%	29,2%	20,6%	10,8%	3,2%
Zigaretten	57,2%	11,3%	4,1%	5,5%	22,0%

Tab. 8.1: Konsumentenanteile 2004 (aktueller Konsum im letzten Halbjahr) nach Altersklassen

Droge	Alterskategorien			C_{korr}
	10-13	14-17	18 u. älter	
Nikotin	21,9% (371)	52,9% (918)	65,9% (511)	0,48 ***
Bier/Wein	38,1% (646)	79,1% (1.398)	84,4% (654)	0,57 ***
Spirituosen	19,4% (314)	63,9% (1.089)	73,4% (557)	0,60 ***
Cannabis	5,2% (81)	21,1% (313)	28,1% (183)	0,35 ***
Aufputschmittel	5,5% (85)	10,5% (151)	13,7% (86)	0,16 ***
Sedativa	3,6% (55)	8,3% (117)	10,9% (68)	0,16 ***
LSD	1,7% (26)	2,8% (39)	4,0% (24)	0,07 **
Heroin	1,8% (28)	1,5% (20)	2,3% (14)	n.s.
Kokain	2,1% (33)	3,1% (43)	5,5% (34)	0,10 ***
Crack	2,0% (31)	2,6% (36)	2,1% (13)	n.s.
Lösungsmittel	2,5% (38)	4,2% (59)	5,0% (31)	0,08 **
etwas anderes	7,9% (122)	10,5% (145)	8,8% (54)	n.s.

*** $\alpha < 0,001$; ** $\alpha < 0,01$; * $\alpha < 0,05$.

Mit dem Jugendalter konsumiert die Mehrheit der Schülerinnen und Schüler Nikotin und Alkohol, bei Cannabis sind es immerhin gut ein Fünftel. Aufputschmittel werden von einem Zehntel, Sedativa von etwas weniger Schülern genommen. Bei den „harten" Drogen liegen die Anteile unter Jugendlichen zwischen 1,5 und 3,1%. Die am weitesten verbreitete Droge ist auch im Jugendalter Alkohol, gefolgt von Nikotin.

Das setzt sich im Heranwachsendenalter fort: Über vier Fünftel haben im letzten Schulhalbjahr Bier und/oder Wein getrunken, gut sieben Zehntel Spirituosen,

Drogen und Gewalt

etwas weniger (zwei Drittel) haben geraucht. Immerhin beinahe drei Zehntel der Schüler im Heranwachsendenalter nahmen auch Cannabis-Produkte zu sich. Bei den „harten" Drogen fällt Kokain (5,5% Konsumenten) im Vergleich mit den anderen Substanzen durch eine etwas höhere Konsumentenrate auf. Möglicherweise wirken hier noch die jugendkulturellen Einflüsse aus der Techno- und Rave-Szene nach (vgl. Schroers/Schneider 1998).

Zwischen 1994 und 2004 bestehen eindeutige Veränderungen beim Drogenumgang. Betrachten wir zunächst, wie groß jeweils die Anteile der aktuell, also im jeweils laufenden Schuljahr (d. h., in den vergangenen fünf Monaten) konsumierenden Schüler sind, dann fällt auf, dass sie 1994 bei allen Drogen vergleichsweise am niedrigsten waren. Der z. T. sehr deutliche Anstieg von 1994 auf 1999 blieb 2004 bei den illegalen Drogen sowie bei Aufputschmitteln, Sedativa und Lösungsmitteln erhalten, wogegen die Anteile legaler Drogen wieder (leicht) rückläufig waren, aber immer noch (merklich) über den 1994er-Werten liegen. Alle Zusammenhänge sind eindeutig, aber meist nur sehr schwach ausgeprägt (vgl. Tab. 8.2). Die einzige Droge, die immer noch von der Mehrheit der Schüler verwendet wird, sind die weichen Alkoholika (Bier bzw. Wein). Bei Spirituosen liegt der Konsumentenanteil wieder knapp unter der 50%-Marke, bei Nikotin (mit gut zwei Fünfteln) bereits deutlich darunter.

Differenzierungen nach Alter und Geschlecht sind aufschlussreich: Bei Nikotin hat sich unter den 10-13-Jährigen die Konsumentenquote von Schülerinnen und Schülern seit 1999 angeglichen. 1994 war sie unter Schülern mit einem Fünftel noch doppelt so groß wie unter den Schülerinnen, 1999 lagen beide bei gut einem Viertel – d. h., die jüngeren Schülerinnen hatten exorbitant „aufgeholt" – und 2004 bei knapp einem Fünftel.

Bei den Jugendlichen unterschieden sich 1994 beide Geschlechter nur wenig voneinander, die Schüler rangierten mit der Hälfte Konsumenten um etwa 3%-Punkte vor den Schülerinnen. 1999 war bei beiden der Anteil auf über die Hälfte gestiegen und 2004 hatten dann die jugendlichen Schülerinnen ihre Mitschüler um 5%-Punkte „überholt", was den Konsumentenanteil (ungeachtet der Häufigkeit) – 55,6% (439) – angeht; 2004 lag der Schülerinnenanteil statistisch gesehen eindeutig über dem Schüleranteil.

Bei den Heranwachsenden blieb der „männliche" Vorsprung dagegen erhalten, wenngleich die Unterschiede ab 2004 nicht mehr signifikant sind; auch hier erfolgte also eine leichte Angleichung über die Zeit. Bei den Schülern wuchs der Anteil aktueller Raucher von knapp drei Fünftel auf fast sieben Zehntel und sank 2004 dann leicht auf zwei Drittel. Bei den Schülerinnen dagegen erfolgt über die Zeit eine Zunahme von knapp der Hälfte auf gut drei Fünftel.

Tab. 8.2: Anteil an Konsumenten verschiedener Drogen 1994 – 1999 – 2004

Droge	Jahr			C_{korr}
	1994	1999	2004	
Nikotin	37,2% (1.285)	49,7% (1.964)	42,8% (1.800)	0,14 ***
Bier/Wein	60,5% (2.090)	68,0% (2685)	63,8% (2.683)	0,08 ***
Spirituosen	40,4% (1.371)	51,5% (1954)	48,0% (1.959)	0,13 ***
Cannabis	6,4% (204)	15,4% (521)	15,6% (578)	0,18 ***
Aufputschmittel	6,6% (213)	9,3% (307)	8,9% (322)	0,06 ***
Sedativa	5,8% (185)	7,8% (253)	6,7% (240)	0,04 ***
LSD	1,7% (55)	3,2% (103)	2,5% (89)	0,06 **
Heroin	1,1% (36)	2,1% (66)	1,8% (63)	0,04 *
Kokain	1,8% (57)	3,6% (116)	3,1% (111)	0,06 ***
Crack	1,4% (43)	2,6% (84)	2,3% (80)	0,05 **
Lösungsmittel	1,9% (61)	3,5% (112)	3,6% (128)	0,06 ***
etwas anderes	4,3% (134)	6,8% (206)	9,0% (321)	0,11 ***

*** $\alpha < 0,001$; ** $\alpha < 0,01$; * $\alpha < 0,05$.

Bei Bier bzw. Wein stieg die Konsumentenrate deutlich von 1994 auf 1999 (bis auf knapp sieben Zehntel), ging dann aber auf 63,8% zurück. Diese Entwicklung ist vor allem den jüngeren Schülern geschuldet (10-13 Jahre): Ihr Konsumentenanteil wuchs von 1994 auf 1999 deutlich von drei auf vier Zehntel, reduzierte sich dann aber 2004 wieder auf 36%. Für den Anstieg 1999 waren auch noch die Jugendlichen „verantwortlich": Bei ihnen ist eine leichte Zunahme (+4%-Punkte) auf vier Fünftel Konsumenten zu verzeichnen. In beiden Altersklassen sind jedoch die

Schülerinnen die „Motoren" der Veränderung: Ihre Konsumentenquoten stiegen von 1994 auf 1999 deutlich stärker als die ihrer Mitschüler und näherten sich ihnen relativ nahe an, wogegen sie 2004 wieder deutlich niedriger lagen. Bei den Heranwachsenden ergeben sich keine wesentlichen Veränderungen über die Zeit, ihr Anteil aktueller Konsumenten bewegt sich konstant bei knapp 85%. Allerdings zeigen sich auch hier typische Unterschiede zwischen Schülerinnen und Schülern: bei letzteren ein leichter Anstieg über die Zeit, bei ersteren ein deutlicher Rückgang nach 1999. D. h. die günstigere Entwicklung der Konsumentenrate bei Bier bzw. Wein von 1999 auf 2004 geht in Bayern nur auf die Schülerinnen zurück, Schüler haben ihr Verhalten nicht zum Positiven verändert.

Insgesamt ähnlich wie bei Bier und Wein sieht die Entwicklung bei Spirituosen aus, jedoch bei einem geringeren Anteil aktueller Konsumenten, der von zwei Fünfteln auf gut die Hälfte wuchs und 2004 wieder auf knapp unter die Hälfte zurückging. Allerdings steigen die Konsumentenquoten von 1994 auf 1999 altersunabhängig, wenngleich der Zuwachs bei Jugendlichen (+10%-Punkte auf 62,6%) und unter Jüngeren (+8,4%-Punkte auf 18,9%) stärker ausfiel als bei Heranwachsenden (+5,2% auf 72,8%), die aber ohnehin bereits den größten Konsumentenanteil stellten. Der leichte Rückgang 2004 geht nur auf die Jüngeren zurück, wobei er unter den Schülerinnen ausgeprägter ist als unter den Schülern.

Cannabis hat seinen Ruf, (wieder) zu einer Jugenddroge geworden zu sein, bestätigt. Zwar blieb der Gesamtanteil an Konsumenten im Jahr 2004 gegenüber 1999 in etwa gleich, doch ist die Entwicklung in den Altersklassen interessant: Der Anteil aktueller Konsumenten blieb unter den 10-13-Jährigen 1999 und 2004 relativ gleich (3,7% bzw. 3,9%), nahm aber in den beiden anderen Altersklassen zu: Bei Jugendlichen folgte auf den starken Anstieg zwischen 1994 und 1999 (von 7,9% auf 18,4%) eine weitere, wenn auch geringere Zunahme 2004 auf 21,1%. 1994 konsumierte ein Siebentel der Heranwachsenden Cannabis, fünf Jahre später bereits ein Viertel und 2004 dann 28,1%. Der Trend, dass Cannabis zur „festen" Jugenddroge geworden ist, bleibt damit gerade in den entsprechenden Alterskategorien bestehen.

Allerdings variiert dieser Befund z. T. auch mit dem Geschlecht: Unter den Jüngeren (10-13 Jahre) stieg die Konsumentenquote bei den Schülern ab 1999 weiter von 4,3 auf 6,3% an, bei den Schülerinnen dagegen nahm er von 3,1 auf 1,9% leicht ab. Ähnliches gilt für Heranwachsende: Bei den Schülern geht der Anteil an Cannabisrauchern von einem Sechstel (1994) über drei Zehntel bis auf 35,9% (133) 2004 weiter nach oben, bei den Schülerinnen dagegen folgt auf den deutlichen Anstieg von 1994 auf 1999 (+8%-Punkte auf 19,6%) eine leichte Reduktion auf 17,7% (50) 2004. Dagegen nimmt im Jugendalter die Konsumentenrate bei beiden Geschlechtern zu (wobei die Anteile unter den Schülern in jedem Jahr deutlich über denen der Schülerinnen liegen); 2004 rauchten ein Viertel der Schüler und ein Sechstel der Schülerinnen im Jugendalter Cannabis.

Der Blick auf die Entwicklung der durchschnittlichen Konsumhäufigkeit im letzten Halbjahr (vgl. Tab. 8.3) bekräftigt das bisher entstandene Bild (die Erklärungskraft ist allerdings mit durchgängig um bzw. unter 1% marginal): 1994 wurden alle Drogen – legale und illegale – im Durchschnitt seltener genommen als 1999 bzw. 2004. Allerdings ging 2004 die Konsumhäufigkeit bei legalen Substanzen gegenüber 1994 wieder zurück. Im Mittel am häufigsten trinken Schüler Bier bzw. Wein, rauchen oder trinken Spirituosen. Beim Konsum von Bier bzw. Wein nahm die Frequenz von etwa einmal monatlich (1994) auf mehr als einmal wöchentlich zu (1999) und ging danach auch nur leicht zurück. Geraucht wurde 1994 noch einmal monatlich im Durchschnitt, 1999 mehrmals im Monat, 2004 wieder etwas mehr als einmal monatlich. Der Spirituosenkonsum blieb die Zeit über unterhalb des einmaligen monatlichen Umgangs, erreichte allerdings 1999 knapp diesen Wert und ging danach nur ganz leicht zurück. Bei Cannabis und Aufputschmitteln ging der Konsum gegen Ende der 1990er-Jahre von niedrigem Ausgangsniveau aus nach oben und bleibt dort (auf insgesamt immer noch sehr niedrigem Niveau). Bei allen anderen Drogen liegt die Konsumfrequenz sehr niedrig und blieb nach dem Anstieg 1999 in etwa gleich.

Tab. 8.3: Durchschnittliche Konsumhäufigkeit 1994 – 1999 – 2004

Droge	Jahr		
	1994	1999	2004
Nikotin	1,0	1,5	1,2
Bier/Wein	1,1	2,3	2,2
Spirituosen	0,6	0,9	0,8
Cannabis	0,1	0,3	0,3
Aufputschmittel	0,1	0,2	0,2
Sedativa	0,1	0,1	0,1
LSD	0,04	0,1	0,1
Heroin	0,03	0,1	0,1
Kokain	0,04	0,1	0,1
Crack	0,04	0,1	0,1
Lösungsmittel	0,04	0,1	0,1
etwas anderes	0,1	0,2	0,2

Durchschnittswerte auf einer Skala von 0 (nie) bis 4 (täglich).

Der Drogenumgang bzw. die Konsumintensität wird von einer Reihe von Hintergrundfaktoren bestimmt, sowohl Merkmalen der Konsumenten als auch solchen

Drogen und Gewalt

ihres sozialen Kontextes. Für 2004 wird die Konsumintensität zunächst nach sozialen und personalen Merkmalen der Schüler – Geschlecht, Alter, Schulart, Deutsche/Nicht-Deutsche, ökonomische Lage der Familie – differenziert.

Beim Blick auf das Geschlecht erweist sich der Drogenumgang als eindeutig „männliches" Phänomen (vgl. Abb. 8.2): Mit Ausnahme der Beruhigungsmittel nehmen Schüler im Durchschnitt alle Drogen eindeutig häufiger zu sich als Schülerinnen, wobei der deutlichste Unterschied bei den weichen Alkoholika (Bier, Wein, Sekt) liegt (1,4 gegenüber 0,9). Der Anteil abstinenter Schülerinnen (42,4% (851)) liegt um 12 Prozentpunkte über dem der Schüler. Diese rangieren vor allem beim häufigen Konsum „vorne": Ein Sechstel trinkt mehrmals wöchentlich, um den Faktor 3,5 mehr als bei den Schülerinnen, 5% täglich, bei den Schülerinnen sind es ein Prozent.

Abb. 8.2: Durchschnittliche Konsumhäufigkeit 2004 nach Geschlecht

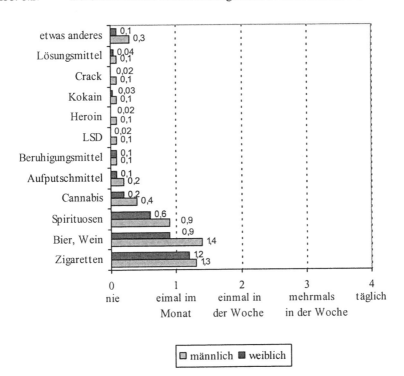

Dahinter folgen Spirituosen (0,9 zu 0,6) und Cannabis (0,4 zu 0,2). Zigaretten rauchen findet bei Schülern (1,3) fast nur unwesentlich (aber wegen der Fallzahlen eindeutig) häufiger statt; hier erweisen sich die Schülerinnen im Mittel (1,2) als ähnlich starke Konsumenten wie die Schüler. (Der einzig relevante Unterschied ist, dass die täglichen Raucher (23,6%, 509) um 3,4%-Punkte über den Raucherinnen liegen. Die sog. harten illegalen Drogen sind (bei insgesamt geringer Konsumintensität) auch mehr eine Sache der Schüler als der Schülerinnen.

Wenn nach Altersklassen getrennt wird, bleiben bei den meisten Drogen die Differenzen zwischen den Geschlechtern bestehen, was die Konsumhäufigkeit angeht.[6] Bei manchen Drogen verschwindet allerdings der Unterschied bzw. bleibt auf bestimmte Alterskategorien beschränkt.

Schülerinnen und Schüler konsumieren gleichermaßen Zigaretten; Unterschiede gehen also auf das Alter zurück. Dass Schülerinnen und Schüler sich bei Beruhigungsmitteln gleichen, bestätigt sich nur bei Jugendlichen und Heranwachsenden; bei den Jüngsten konsumieren Schüler bei sehr geringer Intensität häufiger als Schülerinnen. Differenzen beim Kokainkonsum bestehen nur bei den 10-13- bzw. 14-17-Jährigen, Schüler und Schülerinnen im Heranwachsendenalter unterscheiden sich hier nicht erheblich voneinander.

Die ohnehin geringen Unterschiede zwischen den Geschlechtern bei der Häufigkeit des Rauchens verschwinden auch bei der Kontrolle nach der Schulart. D. h. das differenzielle Rauchverhalten geht (auch) auf Unterschiede zwischen den Schularten zurück. Der annähernd gleiche Konsum bei Sedativa bestätigt sich dagegen unabhängig von der Schulart. Die Differenzen zwischen Schülerinnen und Schülern bei harten Drogen (LSD, Heroin, Kokain) sind im Wesentlichen auf Haupt- und Berufsschüler zurückzuführen.

Dass Schülerinnen und Schüler sich beim Drogenumgang unterscheiden, ist stärker auf Deutsche zurückzuführen: Mit Ausnahme der Sedativa (bei denen keine Differenzen vorliegen) konsumieren deutsche Schüler häufiger als deutsche Schülerinnen. Bei den Ausländern trifft dies nur bei Alkoholika und Cannabis zu.

Drogenkonsum als Ausdruck jugendlicher Autonomie gegenüber „der" Erwachsenengesellschaft, als Bestandteil jugendkultureller Gepflogenheiten (die sich auch und gerade im Drogenumgang niederschlagen) und als Teil (peer-)gruppendynamischer Prozesse tritt mit dem Übergang in die Jugendphase schlagartig häufiger auf[7] (vgl. Tab. 8.4; dargestellt werden nur Drogen mit signifikanter Al-

---

[6] Auffallend ist, dass das Geschlecht bei den Heranwachsenden eine deutlich größere Erklärungskraft (Eta²) für die Unterschiede beim Konsum vor allem von Bier/Wein (13,4%), aber auch von Spirituosen (5,2%) und Cannabis (4,7%) aufweist als bei den anderen Alterskategorien.

[7] Um den Übergang von der späten Kindheit in die Jugendphase differenzierter zu erfassen, war zunächst versucht worden, die jüngeren Schüler in zwei Alterskategorien zu unterteilen (10-11 und 12-13 Jahre). Da sich beide allerdings mit Blick auf ihren Drogenkonsum nicht weiter unterschieden, wurde diese Klassifikation wieder zurückgenommen.

Drogen und Gewalt

tersdifferenzierung). Prinzipiell zeigen sich bei allen Substanzen eindeutig oder tendenziell mit steigendem Alter Zunahmen bei der Konsumfrequenz. Das schlägt sich auch in der relativ großen statistischen Erklärungskraft nieder (besonders bei den legalen Drogen, aber auch bei Haschisch und Marihuana). Das Alter ist damit für den Drogenumgang die vergleichsweise erklärungskräftigste Variable.

Tab. 8.4: Drogenkonsum 2004 (ausgewählte Drogen) nach Alter

Droge	Alterskategorien			Eta²
	10-13	14-17	18 und älter	
Nikotin	0,4	1,5	2,2	18,0%***
Bier, Wein, Sekt	0,5	1,5	1,7	22,0%***
Spirituosen	0,2	1,0	1,2	19,0%***
Haschisch, Marihuana	0,1	0,4	0,6	5,0%***
Aufputschmittel	0,1	0,2	0,2	1,0%***
Beruhigungsmittel	0,1	0,1	0,2	1,0%***
Kokain	0,04	0,06	0,1	0,4%**

Durchschnittswert auf einer Skala von 0 (nie) bis 4 (täglich); *** = $\alpha < 0{,}001$; ** = $\alpha < 0{,}01$.

Bei Heroin und Crack ergeben sich 2004 wegen der jeweils sehr kleinen Konsumentenquoten keine eindeutigen Abstufungen nach dem Alter; bei den anderen sog. harten Drogen (LSD, Kokain) liegt die statistische Erklärungskraft des Alters nur bei deutlich weniger als einem Prozent und kann daher vernachlässigt werden. Ebenfalls eine eher marginale Erklärungskraft (jeweils 1%) weisen die Altersabstufungen bei Beruhigungs- und Aufputschmitteln auf. Bei allen genannten Drogen sind die Konsumentenraten zu gering für erklärungskräftige Differenzierungen.

Eine eindeutige Zunahme der Konsumhäufigkeit mit steigendem Alter besteht bei Nikotin, weichen Alkoholika, Spirituosen, Cannabis, Sedativa und Aufputschmitteln. Die jüngsten Schüler haben in den vergangenen fünf Monaten im Mittel deutlich seltener als einmal im Monat eine Zigarette geraucht, diejenigen im Jugendlichenalter (14-17 Jahre) greifen mehrmals im Monat, aber noch nicht jede Woche, zur Zigarette und Schülerinnen und Schüler im Heranwachsendenalter (18 und älter) rauchen im Durchschnitt etwas mehr als einmal die Woche. Ähnlich verhält es sich bei den sog. „weichen" Alkoholika; allerdings liegt die Konsumfrequenz bei den Heranwachsenden (im Durchschnitt noch seltener als einmal die Woche) etwas unter der beim Nikotin.

In allen Altersklassen konsumierten Schüler nur selten Spirituosen: die 10-13-jährigen Schüler im Durchschnitt nur ganz selten, im Jugendlichenalter höchstens einmal im Monat und auch die Heranwachsenden im Mittel nur etwas mehr als einmal pro Monat. Cannabisgebrauch findet noch seltener statt: Unter den Jüngsten ist er ein sehr seltenes Phänomen und auch Jugendliche und Heranwachsende rauchen im Durchschnitt erheblich weniger als einmal monatlich Marihuana oder Haschisch. Aufputsch- und Beruhigungsmittel werden insgesamt nur sehr selten konsumiert, wobei die Jüngsten noch weniger Aufputschmittel zu sich nehmen, Heranwachsende dagegen etwas häufiger Beruhigungsmittel als die Schüler der anderen Alterskategorien.

Differenziert man nach dem *Geschlecht*, bestätigen sich die Zusammenhänge, aber nicht immer die Muster. Die Steigerung der Konsumfrequenz mit dem Alter bei weichen bzw. harten Alkoholika und Cannabis geht auf die *Schüler* zurück. Jugendliche und heranwachsende Schülerinnen konsumieren eindeutig mehr als die jüngeren, unterscheiden sich aber im Konsum nicht wesentlich. Der Alterseffekt bei den Sedativa ist ausschließlich den Schülerinnen geschuldet: Sie steigern ihren Konsum mit zunehmendem Alter. Die Schüler weisen hier keine wesentlichen Altersunterschiede auf. Auch bei Kokain ist der schwache Effekt auf die Schülerinnen rückführbar (Heranwachsende konsumieren häufiger als die anderen).

Der altersspezifische Drogenkonsum unterscheidet sich weiterhin bei *deutschen und nicht-deutschen Schülern*: Die Steigerung bei weichen und harten Alkoholika sowie bei Cannabis geht auf die Deutschen zurück: Bei nicht-deutschen Schülern besteht bei Alkohol nur ein tendenziell mit dem Alter zunehmender Gebrauch, bei Cannabis unterscheiden sich die Altersklassen nicht. Der Gebrauch von Aufputschmitteln und Sedativa nimmt nur bei deutschen Schülern mit dem Alter zu. Bei Kokain unterscheiden sich erneut nur bei den Deutschen die Heranwachsenden durch einen häufigeren Konsum. (Die nicht gesicherten Differenzen zwischen den Alterskategorien bei nicht-deutschen Schülern sind sicherlich mit auf die relativ kleinen Fallzahlen zurückzuführen).

Weiter variiert der Drogenumgang mit der Schulart (was auch bedeutet: nach der sozialen Zusammensetzung der Schülerschaft; vgl. Tillmann et al. 1999) (vgl. Tab. 8.5). Die sog. „harten" illegalen Drogen und Lösungsmittel wurden nicht in die Darstellung aufgenommen, weil für sie dies nicht gilt.

Bei allen legalen Drogen sowie bei Cannabis sind Berufsschüler im Konsum „führend": Sie nehmen diese Drogen z. T. mit erheblichem Abstand häufiger zu sich als alle anderen Schüler: Nikotin mehr als einmal pro Woche; Alkoholika im Durchschnitt mehrmals im Monat, aber deutlich seltener als einmal die Woche; Cannabis seltener als einmal im Monat (d. h. im erfassten Zeitraum von fünf Monaten weniger als fünfmal). Neben der Frage nach dem unterschiedlichen Schulmilieu – sozialstruktureller Hintergrund der Schüler, Männlichkeitsmuster, Bedeutung der Schule für das Leben der Schüler – muss aber auch die Altersstruktur mit berücksichtigt werden, denn Berufsschüler sind im Durchschnitt auch älter als Schüler anderer Schularten. Der insgesamt geringste Drogenumgang findet bei Gymnasiasten statt; Haupt- und Realschüler liegen jeweils dazwischen.

Drogen und Gewalt

Tab. 8.5: Konsumfrequenz ausgewählter Drogen 2004 nach Schulart

Droge	Schulart				Eta²
	Haupt-Schule	Berufs-Schule	Real-Schule	Gymnasium	
Nikotin	1,1	2,3	1,0	0,6	16,0%***
Bier, Wein, Sekt	0,9	1,7	1,1	0,9	9,0%***
Spirituosen	0,6	1,3	0,7	0,6	9,0%**
Cannabis	0,3	0,5	0,2	0,2	2,0%***
Aufputschmittel	0,2	0,2	0,2	0,1	0,5%*
Beruhigungsmittel	0,1	0,2	0,2	0,1	0,3%*

Durchschnittswerte auf einer Skala von 0 (nie) bis 4 (täglich); *** = α < 0,001; ** = α < 0,01.

Werden Heranwachsende an Gymnasien und Berufsschulen miteinander verglichen, erweisen sich Berufsschüler nur bei Nikotin – sehr deutlich[8] – sowie bei Aufputschmitteln und LSD als eindeutig „führend". Bei Alkohol und Cannabis liegen beide in etwa gleichauf, bei den „harten" Drogen ist der „Vorsprung" der Berufsschüler statistisch nicht gesichert. Bei Jugendlichen treten Unterschiede zwischen den Schularten bei legalen Drogen, Cannabis und Sedativa auf. Dabei erweisen sich, analog zur Gesamtverteilung, Berufsschüler als „führend", Gymnasiasten als diejenigen mit dem geringsten Konsum.

Bei Einbezug der Nationalität (vgl. Tab. 8.6) zeigt sich, dass Schüler mit deutscher Staatsangehörigkeit häufiger weiche und harte Alkoholika zu sich nehmen als ihre nicht-deutschen Mitschüler; diese wiederum greifen häufiger zu Aufputsch- und Beruhigungsmitteln sowie – bei insgesamt sehr seltenem Konsum – zu den harten illegalen Drogen (LSD, Heroin, Kokain, Crack) und schnüffeln auch öfter Lösungsmittel. Keine wesentlichen Differenzen bestehen beim Rauchen von Zigaretten bzw. von Cannabis-Produkten. Allerdings ist die Erklärungskraft der Nationalität für die Häufigkeit des Drogenumgangs mit maximal 0,6% Varianzaufklärung eher mäßig.

Der Unterschied beim Alkoholkonsum bleibt für harte Alkoholika geschlechtsunabhängig bestehen. Bei den weichen Alkoholika trinken dagegen deutsche Schüler mehr als ihre nicht-deutschen Mitschüler. Ansonsten gibt es unter männlichen Schülern zwischen Deutschen und Nicht-Deutschen keine Differenzen in der Konsumhäufigkeit; anders dagegen bei den Schülerinnen: Nicht-deutsche Schüle-

---

[8] Heranwachsende Berufsschüler rauchen im Durchschnitt mehrmals im Monat (2,5), Gymnasiasten gut einmal monatlich (das Varianzaufklärungspotenzial liegt hier bei 9,6%).

rinnen nehmen eindeutig mehr Aufputschmittel und harte illegale Drogen zu sich als ihre deutschen Mitschülerinnen. Unter den 10- bis 13-Jährigen konsumieren Nicht-Deutsche alle Substanzen häufiger. Für die 14- bis 17-Jährigen gilt: Bei Nikotin, Cannabis und Aufputschmitteln unterscheiden sie sich nicht, Alkohol wird von deutschen Schülern häufiger getrunken, harte illegale Drogen von den nicht-deutschen dagegen öfter genommen. Bei den Heranwachsenden bleibt der Unterschied beim Alkohol bestehen, bei den harten illegalen Drogen ist er nicht signifikant.

Tab. 8.6: Drogenkonsum 2004nach der Nationalität (deutsch/nicht-deutsch) der Schüler

Droge	Nationalität	
	Deutsch	nicht deutsch
Zigaretten	1,2	1,3
Bier, Wein	1,2	1,0
Spirituosen	0,8	0,7
Cannabis	0,3	0,4
Aufputschmittel	0,2	0,3
Sedativa	0,1	0,3
LSD	0,05	0,1
Heroin	0,05	0,2
Kokain	0,06	0,2
Crack	0,05	0,2
Lösungsmittel	0,1	0,2
Anderes	0,2	0,3

Unterlegte Werte sind signifikant größer. Mittelwerte auf einer Skala von 0 (nie) bis 4 (täglich).

Ein theoretisch bedeutsamer Faktor ist die ökonomische Lage der Familie. Durchgängig besteht ein hoch signifikanter Zusammenhang zwischen dem Umgang mit jeder Droge und der von den Schülern subjektiv eingeschätzten ökonomischen Lage der Familie. Die Erklärungskraft ist bei legalen Drogen beinahe zu vernachlässigen, dafür aber interessanterweise bei allen illegalen Substanzen sowie bei Sedativa und Aufputschmitteln sichtlich größer. Gerade bei diesen Drogen erweist sich eine zunehmende Verarmung zwar nicht als zentraler, aber dennoch als nicht unwichtiger Faktor.

Drogen und Gewalt

Tab. 8.7: Drogenkonsum 2004 nach der ökonomischen Lage der Familie

Droge	ökonomische Lage der Familie					Eta²
	wohlhabend	kommen zurecht	reicht f. Nötiges	Verzicht: Nötiges	Knapp: Nahrung	
Zigaretten	1,3	1,2	1,4	1,9	2,1	1%***
Bier, Wein	1,3	1,1	1,2	1,7	2,1	1%***
Spirituosen	0,9	0,7	0,8	1,1	1,7	1%***
Cannabis	0,4	0,2	0,4	0,9	1,2	3%***
Aufputsch.	0,3	0,1	0,2	0,4	1,0	3%***
Sedativa	0,2	0,1	0,1	0,4	1,1	4%***
LSD	0,03	0,06	0,1	0,2	0,7	3%***
Heroin	0,1	0,02	0,06	0,2	0,9	4%***
Kokain	0,2	0,03	0,1	0,4	0,8	5%***
Crack	0,1	0,02	0,05	0,2	1,0	6%***
Lösungsm.	0,2	0,04	0,1	0,2	0,8	3%***
Anderes	0,3	0,1	0,3	0,4	0,9	2%***

*** α < 0,001. Mittelwerte auf einer Skala: von 0 (nie) bis 4 (täglich).

Besonders Augenmerk gilt den – wenigen – Schülern, in deren Familien es wegen finanzieller Engpässe am Monatsende z. T. nicht einmal für die Lebensmittel reicht. Gerade sie fallen im Selbstbericht durchgängig bei allen Drogen (außer Nikotin) durch den häufigsten Konsum auf. Durchschnittlich konsumieren sie alle illegalen Drogen sowie die Aufputsch- und Beruhigungsmittel etwa einmal monatlich, Cannabis und Sedativa etwas häufiger als einmal im Monat, vor allem LSD und Kokain aber auch Heroin dafür (etwas) seltener. Nikotin und weiche Alkoholika nehmen sie gut einmal die Woche, Spirituosen mehrmals im Monat, aber noch nicht wöchentlich zu sich.

Schüler aus Familien, die auch mal auf Nötiges verzichten müssen, besitzen insgesamt betrachtet den zweithäufigsten Drogenkonsum. Statistisch signifikant ist dies bei Bier/Wein/Sekt, Cannabis, Sedativa, Heroin und Kokain. Bei Zigaretten liegen sie mit den Schülern aus Armutsfamilien an der Spitze. Die drei übrigen ökonomischen Lagen, denen sich auch fast die gesamte Schülerschaft zurechnet, unterscheiden sich nicht wesentlich voneinander.

Zusammengenommen lässt sich damit feststellen, dass die ökonomische Marginalisierung der Familie bei den betroffenen Schülern mit einem erhöhten Konsum aller Drogen einhergeht; sie wirkt sich im Vergleich mit den nicht randständigen Schülern dabei vor allem bei den illegalen Substanzen aus. Damit weisen diese

Schüler zwei Risikofaktoren gemeinsam auf: die marginale ökonomische Lage und den erhöhten Umgang mit Drogen. Mit leichten Variationen bestätigt sich dies im Wesentlichen unabhängig von Geschlecht und Nationalität (deutsch/nichtdeutsch). Prinzipiell gilt dieser Befund auch altersunabhängig. Auffallend ist jedoch, dass unter den Jüngeren (10 bis 13 Jahre) durchgängig die wenigen Schüler, in deren Familien es an Lebensmitteln mangelt, den mit Abstand häufigsten Drogenumgang aufweisen. Bei den anderen Altersklassen besteht dagegen eine tendenzielle Abstufung. D. h. der Drogenumgang der marginalisierten Schüler ist zwar ausgeprägter, unterscheidet sich aber zumeist doch nicht signifikant von dem der anderen (nicht zuletzt auch deswegen, weil auch Jugendliche und Heranwachsende aus finanziell besser gestellten Elternhäusern – im Vergleich zu den Jüngeren – häufiger Drogen konsumieren.)

8.3 Veränderungen bei den Drogenkonsummustern

In der 1999er-Untersuchung haben wir Muster beim Drogenumgang mit Blick auf die verwendeten Substanzen herausgearbeitet: Welche Drogen werden aktuell „typischerweise" parallel zu welchen anderen genommen (vgl. Fuchs et al. 2001; Luedtke 2001)? Über die Zeit lassen sich Veränderungen im Drogenumgang der Schüler ausmachen, wenngleich diese im Wesentlichen nicht sehr ausgeprägt sind (was der ziemlich schwache Zusammenhang indiziert) (vgl. Tab. 8.8).

Verschiebungen gab es sowohl bei der Abstinenz als auch bei bestimmten Konsummustern. Durchgängig konstituiert Abstinenz das mit Abstand am häufigsten vorkommende „Konsum"-Muster. Der Anteil Enthaltsamer ging allerdings von 1994 auf 1999 ganz deutlich, nämlich um 9,2%-Punkte, von etwa einem Drittel bis auf gut ein Fünftel zurück, nahm dann bis 2004 wieder auf fast drei Zehntel zu, liegt aber immer noch unter dem 1994er-Wert. Es gibt also inzwischen wieder merklich mehr abstinente Schüler als noch 1999, aber immer noch weniger als 1994.

Der Blick auf die weiteren Konsummuster zeigt für 2004 ein insgesamt relativ positives Bild und indiziert eine seit 1999 leicht positiv verlaufende Entwicklung. Nur bei drei Mustern sind gegenüber 1999 mäßige Zuwächse zu verzeichnen („Bier/Wein/Sekt", „ohne Cannabis und harte Drogen", „mit Cannabis, ohne harte Drogen"), wogegen bei sechs Formen die Konsumentenquoten (wenn auch meist nur leicht) rückläufig waren. Ausgeprägter zeigt sich dies bei Schülern, die alle legalen Drogen konsumieren. Der Rückgang betrug 4,1 Prozentpunkte bis auf 15,0%; damit wurde sogar die 1994er-Marke geringfügig unterschritten.

Drogen und Gewalt

Tab. 8.8: Drogenkonsummuster 1994 – 1999 – 2004

Muster	Jahr			Gesamt
	1994	1999	2004	
Kein Drogenkonsum	32,8% (1.135)	23,6% (933)	28,0% (1.188)	27,9% (3.256)
Nikotin (N)	3,7% (128)	4,7% (185)	3,6% (155)	4,0% (468)
Bier, Wein, Sekt (B/W/S)	13,7% (475)	9,7% (383)	10,5% (447)	11,2% (1.305)
Nikotin, Bier, Wein, Sekt (N, B/W/S)	6,7% (233)	7,2% (28)	5,7% (242)	6,5% (762)
Bier, Wein, Sekt und Spirituosen	11,9% (411)	12,3% (485)	11,9% (507)	12,0% (1.403)
N, B/W/S, Spirituosen	15,3% (530)	19,1% (755)	15,0% (638)	16,5% (1.923)
Alles bis auf Cannabis und harte Drogen	9,4% (325)	9,7% (385)	10,7% (453)	10,0% (1.163)
Alle legalen Drogen + Cannabis	2,1% (72)	5,9% (234)	5,7% (244)	4,7% (550)
Alles bis auf harte Drogen	2,1% (72)	4,0% (159)	5,1% (217)	3,8% (448)
Auch „harte" Drogen	2,2% (76)	3,9% (153)	3,7% (159)	3,3% (388)
Gesamt	100,0% (3.457)	100,0% (3.959)	100,0% (4.250)	100,0% (11.666)

Chi² = 282,1; d. f. = 18; = 0,000; C_{korr} = 0,18.

Die Abnahme führte bei den Mustern mit ausschließlich legalen Drogen dazu, dass die Konsumentenraten wieder bis auf oder sogar knapp unter das Niveau von 1994 zurückgingen. Auch die „Bier/Wein/Sekt"-Trinker machen trotz der leichten Zunahme seit 1999 immer noch einen merklich geringeren Anteil an allen Drogenkonsumenten aus als noch 1994. Etwas anders dagegen sieht es bei den Mustern mit illegalen Drogen aus: Die Zunahme bei den Cannabis-Mustern von 1994 auf 1999 blieb weitgehend bestehen (wie bei „Legale Drogen und Cannabis": 0,2%-Punkte) bzw. ging sogar leicht nach oben um 1,1 Prozentpunkte wie bei „mit Cannabis, aber ohne ‚harte' Drogen". Cannabis scheint sich unter Jugendlichen und Heranwachsenden also weiter auf dem Niveau zu etablieren, das bereits Ende der 90er-Jahre vorlag. Ähnliches gilt auch für das Muster mit ‚harten' Drogen, das nach der Zunahme 1999 nur ganz leicht um 0,2 Prozentpunkte zurückging. Über die gesamte Zeit ganz schwach gestiegen sind die Werte nur für zwei Modi: Der Anteil von Schülern, die weder Cannabis noch harte Drogen nehmen, aber neben den legalen Drogen Aufputschmittel und/oder Sedativa im Repertoire haben, ging von knapp einem Zehntel bis auf gut ein Zehntel hoch; Analoges zeigt sich bei denen, die Cannabis, legale Drogen, Aufputschmittel und/oder Sedativa, aber keine harten Substanzen gebrauchen.

Zusammengefasst besteht damit 2004 gegenüber dem „Zwischenhoch" 1999 wieder etwas mehr Abstinenz. Weniger Schüler konsumieren nur legale Drogen. Bei Cannabis und harten Drogenmustern bleibt der Trend gleich. Über die gesamte Zeit gesehen sind leichte Steigerungstendenzen bei Mustern, die Aufputschmittel und/oder Sedativa mit umfassen, zu vermelden.

Prinzipiell gilt das für Schüler und Schülerinnen gleichermaßen. Bezüglich des Alters bestehen leichte Variationen. Bei den jüngeren Schülern bestätigt sich das Gesamtergebnis tendenziell, wobei der Modus „ohne Cannabis und harte Drogen" (d. h. mit Aufputsch- und/oder Beruhigungsmitteln) den deutlichsten Zuwachs bis auf ein Zehntel erfuhr. Bei den Jugendlichen hat der ausschließliche Alkoholkonsum ebenso (leicht) zugenommen wie der Gebrauch aller legalen Drogen und Cannabis sowie – analog zu den Jüngeren – das Muster „ohne Cannabis und harte Drogen". Die Heranwachsenden entsprechen insofern dem allgemeinen Trend, als die legalen Muster (leicht) abnehmen. Jedoch ging „ohne Cannabis und harte Drogen" zurück (gegen den Trend), während die beiden Cannabis-Muster (mit legalen Drogen bzw. mit Aufputsch- und/oder Beruhigungsmitteln) etwas anstiegen, ebenfalls gegen den Trend.

8.4 Drogenumgang und Probleme im Eltern-Kind-Verhältnis

Wie zu Beginn dieses Kapitels erwähnt, hängen wahrscheinlich Drogenumgang und Elter-Kind-Verhältnis eng zusammen. Als Indikatoren für das Eltern-Kind-Verhältnis werden im Folgenden der Erziehungsstil, die Gewalt in der Erziehung bzw. in der Familie und die elterliche Sorge um die schulische Situation der Kinder herangezogen. Der elterliche Erziehungsstil wird wegen seiner geringen Erklärungskraft – zwischen 0,6 und 2,6% Varianzaufklärungspotenzial – nicht weiter behandelt. Allerdings konnte festgestellt werden, dass bei allen Drogen durchgängig die hart und manchmal ungerecht erzogenen Schüler die z. T. mit deutlichem Abstand größte Konsumhäufigkeit aufweisen, die liebevoll Behandelten bei den legalen Drogen die niedrigste, noch vor den „hart, aber gerecht" Erzogenen. Bei Cannabis und Sedativa weisen liebevoll und hart, aber gerecht Erzogene den niedrigsten Konsum auf, wechselhaft Behandelte liegen eindeutig darüber. Bei Aufputschmitteln und bei harten Drogen unterscheiden sich nur die hart und ungerecht Erzogenen durch einen häufigeren Drogenumgang von allen anderen. Eine unangemessene Erziehung und ein gehäufter Drogenumgang, auch und gerade bei den illegalen Substanzen, hängen also zusammen. Inwieweit dies kausal zu sehen in

Drogen und Gewalt

dem Sinne ist, dass der unangemessene Erziehungsstil mit dafür verantwortlich ist, dass junge Menschen in eine Drogenkarriere hinein geraten, kann nur vermutet, mit den vorliegenden Daten aber nicht geprüft werden; ebenso kann umgekehrt nur angenommen werden, dass vor allem eine liebevolle, aber auch eine als „gerecht" empfundene Erziehung einen der Schutzfaktoren gegen einen intensiver werdenden Drogenumgang im Jugendalter bilden.

Die Gewalterfahrungen in der Familie beeinflussen den Drogenumgang der Schüler (vgl. Tab. 8.9): Durchgängig konsumieren diejenigen, die zu Hause ein höheres bis hohes Maß an Gewaltbelastung erleben, alle Drogen eindeutig häufiger als ihre Mitschüler. Wer keine oder nur ein geringes Maß elterlicher Gewalt zu spüren bekommt, hat auch die durchschnittlich geringste Drogenbelastung.

Tab. 8.9: Aktuelle Konsumhäufigkeit 2004
nach der Gewaltbelastung in der Familie bzw. der Erziehung

Droge	Gewaltbelastung in der Familie				Eta²
	keine	gering	mittel	höher/hoch	
Nikotin	1,3	1,0	1,2	1,6	1%***
Bier/Wein	1,1	1,1	1,1	1,5	1%***
Spirituosen	0,8	0,7	0,8	1,0	1%***
Cannabis	0,2	0,2	0,3	0,6	3%***
Aufputschm.	0,1	0,1	0,2	0,4	3%***
Sedativa	0,1	0,1	0,1	0,5	6%***
LSD	0,02	0,03	0,1	0,3	4%***
Heroin	0,02	0,01	0,1	0,3	3%***
Kokain	0,03	0,02	0,1	0,3	4%***
Crack	0,01	0,02	0,1	0,3	5%***
Lösungsmittel	0,02	0,04	0,1	0,3	4%***
sonstige	0,1	0,2	0,2	0,5	2%***

*** $\alpha < 0{,}001$. Durchschnittswerte auf einer Skala von 0 (nie) bis 4 (täglich). Zur Konstruktion der Gewaltbelastung in der Familie: vgl. Kapitel 4.

Bei legalen Drogen ist die Erklärungskraft der familialen Gewalt nur sehr gering (um 1%), nicht zuletzt deswegen, weil der Umgang damit im Jugendalter weit verbreitet ist. Etwas stärker (bis 6% Varianzaufklärung) ist der Zusammenhang bei harten illegalen Drogen sowie bei Beruhigungsmitteln. Pointiert formuliert: Einer „harten", gewaltförmigeren Erziehung entspricht eher ein intensiverer, „harter"

Drogenumgang, einer gewaltlosen oder gewaltarmen Erziehung dagegen ein moderater bis sehr niedriger Konsum.

Die Kontrolle nach der Nationalität (deutsch/nicht-deutsch) ergab keine größeren Unterschiede. Bei der Analyse nach dem Geschlecht bestätigen sich die Ergebnisse ebenso im Wesentlichen, wenn auch mit leichter Differenzierung: Während sich bei Schülerinnen durchgängig nur diejenigen mit höherer Gewaltbelastung in der Familie durch einen eindeutig häufigeren Konsum von ihren Mitschülerinnen unterscheiden, weisen Schüler nur bei vier Drogen (Nikotin, Bier bzw. Wein, Cannabis und Heroin) tendenziell eine Steigerung des Konsums bei zunehmender Elterngewalt auf. Schülerinnen reagieren also möglicherweise etwas stärker bzw. eher als Schüler auf Elterngewalt mit vermehrtem Drogenumgang.

Analoges zeigt sich bei der Analyse nach dem Alter: Bei Jugendlichen und Heranwachsenden hängt erst ein höheres und hohes Maß elterlicher Gewalt mit einem Drogenumgang zusammen, bei den Jüngeren ist dagegen bei der Hälfte der Drogen von der Tendenz her eine Zunahme des Konsums mit steigender Elterngewalt feststellbar, wenn auch auf niedrigem Konsumniveau. Mithin ist zu vermuten, dass die Jüngeren sensibler auf Gewalt seitens ihrer Eltern reagieren als die (etwas) älteren Schüler.[9]

Ein weiterer Faktor der Eltern-Kind-Relation, der sich möglicherweise auf den Drogenumgang auswirkt, ist das Maß elterlicher Sorge um die Schulleistungen des Nachwuchses. Wir verstehen diesen Variable als Teil dessen, wie sehr sich die Eltern prinzipiell um ihr Kind bzw. ihre Kinder kümmern oder inwieweit sie an ihrem Nachwuchs desinteressiert sind bzw. ihn „verwahrlosen" lassen. Letzteres erhöht aber die soziale Anfälligkeit für abweichende Verhaltensweisen, zumal, wenn noch weitere belastende Faktoren aus der Familie oder der Schule vorliegen (vgl. Tab. 8.10):

Es ist eine deutliche Tendenz erkennbar, wonach die Konsumhäufigkeit bei allen Drogen steigt, je weniger sich die Eltern für die schulischen Belange ihres Nachwuchses interessieren. Durchgängig weisen Schüler, deren Eltern sich nach Aussage der Befragten gar nicht um die Schulsituation ihres Kinder kümmern (Wert 0 in Tab. 8.10) den häufigsten Drogenumgang bzw. die größte Konsumhäufigkeit auf. Kümmern sich die Eltern um alle erfragten schulischen Belange ihrer Kinder, dann haben diese bei allen Drogen die niedrigste Konsumfrequenz.

Die größte Erklärungskraft weist das elterliche Sich-Kümmern für den Umgang mit legalen Drogen (9 bis 11%) und mit Cannabis (6%) auf. Bei allen anderen Drogen bewegt sie sich zwischen 2 und 3%. Das ist insofern nachvollziehbar, als die anderen Drogen üblicherweise bereits eine weiter reichende Integration in ein Drogen konsumierendes Milieu voraussetzt (die mit dem Alter zunimmt). Dann

---

[9] Andererseits wird gerade bei Jugendlichen (14-17 Jahre) der Konsum von Beruhigungsmitteln in nicht unerheblichem Maße – 9,0% Varianzaufklärung– durch die Elterngewalt erklärt.

Drogen und Gewalt

aber ist der elterliche Einfluss ohnehin bereits gering(er) geworden und möglicherweise auch das elterliche Interesse an der (schulischen) Situation der Kinder. Dies würde erklären, warum bei den harten Drogen (aber auch bei Aufputsch- und Beruhigungsmitteln) eine eindeutige Steigerung des Drogenumgangs erst bei einem ziemlich geringen Maß elterlicher Sorge einsetzt.

Tab. 8.10: Häufigkeit des aktuellen Drogenkonsums 2004 nach der elterlichen Sorge um die Schulleistungen

Droge	Zahl der elterlichen Fürsorgemaßnahmen							Eta²
	6	5	4	3	2	1	0	
Nikotin	0,7	1,2	1,7	1,8	1,8	2,0	2,3	9%
Bier/Wein	0,7	1,2	1,5	1,5	1,6	1,8	1,9	11%
Spirit.	0,4	0,7	1,0	1,1	1,2	1,3	1,5	10%
Cannabis	0,1	0,2	0,3	0,5	0,6	0,7	1,1	6%
Aufp.mt.	0,1	0,2	0,2	0,3	0,3	0,3	0,6	2%
Sedativa	0,1	0,1	0,1	0,2	0,3	0,4	0,5	3%
LSD	0,03	0,04	0,04	0,1	0,2	0,2	0,4	3%
Heroin	0,03	0,04	0,04	0,1	0,1	0,2	0,4	2%
Kokain	0,03	0,04	0,04	0,1	0,2	0,2	0,5	3%
Crack	0,03	0,04	0,03	0,1	0,1	0,2	0,4	2%
Lösungsm.	0,04	0,04	0,1	0,1	0,2	0,2	0,4	2%
sonstiges	0,2	0,2	0,2	0,3	0,3	0,3	0,6	2%

Mittlerer Drogenkonsum auf einer Skala von 0 (nie) bis 4 (täglich) alle Zusammenhänge: α < 0,001. Zur Konstruktion des Index zur Sorge um die Schulleistungen: Die Schüler sollten bei sechs Items angeben, ob ihre Eltern dies machen oder nicht (z. B., ob sie darauf achten, dass ihr Kind die Hausaufgaben regelmäßig macht). „0" bedeutet dann: Die Schüler gaben bei keiner Aussage an, dass ihre Eltern dies machen würden, „6", dass sie alle Statements zur elterliche Sorge bejaht haben. Vgl. hierzu auch Kapitel 4.

Für Schülerinnen und Schüler bestätigt sich das Ergebnis in einer sehr ähnlichen Weise. Allerdings wird das Resultat durch das Alter in nicht unerwarteter Weise modifiziert: Am deutlichsten sichtbar tritt der genannte Effekt bei den Jüngeren auf, etwas schwächer wird er bei den Jugendlichen und nur bei sehr wenigen Drogen nachweisbar ist er bei den Heranwachsenden. Das zeigt sich auch daran, dass die Erklärungskraft der elterlichen Sorge bei den Jüngeren sichtlich am größten war, gerade bei den legalen Drogen. Das bedeutet: Wenn sich Eltern um ihre Kinder kümmern (hier: bei schulischen Belangen), kann dies einem frühen Drogenumgang entgegenwirken. Setzen wir weiter die Richtigkeit der Schülerangaben voraus, bedeutet dies, dass es nur sehr wenige 10- bis 13- und 14- bis 17-Jährige gibt, die sich durch „Verwahrlosung" und, damit verbunden, von den Altersgleichen durch einen deutlich erhöhten Drogenumgang abheben.

8.5 Drogenumgang und (problematische) Peers

Da wir nicht von einer unmittelbaren Wirkung der Substanz auf das Handeln ausgehen, sondern vielmehr den Drogengebrauch als soziales Handeln innerhalb typischer sozialer Kontexte begreifen, bilden die bisherigen Ergebnisse einen Beleg dafür, dass wir die einzelnen Felder der Devianz nicht isoliert voneinander analysieren dürfen, sondern sie in ihren jeweiligen Zusammenhängen mit anderen Devianzbereichen sehen müssen: D. h. hinter dem Drogenkonsum steht vielmehr eine gesamte Lebensführung, die sich in vielen Handlungsfeldern und Einstellungsbereichen durch ein mehr oder weniger ausgeprägtes Maß an Abweichung auszeichnet. Ein weiteres, solches Element aus der Lebenswelt der jungen Menschen bildet die Integration in deviante Peergroups, hier gemessen an der Häufigkeit, mit der Mitglieder der eigenen Clique bereits Schwierigkeiten mit der Polizei bekommen haben (vgl. Abbildung 8.3):

Die Mehrheit von knapp zwei Dritteln der Befragten ist in einer Clique, die meisten – zusammen mehr als ein Drittel aller Schüler – jedoch in einer „friedlichen" Peergroup, deren Mitglieder noch keinen Ärger mit der Polizei hatten. Zusammen knapp drei Zehntel aller Befragten konzedieren, dass Personen aus der Clique bereits Schwierigkeiten mit der Polizei bekommen haben (wobei nicht nach den Gründen dafür gefragt wurde; Verkehrsdelikte können ebenso darunter fallen wie Körperverletzungen, also Handlungen, die zur Gewaltkriminalität zählen). Diese Schüler rechnen wir als zu devianten Cliquen zugehörig. Bei der Hälfte von ihnen – und damit insgesamt einem Siebentel aller Befragten – blieben dies Einzelereignisse. Ein Zehntel aller Schüler gab an, dies komme „schon mal" vor und eine kleine Gruppe von 3,4% (147) scheint ziemlich devianten Peergroups anzugehören, da es hier „häufiger" passiert, dass einzelne Mitglieder Ärger mit der Polizei bekommen.

Schülerinnen sind häufiger in unauffälligen Cliquen zu finden. Berufsschüler kommen seltener in unproblematischen Cliquen, dafür häufiger (mehr als zwei Fünftel, 20-30%-Punkte mehr als bei den anderen Schularten) in Gruppen mit polizeiauffälligen Mitgliedern vor. Bei zusammen gut einem Fünftel der Berufsschüler geraten die Peers regelmäßig und auch häufiger in Schwierigkeiten mit der Polizei. Dahinter folgen die Hauptschüler: Ein Siebentel von ihnen ist in Cliquen, deren Mitglieder „schon mal" oder „häufiger" Polizeikontakt hatten. Gymnasiasten sind am wenigsten in belasteten Cliquen – ganze 5,8% (73) gehören zu den beiden Problemkategorien –, dafür sind sie (mit gut zwei Fünfteln) häufiger ohne Cliquenbindung.

Drogen und Gewalt

Abb. 8.3: Zugehörigkeit zu Cliquen, in der Mitglieder Probleme mit der Polizei hatten 2004 (n = 4.281)

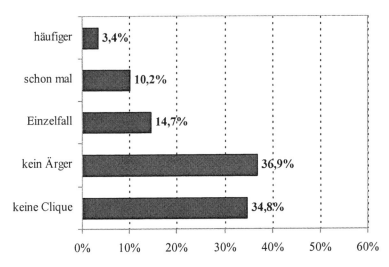

Jugendliche sind öfter Cliquenmitglied, insbesondere Schülerinnen. Mit dem Alter sinkt der Anteil, der in unauffälligen Cliquen ist, von zwei Fünfteln auf gut ein Viertel. Während bei Schülern die Mitgliedschaft in den problematischen Cliquen mit dem Alter zunimmt, geht sie bei Schülerinnen mit dem Heranwachsendenalter wieder zurück. Anders interpretiert: Der „Devianzhöhepunkt" bei Schülerinnen liegt (möglicherweise aufgrund der persönlichen Reife und der Mitgliedschaft in gemischten Gruppen mit älteren männlichen Mitgliedern) früher als bei Schülern.

Deutsche und nicht-deutsche Schüler unterscheiden sich nicht wesentlich voneinander. Ein (wenngleich schwacher) Zusammenhang besteht allerdings mit der ökonomischen Lage: Verzicht (auf Nötiges) und vor allem Mangel (an Lebensmitteln) gehen einher mit häufigerer Mitgliedschaft in problematischen Cliquen, in denen es zumindest Modelle für deviantes bzw. delinquentes Handeln gibt.

Die Mitgliedschaft in problematischeren Cliquen ist ein Indikator für ein aus Sicht der Erwachsenengesellschaft deviantes Verhalten. Zu fragen ist nun, wie er mit der Häufigkeit des (legalen und illegalen) Drogenumgangs (als weiterem Problemverhalten) zusammenhängt (vgl. Tabelle 8.11). Gleichsam als Referenzkategorie wurden die Schüler herangezogen, die sich in keiner Clique befinden.

Tab. 8.11: Häufigkeit des Drogenkonsums 2004
in Abhängigkeit von Problemen von Cliquemitgliedern mit der Polizei

Droge[1]	Häufigkeit: Probleme der Clique mit Polizei					Eta[2]
	keine Clique	nie	Einzelfall	Schon mal	häufiger	
Nikotin	0,8	0,8	2,0	2,7	3,1	21%***
Bier/Wein	0,9	0,9	1,6	2,0	2,5	18%***
Spirituosen	0,5	0,6	1,2	1,4	2,0	17%***
Cannabis	0,1	0,1	0,3	0,9	1,9	22%***
Aufputschmittel	0,1	0,1	0,2	0,3	1,2	13%***
Sedativa	0,1	0,1	0,1	0,3	1,0	10%***
LSD	0,02	0,02	0,04	0,1	0,8	11%***
Heroin	0,02	0,03	0,01	0,1	0,8	9%***
Kokain	0,02	0,03	0,03	0,1	0,9	14%***
Crack	0,03	0,02	0,02	0,1	0,9	13%***
Lösungsmittel	0,04	0,03	0,04	0,01	0,9	11%***
Anderes	0,1	0,1	0,2	0,5	1,0	6%***

Mittlerer Drogenkonsum auf einer Skala: von 0 (nie) bis 4 (täglich); *** $\alpha < 0{,}001$.

Im Ergebnis bestätigt sich 2004 das, was wir bereits 1999 festgestellt hatten (vgl. Fuchs et al. 2001; Luedtke 2001): Je devianter die eigene Clique ist, desto ausgeprägter der Drogenumgang. Wer keiner oder einer unauffälligen Clique angehört, hat ununterschieden bei allen Substanzen die geringste Konsumfrequenz; wer in einer Clique ist, bei der Mitglieder „häufiger" Probleme mit der Polizei bekommen, konsumiert alle Drogen signifikant öfter.

Bei Nikotin, Bier bzw. Wein, Spirituosen, Cannabisprodukten und Aufputschmitteln steigt der Drogenkonsum, je häufiger Mitglieder der eigenen Clique Probleme mit der Polizei bekommen haben. Bei Nikotin geht die mittlere Konsumfrequenz bis zu mehrmals die Woche hoch, bei Alkoholika auf (mindestens) einmal die Woche, bei Cannabis knapp einmal wöchentlich.

Bei Sedativa, LSD, Kokain, Lösungsmittel und anderen Substanzen nimmt der Konsum erst dann weiter zu, wenn Cliquenmitglieder „schon mal" polizeiauffällig wurden; bei Crack und Heroin schließlich unterscheiden sich nur diejenigen, die in häufiger auffällig gewordenen Cliquen sind, von den anderen durch einen knapp einmal monatlichen Konsum. Dies kann als Indikator dafür gewertet werden, dass

Drogen und Gewalt

beide Drogen eher Angelegenheit delinquenter Jugendlicher sind. Wer „hart" ist, konsumiert auch häufiger als andere „harte" illegale Drogen
   Das Ergebnis trifft für Schülerinnen und Schüler gleichermaßen zu, gilt unabhängig von der Schulart, für alle Altersklassen (wobei der Effekt unter Heranwachsenden schwächer und weniger deutlich ist: Sie konsumieren ohnehin viele Drogen häufiger als andere) und sowohl für deutsche als auch nicht-deutsche Schüler, wobei der Zusammenhang unter nicht-deutschen Schülern stärker ausgeprägt ist.

8.6 Drogenumgang und Schulschwänzen

Ein anderer Indikator für eine Form jugendlicher Lebensführung, die nicht mit den normativen Vorgaben der Erwachsenengesellschaft (transportiert über die „Entwicklungsaufgaben") übereinstimmt, ist der Schulabsentismus, der vom gelegentlichen Schwänzen bis zur restlosen Schulverweigerung reicht. Bei der Frage nach dem Zusammenhang zwischen Drogenumgang und Schwänzen geht die Wirkungsrichtung wahrscheinlich vom Schwänzen aus: Häufigeres Schwänzen kann durch die grundlegende Veränderung der Lebensführung, der Alltagsorganisation, der Rollenstruktur und der Normen- und Werteorientierung eine Intensivierung des Drogenumgangs hervorrufen; dies wiederum kann verstärkend auf das Schwänzen wirken.
   Schwänzen ist kein plötzlich auftretendes Verhalten, sondern das Ergebnis eines mitunter langen Prozesses, der oft bereits in der Grundschulzeit seinen Anfang genommen hat ("Schulmüdigkeit") und während der Pubertät in die offene Schulverweigerung münden kann (vgl. Reißig 2001; Schreiber-Kittl 2001). Mit dem Schulschwänzen ist sukzessive eine grundlegende Neuorientierung im Leben verbunden, zumindest dann, wenn das Schwänzen nicht nur passager und selten vorkommt, sondern – aufgrund von Leistungsschwäche, Schulangst, Problemen mit Lehrern, Ablehnung der Schule – zu einem stabilen Handlungsmuster wird, das die Alltagsroutinen der Kinder und Jugendlichen grundlegend verändert, von der Zeitstruktur angefangen über die Sozialintegration bis hin zur Sinngebung.
   Das häufige Schulschwänzen kann zum Bestandteil eines Einstellungsmusters werden, die Jugendphase zu leben, ohne den rollenbezogenen Verhaltenserwartungen der Erwachsenengesellschaft – im konkreten Fall: der Schulpflicht nachzukommen und einen Bildungsabschluss zu erwerben (vgl. Havinghurst 1953) – zu entsprechen. "Für die breite Mehrheit unregelmäßiger Schulgänger ist die Schule eine befremdliche Institution, mit der sie sich nicht identifizieren, mit deren Vertretern sie häufig konfligieren und mit der sie versuchen, auf ihre Weise klarzukommen" (Ricking/Neukäter 1997: 57) – durch Abwesenheit und immer weiter reichende Ablehnung der Normen einer „Erwachsenen"-Gesellschaft, mit denen sie sich konfrontiert sehen, denen sie aber nicht genügen können. Zur Strukturierung der Zeit, für die Sozialintegration und zur Sinngebung für das eigene Dasein

erfolgt mit der Intensivierung der Schwänzerkarriere die Integration in eine spezifische Jugendkultur. In Konsequenz kann dies zu einer Entgegensetzung von "Jugend- versus "Erwachsenengesellschaft" führen, die der Schulverweigerer zugunsten der Jugend(sub-)kultur auflöst. Dies zieht evtl. aber eine Reihe von devianten Verhaltensmustern wie Gewalt, Delinquenz (vgl. Kapitel 9) oder auch Drogenumgang nach sich.

Die Devianz der Schüler vom gesellschaftlich erwünschten Verhalten im Drogenbereich und die Abweichung vom erwünschten Verhalten im Schulbereich (durch Schwänzen) hängen z. T. relativ eng zusammen. Gerade bei den illegalen und dort vor allem bei den sog. harten Drogen ist die Erklärungskraft des Schwänzens mit Anteilen bis über 20% relativ groß; dies würde die Annahme unterstützen, dass die Devianz durch das Schwänzen und die einher gehende Veränderung bzw. Umstrukturierung der Lebensführung andere deviante Verhaltensmuster hervorbringt.

Tab. 8.12: Drogenkonsum 2004
nach der Häufigkeit des Schwänzens in den letzten zwei Wochen

Droge	Schwänztage in den letzten zwei Wochen				Eta^2
	keinen Tag	1 Tag	2-4 Tage	5 u. mehr Tage	
Zigaretten	1,2	2,3	1,6	2,5	3%***
Bier, Wein	1,1	1,8	1,5	2,6	5%***
Spirituosen	0,7	1,2	1,2	2,4	6%***
Cannabis	0,2	0,9	1,0	2,3	12%***
Aufputschmittel	0,1	0,5	0,5	2,1	15%***
Sedativa	0,1	0,4	0,4	1,7	13%***
LSD	0,04	0,1	1,2	1,6	14%***
Heroin	0,03	0,2	1,2	1,9	20%***
Kokain	0,03	0,3	1,4	1,9	22%***
Crack	0,03	0,1	1,4	1,8	19%***
Lösungsmittel	0,04	0,2	1,3	1,7	18%***
Anderes	0,2	0,4	1,2	1,7	7%***

Mittlerer Drogenkonsum auf einer Skala von 0 (nie) bis 4 (täglich).

Es ist erkennbar, dass mit der Häufigkeit des Schwänzens tendenziell auch die Häufigkeit des Drogenumgangs ansteigt. Vor allem fällt die sehr kleine Gruppe der massiven Schwänzer (25 Schüler) – 5 und mehr Tage in den vergangenen zwei

Wochen – durch den mit Abstand höchsten Drogenkonsum bei allen Drogen außer Nikotin auf. *Alle* Drogen werden von dieser kleinen Gruppe nach eigenen Angaben im Mittel zwischen mehrmals im Monat bis fast schon mehrmals die Woche konsumiert. Dagegen verzeichnen Nichtschwänzer bei fast allen Drogen die eindeutig geringste Konsumfrequenz: bei den legalen Drogen etwa einmal im Monat.

Bei den meisten Drogen (Alkoholika, Cannabis, Aufputsch- und Beruhigungsmittel, Kokain, Lösungsmittel) bestehen drei Abstufungen: Nichtschwänzer nehmen sie eindeutig am seltensten zu sich, Massivschwänzer (5 und mehr Tage) klar am häufigsten, die beiden anderen Schwänzerkategorien liegen dazwischen. Bei Heroin und LSD fallen erst die Massivschwänzer (5 und mehr Tage in den vergangenen zwei Wochen) durch einen signifikant häufigeren Drogenumgang auf. Möglicherweise konsumieren „harte" Schüler und Schülerinnen als eher „hart" definierte Drogen.

Da Schwänzen nach Alter und Geschlecht variiert (es beginnt etwa um 12-13 Jahre herum und nach einem Alter von 14-15 Jahren kommen „Erstschwänzer" nur selten vor; Schülerinnen schwänzen typischerweise eher alleine, Schüler dagegen in Gruppen, was delinquenzförderlich ist), wird beides als Differenzierungskriterium einbezogen. Prinzipiell bestätigt sich die Grundtendenz sowohl für Schülerinnen als auch für Schüler, wobei der Effekt unter Schülern merklich ausgeprägter ist. Bei den Schülerinnen fallen oft nur die Massivschwänzerinnen durch einen häufigeren Drogenkonsum auf. Dies zeigt sich auch darin, dass bei Schülern die Erklärungskraft der schulischen Devianz (Schwänzen) für die Devianz im Drogenbereich merklich größer ist als bei Schülerinnen. Das Grundergebnis, dass die Massivschwänzer häufiger Drogen nehmen, bleibt aber für beide Gruppen erhalten. Ebenfalls prinzipiell bestätigt wird dieser Befund für alle Altersgruppen.

Dies stützt die Annahme, dass sich die Jugendlichen mit zunehmender Intensität des Schwänzens mehr und mehr in z. T. deviante Jugend(sub-)kulturen integrieren, da ihnen der soziale Kontakt in die Schule bzw. zu den Mitschülern sukzessive verloren geht.

8.7 Umgang mit Drogen – mehr Neigung zur Gewalt?

Wir gehen, gestützt auf die Ergebnisse der 1999er-Erhebung, davon aus, dass gerade intensiver Drogenumgang bei den Schülern ein Anzeichen für eine insgesamt stärker von Devianz geprägte Lebensführung ist. Dies sollte sich dann sowohl in der Einstellung gegenüber Gewalt, devianten Handlungen (Waffenmitnahme in die Schule, Schule schwänzen) als auch im Gewalthandeln selbst manifestieren. Um den Zusammenhang mit der Einstellung zur Gewalt zu prüfen, wurde der Index „Haltung zur Gewalt/Ausmaß der Gewaltbefürwortung" herangezogen, der auch im Kapitel zur Gewalt in der Familie verwendet worden war.

Durchgängig besteht die ganz deutliche Tendenz, wonach sich mit zunehmender Häufigkeit des Drogenumgangs die Haltung zum Gewalteinsatz ganz erheblich in Richtung Befürwortung verschiebt. Der relativ starke Zusammenhang wird auch an der statistischen Erklärungskraft deutlich, die bei den legalen Drogen bis zu 19%, bei Cannabis immerhin noch bis zu 13% reicht. Etwas schwächer ist die Relation gerade bei den harten illegalen Substanzen ausgeprägt.

Tab. 8.13: Haltung zur Gewalt nach der Häufigkeit des Drogenkonsums

Droge	Konsumhäufigkeit im vergangenen Halbjahr					Eta²
	nie	bis 1x/ Monat	bis 1x/ Woche	mehrm. Woche	täglich	
Zigaretten	2,5	3,4	3,6	3,6	4,1	11%***
Bier, Wein	2,2	2,9	3,4	4,5	6,4	19%***
Spirituosen	2,4	3,2	3,8	5,1	6,7	15%***
Cannabis	2,7	4,3	4,8	4,9	5,9	13%***
Aufputschmt.	2,7	4,5	4,7	5,2	6,9	10%***
Sedativa	2,8	4,4	4,5	4,7	6,6	7%***
LSD	2,8	5,6	5,5	5,3	7,6	7%***
Heroin	2,8	7,1	7,4	6,7	7,3	7%***
Kokain	2,8	5,3	7,1	5,6	7,8	9%***
Crack	2,8	5,9	6,8	5,2	7,5	8%***
Lösungsmittel	2,8	4,9	5,8	5,4	7,4	7%***
Anderes	2,8	4,3	5,0	4,7	5,4	8%***

Durchschnittliche Haltung zur Gewalt auf einer Skala von 0 (Ablehnung) bis 10 (sehr starke Befürwortung). *** = $\alpha < 0,001$.

Bei den harten illegalen Drogen ist die Erklärungskraft allerdings auch deswegen geringer, weil der entscheidende Unterschied in der Einstellung vor allem zwischen den Abstinenten und den Konsumenten liegt. Das Maß an Gewaltbefürwortung ist zwar beim täglichen Umgang am höchsten, aber die Entwicklung ist entweder uneinheitlich oder zwischen denen, die zwischen höchstens einmal im Monat bis mehrmals wöchentlich konsumieren, lassen sich keine wesentlichen Differenzen ausmachen, was nicht zuletzt auch auf den jeweils sehr kleinen Fallzahlen beruht. Gerade bei weichen und harten Alkoholika besteht dagegen mit zunehmender Konsumfrequenz eine Steigerung in der Gewaltbefürwortung; ähnlich verläuft die Entwicklung auch bei Cannabis. Bei Sedativa und Amphetaminen trennt sich die Population in Abstinente einerseits, tägliche Konsumenten andererseits und alle anderen dazwischen.

Drogen und Gewalt

Allerdings muss dabei das Maß der Gewaltbefürwortung (oder -ablehnung) beachtet werden: Beim Konsum von Nikotin und Alkohol bis einmal die Woche bleibt die Einstellung zur Gewalt noch im unteren Skalendrittel, liegt damit aber bereits leicht über dem Gesamtdurchschnitt (3,0). Bei den anderen Drogen reicht sie aber bei gleicher Konsumfrequenz bereits in den mittleren Bereich hinein und ist damit schon deutlich überdurchschnittlich. Auch die selteneren Konsumenten von Cannabis, Aufputschmitteln, Sedativa und Lösungsmitteln gehören mit ihrer Haltung zur Gewalt bereits zum oberen Viertel auf der Skala. Dies wird bei Alkohol erst bei mehrmals wöchentlichem bzw. täglichem Umgang erreicht. Noch deutlicher wird der Einstellungsunterschied in der Gewalthaltung zwischen Abstinenten und den jeweils kleinen Gruppen der Konsumenten bei den harten Drogen: Hier ragen die Einstellungswerte bereits deutlich in die obere Skalenhälfte, d. h. diese Schüler stehen der Gewalt im Durchschnitt ambivalent bis schon fast befürwortend gegenüber.

Allerdings dürfen dabei Geschlecht und Alter als Hintergrundfaktoren nicht außer Acht gelassen werden, denn die Konsumenten der illegalen Drogen sind älter als die Raucher und Trinker. Bei Kontrolle nach dem Geschlecht ergeben sich keine auffallenden Unterschiede, der Effekt bestätigt sich für Schüler wie für Schülerinnen gleichermaßen. Dies gilt auch für die drei Altersgruppen, wenngleich sich unter Heranwachsenden oft nur eine Tendenz erkennen lässt, während der Effekt unter Jugendlichen, vor allem aber unter den noch Jüngeren deutlicher hervortritt. Dies wird auch daran erkennbar, dass die Erklärungskraft des Drogenumgangs für die Einstellung zur Gewalt unter den Jüngeren am stärksten ausgeprägt ist.

Wenn Schüler Drogen nehmen, dann verändert sich also ihre Einstellung zur Gewalt in Richtung auf eher Gewaltbefürwortung, was bei Jüngeren etwas stärker zum Tragen kommt als bei Jugendlichen und Heranwachsenden.

Da Schüler aber oft nicht nur eine Droge nehmen, sondern ein Konsummuster aus zwei und mehr Drogen haben, wird abschließend die durchschnittliche Haltung zur Gewalt nach den Drogenkonsummodi erfasst (vgl. Abbildung 8.4). Abstinente Schüler stehen dem Einsatz von Gewalt im Vergleich eindeutig am negativsten gegenüber (2,0), Schüler, die harte illegale Drogen konsumieren, am positivsten (5,9), gefolgt von denen, die legale Drogen, Cannabis, Aufputsch- und/oder Beruhigungsmittel gebrauchen. Dazwischen liegt ein unscharf getrenntes Feld, das von den reinen Bier- und/oder Weintrinkern bis zu denen reicht, die legale Drogen und Cannabis verwenden. Bei den meisten Drogenkonsummustern bewegt sich die Einstellung zur Gewalt über dem Durchschnitt; wer mehr als Alkohol und/oder Nikotin konsumiert, zählt dazu, wobei aber auch die Schüler, die alle legalen Drogen nehmen, darunter fallen.

Abb. 8.4: Haltung zur Gewalt 2004 nach dem Drogenkonsummuster

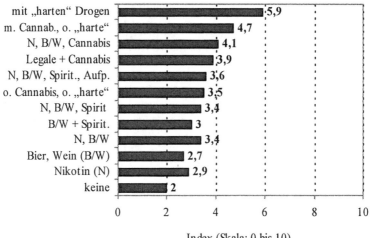

Index (Skala: 0 bis 10)

8.8 Drogenkonsum und Gewalt

In diesem Abschnitt wird der Zusammenhang zwischen Drogenumgang und Gewalthandeln erörtert, im Querschnitt für 2004 und mit Blick auf die Entwicklung seit 1994. Letztlich erfolgt in einem multivariaten Modell der Test, wie groß die (gemeinsame) Erklärungskraft der vorgestellten Faktoren für das Gewalthandeln der Schüler ist. Vor allem interessiert, wie der Drogenumgang – gemessen über die Drogenkonsummodi – im Vergleich mit den anderen Faktoren, aber auch gemeinsam mit ihnen auf die Gewaltaktivitäten einwirkt.

Bei allen Gewaltformen eindeutig am aktivsten sind Schüler, zu deren Drogenrepertoire auch die sog. harten Substanzen (LSD, Kokain, Crack, Heroin) gehören, unabhängig von Geschlecht und Alter; „harten" Schülern entsprechen „harte" Drogen. Ihnen folgen ebenfalls durchgängig diejenigen, die zusätzlich zu den legalen Drogen auch Cannabis, Amphetamine und/oder Sedative, aber keine „harten" Substanzen zu sich nehmen; allerdings liegen sie von der Gewalthäufigkeit her – außer bei verbaler Gewalt – bereits um den Faktor 0,5 unter denen mit harten Drogen. Am wenigsten Gewalt geht von den Abstinenten aus. Alle anderen Konsumtypen bewegen sich, statistisch nicht eindeutig voneinander zu separieren, dazwischen, wobei das Konsumverhalten „legale Drogen + Cannabis" an der Spitze liegt. Die statistische Erklärungskraft bewegt sich je nach Gewaltform zwischen 16% und 20% und ist damit durchaus bemerkenswert.

Tab. 8.14: Gewalt an Schulen 2004 nach dem Drogenkonsummuster

Drogenkonsum-muster	Gewaltform				
	physisch	gegen Sachen	psychisch	verbal	Gesamt-gewalt
Abstinenz	0,2	0,1	0,1	1,3	0,3
Nikotin (N)	0,7	0,4	0,4	2,0	0,7
Bier/Wein (B/W)	0,4	0,2	0,2	1,7	0,5
N, B/W	0,6	0,4	0,5	2,5	ß.8
B/W, Spirituosen (S)	0,4	0,3	0,3	2,1	0,5
N, B/W, Cannabis	0,9	0,5	0,4	2,7	0,9
N, B/W, S	0,5	0,4	0,4	2,5	0,7
N, B/W, S, Amphet.	0,6	0,8	0,5	2,4	0,8
N, B/W, S, Cannabis	0,7	0,7	0,6	3,0	1,0
o. Cannabis, o. harte	0,7	0,5	0,5	2,5	0,8
m. Cannabis, o. harte Drogen	1,3	1,1	0,9	3,6	1,5
mit harten Drogen	2,8	2,5	2,1	4,7	2,7
Eta²	0,16***	0,16***	0,17***	0,16***	0,20***

Gewaltindizes mit einer Skala von 0 bis 10; *** $\alpha < 0,001$.

Auf der Täterseite ist der Zusammenhang zwischen der Art des Drogenumgangs und der Gewaltanwendung bei allen Gewaltformen mit der Zeit immer stärker geworden (vgl. Abb. 8.5). Von 1999 auf 2004 ist noch einmal durchgängig eine Zunahme der Erklärungskraft zu verzeichnen. Dies rührt daher, dass vor allem von den Abstinenten, aber auch von den Schülern, die in unterschiedlichen Kombinationen legale Drogen zu sich nehmen, weniger Gewalt ausgeht; diejenigen, bei denen Cannabis im Muster vorkommt, blieben in etwa unverändert oder gingen in der Gewalthäufigkeit leicht zurück, während bei denjenigen mit harten illegalen Drogen ein zumeist gleich bleibendes Maß an Gewaltanwendung festzustellen ist.

Abb. 8.5: Gewaltanwendung 1994 – 1999 – 2004;
Anteil der Varianz, der durch die Drogenkonsummodi erklärt wird

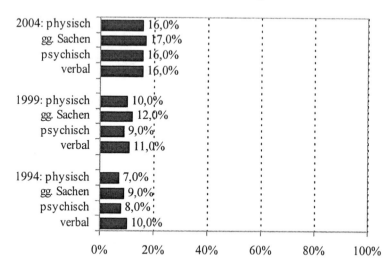

Dies soll im Folgenden noch einmal differenziert für alle vier Gewaltformen (physisch, psychisch, verbal und gegen Sachen) dargestellt werden (vgl. Tab. 8.15). (Wegen der sehr geringen Erklärungskraft – 0,5 bis 2,9% – wird auf die Darstellung der Eta^2-Werte verzichtet). Dabei zeigen sich im Einzelnen folgende Veränderungen:

Bei den Abstinenten, die ohnehin bereits die geringste Gewaltbelastung von allen aufweisen, ist für alle Gewaltformen ein klarer Gewaltrückgang zu verzeichnen: 2004 geht von ihnen (auf sehr niedrigem Niveau) eindeutig weniger Gewalt aus als von den 1994er- und 1999er-Vergleichsgruppen.

Ebenfalls deutlich rückläufig ist die Gewaltanwendung über die Zeit bei den Konsumenten aller legalen Drogen (Nikotin, Bier/Wein, Spirituosen). Bei der Gewalt gegen Sachen erfolgt der Gewaltrückgang durchgängig, bei physischer und psychischer Gewalt bereits 1999 (danach bleiben diese Gewaltformen statistisch unverändert, bei verbaler Gewalt ist die Entwicklung über die Jahre nicht einheitlich. Auch diejenigen, die nur Alkohol zu sich nehmen (Bier/Wein, Spirituosen), sind bei allen Gewaltformen außer der verbalen Gewalt – sie blieb unverändert – ab 1999 signifikant friedlicher geworden und das von einem ohnehin relativ niedrigen Gewaltniveau aus.

Drogen und Gewalt

Tab. 8.15: Gewaltanwendung nach Drogenkonsummustern 1994 – 1999 – 2004

Drogenkonsum-muster	physische Gewalt			gg. Sachen		
	1994	1999	2004	1994	1999	2004
Abstinenz	0,4	0,4	0,2	0,2	0,2	0,1
Nikotin (N)	0,9	0,8	0,7	0,6	0,6	0,4
B/W	0,5	0,4	0,4	0,3	0,3	0,2
N, B/W	0,8	0,7	0,6	0,5	0,6	0,4
B/W, Spirit.(S)	0,6	0,4	0,4	0,5	0,3	0,3
N, B/W, S	0,9	0,6	0,5	0,8	0,5	0,4
N,B/W,S, A.	1,2	1,1	0,6	1,1	0,9	0,8
Legale+ C	1,2	0,9	0,7	1,4	0,9	0,7
o. C./o. harte	1,0	0,8	0,7	1,0	0,7	0,5
m. C./ o. harte	1,6	1,3	1,1	1,7	1,1	1,1
mit harten	2,6	2,6	2,8	2,6	2,5	2,5

Drogenkonsum-muster	psychische Gewalt			verbale Gewalt		
	1994	1999	2004	1994	1999	2004
Abstinenz	0,3	0,2	0,1	1,7	1,7	1,3
Nikotin (N)	0,6	0,5	0,4	2,6	2,7	2,0
B/W	0,3	0,3	0,2	2,1	2,0	1,7
N, B/W	0,5	0,6	0,5	2,7	2,9	2,5
B/W, Spirit.(S)	0,5	0,4	0,3	2,2	2,1	2,1
N, B/W, S	0,7	0,5	0,4	2,8	2,7	2,5
N,B/W,S, A.	0,9	0,8	0,5	3,5	3,7	2,4
Legale+ C	1,1	0,8	0,5	3,3	3,3	3,0
o. C./o. harte	0,9	0,6	0,5	2,9	2,9	2,5
m. C./ o. harte	1,3	1,0	0,9	3,8	3,6	3,3
mit harten	2,3	1,9	2,1	3,8	4,5	4,7

Mittelwerte auf jeweiligen Gewaltindizes mit einer Skala von 0 bis 10;
C = Cannabis; A = Aufputschmittel.

Gleichermaßen rückläufig ist die Gewalt beim Muster „ohne Cannabis, ohne harte Drogen" (Legale und Aufputschmittel bzw. Sedativa).
  Beim Modus „legale Drogen und Cannabis" nehmen physische und psychische Gewalt mit der Zeit tendenziell ab. Vom 2004er-Schüler dieses Typs geht nur halb

so viel psychische Gewalt aus wie vom Vergleichsschüler 1994. Deutlich und eindeutig rückläufig ist ab 1999 die Gewalt gegen Sachen; die Häufigkeit halbiert sich im Vergleich von 2004 mit 1994. Möglicherweise steht dahinter auch die Ausweitung der Klientel von Cannabiskonsumenten: Es wird zu einer etwas weiter verbreiteten Jugenddroge. Nicht signifikant rückläufig ist dagegen die verbale Gewalt, die weiter auf relativ hohem Niveau ausgeübt wird.

Konsumenten von ausschließlich weichen Alkoholika (Bier/Wein) üben 2004 weniger psychische und verbale Gewalt aus als zu den früheren Zeitpunkten und das auch von einem ohnehin relativ geringen Gewaltniveau aus. Statistisch unverändert bleiben dagegen physische Gewalt und Gewalt gegen Sachen.

Die „Nur-Raucher" zeigen wenig Wandel; mit Ausnahme der verbalen Gewalt, die bei ihnen 2004 eindeutig zurückging, erwies sich die leichte Senkung der durchschnittlichen Gewaltausübung als statistisch zufällig. Ähnlich ist es bei denen, die rauchen und Bier bzw. Wein trinken, wobei hier die Reduktion bei verbaler Gewalt nur tendenziell feststellbar ist.

Ebenfalls nur wenig relevante Veränderung ergibt sich (trotz rückläufiger Werte) beim Typ „legale Drogen und Aufputschmittel", was auch durch die jeweils relativ kleinen Fallzahlen bedingt sein dürfte; einzig bei der verbalen Gewalt ist in 2004 ein eindeutiger Gewaltrückgang zu verzeichnen.

Wenig Veränderung besteht auch, trotz leicht geringer gewordener Gewaltwerte, beim Konsummodus „mit Cannabis, ohne harte Drogen" (einschließlich legale Drogen und Aufputschmitteln und/oder Sedativa). Nur die Gewalt gegen Sachen wurde nach 1994 klar weniger. Das Gewaltniveau ist, verglichen mit anderen Konsumtypen, z. T. deutlich höher.

Weitgehend unverändert blieb das Maß der Gewaltanwendung bei den Konsumenten harter Drogen. Bei der verbalen Gewalt ist sogar eine Tendenz zur merklichen Gewaltzunahme auf der der Zeitachse festzustellen. Dieser Typ verharrt weiter durchgängig auf einem relativ hohen Gewaltniveau, wobei teilweise die Werte sogar leicht gestiegen sind.

Die verwendeten unabhängigen Variablen werden nun abschließend in einem Gesamtmodell mittels Varianzanalyse daraufhin geprüft, wie groß ihre Erklärungskraft für die Gesamtgewalt der Schüler an Schulen für das Jahr 2004 ist (vgl. Tab. 8.16).

Als soziale Merkmale der Schüler werden Geschlecht, Alter, die besuchte Schulart (bzw. das Bildungsaspirationsniveau) und die Nationalität (deutsch bzw. nicht-deutsch) einbezogen. Bei den Kontextfaktoren sind es die Variablen: die Haltung zur Gewalt, das Schulschwänzen, die Integration in Cliquen mit Polizeikontakt (Cliquen), die Gewalt in der Erziehung bzw. Familie sowie das Drogenkonsummuster. (Die elterliche Sorge um die Schulleistungen wurde herausgenommen, da sie keine signifikanten Ergebnisse brachte.)

Drogen und Gewalt

Tab. 8.16: Varianzanalyse: Täter-Gesamtgewaltindex

Quelle	Quadrat-summe III	df	Mittel d. Quadrate	F	α	Part Eta²
Korrigiertes Modell	2.221,968(a)	233	9,536	19,92	< 0,001	58,7%
Konstanter Term	148,847	1	148,847	310,96	< 0,001	8,7%
Haltung zur Gewalt	103,711	3	34,570	72,22	< 0,001	6,2%
Drogenkonsummuster	45,921	10	4,592	9,59	< 0,001	2,9%
Schwänzen (Halbjahr)	8,785	4	2,196	4,59	0,001	0,6%
Clique	14,638	4	3,659	7,645	< 0,001	0,9%
Gewalt in der Familie	16,555	3	5,518	11,53	< 0,001	1,0%
Geschlecht	7,366	1	7,366	15,39	< 0,001	0,5%
Alter	12,876	2	6,438	13,45	< 0,001	0,8%
Schulart	4,655	3	1,552	3,24	0,021	0,3%
Nationalität	2,291	1	2,291	4,79	0,029	0,1%
Clique/Drogenk.	28,085	40	0,702	1,47	0,030	1,8%
Schwänzen/Drogenkonsum	48,831	39	1,252	2,62	< 0,001	3,0%
Gew. Fam./Drogenkonsum	24,378	30	,813	1,70	0,010	1,5%
Geschlecht/Drogenkonsum	12,649	10	1,265	2,64	0,003	0,8%
Alter/Drogenk.	22,725	20	1,136	2,37	0,001	1,4%
Haltung zur Gewalt/ Drogenkonsummuster	20,085	30	0,670	1,40	0,073	1,3%
Schwänzen/Haltung zur Gewalt	15,490	12	1,291	2,70	0,001	1,0%
Clique/Haltung zur Gewalt	19,064	12	1,589	3,32	< 0,001	1,2%
Gewalt i. d. Familie/ Haltung zur Gewalt	14,444	9	1,605	3,35	,000	0,9%
Fehler	1.565,238	3.270	0,479			
Gesamt	5.427,758	3.504				
Korrigierte Gesamtvariation	3.787,206	3.503				

R-Quadrat = 58,7% (korrigiertes R-Quadrat = 55,7%).

Das gesamte Modell erklärt immerhin 55,7% der Variation der Schülergewalt. Den stärksten Einzeleinfluss auf das Gewalthandeln besitzt die Haltung zur Gewalt (6,2% partielle Erklärungskraft), den zweitstärksten einzelnen Effekt das Drogenkonsummuster (2,9%). Die sozialen Merkmale der Schüler sind demgegenüber als isolierte Effekte marginal und leisten maximal 0,8% Varianzerklärung. Ebenfalls zwar eindeutig, aber schwach ist der isolierte Effekt des Schwänzens (0,6%) und auch die deviante Clique zeigt isoliert nur einen sehr geringen Einfluss (0,9%).[10] Vor allem das Drogenkonsummuster, aber auch die Haltung zur Gewalt wirken daneben noch gemeinsam mit anderen Faktoren auf die Gewaltaktivität der Schüler ein. Beim Drogenumgang ist hier vor allem das Schwänzen zu erwähnen: Beide gemeinsam erklären 3,0% der Gewaltvariation. Ebenfalls einen Einfluss haben (in Kombination mit dem Drogenumgang) die Zugehörigkeit zu einer devianten Clique, die Gewalt in der Familie, das Alter sowie das Geschlecht.

Die Haltung zur Gewalt determiniert ebenfalls gemeinsam mit der devianten Clique, dem Schwänzen und der Gewalt in der Familie das Gewaltniveau der Schüler. Interessant ist, dass die Einstellung zur Gewalt nicht zusammen mit dem Drogenumgang das Gewalthandeln mit bedingt – der Effekt ist nicht signifikant –, sondern getrennt. Zwischen dem Drogenkonsummodus und der Haltung zur Gewalt besteht also kein eindeutiger Interaktionseffekt. Dies erstaunt insofern, als beide untereinander sehr stark zusammenhängen[11] und auch beide auf bivariater Ebene das Gewalthandeln in durchaus beachtenswertem Maße erklären.

Der Drogenkonsum der Schüler wirkt damit zwar als Einzelfaktor mit einem geringen Gewicht auf das Gewalthandeln ein (d. h. steht als Drogengebrauch in Zusammenhang mit der Gewalt), zeigt seine Bedeutung dagegen weitaus stärker in der kombinierten Wirkung mit anderen Kontext- bzw. sozialen Faktoren. Dies entspricht auch unseren theoretischen Vorüberlegungen, wonach es hier um Kategorien von Schülern geht, die bezüglich devianter bzw. Devianz förderlicher Merkmale relativ homogen sind.

8.9 Zusammenfassung

Zum Drogenumgang der bayerischen Schülerinnen und Schüler lässt sich zusammenfassend festhalten:
- *Am weitesten verbreitet sind das Rauchen und der Umgang mit Alkohol.* Bei den illegalen Drogen hat sich Cannabis seit 1999 weiter „behauptet", der Anteil aktueller Konsumenten (letztes Schulhalbjahr) blieb konstant. Bei den harten illegalen Drogen sind die Konsumentenanteile relativ unverändert.
- *Mehr bayerische Schülerinnen und Schüler nehmen alle erfragten Drogen zu sich als noch 1994.* Der Zunahme 1999 erfolgte nur bei den legalen Drogen

---

[10] Werden im Modell nur die isolierten Effekte einbezogen (also der maximale Einfluss der Faktoren), leistet die Haltung zur Gewalt 12,5%, der Drogenumgang 6,0%, das Schwänzen 5,0% und die deviante Clique 5,3% Varianzaufklärung. Die sozialen Merkmale der Schüler sind auch hier eher marginal (das Modell hat insgesamt 48,8% Erklärungskraft).

[11] Wird die Haltung zur Gewalt metrisch verwendet, erklärt der Drogenumgang 18,2% der Variation; wird sie gruppiert (wie hier im multivariaten Modell), liegt C_{korr} bei 0,45.

Drogen und Gewalt

wieder ein leichter Rückgang; allerdings liegen die 2004er-Werte immer noch über denen von 1994.

- *Dieser Befund variiert allerdings nach einigen sozialen Merkmalen der Schüler bzw. ihrer Familien:* Mit steigendem Alter steigt auch die Konsumhäufigkeit für praktisch alle Drogen, bei legalen Drogen, Cannabis, Aufputsch- und Beruhigungsmitteln sogar durchgängig. Mit Ausnahme des Rauchens und der Beruhigungsmittel nehmen Schüler alle Drogen häufiger zu sich als Schülerinnen. Ganz besonders deutlich ist der Unterschied bei Alkohol. Berufsschüler konsumieren (2004) die Drogen häufiger als andere, Gymnasiasten im Vergleich seltener. Deutsche Schüler trinken mehr (weiche und harte) Alkoholika, nichtdeutsche Schüler nehmen dagegen häufiger Aufputschmittel, Sedativa und illegale Drogen, wobei dieser Unterschied vor allem bei Schülerinnen besteht. Armut bzw. ökonomischer Mangel – d. h. die ökonomische Marginalisierung – gehen einher mit häufigerem Drogenumgang.

- *Wird nicht nach einzelnen Drogen, sondern nach Drogenkonsummustern differenziert, lässt sich über die Zeit Folgendes feststellen: 2004 gab es gegenüber dem „Zwischenhoch" 1999 wieder mehr Abstinenz, geringere Anteile bei den Modi mit ausschließlich legalen Drogen[12], gleich bleibende Quoten bei dem Cannabis- und dem harten Drogengebrauch und (über die gesamte Zeit gesehen) leichte Steigerungstendenzen bei Mustern, die neben anderen, legalen Drogen auch Aufputschmittel und/oder Sedativa umfassen.*

- *Die Konsumhäufigkeit variiert aber auch nach Merkmalen des sozialen Umfeldes:*
  Wer zu Hause häufiger oder häufig Gewalt erlebt, nimmt öfter Drogen zu sich, wer dagegen keine oder nur sehr wenige Gewalterfahrungen macht, konsumiert sie am seltensten. Besonders jüngere Schüler (10 bis 13 Jahre) reagieren diesbezüglich sehr sensibel auf Gewalterfahrungen in der Familie.
  Je weniger sich Eltern um die schulischen Belange ihrer Kinder kümmern, desto häufiger nehmen die Kinder Drogen zu sich. Pointiert formuliert: Je weniger elterliche Sorge, desto mehr Drogenumgang. Dies gilt vor allem für legale Drogen und Cannabis. Auch hier sind besonders die Jüngeren betroffen.
  Je devianter die Clique ist, der die Schüler angehören, desto ausgeprägter ist ihr Drogenumgang, vor allem bei den legalen Drogen, bei Cannabis und den Aufputschmitteln. Dass dies bei harten Drogen erst bei der Mitgliedschaft in häufiger auffälligen Cliquen zutrifft, bestätigt nur, dass harte Drogen eher eine Angelegenheit bereits delinquenter Jugendlicher sind.

---

[12] Wobei, wie bereits erwähnt, auch der Umgang mit an sich legalen Drogen altersabhängig bereits einen Regelverstoß darstellen kann.

Massives Schwänzen hängt bei allen Drogen mit einem deutlich erhöhten bzw. häufigeren Drogenumgang zusammen. Diese Schüler weisen Risikofaktoren auf, die ihre Integration in die Schule schwächen, dafür aber die in deviante Cliquen und Jugendkulturen fördern.

- *Je häufiger Drogen jeder Art konsumiert werden, desto mehr verändert sich die Einstellung zur Gewalt im Sinne einer tendenziellen Akzeptanz.* Mit Blick auf die Drogenkonsummodi zeigt sich, dass (nach den Abstinenten) die Muster mit „legalen" Drogen die stärkste Gewaltablehnung aufweisen, Muster mit Cannabis, Aufputschmitteln und Sedativa im mittleren Bereich liegen, diejenigen mit harten Drogen die positivste Einstellung zum Gewalteinsatz haben: „Harte" Jugendliche und „harte" Drogen „gehören zusammen".

- *Das schlägt sich auch beim Gewalthandeln nieder: Schüler, die zum Typus „mit harten Drogen" zählen, üben bei allen Gewaltformen nach ihrem Selbstbericht die meiste Gewalt aus,* unabhängig von Geschlecht und Alter, Abstinente die wenigste. Am zweithäufigsten wenden diejenigen Gewalt an, die Cannabis, Sedativa und/oder Aufputschmittel, legale Drogen, aber keine „harten" Substanzen zu sich nehmen.

- *Das Drogenkonsummuster leistet auf bivariater Ebene je nach Gewaltform 16-17% Varianzerklärung.* Dabei steigt die Erklärungskraft (und mithin die Bedeutung) des Drogenumgangs für die Gewalt seit 1994 deutlich an.

- *Dahinter stehen Veränderungen im Gewalthandeln: Bei Abstinenten geht die Gewalt bei allen Gewaltformen seit 1994 eindeutig zurück.* Bei einigen Gewaltformen ebenfalls rückläufig sind die Werte bei den meisten Mustern mit nur legalen Drogen sowie bei den Typen „legale Drogen und Cannabis", „ohne Cannabis, ohne harte Drogen". Wenig Veränderung zum Positiven besteht dagegen bei den Schülern, die zu den Modi mit der größten Gewaltaktivität zählen („mit harten Drogen", „mit Cannabis, ohne harte Drogen").

- *Das multivariate Modell hat belegt, das der Drogenumgang sehr wesentlich gemeinsam mit anderen Faktoren – deviante Clique, Schwänzen, Gewalt in der Familie – auf das Gewalthandeln der Schüler wirkt.* Außerdem erweist sich (auch hier) die Haltung zur Gewalt als der stärkste Einzelfaktor. Dies stützt unsere Vorüberlegungen, dass es sich hier um Schüler handelt, die in mehreren relevanten Bereichen deviant sind bzw. Devianzerfahrung aufweisen; der Drogenumgang kann daher nicht als isolierter Faktor betrachtet werden und schon gar nicht substanzzentriert.

9. Schwänzen und Gewalt

Ein Phänomen, das seit einigen Jahren vermehrt Aufmerksamkeit erlangte, ist das Schulschwänzen – das unerlaubte Fernbleiben von der Schule trotz Schulpflicht. Die Karriere dieser Erscheinung im öffentlich-politischen, aber auch im wissenschaftlichen Diskurs geht vom „Pennälerstreich" als einer mit Augenzwinkern betrachteten lässlichen Sünde bis zum Prädiktor für (künftige) kriminelle Karrieren (vgl. Wilmers et al. 2002). Aktionen gegen das Schwänzen erhalten damit bewusst oder unbewusst eine wachsende Bedeutung im Rahmen der Kriminalitätsvorbeugung.

Im Kontext kommunaler Kriminalprävention zählen Maßnahmen gegen „social disorder" – z. B. gegen Alkohol trinkende, ältere Erwachsene im öffentlichen Raum, Betrunkene, „herumlungernde Jugendliche" – zu Ansätzen, die einen wirksamen Beitrag zur Reduzierung der Kriminalitätsfurcht leisten können (vgl. Hermann/Laue 2003). Da sich der Aufenthalt im öffentlichen Raum und das Schwänzen zumindest in Teilen überschneiden – gerade männliche Schulverweigerer sind relativ häufig in Gruppen unterwegs –, rückt das Schwänzen vermehrt in den Blickpunkt des polizeilichen Interesses. Dass seit Ende der 1990er-Jahre die Polizei vermehrt Schwänzer in die Schule brachte – z. B. im Rahmen des Nürnberger Modells –, erscheint dann trotz der betonten Einbindung in ein kooperatives Konzept, das Schule, Jugendamt und Polizei umfasst, entweder als Ausdruck pädagogischer Hilflosigkeit angesichts des Verhaltens bestimmter Gruppen von Jugendlichen oder als Hoffnung auf zügige, durchgreifende, effektive Hilfe derart, dass Normbrecher wieder zu Normbefolgern gemacht werden.[1] Die evaluative Bestätigung eines positiven Effekts der Schulzuführung steht aber bislang noch aus.

Schulschwänzen ist die deutlichste Ausprägung eines schulaversiven Verhaltens, das bereits mit der aktiven und passiven Unterrichtsverweigerung beginnt (vgl. Schulze/Wittrock 2000). Es handelt sich also nicht um ein plötzlich auftretendes Verhalten, sondern um das Ergebnis eines mitunter langen Prozesses, der oft bereits in der Grundschulzeit seinen Anfang genommen hat (Schulmüdigkeit) und während der Zeit der Pubertät dann in die offene Schulverweigerung münden kann (vgl. Reißig 2001; Schreiber-Kittl 2001). Schwänzen ist das Ergebnis einer individuellen Entscheidung, mit der Schüler einen Konflikt (oft Leistungsprobleme

---

[1] Es ist insofern bezeichnend, dass der Präsident des Deutschen Lehrerverbandes in einer Meldung vom 26. November 2001 das Nürnberger Modell als empfehlens- und nachahmenswert beschreibt, weil sich das Schuleschwänzen halbiert habe (vgl. http://www.lehrerverband.de/schwaenz.htm). Da sich an den Problemlagen nichts geändert hat, kann dieses Vorgehen aber für die Lehrer ein Bärendienst sein, weil diese Schüler vermutlich ihre Schulaversion dann im Unterricht ausleben. Auch die Politik protegiert den Polizeieinsatz: Das bayerische Innenministerium forderte Ende 2000 die bayerischen Polizeipräsidenten zur Übernahme des Nürnberger Modells auf, ebenso wie die nordrhein-westfälische Landesregierung Anfang 2001 das Bielefelder Modell als übertragbar auf anderen Kommunen einschätzt (vgl. Landtag Nordrhein-Westfalen, 13. Wahlperiode, Drucksache 13/632).

und/oder Schwierigkeiten mit Lehrern) bearbeiten und subjektiv lösen wollen (vgl. Tillmann et al. 1999). Diese Entscheidung kann negative Folgen bewirken:
- *Der Schüler* isoliert sich mit zunehmender Intensität und Häufigkeit des Schwänzens sozial aus den konventionellen Kontexten, hat Probleme, seinen Schulabschluss zu machen und damit verschlechterte Zukunftschancen, was Ausbildung und Beruf angeht.
- *Die Schule* muss mit dem Problemschüler umgehen.
- *Die Gesellschaft* muss die Folgen verarbeiten und die jungen Menschen ohne Bildungsabschluss integrieren.

Gerade gehäuftes Schwänzen kann zu erheblichen individuellen Problemen führen. Bislang vorliegende Untersuchungen (vgl. Wetzels et al. 2000) haben gezeigt, dass gerade unter den ohnehin mit Bildungskapital wenig(er) ausgestatteten Jugendlichen, nämlich Hauptschülern, das Schwänzen am weitesten verbreitet war. Ihre Chancen auf soziale Integration verringern sich damit noch weiter. Der Anteil leistungsschwacher Schüler steigt, der, wie die PISA-Studie zeigte, in Deutschland im internationalen Vergleich ohnehin verhältnismäßig groß ist (vgl. Prenzel et al. 2005; Deutsches PISA-Konsortium 2001: 104 f.; 169; 237). Schulverweigerung bis hin zum Absentismus wird damit zu einer der Herausforderungen für die Schule sowie für die Kinder- und Jugendhilfe (BMFSFJ 2002: 162).

Vor allem, wenn es häufiger oder regelmäßig vorkommt, kann Schulschwänzen Ausdruck eines allgemein devianteren Lebensstils der jugendlichen Akteure sein. Das bedeutet nicht, dass jeder Schulschwänzer als potenzieller zukünftiger Krimineller zu behandeln ist – dies kann sich selbst bestätigende Prophezeiungen auslösen, denn deviantes Verhalten ist bis zu einem bestimmten Maß "typisch" für die Jugendphase und üblicherweise vorübergehend. Die Besonderheit beim Schwänzen ist aber, dass es den (Aus-)Bildungsstand und die künftigen Arbeitsmarktchancen verschlechtern kann – für Jugendliche ohne Schulabschluss ist es sehr schwer, einen Arbeitsplatz zu finden, zumal der Anteil der Stellen für Unqualifizierte seit Jahren deutlich abnimmt. So können Problempopulationen entstehen, wenn Schuljugendliche lernen, dass sie sich, oft sogar ohne Sanktionen befürchten zu müssen, Verhaltenserwartungen entziehen können, die seitens der Erwachsenengesellschaft an sie gerichtet werden. Sie integrieren sich dabei sehr stark in jugend- und/oder subkulturelle Bezüge, übernehmen dort praktizierte Lebensstile, Einstellungen und Wertemuster, die möglicherweise in Konkurrenz oder gar im Widerspruch zu denen der Gesamt- bzw. der Erwachsenengesellschaft stehen.

Ein immer noch bestehendes Problem beim Schulschwänzen ist der unzureichende Datenbestand. Gleichwohl nahm der 11. Kinder- und Jugendbericht der Bundesregierung an, dass „ein Anstieg der Zahlen unübersehbar" sei (BMFSFJ 2002: 154). Auch in Niedersachsen gingen Bezirksregierungen und Schulen 1999 von einer im Vergleich zum Vorjahr gestiegenen Zahl an Schwänzern aus (Warzecha 2000: 346). Bereits 1994 vertrat ein Viertel der Schulleiter in Baden-Württemberg

Schwänzen und Gewalt

die Ansicht, das Schwänzen habe zugenommen, wenngleich die Mehrheit von gut zwei Dritteln die Lage als unverändert beurteilte (Sikorsky/Thiel 1995: 31).

Empirisch gesichertes Wissen über Prävalenz und Entwicklung des Schwänzens liegt durchaus vor, aber verallgemeinerungsfähige Aussagen über die Situation in Deutschland können auf dieser Grundlage noch nicht abgegeben werden. Vor allem lassen sich bislang keine gültigen Angaben über die Entwicklung des Phänomens treffen, da Längsschnittanalysen auch im regionalen Bereich noch ausstehen.

Regional begrenzt wurden (Repräsentativ-)Untersuchungen durchgeführt, wie die Stadtstudien des KFN in Rostock und Delmenhorst (vgl. Wetzels et al. 2000; Willmers 2000) oder die Studie von Schulze/Wittrock (2000; 2000a) über die Sekundarstufe I in Mecklenburg-Vorpommern. Bereits Anfang der 1990er-Jahre fand in Brandenburg eine Erhebung in den Sekundarstufen I und II statt, bei der Schüler zwischen 12 und 18 Jahren erfasst wurden (vgl. Dietrich et al. 1993). Daneben liegen Studien über spezifische Teilpopulationen von Schulverweigerern vor, wie die DJI-Untersuchung über massive Schwänzer (vgl. Reißig 2001) oder die lokal begrenzte Studie über institutionell betreute Problemjugendliche in sechs Hamburger Häusern der Jugend (vgl. Warzecha 2000).

Bei den vorliegenden Studien handelt es sich zum einen um quantitative Selbstberichtstudien, um Akteurs- oder „Täter"-Befragungen (vgl. Sturzbecher/Dietrich 1993), teilweise um explizit ausgewiesene Dunkelfelduntersuchungen (so Wetzels et al. 2000; Wilmers 2000). Auf die subjektive Selbsteinschätzung der Häufigkeit des Schwänzens durch die Schüler beschränkte sich die Brandenburger Erhebung von Sturzbecher/Dietrich (1993). Daneben liegen auch Untersuchungen von „Hellfeld"-Populationen vor: Reißig (2001) befasst sich mit Jugendlichen, die explizit als massive Schulverweigerer bekannt sind, sich auch in entsprechenden Maßnahmen befinden, und zeichnet deren Alltag und Karriere nach.

Die Selbstberichtstudien weisen methodisch Vor- und Nachteile auf, was die Reichweite ihrer Aussagen angeht. So liegt bei den Repräsentativstudien eine Einschränkung darin, dass nur ein Ausschnitt der Schwänzer erfasst wird, nämlich diejenigen, die am Befragungstag oder im Befragungszeitraum anwesend sind. Das bedeutet aber, dass die schweren oder massiven Fälle nicht oder nur bedingt erfasst werden können. Dafür sind jedoch in den Grenzen des Designs verallgemeinerungsfähige Aussagen über die Population unterhalb dieser Schwelle möglich.

Bei Studien über besondere Populationen liegt der Nachteil methodisch gesehen in der eindeutigen (Selbst-)Selektion der Probanden. D. h. die Aussagen sind nicht repräsentativ, weil nicht für alle Schulverweigerer, die zu dieser besonderen Gruppe gehören, angebbare Chancen bestanden, in die Stichprobe aufgenommen zu werden. Der gewichtige Vorteil besteht aber darin, dass gezielte und differenzierte Aussagen über diese Schülertypen – z. B. die Gruppe der aktiven Verweigerer und die Entwicklung ihrer Karrieren – möglich werden, die auch Ansatzpunkte für die Intervention liefern können. In ihrer Reichweite sind diese Aussagen aber letztlich beschränkt auf die Stichprobe und daher insgesamt betrachtet eher explorativ zu werten. Zusätzlich wird in manchen Studien über Expertenbefragungen auch die Beobachterperspektive einbezogen: Schreiber-Kittl (2001) führte Leitfadeninterviews mit Lehrern, Schulpsychologen, Schulsozialarbeitern, Vertretern von Schul- und Jugendämtern, Trägervertretern von Modellprojekten durch. Warzecha (2001) befragte 57 Schulleiter und 118 Lehrer an Schulen für Erziehungshilfe in neun Bundesländern. Schulze und Wittrock (2000) ließen Lehrer ihre Schüler beobachten und deren (Fehl-)Verhalten in einer Stundenplantabelle protokollieren. Wetzels et al. (2000) befragten Lehrer in Rostock standardisiert, wodurch auch ein Vergleich zwischen Lehrer- und Schülerangaben möglich wurde, was die Prävalenzraten und die Intensität des Schwänzens angeht. Beobachterstudien können wertvolle Hinweise auf Phänomene liefen, dürfen aber in ihrer Reichweite nicht überinterpretiert werden: Sie machen entweder Aussagen darüber, wie die befragte Gruppe oder Personenkategorie ein bestimmtes Phänomen wahrnimmt (so Schreiber-Kittl 2001), erfassen das Phänomen aber nicht unmittelbar oder beziehen sich auf das „Hellfeld" der vom Lehrer wahrgenommenen Devianz (so Schulze/Wittrock 2000).

Daneben haben sich auch (repräsentative) Schul- bzw. Jugendgewaltstudien dieser Thematik angenommen, wenn auch mit Blick auf die biografische Entwicklung des Verhaltens eher peripher. Nur auf die Einstellung der Schüler zum Schwänzen beziehen sich unsere bayerischen Schülergewaltstudien (Fuchs et al. 2001; 1996). Dabei wurde gefragt, inwieweit Schwänzen positiv oder negativ mit der Anerkennung in der Klasse verbunden ist und ob „Blau machen" Spaß macht. Hier geht es also mehr um die Bedeutung von Schulnormen bzw. von Distanznormen für den Schüleralltag und die Klassenstruktur. Indirekt wird in der Städtevergleichunteruchung des KFN von 1998 (vgl. u. a. Pfeiffer et al. 1998; Wetzels et al. 1999) – die den Schulverweigerungsuntersuchungen des KFN vorausgingen – wie auch in der vom Design her analogen Untersuchung von Eisner et al. (2000) für Stadt und Kanton Zürich auf den Absentismus Bezug genommen, wenn nach dem Anteil an Schülern gefragt wird, die die Schule als „nutzlos" erachten und „sie möglichst meiden". Unmittelbar wird der Absentismus also nicht erfasst.[2] Dies erfolgt in der Studie von Tillmann et al. (1999: 107 f.), die sich mit der Gewaltbelastung hessischer Schüler beschäftigt: Die Autoren erheben direkt Prävalenzangaben zum unentschuldigten Fernbleiben, wobei der Absentismus aber bei den weiteren Auswertungen als Bestandteil von Schuldevianz gesehen wird, neben anderen Regelverstößen wie der absichtlichen oder erheblichen Unterrichtsstörung und dem

---

[2] Eisner et al. (2000) gingen auch der Frage nach, inwieweit eine zunehmende Gewaltbelastung der Schule die Bereitschaft zur Verweigerung fördert. Bei den Züricher Schülern zeigte sich, dass der Anteil derjenigen, die die Schule als nutzlos erachten und sie daher möglichst meiden, mit der Intensität von Bullying an der Schule zunimmt (vgl. 2000: 98); leider fehlen aber Angaben, ob der Zusammenhang signifikant ist.

Mogeln bei Klassenarbeiten. Dies macht inhaltlich Sinn, weil der Absentismus mit dem Distanzverhalten in der Schule in engem Zusammenhang steht und seine deutlichste Manifestation bildet.

Eine weitere Studie führte das Kriminologische Forschungsinstitut Niedersachsen (KFN) 1999 in Rostock unter Schülern der 9. Jahrgangsstufe durch (Wetzels et al. 2000: 115 ff.). Die Untersuchung zur Devianz und Gewalt bezog systematisch das Schulschwänzen im Selbstbericht und aus der Beobachterperspektive von Lehrern ein. Dabei ergab sich, dass ungeachtet der Häufigkeit des Schwänzens insgesamt gut ein Drittel aller Schüler im letzten Halbjahr bereits der Schule unzulässig ferngeblieben war. Bei etwa der Hälfte von ihnen beschränkte sich dies auf einen Tag eigenmächtiger Abwesenheit, aber zusammen immerhin ein Zehntel zählt die Studie zu den „massiven Schwänzern": Sie waren der Schule im vergangenen Halbjahr mindestens fünf Tage ferngeblieben.

Das Schwänzen variiert nach schularttypischen Lernmilieus und der unterschiedlichen sozialen Zusammensetzung der Schülerschaft. Bei PISA kamen Unterrichtsversäumnisse an Hauptschulen und integrierten Gesamtschulen häufiger vor als an Realschulen und Gymnasien. Auch Jugendliche aus Migrantenfamilien fallen durch häufigeres Fernbleiben auf. Schülerpopulationen mit anteilig vielen Hauptschülern und Migranten haben daher relativ viele Fehlzeiten (Schümer et al. 2002: 212 f.). Die Städtevergleichsstudie des KFN belegt, dass die Rate häufiger Schwänzer mit steigendem Bildungsaspirationsniveau deutlich abnimmt: An Hauptschulen liegen die Anteile zwischen einem Fünftel und einem Drittel, an Gymnasien relativ einheitlich zwischen einem Zehntel und einem Achtel; die Ausnahme war Leipzig mit nur 3,2% häufig schwänzender Gymnasiasten (Wilmers et al. 2002: 295). Für Hessen weisen Tillmann et al. (1999) nach, dass an Schulen für Lernhilfe gut ein Drittel der Schülerschaft der Schule in den vergangenen zwölf Monaten eigenmächtig fernblieb, an allen anderen Schularten waren es ein gutes Fünftel (Tillmann et al. 1999: 107 ff.). Das bedeutet: Schwänzen kommt an Schulen mit einer leistungsschwächeren, potenziell problembelasteteren Klientel erheblich häufiger vor.

Ein Indiz für den Wandel der Klientel liefert eine Bielefelder Studie, die 1971 von Brusten und Hurrelmann (1973) durchgeführt wurde. Damals schwänzten unter den 13- bis 16-Jährigen in den vergangenen zwölf Monaten nur 15% der Hauptschüler, dafür aber 32% der Gymnasiasten (Brusten/Hurrelmann 1973: 125). Möglicherweise proletarisierte sich das Schwänzen mit der Zeit und wurde von der Devianz bildungsprivilegierter Jugendlicher, die mit dem Regelverstoß temporäre Autonomie ausdrücken wollten, zur Devianz der Bildungsverlierer, deren Fernbleiben eher bedeutet, sich einer für sie subjektiv hoffnungslosen Situation nicht mehr stellen zu wollen.

9.1 Schwänzen an bayerischen Schulen

Um die Situation für bayerische Schulen zu erfassen, wurden die Schüler einmal gefragt, wie viele Tage sie in den letzten zwei Wochen bzw. im vergangenen Schulhalbjahr (d. h. auf den Erhebungszeitpunkt bezogen in den letzten fünf Monaten) die Schule geschwänzt haben. (Dies orientiert sich weitgehend an der Abstufung, die das KFN in der Städtevergleichsuntersuchung angewendet hat). Bei der 5-Monats-Prävalenz ergab sich folgende Verteilung (vgl. Abb. 9.1):

Abb. 9.1: Schwänzen im Schuljahr 2003/04: 5-Monatsprävalenz (n = 4.271)

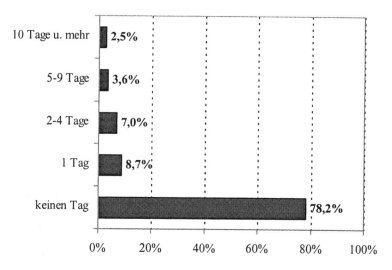

Die überwiegende Mehrheit von knapp vier Fünfteln der Schüler blieb der Schule im laufenden Schuljahr noch nicht fern. Gemessen daran, dass Schulpflicht besteht, hat sich dennoch eine relativ große Zahl an Schülern dieser normativen Verpflichtung durch eigenmächtige Absenz entzogen. Die relativ meisten – 8,9% aller Schüler (bzw. zwei Fünftel der Schwänzer) – blieben der Schule einen Tag fern, gefolgt von denen, die zwischen zwei und vier Tagen unerlaubt abwesend waren (7% aller Schüler bzw. etwa ein Drittel der Schwänzer). 2,5% aller Schüler (bzw. knapp ein Achtel der Schwänzer) zählen qua Definition zu den massiven Schwänzern (zehn Tage und mehr unerlaubtes Fernbleiben). Legen wir die KFN-Definition an, wonach mindestens fünf Tage Abwesenheit Massivschwänzen bedeuten, dann würden in Bayern 6,1% der Schüler zu den Massivschwänzern zählen.

Schwänzen und Gewalt

Beim Schwänzen im Verlauf des aktuellen Schuljahres (Zeitraum: fünf Monate) unterscheiden sich Schülerinnen und Schüler nicht wesentlich voneinander. Eindeutige Differenzen treten jedoch nach dem Alter auf: Je älter die Schüler werden, desto häufiger schwänzen sie. Nichtschwänzer machen zwar auch unter den Heranwachsenden mit gut drei Fünfteln noch die Mehrheit aus, aber ihr Anteil liegt um etwa 26 Prozentpunkte unter dem der 10-13-Jährigen, bei denen immerhin auch schon ein Achtel schwänzt. Mit dem Alter steigt der Anteil bei allen Schwänzerkategorien. Die meisten blieben einen oder zwischen zwei und vier Tagen der Schule unerlaubt fern. Zu den ganz massiven Schwänzern (zehn Tage und mehr) gehört unter den Jüngsten gut jeder Hundertste Schüler, bei den Heranwachsenden ist es bereits jeder Zwanzigste.

Ebenfalls eindeutige, wenn auch schwach ausgeprägte Unterschiede bestehen bei der Schulart. Es fällt auf, dass Realschüler den kleinsten Schwänzeranteil stellen (mit einem Sechstel), Gymnasiasten mit gut einem Viertel dagegen den relativ größten. Da Gymnasiasten häufiger mindestens zwei Tage schwänzen, kann davon ausgegangen werden, dass Schwänzen unter Gymnasiasten etwas weiter verbreitet ist als an den anderen einbezogenen Schularten.[3] Unter nicht-deutschen Schülern ist der Schwänzeranteil mit etwa drei Zehnteln eindeutig (um 8 Prozentpunkte) größer als bei deutschen. Das manifestiert sich gerade bei den häufigen bzw. ganz massiven Schwänzern.

Weiter steigt der Anteil häufiger und ganz massiver Schwänzer mit schlechter werdender ökonomischer Lage der Familie merklich an. Ein weiterer, aber nur sehr schwach wirkender Faktor ist die Größe des Wohnorts: Schüler aus Großstädten schwänzen häufiger als andere Schüler: Etwa ein Drittel blieb der Schule fern, zwischen einem Zehntel bis einem Achtel ein bis vier Tage. Werden die beiden oberen Kategorien – fünf bis neun bzw. zehn und mehr Tage – zusammengenommen, entspricht der Anteil (ein Zehntel) dem der Massivschwänzer in der KFN-Studie (vgl. Wilmers et al. 2002).

Zwar besuchte eine deutliche Mehrheit von gut neun Zehnteln der Schüler in den zwei Wochen vor dem Befragungstermin regelmäßig die Schule, aber die Zahl von 8,4% Schülern, die in diesem Zeitraum unerlaubt der Schule fernblieben, erstaunt durchaus. 5,1% (und damit die Mehrheit) schwänzte dabei einen Tag. Nur gut jeder Hundertste Schüler zählt zu den massiveren Schwänzern, die mindestens fünf Tage unerlaubt absent waren. Bei ihnen deutet sich vermutlich ein Übergang

---

[3] Allerdings lässt sich diese Aussage nur auf die jeweils am Befragungstag in den verschiedenen Schulen Anwesenden beziehen. Wir wissen nicht, wie groß der Anteil aktueller Schwänzer am Befragungstag war und wir können auch die Massiv- bzw. Dauerschwänzer nicht erfassen; genau hier dürften aber nach Stand der Forschung Hauptschulen überproportional betroffen sein. Dadurch wird die schulartspezifische Aussage in ihrer Reichweite eingeschränkt.

zum Dauerschwänzen und damit möglicherweise eine Karriere mit dem Endpunkt „Schulverweigerung" an.

Abb. 9.2: Schwänzen in den vergangenen zwei Wochen 2004

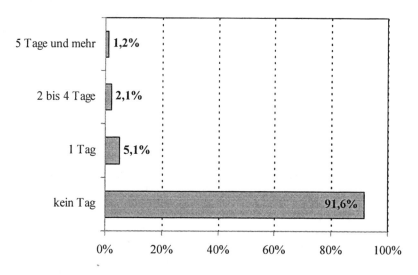

Strukturell gesehen wiederholen sich bei der Differenzierung nach sozialen Merkmalen der Schüler die Ergebnisse der 5-Monatsprävalenz, nur eben mit geringeren Werten: Schüler schwänzen geringfügig, aber eindeutig häufiger als Schülerinnen (+2 Prozentpunkte).

Mit dem Alter steigt der Schwänzeranteil – wobei die auffälligsten Unterschiede hier bei der Eintagesabwesenheit liegen (ein Zehntel aller Heranwachsenden, etwa um den Faktor 2 bzw. 4 größer als bei den anderen Altersgruppen), nicht dagegen beim ganz massiven Schwänzen (alle bei 1,1-1,2%).

Mehr nicht-deutsche als deutsche Schüler (+7,7 Prozentpunkte) blieben der Schule länger fern; bei den 2-4-Tagesschwänzern war ihr Anteil (4,2%) um den Faktor 2,2 größer, bei den massiven Schwänzern (fünf Tage und mehr) mit 4,5% um den Faktor 5.

Außerdem steigt der Schwänzeranteil, wenn die ökonomische Lage der Familie durch Verzicht und Mangel gekennzeichnet ist. Nach der Schulart differenziert existieren zwar eindeutige, aber geringe und zudem heterogene Unterschiede. Der Zusammenhang erscheint daher nicht sehr aussagekräftig.

Tab. 9.1: Schwänztage der letzten zwei Wochen 2004 nach den Schwänztagen in den letzten fünf Monaten

Tage in den letzten 2 Wochen	Schwänztage in den letzten fünf Monaten					Gesamt
	keiner	1 Tag	2 bis 4 Tage	5 bis 9 Tage	10 und mehr	
keiner	100,0% (3.225)	79,2% (294)	65,8% (200)	48,8% (78)	26,8% (26)	92,0% (3.823)
1 Tag	–	20,8% (77)	23,4% (71)	27,2% (43)	23,7% (23)	5,1% (214)
2 bis 4 Tage	–	–	10,9% (33)	13,8% (22)	25,8% (25)	1,9% (80)
5 und mehr	–	–	–	10,6% (17)	23,7% (23)	1,0% (40)
Gesamt	100,0% (3.225)	100,0% (371)	100,0% (304)	100,0% (160)	100,0% (97)	100,0% (4.157)

Chi^2 = d.f. = 12; α = 0,001; C_{Korr} = 0,68.

Schwänzen im letzten Schulhalbjahr bzw. in den zwei Wochen vor der Befragung sind sehr deutlich assoziert. Wer in den zurück liegenden zwei Wochen geschwänzt hat, hat in der Regel auch häufiger in den vergangenen Monaten geschwänzt. Ein Viertel derjenigen, die in den vorangegangenen fünf Monaten zu den ganz massiven Schwänzern (zehn Tage und mehr) zählten, blieben auch in den Wochen vorher zwischen zwei und vier Tage der Schule fern (deutlich mehr als bei den weniger massiven Schwänzern) und gut ein Fünftel der ganz massiven Halbjahresschwänzer war nach eigener Angabe auch in den letzten 14 Tagen an mindestens fünf Tagen nicht in der Schule anzutreffen.

9.2 Einstellungen der Schwänzer zur Schule

Nach Stand der Literatur unterscheiden sich Schwänzer und Nicht-Schwänzer in ihrer Haltung zur Schule, wobei gerade massive Schwänzer die Schule negativer beurteilen: Sie wird für Schwänzer immer mehr zu einer fremden Institution, in der und mit deren Anforderungen sie sich immer weniger zurechtfinden können (und wahrscheinlich auch wollen) (vgl. Ricking 1997). Ähnliches vermuten wir daher auch für die bayerischen Schüler.

Dies bestätigt sich auch im Wesentlichen (wenngleich das Varianzaufklärungspotenzial mit 2-3% ziemlich gering ist). Allgemein lässt sich von der Tendenz her sagen: Je häufiger bzw. je länger die Schüler schwänzen,

- desto langweiliger ist es für sie, zur Schule zu gehen,
- desto langsamer vergeht die Zeit im Unterricht,
- um so weniger gerne gehen sie zur Schule,
- desto lieber würden sie mit der Schule aufhören,
- desto mehr wollen sie die Schule nur aus Funktionalität beenden (weil sie den Abschluss später benötigen),
- desto anstrengender ist die Schule für sie.

Tab. 9.2: Einstellung zur Schule 2004 nach den Schwänztagen in den letzten fünf Monaten

Einstellung	Schwänztage in den letzten fünf Monaten					Eta^2
	keiner	1 Tag	2-4 Tage	5-9 Tage	10 Tage u. mehr	
Schule: langweilig	2,8	3,0	3,2	3,3	3,6	3% ***
Zeit vergeht schnell	3,0	3,1	3,3	3,3	3,7	2% ***
gerne zur Schule	2,9	3,1	3,1	3,2	3,7	3% ***
aufhören wäre schön	2,5	2,7	2,8	3,0	3,6	3% ***
Abschluss, weil nötig	2,9	3,2	3,5	3,6	3,8	3% ***
Schule: zu anstrengend	2,2	2,2	2,4	2,5	2,8	2% ***

Mittelwerte auf einer Skala von 1 (stimme berhaupt nicht zu) bis 5 (stimme voll zu);
*** $\alpha < 0,001$.

Statistisch eindeutig zeigt sich, dass massive Schwänzer (zehn und mehr Tage) die im Vergleich negativste Haltung zur Schule besitzen: Mit Ausnahme der Frage, ob die Schule für sie zu anstrengend sei – hier sind sie eher ambivalent – können sie allen anderen Aussagen im Mittel schon fast zustimmen: Es ist für sie schon eher so, dass die Schule langweilig ist, die Unterrichtszeit langsam vergeht, sie es als schön empfinden würden, wenn sie mit der Schule aufhören können. Im mittleren Bereich der Schwänzhäufigkeit (zwei bis neun Tage) unterscheiden sich die Einstellungen zumeist nicht wesentlich voneinander; sie sind positiver gestimmt als die regelmäßigen Schwänzer, beurteilen Schule aber eindeutig schlechter als die dauernd Anwesenden. Allerdings stehen auch die regelmäßig präsenten Schüler, die noch die relativ positivste Haltung einnehmen, der Schule im Durchschnitt eher verhalten gegenüber: Die Frage, ob Schule zu anstrengend sei, verneinen sie noch eher; bei allen anderen Aussagen sind auch sie im Mittel eher unentschlossen. Im Wesentlichen gelten diese Aussagen unabhängig von Geschlecht, Alter und Schulart.

9.3 Schwänzen und Eltern-Kind-Verhältnis

Ein anderer Faktor, der – neben schulischen Bedingungen, Mitschülern und privaten Netzwerken – mit dem Schwänzen zusammenhängt, ist die Situation in der Familie. Sie kann als eine der Bedingungen gesehen werden, die das Schwänzen mit verursachen bzw. die es verstärken, wenn es denn aufgetreten ist. Bei der Schulzurückhaltung schicken Eltern (oft in Übereinstimmung mit ihren Kindern) ihre Kinder nicht zur Schule. Die explizite Schulverweigerung seitens der Schüler erfolgt mit Wissen der Eltern, auch gegen ihren Willen, aber letztlich doch mit ihrer Akzeptanz (vgl. Ricking 1997). Oftmals wissen Eltern gerade in der Anfangszeit einer Schwänzerkarriere nicht, dass ihr Nachwuchs die Schule nicht besucht, sondern sich unerlaubt Freizeit verschafft. Hier ist zu fragen, ob die Ursache möglicherweise das Desinteresse der Eltern an der schulischen Situation ihres Kindes ist.

Schwänzen lässt sich als Indikator einer Normenkonkurrenz zwischen der Familie und „der" Gesellschaft interpretieren, aber auch als Ausdruck innerfamilialer Probleme. So stehen bei stark diskontinuierlichen Erwerbsverläufen der Eltern oder langfristiger Sozialhilfeabhängigkeit schulische Leistungsnormen im Widerspruch zu familientypischen Verhaltensmustern, die durch eine Abkehr vom Erfolgs- und Leistungsdenken gekennzeichnet sind. Kinder und Jugendliche, die schwänzen, handeln damit zwar gegen schulische Normen, aber evtl. in Übereinstimmung mit Familiennormen (vgl. Uhlig 2002: 61). Das kann erklären, warum gerade unter Familien, die von Arbeitslosigkeit oder Arbeitslosengeld II betroffen sind, der Anteil schwänzender Jugendlicher deutlich erhöht ist (vgl. Wilmers/ Greve 2002: 406). Schwänzen kann auch als Folge struktureller Brüche in der Familie erfolgen – Trennung oder Scheidung der Eltern –, wenn daraus eine für Kinder und Jugendliche stark belastende Situation resultiert, die sie versuchen, mittels Schwänzen zu bearbeiten. Allerdings werden diese Faktoren in der Einschätzung der Jugendlichen nur selten als Grund für das Schwänzen wahrgenommen (vgl. Schreiber-Kittl/Schröpfer 2002: 164).

Massives Schwänzen kann aber auch auf Störungen der familialen Kommunikation hindeuten, sei es, dass den Eltern die schulische Situation ihrer Kinder gleichgültig ist, sei es, dass sie ein problematisches, möglicherweise von Gewalt gekennzeichnetes Erziehungsverhalten an den Tag legen. Ein geringes Maß elterlicher Kontrolle (Desinteresse, ob das Kind schwänzt, wenig Interesse an regelmäßigem Schulbesuch des Kindes) hängt mit einem größeren Anteil an Schwänzern und längeren Schwänzdauern zusammen (vgl. Wilmers et al. 2002: 302 f.). Dies bestätigt sich auch für Bayern (vgl. Tab. 9.3): Je weniger Interesse die Eltern an den Schulleistungen ihrer Kinder haben, desto mehr Schüler schwänzen und desto länger schwänzen sie. Fast die Hälfte der Schüler, deren Eltern sich gar nicht um die Schulkarriere ihres Nachwuchses kümmern, sind Schwänzer. Außerdem weisen sie den sichtlich größten Anteil an regelmäßigen bzw. massiven Schwänzern (zehn und mehr Tage) auf.

Elterliches Interesse an der Schulsituation der Kinder verhindert das Schwänzen aber nicht vollständig, es reduziert es nur deutlich: Ein Achtel der Schüler, die angeben, ihre Eltern würden sich um *alle* genannten Bereiche kümmern, blieb dennoch in den Monaten vor der Erhebung der Schule fern. Diese Rate ist allerdings die mit Abstand niedrigste.

Klar ist jedenfalls der ersten Zeile von Tab. 9.3 zu entnehmen, dass Schüler deutlich seltener schwänzen, wenn sich ihre Eltern um schulische Belang kümmern. Die Umkehrung dieses Sachverhaltes ist in der letzten Zeile der gleichen Tabelle erkennbar.

Mit dem elterlichen Erziehungsstil besteht ebenfalls ein statistisch signifikanter, wenn auch nur relativ schwacher Zusammenhang: Der Schwänzeranteil unter den „hart, streng, manchmal ungerecht" Erzogenen ist mit 35,6% am größten, gefolgt von den „wechselhaft" Erzogenen (27,4%). Bei den beiden anderen Erziehungsstilen liegt er mit etwa einem Fünftel merklich niedriger. „Hart und streng" Erzogene schwänzen auch länger als andere, gefolgt von den erratisch Behandelten. Das wird daran sichtbar, dass sie bei allen Schwänzerkategorien den größten oder – nach den „Wechselhaften" – zweitgrößten Wert aufweisen; besonders auffällig ist, dass sie mit knapp einem Zehntel die sichtlich größte Quote an regelmäßigen Schwänzern (zehn und mehr Tage) haben, das Mehrfache der anderen Erziehungsstile.

Ein „harter, strenger und manchmal ungerechter" Erziehungsstil erhöht damit die Wahrscheinlichkeit, häufiger und länger zu schwänzen, eine „harte, aber gerechte" und eine „liebevolle" Erziehung schließen dies zwar nicht aus, reduzieren aber das Risiko. Dieser Zusammenhang gilt unabhängig von Geschlecht, Alter und Schulart.

Tab. 9.3: Schwänzen in den letzten fünf Monaten 2004 nach der elterlichen Sorge um die Schulleistungen

Schwänztage/ letzte fünf Monate	Zahl der elterlichen auf die Schule bezogenen Fürsorgeleistungen							Gesamt
	0	1	2	3	4	5	6	
Keiner	53,3% (57)	64,5% (91)	60,0% (147)	63,8% (243)	71,0% (516)	78,4% (927)	88,4% (1.315)	77,2% (3.296)
1 Tag	13,1% (14)	7,8% (11)	12,2% (30)	12,6% (48)	12,0% (87)	9,6% (114)	5,4% (80)	9,0% (384)
2 bis 4 Tage	13,1% (14)	9,9% (14)	13,9% (34)	11,5% (44)	9,9% (72)	6,8% (81)	3,8% (56)	7,4% (315)
5 bis 9 Tage	8,4% (9)	11,3% (16)	6,9% (17)	7,6% (29)	4,3% (31)	3,8% (45)	1,4% (21)	3,9% (168)
10 Tage und mehr	12,1% (13)	6,4% (9)	6,9% (17)	4,5% (17)	2,9% (21)	1,4% (16)	1,0% (15)	2,5% (108)
Gesamt	100,0% (107)	100,0% (141)	100,0% (245)	100,0% (381)	100,0% (727)	100,0% (1.183)	100,0% (1.487)	100,0% (4.271)

Chi² = 295,7; d. f. = 24; α = 0,000; Tau$_C$ = -0,15.

Tab. 9.4: Schwänztage in den letzten fünf Monaten 2004 nach elterlichem Erziehungsstil

Schwänztage in den letzten fünf Monaten	Erziehungsstil				Gesamt
	hart, streng, ungerecht	wechselhaft	hart, gerecht	liebevoll	
keiner	64,4% (145)	72,6% (722)	80,1% (1.254)	79,4% (990)	77,2% (3.111)
1 Tag	12,0% (27)	9,4% (93)	8,9% (140)	8,2% (102)	9,0% (362)
2 bis 4 Tage	9,3% (21)	9,7% (96)	6,3% (98)	6,8% (85)	7,4% (300)
5 bis 9 Tage	4,4% (10)	5,3% (52)	2,9% (46)	3,8% (48)	3,9% (156)
10 Tage und mehr	9,8% (22)	3,1% (31)	1,7% (27)	1,8% (22)	2,5% (102)
Gesamt	100,0% (225)	100,0% (994)	100,0% (1.565)	100,0% (1.247)	100,0% (4.031)

$Chi^2 = 68,32$; d. f. $= 12$; $\alpha = 0,000$; $C_{korr} = 0,17$.

Ein Zusammenhang zwischen der Intensität des Schwänzens und der familialen Gewaltbelastung besteht zwar, aber er ist nur relativ schwach ausgeprägt. Zwischen den drei Kategorien der gar nicht, gering und mittelstark Gewaltbelasteten Familien ergeben sich mit Blick auf das Schwänzen keine wirklich bemerkenswerten Differenzen. Erst bei denjenigen, deren Gewaltbelastung zu Hause als höher bis hoch eingestuft wird, tritt eine nennenswerte Verschiebung dahingehend auf, dass einmal der Anteil an Schwänzern von (gut) einem Fünftel auf weit über ein Drittel steigt. Besonders gut erkennbar ist der Anstieg vor allem bei den regelmäßigen Schwänzern (zehn und mehr Tage), deren Anteil – 8,3% – etwa das Vierfache der Vergleichsgruppen beträgt. Das bedeutet: Hinter dem Schulschwänzen stehen durchaus auch familiale Gewalterfahrungen, wenngleich dieser Effekt nicht sehr ausgeprägt ist.

Dieser Sachverhalt gilt unabhängig von Geschlecht und Schulart – wobei der Zusammenhang bei Gymnasien am schwächsten ausgeprägt war –, während beim Alter eine Spezifikation besteht, da der Zusammenhang nur für die 10- bis 13- und 14- bis 17-Jährigen gilt, nicht dagegen für Heranwachsende; Letztere schwänzen häufiger, unabhängig von der familiären Gewaltbelastung. Sie befinden sich als Ältere auch stärker im Ablösungsprozess von der Familie.

Tab. 9.5: Schwänztage in den letzten fünf Monaten 2004 nach der familialen Gewaltbelastung (gruppiert)

Schwänztage in den letzten fünf Monaten	Familiale Gewaltbelastung (gruppiert)				Gesamt
	keine	gering	mittel	höher/hoch	
keiner	78,2% (1.510)	80,6% (759)	78,6% (636)	64,0% (277)	77,3% (3.182)
1 Tag	9,3% (179)	8,5% (80)	8,3% (67)	10,2% (44)	9,0% (370)
2 bis 4 Tage	6,7% (129)	6,7% (63)	7,4% (60)	11,3% (49)	7,3% (301)
5 bis 9 Tage	3,8% (73)	2,9% (27)	3,8% (31)	6,2% (27)	3,8% (158)
10 Tage und mehr	2,0% (39)	1,4% (13)	1,9% (15)	8,3% (36)	2,5% (103)
Gesamt	100,0% (1.930)	100,0% (942)	100,0% (809)	100,0% (433)	100,0% (4.114)

Chi² = 76,86; d. f. = 12; α = 0,000; C_{korr} = 0,18.

9.4 Integration von Schwänzern in deviante Peergruppen

Schwänzen bedeutet – gerade mit zunehmender Dauer –, sich aus den gewohnten und vom Alter her erwarteten sozialen Bezügen zu entfernen und auf einem gesellschaftlich nicht als legitim erachtetem Weg mehr Zeit zur „freien" Verfügung zu verschaffen.

Je intensiver und längerfristiger ein Schüler schwänzt, desto mehr stellt sich für ihn das Problem, sich auf anderem Wege sozial integrieren zu müssen (auch, um darüber Identität zu erlangen) sowie die zusätzliche Zeit „sinnvoll" zu nutzen. Dies kann einhergehen mit einer wachsenden Integration in die Jugendkultur, möglicherweise auch in delinquente Formen, sowie mit einer Orientierung an den dortigen Normbeständen, verbunden mit einer Ablehnung der Erwartungen der Erwachsenengesellschaft. Zu vermuten wäre dann, dass Schwänzer mit zunehmender Dauer ihrer Absenz von der Schule häufiger in devianten Peergroups sein werden und dass ihre Transgressionsbereitschaft sich erhöht (vgl. Silbereisen/Walper 1987). Die Integration in die delinquente Jugendkultur wird näherungsweise erfasst über die Frage, wie oft Mitglieder der eigenen Clique Ärger mit der Polizei bekommen haben.

Tab. 9.6: Polizeikontakt von Cliquenmitgliedern 2004 nach den Schwänztagen in den letzten fünf Monaten

Polizeikontakt von Cliquen- mitgliedern	Schwänztage in den letzten fünf Monaten					Gesamt
	keiner	1 Tag	2 bis 4 Tage	5 bis 9 Tage	10 Tage und mehr	
keine Clique	36,8% (1.162)	29,1% (107)	27,9% (84)	23,6% (38)	27,2% (28)	34,7% (1.419)
kein Ärger	39,6% (1.251)	31,8% (117)	28,9% (87)	23,0% (37)	19,4% (20)	37,0% (1.512)
Einzelfall	13,3% (420)	22,0% (81)	18,9% (57)	21,7% (35)	8,7% (9)	14,7 (602)
schon mal	8,5% (269)	13,9% (51)	16,9% (51)	19,3% (31)	16,5% (17)	10,2% (419)
häufiger	1,7% (54)	3,3% (12)	7,3% (22)	12,4% (20)	28,2% (29)	3,4% (137)
Gesamt	100,0% (3.156)	100,0% (368)	100,0% (301)	100,0% (161)	100,0% (103)	100,0% (4.089)

Chi² = 257,03; d. f. = 16; α = 0,000; Tau$_B$ = 0,16.

Bei der Frage, ob die zunehmende Häufigkeit des Schwänzens die Integration in deviante Cliquen fördert – gemessen daran, wie häufig Cliquenmitglieder Ärger mit der Polizei bekommen –, zeigt sich ein deutlicher, wenngleich nicht sehr starker Trend: Je ausgeprägter Schüler schwänzen, desto öfter sind sie Mitglied in devianter Cliquen. Nichtschwänzer sind deutlich häufiger cliquenlos als Schwänzer; sie sind weiterhin häufiger in Cliquen, deren Mitglieder keinen Ärger mit der Polizei haben. Ihnen stehen auf der anderen Seite die extensiven Schwänzer (zehn und mehr Tage) gegenüber: Letztere sind exorbitant öfter in Gruppen zu finden, in denen deren Mitglieder häufiger Probleme mit der Staatsgewalt haben: Mit wachsender Intensität des Schwänzens nimmt dieser Wert von 1,7% (54) unter den Nichtschwänzern auf 28,2% (29) unter den regelmäßigen Schwänzern zu.

Dieser Effekt gilt unabhängig von Geschlecht und Schulart. Er spezifiziert sich nach dem Alter: Er besteht am stärksten bei 10- bis 13-Jährigen, etwas schwächer bei Jugendlichen und gar nicht bei Heranwachsenden. Die wenigen jungen Schüler dieser Alterskategorie, deren Freunde in den Cliquen häufiger Polizeikontakt haben (n = 24), gehören meist zu den regelmäßigen bzw. intensiven Schwänzern; bei den Jugendlichen ist diese Tendenz nicht ganz so ausgeprägt und unter Heranwachsenden existiert sie zwar auch, ist aber nicht statistisch signifikant. Wer also bereits in sehr jungen Jahren Kontakt zu einer devianten Clique (und dabei vermut-

Schwänzen und Gewalt

lich auch zu Älteren) hat, dessen Schulkarriere ist deutlich stärker durch Schwänzen gefährdet. Hier erfolgt mit hoher Wahrscheinlichkeit eine frühzeitige Integration in eine deviante oder delinquente Jugendkultur.

Eine andere Haltung, die im Zusammenhang mit den Schwänzern vermutet wird, ist ihre Transgressionsbereitschaft, also die Bereitschaft zur Normübertretung (vgl. Silbereisen/Walper 1987). Sie ist ohnehin entwicklungstypisch im Jugendalter erhöht und Ausdruck der Bemühungen um Eigenständigkeit, Ablösung, Grenzziehung und von Identitätssuche. Es ist zu vermuten, dass sie bei Schwänzern bzw. mit der Schwänzdauer steigt: Schwänzen bedeutet Regelüberschreitung. Mit zunehmender Frequenz und Dauer wird die Regelverletzung immer mehr zur Normalität, die Distanz zu den Normen der Erwachsenengesellschaft steigt, das Leben wird mehr um jugendtypische Regeln herum organisiert, zumal, wenn sich die Schwänzer in die Peergruppen bzw. in Jugendkulturen integrieren. Außerdem kann auch eine nicht sanktionierte Regelüberschreitung – also Schwänzen, das vom Lehrer, den Eltern u.a. nicht bemerkt bzw. nicht als solches wahrgenommen wurde – lerntheoretisch gesehen zu einer Verfestigung der Einstellung führen. Um dies zu prüfen, wurden die drei Aussagen zur Transgressionsbereitschaft in Abhängigkeit von der Dauer des Schwänzens in den letzten fünf Monaten analysiert (vgl. Abb. 9.3):

Abb. 9.3: Transgressionsbereitschaft 2004 nach den Schwänztagen in den letzten fünf Monaten

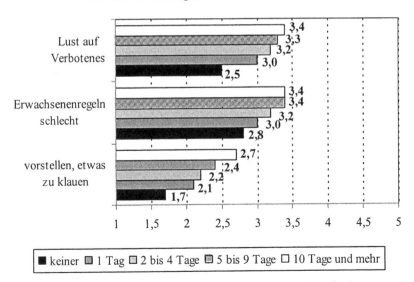

■ keiner ▨ 1 Tag ▦ 2 bis 4 Tage ▤ 5 bis 9 Tage □ 10 Tage und mehr

Mittelwerte auf einer Skala von 1 (trifft überhaupt nicht zu) bis 5 (trifft voll zu)

Der Zusammenhang mit den drei Aussagen zur Transgressionsbereitschaft ist eindeutig, die Erklärungskraft jedoch nur relativ gering (zwischen 2,7% und 6,0% Varianzaufklärung). Nichtschwänzer neigen durchgängig am wenigsten dazu, von Regeln abzuweichen. Die Bereitschaft zur Normübertretung nimmt tendenziell mit zunehmender Schwänzerfahrung zu.

Bei den eher abstrakten, allgemeinen Regeln – der Bereitschaft, die Erwachsenenregeln zu überschreiten, sowie der Lust, etwas Verbotenes zu tun – äußern die Nichtschwänzer noch eher Ablehnung bis Unentschlossenheit, gefolgt von den Eintagesschwänzern, die unentschieden sind. Bei der Vorstellung eines Diebstahls, also eines konkreten Ereignisses, scheiden sich die Einstellungen dann etwas deutlicher nach der Schwänzerfahrung: Die Nichtschwänzer auf der einen Seite lehnen dies ganz deutlich eher ab, die regelmäßigen Schwänzer sind schon eher unentschlossen. Bei den anderen sinkt die Ablehnung tendenziell mit steigender Schwänzerfahrung.

Diese Ergebnisse bestätigen sich für Schülerinnen und Schüler gleichermaßen, gelten mit ganz leichten Variationen in allen Altersgruppen und prinzipiell auch für deutsche sowie nicht-deutsche Schüler. Bei der Vorstellung, „mal etwas zu klauen", sowie der Bereitschaft, Erwachsenenregeln zu überschreiten, da man sie für schlecht hält, bestehen keine wesentlichen Differenzen zwischen den Schularten. Die Lust, etwas Verbotenes zu machen, wächst bei Realschülern mit dem Schwänzen; die Scheidelinie liegt hier bei Schwänzern und Nicht-Schwänzern. Bei den anderen Schularten, besonders Berufschulen, besteht eine tendenzielle Steigerung der Transgressionsbereitschaft mit zunehmender Schwänzdauer.

9.5 Schwänzen als Prädiktor für Gewalt?

Schwänzen wird immer wieder einmal als beachtenswerter Faktor verstanden, den es bei der Entstehung von Gewalt bzw. Gewaltkriminalität und anderen Formen der Delinquenz zu beachten gilt (vgl. Wilmers et al. 2002; Wilmers 2000; Wetzels et al. 2000). Für die schulische Ebene stellt die bereits ältere Untersuchung von Klockhaus/Habermann-Morbey (1986) eine Assoziation zwischen Schulschwänzen und Vandalismus an Schulen fest. Mehrere ältere internationale Studien wiesen einen Zusammenhang zwischen Schwänzen und aggressiven körperlichen Auseinandersetzungen nach (Ricking 1997: 235).

Die zusätzliche Integration in delinquente Cliquen mit stark delinquenzbezogenen Handlungsstilen kann für einen Teil der Massivschwänzer eventuell auch bedeuten, in eine *kriminelle Karriere* zu geraten. Diese Befürchtungen prägen gerade in Deutschland die öffentlich-politische Diskussion. Bereits Anfang der 1980er-Jahre wurde Schulschwänzen bei Bäuerle und Lerchenmüller (1981) aus entwicklungspsychologischer Sicht als Teil eines „präkriminellen Verhaltens" ausgemacht. Unterstützt wurde und wird dies durch die medizinisch-psychiatrische Sicht, nach der Schwänzen als Teil einer Persönlichkeitsstörung gilt, die sich auch in Delinquenz und Gewalt ausdrücken kann. Aktuellere Studien des Kriminologischen Forschungsinstituts Niedersachsen analysieren vor allem massives Schwänzen mit Blick auf mögliche kriminelle Karrieren bzw. sehen darin einen Indikator für das Entstehen solcher Karrieren (vgl. Wilmers et al. 2002; Wetzels et al. 2000).

Wetzels et al. (2000) stellen auf Basis einer Untersuchung Rostocker Schuljugendlicher zwischen 15 und 16 Jahren eine relativ eindeutige Verbindung zwischen Schwänzen und Gewalt bzw. Eigentumskriminalität her: Schwänzer weisen gegenüber regelmäßigen Schulgängern ein erhöhtes Maß an Gewalt- und Eigentumsdelikten auf, das umso größer wird, je ausgeprägter der Schulabsentismus ist. Der Anteil an Schülern, die in den vergangenen zwölf Monaten Eigentumsdelikte (Ladendiebstahl oder Sachbeschädigung) gegangen haben, steigt um den Faktor 2,6 bis auf über 70% bei den häufigsten Schwänzern an. Stärker ausgeprägt, aber bei insgesamt geringerer Häufigkeit, ist die Zunahme von Vandalismus (etwa Faktor 3) von einem auf über vier Zehntel und personaler Gewalt (Faktor 4,5) von gut einem Achtel auf fast vier Zehntel.

Kritisch angemerkt werden muss bei der Rostocker Studie, dass die beiden Zeitrahmen für die selbst erinnerte Delinquenz und das Schwänzen mit zwölf bzw. sechs Monaten nicht deckungsgleich sind. Zudem handelt es sich bei den Ergebnissen nicht um Kausalzusammenhänge mit fester Wirkungsrichtung und einer zeitlichen Abfolge der Ereignisse, sondern nur um korrelativ-statistische Zusammenhänge. So muss nicht unbedingt das Schwänzen dem Ladendiebstahl vorausgehen, es kann auch umgekehrt sein (ähnlich: Wilmers/Greve 2002: 410). Nicht zuletzt erklären die verwendeten Regressionsmodelle nur 8 bis 14% der Delinquenzbelastung, wenngleich das Schwänzen noch der relativ stärkste Faktor war (Wetzels et al. 2000: 133; Wilmers et al. 2002). Zudem wurde die Integration der Jugendlichen in Cliquen bei den Modellberechnungen nicht berücksichtigt; Cliquenmitgliedschaft hängt jedoch bei männlichen Jugendlichen mit dem Schwänzen zusammen (vgl. Reißig 2001a). Ebenso zeigt sich, dass die selbstberichtete Delinquenz mit der Delinquenz der eigenen Clique zunimmt (vgl. u. a. Fuchs et al. 2001). Gerade wenn wir bedenken, dass menschliches Handeln stets multifaktoriell bedingt ist, scheint die Erklärungskraft dieser Modelle nicht ausreichend, um Schwänzen zu einer derart relevanten Vorhersagegröße für Eigentums- und Gewaltkriminalität zu machen. Vielmehr gälte es, nach Faktoren zu suchen, die *zwischen* dem Schwänzen und der Delinquenz liegen, denn das Schwänzen alleine bewirkt noch keine strafrechtlich relevanten Handlungen. Ansonsten gerieten (sozial-)pädagogische Maßnahmen, die gegen das Aufkommen und Verfestigen des Schwänzens gerichtet sind, von vornherein zu bloßen kriminalpräventiven Bestrebungen – und zwar, analog zur Jugendarbeit allgemein, „nicht nur von ihrem Ergebnis her, sondern bereits von ihrem Ansatz" (Steffen 2003: 22).

Es ist nicht das Schwänzen als solches, sondern es ist das Schwänzen als Teil eines wesentlich umfassenderen Verhaltens- und Einstellungssyndroms, das es zu berücksichtigen gilt. Schwänzen bildet daher nur sehr begrenzt einen eigenständigen Faktor für die Erklärung des Gewalthandelns von Schülern. Da wir von multifaktoriellen Einflüssen ausgehen, stellt Schwänzen nur eine von mehreren Größen dar, die zudem – wie die vorangegangenen Ergebnisse andeuten – vermutlich nicht unabhängig von andern Bedingungen in Familie oder Peers wirkt. (Dies bestätigt auch die Varianzanalyse im Kapitel 8.) Gleichwohl wird im Folgenden zunächst der Frage nachgegangen, wie groß die statistische Erklärungskraft des Schwänzens für die verschiedenen Formen der Schülergewalt ist. Abschließend zeigen wir mittels einer Varianzanalyse den Effekt des Schwänzens in einem Gesamtmodell auf, das die bisher besprochenen Einflussfaktoren aus Familie, Peers und Einstellungen beinhaltet.

Abb. 9.4: Haltung zur Gewalt 2004 nach der Häufigkeit des Schwänzens in den letzten fünf Monaten

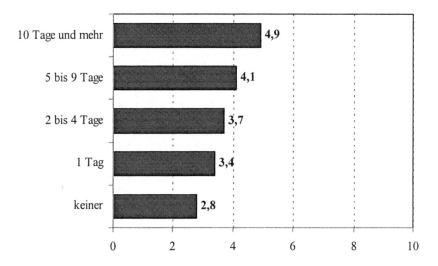

Mittelwerte auf einer Skala von 0 (= vollständige Ablehnung von Gewalt) über 5 (= Ambivalenz) bis 10 (= perfekte Zustimmung zur Gewalt)

Je häufiger Schüler schwänzen, desto positiver stehen sie Gewalt gegenüber; allerdings liegen alle Werte noch unterhalb einer Gewaltbefürwortung, die auf der von uns konstruierten Skala erst ab dem Wert 5 aufwärts beginnt. Regelmäßige Schulgänger lehnen Gewalt zwar auch nicht gänzlich ab, stehen ihr aber ziemlich skeptisch gegenüber. Schüler, die zwischen ein und vier Tagen geschwänzt haben, lehnen Gewalt noch eher ab. Wer bereits zu den regelmäßigen Schwänzern zu rechnen ist (fünf bis neun Tage), urteilt zwar nicht viel, aber trotzdem eindeutig „positiver". Im Mittel unentschlossen, ob sie Gewalt ablehnen oder befürworten sollen, sind die Massivschwänzer (zehn und mehr Tage).

Tab. 9.7: Haltung zur Gewalt 2004 nach der Dauer des Schwänzens und Merkmalen der Schüler

Merkmale	Schwänztage in den letzten fünf Monaten					Eta^2
	keiner	1 Tag	2 bis 4 Tage	5 bis 9 Tage	10 und mehr	
Geschlecht						
männlich	3,6	4,2	4,4	4,7	5,5	4,0%***
weiblich	1,9	2,5	2,7	3,2	3,9	5,0%***
Alter						
10-13	2,4	3,6	4,0	3,8	6,4	9,0%***
14-17	3,2	3,5	3,9	4,6	5,7	5,0%***
18 u. m.	3,0	2,9	3,1	3,4	3,3	n.s.
Schulart						
Hauptschule	3,1	4,1	4,2	5,3	6,2	11,0%***
Berufsschule	3,2	3,4	4,1	4,8	5,8	4,5%***
Realschule	2,7	3,8	4,5	4,1	5,7	9,5%***
Gymnasium	2,2	2,6	2,7	2,3	3,5	2,0%***

*** $\alpha < 0,001$; Mittelwerte auf einer Skala: von 0 (= vollständige Ablehnung von Gewalt) über 5 (= Ambivalenz) bis 10 (= perfekte Zustimmung zur Gewalt).

Dieser Effekt gilt unabhängig vom Geschlecht[4] und bestätigt sich mit leichten Variationen auch für alle Schularten (vgl. Tab. 9.7). Dabei fallen Gymnasiasten insofern auf, als sich hier nur die wirklich massiven Schwänzer (mindestens zehn Tage Abwesenheit) von den anderen eindeutig durch eine weniger ablehnende Haltung zur Gewalt von den Mitschülern unterscheiden. Dies schlägt sich auch in der Erklärungskraft nieder, die bei Gymnasien (2,1% Varianzaufklärungspotenzial) mit Abstand am kleinsten ist; zum Vergleich: bei Hauptschulen sind es 11,5%, bei Realschulen 9,5% und bei Berufsschulen auch noch 4,5%.[5]

---

[4] Allerdings weisen Schüler unabhängig von der Dauer des Schwänzens eine positivere Einstellung zur Gewalt auf als Schülerinnen.
[5] Unabhängig von der Schwänzdauer gilt aber weiter, dass Gymnasiasten durchgängig eine eindeutig negativere Haltung zum Gewalteinsatz haben als die anderen Schüler.

Vergleicht man verschiedene Altersklassen, fallen vor allem die Jüngeren (10-13 Jahre) und die Jugendlichen auf. Heranwachsende lehnen relativ unabhängig von ihren Schwänzzeiten Gewalt durchgängig ab. Bei den Jüngeren besteht vom Eintagesschwänzer bis zu beginnenden regelmäßigen Schwänzern kein Unterschied in der Einstellung zur Gewalt. Die jüngeren Massivschwänzer dagegen (n = 20) befürworten im Selbstbericht eher Gewalt (sie liegen mit einem Skalenwert von 6,4 noch über jugendlichen Massivschwänzern (5,7)). Bei den Jugendlichen fallen ebenfalls die zahlenmäßig wenigen (n = 42) massiven Schwänzer (zehn und mehr Tage) durch die in Relation „positivste" Haltung zur Gewalt auf, gefolgt von den regelmäßigen Schwänzern (fünf bis neun Tage). Damit zeichnet sich ab, dass jüngere Schüler mit intensiver Schwänzerfahrung durchaus eine Problemgruppe bilden. Hier liegt der Übergang in Schulverweigererkarrieren nahe.

Es sind also insgesamt die Massivschwänzer, die eine tendenziell befürwortende Haltung zur Gewalt einnehmen, wobei es die männlichen, die jüngeren (10 bis 17 Jahre) und die Haupt-, Berufs- und Realschüler sind, die eher gewaltaffine Einstellungen artikulieren.

Des weiteren steigt die selbst berichtete Gewalt, je länger die Schüler in den vergangenen fünf Monaten der Schule ferngeblieben sind. Die durchgängig bei allen Gewaltformen mit Abstand größte Gewaltbelastung besteht unter den regelmäßigen Schwänzern (zehn Tage und mehr). Ihnen folgen – bereits deutlich weniger gewaltaktiv – diejenigen, die zwischen fünf und neun Tagen „blau" gemacht haben; bei Vandalismus und psychischer Gewalt liegen Schüler mit zwei bis vier Tagen Absenz statistisch gesehen gleichauf, ansonsten geht von ihnen eindeutig weniger Gewalt aus. Am wenigsten Gewalt üben die stets anwesenden Schüler aus. Die statistische Erklärungskraft für diesen Zusammenhang liegt zwischen 6% und 11% und ist damit durchaus bemerkenswert, wenn auch nicht besonders stark ausgeprägt.

Schwänzen und Gewaltanwendung wird nun für den Gesamtgewaltindex nach sozialen Merkmalen der Schüler differenziert (vgl. Tab. 9.9). Bezüglich des Geschlechts ergeben sich keine Unterschiede hinsichtlich der Varianzerklärung. Allerdings ist die Differenzierung bei Schülern etwas ausgeprägter als bei Schülerinnen. Unter den Jüngsten (10 bis 13 Jahre) ist der Effekt bei jeder Gewaltform und bei dem Gesamtgewaltindex am stärksten, bei Heranwachsenden relativ gesehen am schwächsten. Auffällig ist, dass gerade die kleine Zahl der regelmäßigen bzw. intensiveren Schwänzer unter den 10- bis 13-Jährigen – zumindest im Selbstbericht – durch die größte Gewalthäufigkeit aller (intensiven) Schwänzer auffällt. Möglicherweise unterstützt dies die (bei der Integration in eine polizeiauffällige Clique) bereits getroffene Feststellung, dass Schüler umso problematischer werden, je früher sie Regelverstöße begehen, da hier eine frühzeitige Abkehr von den konventionellen sozialen Bezügen und Verhaltensmustern stattfindet.

Schwänzen und Gewalt

Tab. 9.8: Gewalt in der Schule 2004
nach den Schwänztagen in den letzten fünf Monaten

Gewaltform	Schwänztage in den vergangenen fünf Monaten					Eta²
	keiner	1 Tag	2 bis 4 Tage	5 bis 9 Tage	10 und mehr	
physisch	0,4	0,6	0,8	1,0	2,5	8,0%***
gegen Sachen	0,3	0,5	0,7	0,8	2,3	10,0%***
psychisch	0,3	0,5	0,6	0,7	2,1	10,0%***
verbal	1,9	2,4	2,7	3,3	4,1	6,0%***
Gesamtindex	0,5	0,8	1,0	1,2	2,5	11,0%***

Index von 0 (= keine Gewalt) bis 10 (= maximale Gewalt); *** α < 0,001.

Tab. 9.9: Gesamtgewalt 2004
nach der Dauer des Schwänzens und nach Merkmalen der Schüler

Merkmale	Schwänztage in den letzten fünf Monaten					Eta²
	keiner	1 Tag	2 bis 4 Tage	5 bis 9 Tage	10 und mehr	
Geschlecht						
männlich	0,7	1,0	1,2	1,4	2,9	11,0%***
weiblich	0,4	0,5	0,7	0,9	2,0	10,0%***
Alter						
10-13	0,5	0,9	1,4	1,0	3,9	19,0%***
14-17	0,6	0,8	1,0	1,5	2,8	12,0%***
18 u. m.	0,5	0,5	0,6	0,9	1,4	5,0%***
Schulart						
Hauptschule	0,7	1,1	1,3	1,6	2,9	15,0%***
Berufsschule	0,6	0,7	0,9	1,7	2,7	11,0%***
Realschule	0,5	0,9	1,7	1,5	4,3	24,0%***
Gymnasium	0,4	0,5	0,5	0,4	1,5	7,0%***

Index von 0 (= keine Gewalt) bis 10 (=maximale Gewalt); *** α < 0,001.

Ebenfalls bestätigt wird der Effekt im Wesentlichen für alle Schularten, wobei die Erklärungskraft für Realschulen am stärksten ausfällt, bei Gymnasien am geringsten. Bei Gymnasiasten unterscheiden sich nur die massiven Schwänzer (zehn und mehr Tage) von den übrigen nicht nur bezüglich des Gesamtindexes, sondern auch hinsichtlich aller Gewaltformen. Unter Realschülern ist die Abstufung am deutlichsten ausgeprägt: Am wenigsten Gewalt geht von den regelmäßig Anwesenden bzw. den Eintagesschwänzern aus, dann folgen diejenigen, die zwei bis neun Tage absent waren, und am meisten Gewalt üben die massiven Schwänzer aus.

Die bislang betrachteten Variablen werden abschließend nun in einem Gesamtmodell auf ihren Zusammenhang mit dem Gewalthandeln überprüft. Damit lassen sich insgesamt 53,7% der Variation der Gesamtgewalt an Schulen erklären. Den relativ größten Einzeleinfluss hat die Zugehörigkeit zu einer Clique mit polizeiauffälligen Mitgliedern (4,9%) bzw. die Vorstellung, etwas Klauen (4,0%) zu können. Der unmittelbare Effekt des Schwänzens auf die Gewaltanwendung ist in diesem Modell, das Wechselwirkungen einbezieht, mit 1,3% partieller Erklärungskraft sehr gering. Werden nur die Haupteffekte berücksichtigt (bei 46% Erklärungskraft des Gesamtmodells), geht das Schwänzen noch mit 5,3% in das Modell ein. Am erklärungskräftigsten ist dabei die Integration in eine Clique mit polizeiauffälligen Mitgliedern mit 8,3%. Das Schwänzen wirkt also in weitaus stärkerem Maße gemeinsam mit anderen Einflussfaktoren – den Variablen der Transgressionsbereitschaft, der Zugehörigkeit zu Cliquen mit polizeiauffälligen Mitgliedern, der elterliche Sorge um die Schulleistungen, der Gewalt in der Familie – auf das Gewalthandeln ein. Ein Teil der Faktoren (die elterliche Sorge um die Schulleistungen, die Gewalt in der Familie) beeinflusst das Schwänzen, andere (die Variablen der Transgressionsbereitschaft, die Zugehörigkeit zu Cliquen mit polizeiauffälligen Mitgliedern) werden von der Schwänzintensität beeinflusst (bzw. wirken wieder auf sie zurück); jede dieser Einflussgrößen wirkt dann gemeinsam mit der Intensität des Schwänzens auf das Gewalthandeln ein. Der Erziehungsstil, die elterliche Sorge um die Schule und die Nationalität (deutsch/nicht-deutsch) haben in diesem Modell keinen signifikanten Einzeleinfluss mehr. Auch haben Schwänzen und Erziehungsstil keinen gemeinsamen Effekt.

Die Ergebnisse sprechen für die Annahme, dass wir das Schwänzen bei der Analyse der Gewalt an Schulen zwar berücksichtigen müssen, dass es aber nicht als isolierter Faktor zu sehen ist, sondern vielmehr als Bestandteil eines umfassenderen Syndroms: Der Fokus von Gewaltpräventionsmaßnahmen sollte auf Kindern, Jugendlichen und Heranwachsenden liegen, die in unterschiedlicher Abstufung (auch unter Einfluss des Elternhauses und ihrer Peers) schulferne Identitäten ausbilden, die sich dabei gegen die ihnen zugedachten Verhaltensvorstellungen und -verpflichtungen der Erwachsenengesellschaft wenden und dies auch häufiger als andere in gewaltförmiger Weise betreiben.

Schwänzen und Gewalt

Tab. 9.10: Varianzanalyse: Täter – Gesamtgewaltindex 2004

Quelle	Quadrat-summe Typ III	df	Mittel d. Quadrate	F	α	Part. Eta²
Korrig. Modell	2.341,561(*)	164	14,278	27,166	< 0,001	55,7%
Konstanter Term	370,955	1	370,955	705,795	< 0,001	16,6%
Geschlecht	3,901	1	3,901	7,422	0,006	0,2%
Alter	26,175	2	13,087	24,901	< 0,001	1,4%
(Nicht)Deutsch	1,816	1	1,816	3,455	0,063	0,1%
Schwänzen	24,104	4	6,026	11,465	< 0,001	1,3%
Erziehungsstil	3,260	3	1,087	2,067	0,102	0,2%
Kümmern	6,286	6	1,048	1,993	0,063	0,3%
Gewalt i. d. Fam.	44,585	3	14,862	28,276	< 0,001	2,3%
Verbotenes	32,986	4	8,247	15,690	< 0,001	1,7%
gg. Erw.regeln	41,455	4	10,364	19,718	< 0,001	2,2%
Klauen	77,786	4	19,446	37,000	< 0,001	4,0%
Clique	96,785	4	24,196	46,037	< 0,001	4,9%
Geschlecht/ Schwänzen	7,092	4	1,773	3,373	0,009	0,4%
Alter/Schwänzen	22,346	8	2,793	5,315	< 0,001	1,2%
Dt./Schwänzen	5,811	4	1,453	2,764	0,026	0,3%
Erz.-stil/ Schwänzen	7,730	12	,644	1,226	0,258	0,4%
Schwänzen/ Kümmern	30,019	24	1,251	2,380	< 0,001	1,6%
Schwänzen/ Gew. i. d. Fam.	30,664	12	2,555	4,862	< 0,001	1,6%
Schwänzen/ Verbotenes	40,509	16	2,532	4,817	< 0,001	2,1%
Schwänzen/ gg. Erw.-regel	46,608	16	2,913	5,542	< 0,001	2,4%
Schwänzen/ Klauen	45,058	16	2,816	5,358	< 0,001	2,4%
Schwänzen/ Clique	34,626	16	2,164	4,117	< 0,001	1,8%
Fehler	1.858,995	3.537	,526			
Gesamt	6.055,517	3.702				
Korrigierte Gesamtvariation	4.200,556	3.701				

* R-Quadrat = 55,7% (korrigiertes R-Quadrat = 53,7%).

9.6 Zusammenfassung

In der Zusammenschau lässt sich zum Schwänzen von Schülern an bayerischen Schulen Folgendes festhalten:

- *Im zurückliegenden Schulhalbjahr (fünf Monate) besuchten knapp vier Fünftel der Schüler regelmäßig die Schule.* Waren Schüler eigenmächtig abwesend, dann meist (zu zwei Fünfteln) einen Tag. Lange oder wiederkehrende Absenzen von insgesamt mindestens zehn Tagen kamen in den letzten fünf Monaten bei 2,5% aller Schüler vor.

- Mit dem Alter steigt der Schwänzeranteil von etwa einem Achtel unter den Jüngeren bis auf fast zwei Fünftel unter den Heranwachsenden. Auch die Dauer des Schwänzens nimmt zu, wobei der Massivschwänzeranteil von 1% (10- bis 13-Jährige) bis auf etwa 5% (Heranwachsende) anwächst.

- Gymnasiasten schwänzen etwas mehr als andere, nicht-deutsche Schüler häufiger als deutsche. Schwänzen kommt auch bei schlechter ökonomischer Lage der Familie häufiger vor.

- *Mit der Dauer des Schwänzens steigt auch tendenziell die innere Distanz zur Schule.* Massive Schwänzer (mindestens zehn Tage) haben von allen die negativste Meinung von der Schule, regelmäßig anwesende Schüler die (mit) positivste.

- *Ein* (wenn auch bei weitem nicht vollständiger) *Präventivfaktor gegen das Schwänzen ist die elterliche Sorge um die Schulleistungen und die Schulsituation der Kinder.* Dies beinhaltet sowohl das Sich-Kümmern als auch die soziale Kontrolle. Je weniger Interesse Eltern an den Schulleistungen ihrer Kinder zeigen, desto mehr und desto länger schwänzen sie. Unterbinden lässt sich das Schwänzen durch die elterliche Sorge jedoch nicht – auch sehr gut „umsorgte" Schüler schwänzen –, aber Aufkommen und Dauer sind dann ganz deutlich geringer als bei allen anderen.

- *Das elterliche Erziehungsverhalten hat ebenfalls einen Effekt auf das Schwänzen:* Wer nach eigener Wahrnehmung „hart und manchmal ungerecht" erzogen wird, schwänzt häufiger und länger, wer eine „harte, aber gerechte" oder „liebevolle" Erziehung erfährt, weniger.

- *Die familiale Gewalt wirkt ebenfalls, aber genauso wie der Erziehungsstil nur sehr schwach.* Dennoch schwänzen Schüler mit einer höheren und hohen familialen Gewaltbelastung häufiger und länger als die anderen.

- *Je massiver die Schüler schwänzen, desto mehr integrieren sie sich in andere soziale Kontexte, nämlich in Peergruppen und vor allem in polizeiauffällig gewordene Cliquen.* Dadurch steigt mit dem Schwänzen die Wahrscheinlichkeit, dass Schüler selbst auch auffällig werden. Schwänzen kann daher mit zunehmender Massivität zu Abweichungen in mehreren Handlungsfeldern führen: Schwänzer

Schwänzen und Gewalt 291

verstoßen gegen die alterstypische Verhaltenserwartung der Schulpflicht und haben als regelmäßige bzw. massive Schwänzer ein erhöhtes Risiko, delinquent zu werden. Besonders kritisch ist dies bei den jungen Intensivschwänzern (10- bis 13 Jahre), weil diese sich frühzeitig in abweichende Kontexte hinein sozialisieren und aus der Schule und damit den konventionellen Bezügen entfernen.

- Das schlägt sich auch in den Einstellungen nieder: *Je massiver die Schüler der Schule fernbleiben, desto größer wird tendenziell ihre Bereitschaft zu Normübertretung und Delinquenz (Transgressionsbereitschaft).* Außerdem verschiebt sich mit der Schwänzdauer auch die Einstellung zum Gewalteinsatz mehr und mehr in Richtung Befürwortung. Dies gilt im Besonderen für die Jüngeren, aber auch noch für die Jugendlichen.

- *Außerdem zeigt sich ein Zusammenhang mit dem selbst berichteten Gewalthandeln*: Über alle Gewaltformen hinweg geht von massiven Schwänzern (mindestens zehn Tage in 5 Monaten) die meiste Gewalt aus, gefolgt von regelmäßigen Schwänzern (fünf bis neun Tage). Wer dagegen stets anwesend ist, verübt (mit) am wenigsten Gewalt. Auch hier ist der Effekt unter Jüngeren (10- bis 13 Jahre) am stärksten, gefolgt von den Jugendlichen.

- *Als besondere Problemgruppe erweisen sich vor allem die (zahlenmäßig wenigen) jüngeren Schüler (10- bis 13 Jahre), die häufiger bis massiv der Schule fernbleiben*: Sie befürworten Regelverstöße und Gewalt in ähnlicher Weise wie jugendliche Schwänzer, äußern sich teilweise sogar noch aggressiver und fallen auch bei der selbst berichteten Gewalt durch eine relativ große Gewaltaktivität auf. Hier sind mit großer Wahrscheinlichkeit bereits Schulverweigererkarrieren entstanden oder im Entstehen.

- In dem multivariaten Modell zeigt sich dann, dass das Schwänzen als solches nur einen recht geringen Einfluss auf das Gewalthandeln der Schüler ausübt. Viel bedeutender als Einzelfaktoren sind die Bereitschaft zum Diebstahl und die Zugehörigkeit zu einer polizeiauffälligen Clique. Schwänzen ist also mit Blick auf die Gewalt an Schulen nicht als isolierte Bedingung zu sehen, sondern vielmehr als Bestandteil einer umfassenderen Haltung, die durch Abweichung und abweichende Erfahrungen geprägt ist. Es ist nicht das Schwänzen an sich, sondern das Schwänzen als Ausdruck des Entstehens abweichender Identitäten, das Sorge bereiten muss – und das umso mehr, je jünger die entsprechenden Schüler sind.

- *Bei der Frage nach der Prävention ist neben der Schule (bzw. dem Schulklima) als wichtigem Motivations- und Kontrollfaktor auch das Elternhaus aufgerufen*, denn ein Mehr an elterlicher Sorge und Kontrolle, ein gewaltloser bzw. gewaltarmer Erziehungsstil und eine von den Kindern nicht als verletzend empfundene Erziehung erhöhen die Schulmotivation, verringern die Schwänzhäufigkeit und die Gewaltbereitschaft.

10. Gewaltopfer

Im Folgenden wird untersucht, welche Schüler Opfer von Gewalt wurden: Gemäß unserem theoretischen Modell beeinflussen folgende Faktoren die Opferwahrscheinlichkeit:
- *eigenes Täterverhalten*;
- *der Schulkontext*, also die Schulart, die Struktur der Schülerschaft, das Schul- und Klassenklima, die Schulumwelt, das Gewaltinterventionsverhalten des Lehrers, der soziale Status des Schülers in der Klasse sowie die Integration des Schülers in Peergroups;
- *soziale Marginalisierung des Schülers*, also erwartete Zukunfts- und Arbeitsmarktchancen, Schulleistungen sowie die Jugend- oder Erwachsenenzentrierung;
- *Devianzverhalten des Schülers*, z. B. Drogenkonsum, Waffenbesitz und Schulschwänzen; sowie
- *Gewaltaffinität des Schülers*, also das Gewaltbild, die Gewalt- und die Transgressionsbereitschaft.

Um das Gesamtmodell überprüfen zu können, werden mehrere multivariate Verfahren kombiniert. Dies ist deshalb so wichtig, weil viele Faktoren gleichzeitig die Opferwahrscheinlichkeit beeinflussen, diese Variablen aber interagieren und sich gegenseitig beeinflussen. Deshalb stellen wir zunächst kurz unser methodisches Vorgehen dar. Anschließend überprüfen wir die Bedeutung der einzelnen Faktoren, bevor wir das Gesamtmodell testen. Letztlich fassen wir die wichtigsten Ergebnisse zusammen. Ziel ist es, aus der Vielfalt der *möglichen* die *zentralen* Einflussfaktoren auf den Opferstatus herauszufiltern.

Zu berücksichtigen ist weiterhin, dass wir *einseitige* Zusammenhänge analysieren, d. h. wir betrachten die Opferwahrscheinlichkeit als abhängige Variable. Dies sagt nichts darüber aus, ob und wie stark die Opferwahrscheinlichkeit ihrerseits andere Variablen beeinflusst, so etwa das Schwänzverhalten.

10.1 Methodisches Vorgehen

Um das Gesamtmodell empirisch zu überprüfen, kombinieren wir mehrere multivariate Verfahren.
1. *Auswahl und Aufbereitung der relevanten Variablen:* Jeder der oben genannten fünf Bereiche (eigenes Täterverhalten, Schulkontext, soziale Marginalisierung, Devianzverhalten, Gewaltaffinität) setzt sich aus einer Reihe untergeordneter Einflussgrößen zusammen (so etwa die Gewaltaffinität aus Gewaltbild, Gewaltbereitschaft und Transgressionsbereitschaft). Um Messfehler zu minimieren, haben wir die meisten dieser untergeordneten Einflussgrößen mit Hilfe mehrerer Variablen im Fragebogen erfasst. Für die Auswertung wurden diese Variablen den Einflussgrößen umgekehrt wieder zugeordnet.

Einige der Variablen, die für die Analyse bedeutend sind, sind nominalskaliert mit mehr als zwei Ausprägungen. Da wir eine multiple lineare Regressionsanalyse

(Fromm 2004a) durchführen werden und diese metrische und/oder binäre Variablen (so genannte Dummy-Variablen) voraussetzt, müssen alle nominalskalierten Variablen binarisiert werden.

Messen mehrere Variablen eine Einflussgröße, haben wir diese mit Hilfe einer Faktorenanalyse verdichtet (Überla 1977; Kim/Mueller 1978a, 1978b). Die Faktoren- und die anschließende Reliabilitätsanalyse untersuchen, wie gut die Variablen die theoretisch gedachte Dimension (=Einflussgröße) empirisch tatsächlich erfassen. Ein Indikator hierfür ist Cronbachs α, das zwischen 0 und 1 schwanken kann. Je höher α ist, desto besser wird die Dimension durch die Variablen repräsentiert (Fromm 2004b; Baur 2003). Als Faustregel gilt, dass α nicht kleiner als 0,6 sein sollte und dass eine Dimension sehr gut erfasst ist, wenn α mindestens 0,8 ist. Wir geben an den entsprechenden Textstellen an, mit Hilfe welcher Variablen wir welche Dimensionen gebildet haben und wie hoch α ist. Konstruiert wurden die Dimensionen, indem die Punktwerte addiert und dann der Wertebereich auf das Intervall [0;1] standardisiert werde. Der Vorteil dieses Vorgehens ist, dass reale Unschärfe erhalten bleibt (Baur 2003). Kritisieren kann man es, weil wir bei der Faktorenanalyse ordinalskalierte Variablen wie metrische behandeln. Dies ist aber vertretbar, sofern die Variablen theoretisch intervallskaliert sind und die Ergebnisse nicht zu exakt interpretiert werden (Baur 2004). Wir können also die Bedeutung der Einflussfaktoren nur grob gegeneinander abwägen. Aus diesem Grund runden wir im Folgenden alle Maße.

2. *Berechnen der bivariaten Zusammenhänge:* Für jede Einflussgröße berechnen wir, wie stark sie die Opferwahrscheinlichkeit determiniert, wenn man die anderen unabhängigen Variablen nicht berücksichtigt. Starke Zusammenhänge sind hier nur bedingt aussagekräftig, da sich verschiedene Einflussgrößen überlagern können. Wichtiger ist zunächst herauszufinden, welche Determinanten *nicht* relevant sind. Es handelt sich hierbei um Variablen, die in der theoretischen Diskussion als bedeutsam für die Opferwahrscheinlichkeit genannt werden, die aber nicht gewichtig sind, wenn man die heutige Schulrealität betrachtet. Diese Variablen berücksichtigen wir im Folgenden nicht mehr, weil sie nichts dazu beitragen, die Opferwahrscheinlichkeit zu erklären.

3. *Durchführen einer multiplen linearen Regressionsanalyse für jeden Bereich:* Für jeden der fünf Bereiche (eigenes Täterverhalten, Schulkontext, soziale Marginalisierung, Devianzverhalten, Gewaltaffinität) führen wir anschließend eine multiple lineare Regressionsanalyse durch. Hierdurch kann geklärt werden, wie stark ein Bereich als Ganzes die Opferwahrscheinlichkeit beeinflusst. Maßgeblich ist hier das multiple Bestimmtheitsmaß r^2 (Fromm 2004a). Dieses misst, welcher Anteil der Gesamtvarianz bei der Opferwerdung durch einen Komplex unabhängiger Variablen erklärt wird, also wie stark sich die Unterschiede im Opferstatus

auf Differenzierungen im jeweiligen Bereich der unabhängigen Variablen zurückführen lassen. Gleichzeitig liefert das Analyseverfahren Anhaltspunkte, wie wichtig die verschiedenen Determinanten innerhalb eines Bereiches in Relation zu den anderen sind. Exakt lässt sich die Stärke der Einflussgrößen allerdings aufgrund von Interaktionseffekten nicht bestimmen, d. h. die unabhängigen Variablen hängen häufig selbst untereinander zusammen. Deshalb greifen wir zu zwei Hilfsmitteln:

- *Blockweise multiple Regressionsanalyse zur Bestimmung des minimalen und maximalen Varianzaufklärungspotenzials:* Mit Hilfe dieses Verfahrens kann das minimale und das maximale Varianzaufklärungspotenzial ermittelt werden: Die maximale Varianzaufklärung wird bestimmt, indem man berechnet, wie bedeutsam eine Einflussgröße für die Opferwahrscheinlichkeit ist, wenn keine einzige andere unabhängige Variable in das Modell einbezogen wird. Die minimale Varianzerklärung ergibt sich dagegen dadurch, dass man den Einfluss einer unabhängigen Variable berechnet, nachdem das Varianzaufklärungspotenzial aller anderen unabhängigen Variablen eines Bereiches berücksichtigt wurde (Fromm 2004a). Das minimale und maximale Varianzaufklärungspotenzial der Einflussgrößen stellen wir jeweils tabellarisch dar.

- *Schrittweise multiple lineare Regressionsanalyse zur Eliminierung unwichtiger Variablen:* Bereits die tabellarischen Übersichten verdeutlichen, dass manche Determinanten praktisch bedeutungslos werden, wenn man die anderen Einflussgrößen berücksichtigt. Um diese unwichtigen Bedingungen zu identifizieren, führen wir eine schrittweise multiple lineare Regressionsanalyse durch (Backhaus et. al. 2000: 55-61). Dabei berechnen wir für jeden Erklärungsbereich zwei Modelle: Einmal werden zunächst alle Variablen in das Modell einbezogen und anschließend die unbedeutenden entfernt. Eine Variable gilt als vernachlässigbar, wenn sich das Varianzaufklärungspotenzial des Modells nicht (oder nur wenig) verringert, wenn man die Variable eliminiert. Bei dem zweiten Modell wird zunächst die Variable mit dem höchsten Varianzaufklärungspotenzial in das Modell aufgenommen, dann die mit dem zweithöchsten, dann die mit dem dritthöchsten usw., so lange, bis weitere Variablen keine zusätzliche Varianzaufklärung mehr bieten. Der Vergleich dieser beiden Vorgehensweisen im Ergebnis mit den Befunden der blockweisen multiplen Regressionsanalyse und den bivariaten Analysen dient gleichzeitig als Triangulation: Sofern wir keine Fehler begangen haben, müssen die Befunde dieser vier Vorgehensweisen relativ konvergieren.

4. *Überprüfen des Gesamtmodells:* Zuletzt analysieren wir das Gesamtmodell, also die Gesamterklärungskraft und die relative Bedeutsamkeit der fünf Bereiche (Täterverhalten, Schulkontext, soziale Marginalisierung, Devianz, Gewaltaffinität). Wieder kombinieren wir block- und schrittweise multiple Regressionsanalyse.

10.2 Eigene Täterschaft und Opferstatus

Wie in Kapitel 3 beschrieben, sind Täter sehr häufig zugleich Opfer: Wer Gewalt gegen seine Mitschüler ausübt, wird auch leichter Opfer von Gewalt in der Schule. Tab. 10.1 stellt dies noch einmal zusammenfassend dar: Für alle Gewaltformen gilt: Je mehr Gewalt ein Schüler ausübt, desto eher wird er auch Opfer von Gewalt. Am stärksten ist dieser Zusammenhang bei physischer Gewalt. Dies verweist auf die Interaktivität von Gewalt: Kommt es beispielsweise zu einer Prügelei, wehrt sich der Angegriffene in der Regel, indem er seinerseits zurückschlägt. Wie genau dieser Interaktionsprozess verläuft, können wir mit Hilfe unserer Daten nicht überprüfen, weil hierzu Informationen vonnöten wären, die genau diese Beziehungsdynamik nachzeichnen.

Tab. 10.1: Täterschaft und Opferwahrscheinlichkeit 2004
(Pearson's r; Fallzahlen n in Klammern)

Täter-Index: Schüler übt ... aus	Opfer-Index: Schüler ist Opfer von ...				
	physischer Gewalt	Gewalt gegen Sachen	psychischer Gewalt	verbaler Gewalt	Gewalt insgesamt
physische Gewalt	0,6 (4.495)	0,3 (4.491)	0,4 (4.495)	0,3 (4.499)	0,5 (4.495)
Gewalt gegen Sachen	0,4 (4.494)	0,3 (4.489)	0,3 (4.493)	0,3 (4.497)	0,4 (4.493)
psychische Gewalt	0,5 (4.495)	0,3 (4.491)	0,4 (4.495)	0,3 (4.499)	0,5 (4.495)
verbale Gewalt	0,4 (4.495)	0,2 (4.491)	0,3 (4.495)	0,5 (4.499)	0,5 (4.495)
Gewalt insgesamt	0,6 (4.494)	0,3 (4.489)	0,4 (4.493)	0,4 (4.497)	0,6 (4.493)

Signifikanzniveau $\alpha < 0,01$ für alle Zusammenhänge.

10.3 Schulklima, Klassenverband und Lehrerverhalten

Das Interaktionsgeschehen zwischen Tätern und Opfern ist eingebettet in den schulischen Kontext: Die Schulart, die Struktur der Schülerschaft, das Schul- und Klassenklima, die Schulumwelt, das Gewaltinterventionsverhalten des Lehrers, der soziale Status des Schülers in der Klasse sowie Integration in Peergroups können alle Gewalt fördern oder hemmen.

Tab. 10.2 bietet eine Übersicht darüber, wie verschiedene Charakteristika der Schule selbst die Wahrscheinlichkeit beeinflussen, dass ein Schüler Opfer von Gewalt seitens seiner Mitschüler wird. Zunächst zeigt sich, dass die Schulform eine Rolle spielt: Hauptschüler werden häufiger, Berufsschüler und Gymnasiasten seltener Opfer von Gewalt. Dies gilt bei Gymnasiasten aber nicht für Gewalt gegen Sachen: Mitschüler nehmen Gymnasiasten Gegenstände genauso häufig oder selten weg oder beschädigen diese wie Schüler anderer Schularten.

Tab. 10.2: Schulstruktur und Opferwahrscheinlichkeit 2004
(Pearson's r; Fallzahl n in Klammern)

Unabhängige Variable	Opfer-Index: Schüler ist Opfer von ...				
	physischer Gewalt	Gewalt gegen Sachen	psychischer Gewalt	verbaler Gewalt	Gewalt insgesamt
Schulform					
Hauptschule	0,2	0,1	0,2	0,2	0,2
Berufsschule	-0,1	-0,1	-0,1	-0,1	-0,1
Realschule	–	–	–	–	–
Gymnasium	-0,1	–	-0,1	-0,1	-0,1
	(4.495)	(4.491)	(4.495)	(4.499)	(4.495)
Ausländeranteil in der Klasse	0,1 (4.455)	0,1 (4.451)	0,1 (4.454)	0,1 (4.459)	0,1 (4.454)
Klassenstufe	-0,1 (4.495)	-0,1 (4.491)	-0,1 (4.495)	-0,1 (4.499)	-0,1 (4.495)
Klassengröße	– (4.351)	– (4.348)	– (4.350)	– (4.355)	– (4.350)
Zu viele Schüler an der Schule	0,1 (4.450)	– (4.447)	– (4.449)	– (4.454)	0,1 (4.449)
Aufenthaltsmöglichkeiten	-0,1 (4.353)	-0,1 (4.350)	-0,1 (4.352)	-0,1 (4.357)	-0,1 (4.352)
Bequemlichkeit und Sauberkeit	-0,1 (4.394)	-0,1 (4.391)	-0,1 (4.393)	-0,1 (4.398)	-0,1 (4.393)

extrem geringe Zusammenhänge sind mit „–"gekennzeichnet;
Signifikanzniveau α < 0,01 für alle angegebenen Zusammenhänge.

Gewaltopfer 297

Je höher der Ausländeranteil in einer Klasse ist, desto eher werden Schüler Opfer von Gewalt. Dabei ist der Ausländeranteil vermutlich nicht an sich das Problem, sondern Indiz für schlecht ausgestattete Klassen und Schulen in schwierigen sozialen Vierteln. Sollte dies der Fall sein, müsste auch dieser Effekt verschwinden, wenn man andere Faktoren mit berücksichtigt.

Auch die Klassenstufe beeinflusst die Opferwahrscheinlichkeit: Je älter Schüler werden, desto seltener werden sie Gewaltopfer. Abb. 10.1 präzisiert dieses Bild:

Abb. 10.1: Klassenstufe (Alter) und Opferwahrscheinlichkeit 2004

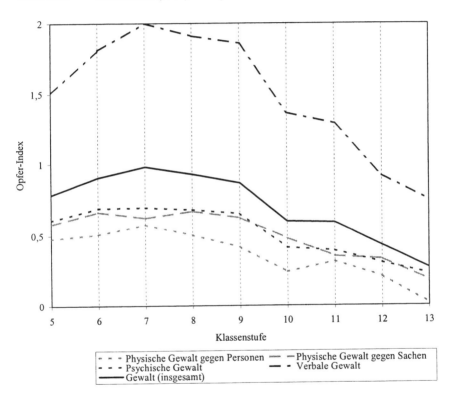

Schüler werden von der 5. bis zur 7. Klasse stärker Opfer verbaler Gewalt, also von Beschimpfungen, Beleidigungen, Schreiereien usw. Auch die Opferwahrscheinlichkeiten für andere Gewaltformen steigen an, aber nur leicht. Bis zur 9. Klasse bleibt die Situation dann weitgehend gleich, danach sinkt die Opferwahrscheinlichkeit rapide ab, so dass Schüler der 13. Klasse kaum mehr Gewaltopfer werden. Dies gilt insbesondere für die physische Gewalt. Die Wahrscheinlichkeit, Opfer von Prügeleien, Tritten, Schlägen u. ä. zu werden, nimmt auch am frühesten ab – bereits ab der 7. Klasse. Wahrscheinlich liegt dies daran, dass Lehrer diese Gewaltform am ehesten unterbinden. Wenn das Gewaltinterventionsverhalten die Opferwahrscheinlichkeit maßgeblich beeinflusst, müsste dieser Effekt weitgehend verschwinden, wenn man das Interventionsverhalten in das Modell einbezieht.

Wie wir bereits diskutiert haben, hängt die Opferwahrscheinlichkeit weitgehend vom Alter der Schüler ab. Wahrscheinlich spielen hier eine Reihe von Faktoren zusammen: Die Schüler reifen körperlich, werden größer und stärker. Die größere physische Potenz schützt sie ein Stück weit vor tätlichen Angriffen. Wichtiger ist wohl die soziale Reifung: Schüler lernen, kritischen Situationen aus dem Weg zu gehen oder sie zu deeskalieren. Vor allem aber kontrollieren sie sich selbst besser – werden seltener Täter und damit auch seltener Opfer von Gegenmaßnahmen ihrer Mitschüler. Hieraus folgt zweierlei: Erstens müsste der Alterseffekt weitgehend verschwinden, wenn man ihn auf die Täterwahrscheinlichkeit hin kontrolliert. Zweitens müssten die Unterschiede zwischen den Schulformen weitgehend verschwinden, wenn man die Klassenstufe berücksichtigt, denn in Hauptschulen befinden sich nur Schüler bis Klassenstufe 9, also im kritischen Alter. Die ältesten Schüler findet man dagegen in Gymnasien und auf Berufsschulen. Wie wir in früheren Kapiteln schon erläutert haben, ist es allerdings ebenso möglich, dass sich an Hauptschulen eine Schülerschaft aus prekären Verhältnissen sammelt, so dass dort besonders viele Täter zu finden sind. Da Täter häufig auch Opfer sind, werden Hauptschüler auch häufiger Opfer von Gewalt seitens ihrer Mitschüler.

Die Klassengröße hat keinen Einfluss darauf, ob ein Schüler Opfer von Gewalt wird. Wahrscheinlich liegt dies daran, dass es sich hierbei um einen kontrollierten Raum handelt, den der Lehrer im Blick hat. Gleichgültig ob eine Klasse aus 15 oder aus 35 Schülern besteht, ist die Gruppe noch überschaubar. Dafür, dass Anonymität und Überschaubarkeit eine Rolle spielen, spricht, dass Schüler, die finden, ihre Schule habe zu viele Schüler, häufiger Opfer von Schlägereien, Prügeleien und anderen tätlichen Angriffen werden. Die Größe der Schule an sich ist wahrscheinlich nicht das Problem, sondern dass hierdurch Vieles an den Augen von Lehrern und Klassenkameraden vorbei geht und deshalb Gewaltintervention schwieriger wird. Wäre dies so der Fall, müsste der Einfluss der Schulgröße verschwinden, wenn man das Interventionsverhalten mit berücksichtigt.

Hierfür spricht auch, dass Schüler umso seltener Opfer von Gewalt werden, je bequemer und sauberer die Schule ist und je attraktiver die Aufenthaltsmöglichkeiten gestaltet sind. Bei der Bequemlichkeit und Sauberkeit der Schule und den Aufenthaltsmöglichkeiten handelt es sich um zwei sich überlappende Dimensionen (vgl. Tab. 10.3 und 10.4): Es gibt Schulen, in denen die Klassenzimmer schön und die Tische und Stühle bequem sind. Die Schule und insbesondere die Toiletten sind sauber. Andere Schulen sind dagegen unbequem und schmutzig. Weiterhin gibt es Schulen, in denen die Klassenzimmer schön und die Tische und Stühle bequem sind, die genügend und gemütliche Aufenthaltsmöglichkeiten haben und auf deren Schulhof genügend Platz ist. In anderen Schulen sind die Aufenthaltsmöglichkeiten dagegen mangelhaft. Tendenziell sind saubere und schöne Schulen auch solche, die attraktive Aufenthaltshaltsmöglichkeiten haben. Dies zeigt sich schon darin, dass empirisch schöne Klassenzimmer und bequeme Tische und Stühle Eigenschaften sowohl der Sauberkeit als auch der Attraktivität der Aufenthaltsmöglichkeiten sind.

Tab. 10.3: Übersicht Index: Bequemlichkeit und Sauberkeit

Bequemlichkeit und Sauberkeit	Cronbach's α = 0,7
Wir haben ein schönes Klassenzimmer.	
Die Tische und Stühle sind bequem.	
Unsere Schule ist sauber.	
Die Toiletten sind sauber.	

Tab. 10.4: Übersicht Index: Aufenthaltsmöglichkeiten

Aufenthaltsmöglichkeiten	Cronbach's α = 0,7
Wir haben ein schönes Klassenzimmer.	
Die Tische und Stühle sind bequem.	
Unsere Schule hat genügend Aufenthaltsmöglichkeiten.	
Auf dem Schulhof gibt es genügend Platz.	
Die Pausenhalle /Aufenthaltsräume sind gemütlich.	

Ob es die Atmosphäre, die solche Schulen verströmen, an sich ist, die die Opferwahrscheinlichkeit beeinflusst, oder ob Verschmutzung und Platzmangel eher Zeichen von allgemeiner Verwahrlosung sind, die sich auch in anderen Faktoren manifestiert, kann an dieser Stelle nicht geklärt werden. Ist Letzteres der Fall, müsste der Einfluss von Bequemlichkeit und Sauberkeit der Schule und der Aufenthaltsmöglichkeiten verschwinden, wenn man andere Faktoren im Modell mit berücksichtigt.

Bislang haben wir den Einfluss des Schulumfelds auf den Opferstatus diskutiert. Tab. 10.5 gibt eine Übersicht darüber, wie stark verschiedene Eigenschaften der Klasse auf die Opferwahrscheinlichkeit wirken.

Zunächst lässt sich festhalten, dass Schüler umso mehr Opfer von Gewalt seitens ihrer Mitschüler werden, je schlechter ihr Verhältnis zu ihren Lehrern ist. Allerdings ist hier unklar, was Ursache und was Wirkung ist: Es ist möglich, dass Lehrer auf Schüler, die sie nicht mögen oder als Problemschüler wahrnehmen, nicht so sehr achten und sie deshalb auch nicht ausreichend vor den Übergriffen ihrer Mitschüler schützen (können). Es ist aber ebenso möglich, dass das Verhältnis von Gewaltopfern zu ihren Lehrern deshalb so schlecht ist, weil sie gleichzeitig Täter sind und deshalb tatsächlich ein Problem darstellen. Dies verweist wieder auf die Interaktivität von Gewaltbeziehungen. Was die Ursache des Zusammenhangs zwischen Verhältnis zum Lehrer und Opferwahrscheinlichkeit ist, lässt sich klären, indem weitere Variablen in das Modell einbezogen werden, namentlich ob ein Schüler auch Täter ist.

Tab. 10.5: Klassenstruktur und Opferwahrscheinlichkeit 2004
(Pearson's r; Fallzahl n in Klammern)

Unabhängige Variable	Opfer-Index: Schüler ist Opfer von ...				
	physischer Gewalt	Gewalt gegen Sachen	psychischer Gewalt	verbaler Gewalt	Gewalt insgesamt
Verhältnis zum Lehrer	-0,1 (4.452)	-0,1 (4.450)	-0,1 (4.451)	-0,1 (4.456)	-0,1 (4.451)
Gewaltintervention des Lehrers im Klassenzimmer in der letzten Woche	0,3 (4.101)	0,2 (4.097)	0,2 (4.100)	0,3 (4.103)	0,3 (4.100)
Gewaltintervention im Pausenhof	-0,2 (4.164)	-0,1 (4.164)	-0,2 (4.164)	-0,2 (4.167)	-0,2 (4.164)
Klassenklima	-0,2 (4.319)	-0,1 (4.318)	-0,1 (4.318)	-0,2 (4.322)	-0,2 (4.318)

Signifikanzniveau α < 0,01 für alle Zusammenhänge.

Wir haben bereits mehrfach erwähnt, dass das Interventionsverhalten des sozialen Umfelds die Opferwahrscheinlichkeit vermutlich beeinflusst. Dies bestätigt sich allerdings nur teilweise: Schüler sind besonders häufig Opfer von Gewalt, wenn der Lehrer in der letzten Woche im Klassenzimmer interveniert hat. Allerdings ist wiederum unklar, was Ursache und was Wirkung war: Hat der Lehrer eine Gewaltsituation entschärft, der der betreffende Schüler ausgesetzt war, oder nehmen die Mitschüler es ihrem Klassenkameraden übel, dass der Lehrer sich auf seine Seite gestellt hat, und rächen sich dann später, wenn der Lehrer nicht zusieht?

Aussagekräftiger ist deshalb, was im Pausenhof passiert, wenn zwei Schüler sich prügeln (vgl. Tab. 10.6): Mitschüler können versuchen, die beiden zu trennen. Sie können umgekehrt dabeistehen und zuschauen oder gar die Streithähne anfeuern. Der Lehrer kann eingreifen. Die beiden können zum Direktor oder zu einem Streitschlichter geschickt werden. An manchen Schulen werden nur einzelne Gewaltinterventionsmaßnahmen ergriffen. Typisch ist allerdings, dass an einer Schule sowohl Mitschüler als auch Lehrer sofort intervenieren – oder gar nicht. Je häufiger und schneller interveniert wird, desto seltener werden Schüler Opfer von Gewalt seitens ihrer Mitschüler. Weniger stark ist dieser Zusammenhang bei Gewalt gegen Sachen, also Vandalismus, Diebstahl u. ä. Diese Taten spielen sich zum Großteil im Verborgenen ab. Doch auch hier wirkt die Gewaltintervention: An einer Schule, in der der Umwelt das Schicksal von Schülern nicht gleichgültig ist, achten Schüler eher darauf, ob ihren Mitschülern etwas gestohlen wird. Umgekehrt wagen sie auch weniger solche Taten, weil die soziale Kontrolle höher ist.

Tab. 10.6: Übersicht Index: Gewaltintervention im Pausenhof

Was passiert normalerweise an Deiner Schule, wenn sich zwei Schüler im Pausenhof prügeln?	Cronbach's α = 0,6
Ein Lehrer greift ein.	
Die beiden müssen zum Direktor.	
Mitschüler versuchen, die beiden zu trennen.	
Mitschüler stehen dabei und schauen zu. (negativ)	
Mitschüler feuern die beiden an. (negativ)	
Die beiden müssen zu einem Streitschlichter.	

Tab. 10.7: Übersicht Index: Klassenklima

Klassenklima	Cronbach's α = 0,8
Zufriedenheit mit der Klasse	
Die meisten Schüler in meiner Klasse sind gerne zusammen.	
Wenn jemand aus der Klasse traurig ist, gibt es immer jemanden, der sich um ihn kümmert.	
Viele Mitschüler wären gerne in einer anderen Klasse. (negativ)	
Es gibt viele Schüler in meiner Klasse, die sich nicht mögen. (negativ)	
Die meisten Schüler in meiner Klasse sind nett und hilfsbereit.	

Eng mit dem Interventionsverhalten hängt das Klassenklima zusammen (Tab. 10.7): In manchen Klassen sind die meisten Schüler gerne zusammen, nett und hilfsbereit. Wenn jemand aus der Klasse traurig ist, gibt es immer jemanden, der sich um ihn kümmert. Die Schüler sind zufrieden mit ihrer Klasse, es gibt kaum Schüler, die sich nicht mögen oder in eine andere Klasse wollen. Umgekehrt herrscht in manchen Klassen ein sehr schlechtes Klima. In Klassen, in denen Letzteres der Fall ist, werden Schüler auch eher Opfer von Gewalt. Wieder ist nicht entscheidbar, was Ursache und was Wirkung ist.

Der letzte Bereich, der zum Schulumfeld des Schülers gehört, ist die Integration eines Schülers in seine Klasse. Tab. 10.8 stellt den Einfluss verschiedener hierzu gehörender Faktoren auf die Opferwahrscheinlichkeit zusammenfassend dar. Zunächst ist positiv zu vermerken, dass es weder eine Rolle spielt, ob ein Schüler schon einmal sitzen geblieben ist, noch wie viele Freunde er in der Klasse hat. Andere Desintegrationserscheinungen erhöhen dagegen durchaus die Opferwahrscheinlichkeit: Schüler, die umgezogen sind, die gegen ihren Willen die Schule wechseln mussten, die eine wichtige Freundschaft abgebrochen haben oder bei denen ein guter Freund gestorben ist, werden eher Opfer von Gewalt – wahrscheinlich, weil sie durch diese Ereignisse zu Außenseitern geworden und deshalb leichte Opfer sind. Ebenso möglich ist allerdings, dass sich solche Schüler aufgrund ihrer Lebensumstände schneller angegriffen fühlen, sich schlechter kontrollieren können und deshalb entweder Gewalt-Situationen schneller eskalieren lassen oder schneller zu Tätern werden.

Ebenso wichtig wie Desintegrationserscheinungen ist die Cliquenmitgliedschaft der Schüler. Cliquenmitglieder werden eher Opfer physischer, psychischer und verbaler Gewalt gegen ihre Person – vermutlich, weil sie auch eher Täter sind. Cliquenmitgliedschaft beeinflusst dagegen nicht, ob man Opfer von Diebstahl, Vandalismus oder anderen Formen von Gewalt gegen eigenen Besitz wird. Der Grund hierfür dürfte wieder darin liegen, dass der Großteil dieser Handlungen im Verborgenen geschieht.

Der Einfluss der Cliquenmitgliedschaft wird sogar noch stärker, wenn man berücksichtigt, um welche Art von Clique es sich handelt: Mitglieder von reinen Jungencliquen; von Cliquen, die überwiegend aus Ausländern bestehen; von hoch organisierten Cliquen – also Cliquen, die über Namen, Anführer und/oder Erkennungszeichen verfügen –; sowie von Cliquen, die schon einmal Probleme mit der Polizei hatten, werden häufiger Opfer von Gewalt als ihre Mitschüler. Insbesondere gilt, dass Cliquenmitglieder umso eher Gewaltopfer werden, je stärker die Clique organisiert ist. Felten (2003) hat nachgewiesen, dass dies auch für Mädchencliquen gilt. Wieder ist unklar, was Ursache und was Wirkung ist: Sind Cliquenmitglieder eher Angriffspunkte oder eher Täter?

Fasst man die bisherigen Ergebnisse zusammen, so kann man zunächst festhalten, dass weder die Klassengröße noch die Zahl der Freunde, die ein Schüler in seiner Klasse hat, noch die Tatsache, dass er sitzen geblieben ist, die Wahrscheinlichkeit erhöht, Opfer von Gewalt zu werden. Diese drei Variablen berücksichtigen wir im Folgenden deshalb nicht weiter.

Bei einer Reihe anderer Bedingungen ist unklar, ob sie nicht Folge dritter Einflussfaktoren bzw. Ausdruck bestimmter prekärer Umstände sind. Um dies klären zu können, muss untersucht werden, wie diese Variablen zusammenwirken. Zu diesem Zweck haben wir eine schrittweise multiple lineare Regressionsanalyse aller möglichen Einflussfaktoren aus der Schulumwelt auf die Opferwahrscheinlichkeit durchgeführt. Folgende Variablen erweisen sich als irrelevant für die Opferwahrscheinlichkeit, wenn man die Schulumwelt als Ganzes berücksichtigt:

- ob ein Schüler die Schule gegen seinen Willen wechseln musste;
- ob ein Schüler aufs Gymnasium geht. Nach wie vor gilt aber, dass Hauptschüler eine erhöhte und Berufsschüler eine verringerte Opferwahrscheinlichkeit haben;
- die Qualität der Aufenthaltsmöglichkeiten in einer Schule;

Gewaltopfer

- die Zahl der Schüler an einer Schule. Dies stützt die These, dass es in großen Schulen mit beengten Verhältnissen und schlechten oder unzureichenden Räumlichkeiten zwar schwerer, aber nicht unmöglich ist, gegen Gewalt zu intervenieren. Nicht Schülerzahl oder Räumlichkeiten sind also entscheidend, sondern Interventionsverhalten.
- ob der Schüler Mitglied einer Clique ist, die schon einmal Probleme mit der Polizei hatte. Dies spricht dafür, dass Schwierigkeiten mit der Polizei eher eine Folge devianten Gruppenverhaltens sind als eine Ursache. Mitglieder solcher Cliquen sind wahrscheinlich gleichzeitig Täter – was noch zu überprüfen sein wird.

Tab. 10.8: Soziale Integration in die Klasse und Opferwahrscheinlichkeit 2004 (Pearson's r; Fallzahl n in Klammern)

Unabhängige Variable	Opfer-Index: Schüler ist Opfer von ...				
	physischer Gewalt	Gewalt gegen Sachen	psychischer Gewalt	verbaler Gewalt	Gewalt insgesamt
Zahl der Freunde in der Klasse	– (4.221)	– (4.4.219)	– (4.220)	– (4.224)	– (4.220)
Sitzenbleiben	– (4.448)	– (4.443)	– (4.447)	– (4.451)	– (4.447)
Umzug	0,1 (4.459)	0,1 (4.454)	0,1 (4.458)	0,1 (4.462)	0,1 (4.458)
Schulwechsel, den Schüler nicht wollte	0,1 (4.451)	0,1 (4.446)	0,1 (4.450)	0,1 (4.456)	0,1 (4.450)
Tod eines(r) wichtigen Freundes/Freundin.	0,1 (4.448)	0,1 (4.443)	0,1 (4.447)	0,1 (4.452)	0,1 (4.447)
Abbruch einer wichtigen Freundschaft	0,1 (4.453)	0,1 (4.448)	0,1 (4.452)	0,2 (4.456)	0,2 (4.452)
Cliquen-Mitgliedschaft	0,1	–	0,1	0,1	0,1
reine Jungenclique	0,2	0,1	0,1	0,1	0,2
Ausländerclique	0,1	–	0,1	0,1	0,1
Organisationsgrad	0,3 (4.426)	0,1 (4.422)	0,2 (4.425)	0,2 (4.430)	0,2 (4.425)
Clique hatte Probleme mit der Polizei	0,2 (4.265)	0,1 (4.260)	0,1 (4.264)	0,2 (4.268)	0,2 (4.264)

extrem geringe Zusammenhänge sind mit „–" gekennzeichnet;
Signifikanzniveau α < 0,01 für alle angegebenen Zusammenhänge.

Auch die übrigen Variablen, die die Schulumwelt beschreiben, hängen stark untereinander zusammen. Oftmals ist nicht entscheidbar, was Ursache und was Wirkung ist. Da wir dies mit Hilfe unseres Datensatzes schwer überprüfen können, weil wir alle Variablen gleichzeitig erhoben haben, haben wir mit Hilfe einer blockweisen multiplen linearen Regressionsanalyse ermittelt, wie stark sich die einzelnen Faktoren maximal und wie viel sie sich mindestens auf die Opferwahrscheinlichkeit auswirken, wenn man die gesamte Schulumwelt berücksichtigt.

Tab. 10.9: Schulkontext als Einflussfaktor für die Opferwahrscheinlichkeit 2004

Einflussfaktoren	Varianzaufklärungspotenzial (korrigiertes r^2)	
	Minimal	Maximal
Gewaltintervention	4,2%	12,0%
Charakteristika der Clique	3,4%	7,1%
Desintegration (Umzug, Tod eines Freundes oder Abbruch einer Freundschaft)	2,2%	3,7%
Klassenklima	1,4%	4,5%
Schulform	1,2%	4,5%
Klassenstufe	0,5%	1,8%
Bequemlichkeit und Sauberkeit	0,2%	1,7%
Ausländeranteil in der Klasse	0,1%	1,8%
Gesamterklärungspotenzial des Bereichs Schulkontext	23,7%	

n= 3.340; α < 0,01 für das Gesamtmodell.

Wie Tab. 10.9 belegt, ist die Gewaltintervention der bedeutsamste Faktor: Sie erklärt zwischen 4 und 12% der Unterschiede zwischen Schülern mit hoher und niedriger Opferwahrscheinlichkeit. Ob ein Schüler einer gut organisierten Jungenclique, die sich hauptsächlich aus Ausländern zusammensetzt, angehört oder nicht, erklärt weitere 3 bis 7% der Opferwerdung. Desintegrationserscheinungen (Umzüge, Tod eines Freundes oder Abbruch einer Freundschaft) tragen zwischen 2 und 4% zur Varianzaufklärung bei. Zwei weitere Faktoren sind das Klassenklima und die Schulform, die jeweils 1 bis 5% der Unterschiede zwischen Schülern mit hoher und niedriger Opferwahrscheinlichkeit determinieren. Unter 2% Varianzaufklärungspotenzial haben die Klassenstufe, die Bequemlichkeit und Sauberkeit der Schule sowie der Ausländeranteil in der Klasse.

Zusammen erklären die Faktoren des Schulkontextes 23,7% der Unterschiede zwischen hohem und niedrigem Opferstatus. Lässt man die beiden unwichtigsten Faktoren – Bequemlichkeit und Sauberkeit sowie den Ausländeranteil – außer Acht, bleibt das Gesamtaufklärungspotenzial dieses Bereichs immer noch bei: $r^2 = 23,0\%$ (α < 0,01).

10.4 Reproduktion der Marginalisierung

Gemäß unserer theoretischen Überlegungen beeinflusst der Schulkontext, wie stark ein Schüler in die Schulen eingebunden ist und ob er sich eher an der Schule oder an anderen sozialen Kontexten orientiert. Nach unserem theoretischen Modell werden sozial marginalisierte Schüler auch leichter Opfer von Gewalt seitens ihrer Mitschüler. Tab. 10.10 gibt einen Überblick darüber, wie verschiedene mögliche Aspekte der Einbindung in den Schulkontext die Opferwahrscheinlichkeit beeinflussen.

Tab. 10.10: Reproduktion der Marginalisierung und Opferwahrscheinlichkeit 2004 (Pearson's r; Fallzahl n in Klammern)

Unabhängige Variable	Opfer-Index: Schüler ist Opfer von ...				
	physischer Gewalt	Gewalt gegen Sachen	psychischer Gewalt	verbaler Gewalt	Gewalt insgesamt
Schulleistungen Durchschnittsnote der Fächer Mathematik / Deutsch / Englisch	0,2 (4.353)	0,1 (4.349)	0,1 (4.451)	0,1 (4.456)	0,2 (4.451)
Sitzenbleiben	– (4.448)	– (4.443)	– (4.447)	– (4.451)	– (4.447)
Interesse an der Schule	-0,2 (4.343)	-0,1 (4.341)	-0,1 (4.342)	-0,2 (4.347)	-0,2 (4.342)
Selbstwertgefühl	-0,1 (4.204)	-0,1 (4.202)	-0,2 (4.203)	-0,2 (4.207)	-0,2 (4.203)
Besonders gute bzw. schlechte Arbeitsmarktchancen	0,1 (4.413)	0,1 (4.411)	0,2 (4.413)	0,2 (4.417)	0,2 (4.413)
Soziale Akzeptanz	-0,3 (4.134)	-0,3 (4.132)	-0,3 (4.133)	-0,3 (4.137)	-0,4 (4.133)
Kritikfähigkeit	-0,1 (4.461)	-0,1 (4.458)	-0,1 (4.461)	-0,1 (4.468)	-0,1 (4.461)

extrem geringe Zusammenhänge sind mit „–" gekennzeichnet;
Signifikanzniveau $\alpha < 0,01$ für alle angegebenen Zusammenhänge.

Schüler, die schlecht in der Schule sind, werden auch eher Opfer von Gewalt, insbesondere von tätlichen Angriffen gegen ihre Person, wie etwa Prügeleien, Tritten usw. Abb.

10.2 stellt das Opferrisiko differenziert nach der Durchschnittsnote in den Fächern Deutsch, Englisch und Mathematik dar.

Abb. 10.2: Notendurchschnitt und Opferwahrscheinlichkeit 2004

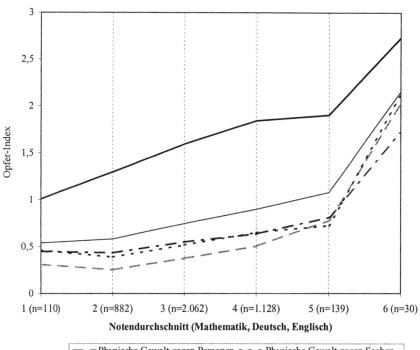

Wie die Grafik verdeutlicht, ist das Opferrisiko bei Einser-Schülern mit Abstand am geringsten und steigt mit schlechter werdender Note zunächst langsam an. Vom Sitzenbleiben gefährdete Schüler (Notendurchschnitt 4 oder 5) werden knapp doppelt so häufig Gewaltopfer wie Einser-Schüler. Wie wir bereits erläutert haben, sind Schüler, die schon einmal sitzen geblieben sind, keiner erhöhten Gewalt ausgesetzt. Problematisch ist dagegen vor allem die kleine Gruppe von Schülern, die einen Notendurchschnitt von 6 aufweisen: Bei ihnen ist das Opferrisiko etwa dreimal so hoch wie bei Einser-Schülern. In unserem Datensatz handelt es sich hierbei nur um lediglich 30 von 4.352 Schülern – sie müssten also in der Schulpraxis sehr leicht identifizierbar sein.

Dies deckt sich mit der Beobachtung, dass Schüler unterschiedliches Interesse an der Schule zeigen (Tab 10.11): Für manche Schüler vergeht die Zeit im Unterricht schnell. Sie gehen gerne in die Schule. Andere finden dagegen die Schule langweilig und anstrengend. Sie sind nur in der Schule, weil sie einen Abschluss brauchen und würden lieber etwas anderes machen. Je weniger Interesse Schüler an der Schule zeigen, desto stärker sind sie der Gewalt seitens ihrer Mitschüler ausgesetzt. Insbesondere werden sie Opfer tätlicher Angriffe und verbaler Gewalt.

Tab. 10.11: Übersicht Index: Interesse an der Schule

Interesse an der Schule	Cronbach's α = 0,8
Zur Schule gehen ist langweilig. (negativ)	
Die Zeit im Unterricht vergeht schnell.	
Ich gehe gern zur Schule.	
Es wäre sehr schön, wenn ich mit der Schule aufhören könnte. (negativ)	
Ich mache die Schule nur fertig, weil ich den Abschluss später brauche. (negativ)	
Die Schule ist zu anstrengend für mich. (negativ)	

Wieder ist offen, was Ursache und was Wirkung ist: Sind diese Schüler Opfer von Gewalt, weil sie kein Interesse an der Schule und schlechte Noten haben, oder haben sie kein Interesse und schlechte Noten, weil sie Gewaltopfer sind? Ebenso möglich ist, dass der Zusammenhang zwischen schlechten Schulleistungen und Opferwahrscheinlichkeit nur Ausdruck einer insgesamt prekären Situation ist, die andere Ursachen hat. Sollte dies der Fall sein, müsste sich der Einfluss der Schulleistungen auf den Opferstatus relativieren, sobald andere Variablen in das Modell einbezogen werden.

Für die These, dass andere Faktoren den Zusammenhang zwischen Schulleistungen und Opferrisiko verursachen, spricht, dass Schüler umso eher Gewaltopfer werden, je geringer ihr Selbstwertgefühl ist: Manche Schüler sind mit ihrem Leben im Allgemeinen zufrieden. Sie wissen genau, was sie im Leben erreichen wollen, sehen ihr Leben alles in allem bislang als erfolgreich an und glauben, gute Chancen zu haben, nach Schule und Ausbildung einen Arbeitsplatz zu finden. Sie fühlen sich von ihrer Umwelt akzeptiert. Andere Schüler fühlen sich dagegen nicht richtig wohl in ihrer Haut, sind ziellos und glauben, schlechte Zukunftschancen zu haben (Tab. 10.12). Hier decken sich unsere Ergebnisse mit anderen Studien, z. B. Greve und Wilmers (2003).

Allerdings sind nicht nur Schüler, die glauben, im Vergleich zu ihren Freunden und Bekannten besonders schlechte Arbeitsmarktchancen zu haben, verstärkt Gewalt ausgesetzt, sondern auch solche mit besonders guten Arbeitsmarktchancen. Dass das Selbstwertgefühl Ausdruck anderer Bedingungen ist, zeigt sich darin, dass sich dieser Einflussfaktor in der schrittweisen multiplen Regressionsanalyse als unwichtig erweist, wenn man die anderen Variablen, die soziale Marginalisierung erfassen, mit berücksichtigt.

Tab. 10.12: Übersicht Index: Selbstwertgefühl

Selbstwertgefühl	Cronbach's α = 0,7
Ich bin mit dem Leben im Allgemeinen zufrieden.	
Sehr große Chancen, nach Schule und Ausbildung einen Arbeitsplatz zu finden.	
Alles in allem war ich bislang sehr erfolgreich im Leben.	
Irgendwie fühle ich mich richtig wohl in meiner Haut. (negativ)	
Andere akzeptieren mich so, wie ich bin.	
Ich weiß genau, was ich im Leben erreichen will.	

Konzeptuell hängt hiermit eng zusammen, wie sehr sich Schüler von ihrer Umwelt angenommen fühlen (Tab. 10.13): Manche haben das Gefühl, nicht dazu zu gehören, wenn Leute, die sie kennen, zusammenstehen. Sie meinen, aufpassen zu müssen, damit andere sie nicht hintergehen. Sie sind der Ansicht, dass in ihrem eigenen Leben einiges schief geht, dass andere es besser haben als sie selbst, dass es gefährlich ist, sich auf andere zu verlassen. Insgesamt stehen sie meist alleine da, wenn es darauf ankommt. Bei anderen Schülern ist das Gegenteil der Fall: Sie fühlen sich von anderen akzeptiert und vertrauen ihrer Umwelt. Der Zusammenhang zwischen sozialer Akzeptanz und Opferwahrscheinlichkeit ist dabei extrem hoch: Je stärker ein Schüler auf seine Umwelt vertraut, desto seltener wird er Gewaltopfer.

Tab. 10.13: Übersicht Index: Soziale Akzeptanz

Soziale Akzeptanz	Cronbach's α = 0,8
Wenn Leute, die ich kenne, zusammenstehen, habe ich oft das Gefühl nicht dazuzugehören. (negativ)	
Man muss immer aufpassen, damit einen andere nicht hintergehen. (negativ)	
Es ist gefährlich, sich auf andere zu verlassen. (negativ)	
Andere haben es viel besser als ich. (negativ)	
Mein Leben könnte um Einiges besser sein. (negativ)	
Ich glaube, dass mich niemand richtig gerne hat. (negativ)	
Wenn es darauf ankommt, stehe ich meist alleine da. (negativ)	

Ein letzter Faktor, der die Einbindung eines Schülers in seine soziale Umwelt beschreibt, ist Offenheit gegenüber Kritik: Schüler, die gar nicht richtig zuhören, wenn sie jemand kritisiert, sind verstärkt Gewalt ausgesetzt. Dies ist einerseits Ausdruck mangelnden Vertrauens in die Umwelt, andererseits können hierdurch Gewaltsituationen leicht eskalieren: Der Schüler merkt nicht, dass eine problematische Situation eingetreten ist oder reagiert nicht, so dass sein Gegenüber eventuell zu härteren Maßnahmen greift.

Gewaltopfer

Die verschiedenen Faktoren, mit deren Hilfe wir messen, ob ein Schüler sozial in das Schulgeschehen eingebunden ist und sich an der Schule orientiert, sind eng miteinander verwoben. Wieder lässt sich z. T. nicht bestimmen, was Ursache und was Wirkung ist. Ebenso ist der exakte Einfluss der einzelnen Faktoren schlecht festzumachen. Dies wird erkennbar, wenn man die Stärke der verschiedenen Determinanten mit Hilfe einer blockweisen multiplen Regressionsanalyse abschätzt (Tab. 10.14):

Tab. 10.14: Reproduktion der Marginalisierung 2004 als Einflussfaktor für Opferwahrscheinlichkeit

Einflussfaktoren	Varianzaufklärungspotenzial (korrigiertes r^2)	
	minimal	maximal
Soziale Akzeptanz	9,1%	13,7%
Schulleistungen	0,9%	3,1%
Interesse an der Schule	0,6%	4,2%
Kritikfähigkeit	0,6%	1,3%
Besonders gute bzw. schlechte Arbeitsmarktchancen	0,2%	0,6%
Gesamterklärungspotenzial des Bereichs Reproduktion der Marginalisierung	16,4%	

n = 4.004; α < 0,01 für das Gesamtmodell.

Der für diesen Bereich wichtigste Einflussfaktor ist, wie stark sich ein Schüler von seiner Umwelt angenommen fühlt und wie sehr er anderen vertraut. Dies erklärt zwischen 9% und 14% der Differenzen zwischen Schülern mit hoher und geringer Opferwahrscheinlichkeit, wenn man die anderen Faktoren, die soziale Marginalisierung messen, mit einbezieht. Die Schulleistungen erfassen zwischen 1% und 3%, das Interesse an der Schule zwischen 1% und 4%, die Arbeitsmarktchancen unter 1% der Streuung zwischen den Schülern. Ob ein Schüler auf die Kritik anderer reagiert oder nicht, erklärt etwa 1% der Unterschiede im Opferstatus.

Zusammen erklären die Faktoren, die beschreiben, ob sich der Schüler von der Schule marginalisiert fühlt, 16,4% der Differenzen zwischen Schülern mit hoher und niedriger Opferwahrscheinlichkeit. Lässt man den unwichtigsten Faktor – ob ein Schüler im Vergleich zu seinen Freunden und Bekannten besonders gute oder besonders schlechte Arbeitsmarktchancen zu haben scheint – außer Acht, bleibt das Gesamtaufklärungspotenzial dieses Bereichs immer noch bei: r^2 = 16,1% (α < 0,01).

10.5 Devianz

Der Schulkontext und die Bindung des Schülers an die Schule sind zwei mögliche Determinanten, wie häufig ein Schüler Opfer von Gewalt seitens seiner Mitschüler wird. Wie aber sieht es mit seinem eigenen Verhalten aus? Wie Tab. 10.15 verdeutlicht, werden Schüler, die schon einmal Ärger mit der Polizei hatten, auch eher Opfer von Gewalt. Dabei verursacht wohl nicht der Ärger mit der Polizei die Neigung zur Opferschaft. Vielmehr sind Schwierigkeiten mit der Polizei wahrscheinlich Indiz für weiteres abweichendes Verhalten. Sollte dies der Fall sein, müsste sich diese Variable als nebensächlich erweisen, wenn man das Devianzverhalten eines Schülers – Waffenbesitz, Drogenkonsum und Schwänzverhalten – als Ganzes betrachtet.

Tab. 10.15: Ärger mit der Polizei und Opferwahrscheinlichkeit 2004 (Pearson's r; Fallzahl n in Klammern)

Unabhängige Variable	Opfer-Index: Schüler ist Opfer von ...				
	physischer Gewalt	Gewalt gegen Sachen	psychischer Gewalt	verbaler Gewalt	Gewalt insgesamt
Schüler hatte bereits Ärger mit der Polizei / mit Behörden	0,2 (4.443)	0,1 (4.440)	0,2 (4.442)	0,2 (4.446)	0,2 (4.442)

Signifikanzniveau $\alpha < 0,01$ für alle angegebenen Zusammenhänge.

Tab 10.16 dokumentiert, das Schüler, die schon irgendwann einmal oder am Befragungstag Waffen in die Schule mitbrachten, auch ein erhöhtes Opferrisiko besitzen. Dieses Phänomen verweist erneut auf die Interaktivität von Gewaltgeschehen: Haben diese Schüler Waffen mitgebracht, weil sie bereits früher Opfer von Gewalt seitens ihrer Mitschüler wurden und sich deshalb schützen wollen? Bieten sie wegen ihrer Waffen eine verstärkte Angriffsfläche, nach dem Motto: „Jetzt zeigen wir dir's erst recht"? Fühlen sie sich selbst sicherer, weil sie Waffen haben und verhalten sich deshalb provokanter – was wiederum Gegenmaßnahmen seitens der Umwelt provoziert, so dass die Situation leichter eskaliert? Den genauen Interaktionsverlauf zu klären, ist mit Hilfe unserer Daten wieder nicht möglich. Sollten Waffen allerdings nur Ausdruck eines Unsicherheitsgefühls oder eines Wunschs zu provozieren sein, müsste der Einfluss der Waffen auf die Opferwahrscheinlichkeit verschwinden, wenn wir andere Faktoren – namentlich, ob ein Schüler selbst Täter ist und/oder sich von seiner Umwelt nicht akzeptiert fühlt – in das Modell einbeziehen.

Gewaltopfer

Tab. 10.16: Mitgebrachte Waffen und Opferwahrscheinlichkeit 2004 (Pearson's r; Fallzahl n in Klammern)

Zeitpunkt, zu dem Waffen mitgebracht wurden	Opfer-Index: Schüler ist Opfer von ...				
	physischer Gewalt	Gewalt gegen Sachen	psychischer Gewalt	verbaler Gewalt	Gewalt insgesamt
Irgendwann schon einmal	0,2	0,1	0,2	0,2	0,2
am Befragungstag	0,2	0,2	0,2	0,1	0,2
	(4.495)	(4.491)	(4.495)	(4.499)	(4.495)

Signifikanzniveau α < 0,01 für alle angegebenen Zusammenhänge.

Wir haben in Kapitel 8 ausführlich den Zusammenhang zwischen Drogenkonsum und Täterschaft diskutiert. Wie hängen nun Drogenkonsum und Opferwahrscheinlichkeit zusammen?

Wie Tab. 10.17 bestätigt, werden Drogenkonsumenten häufiger Opfer von Gewalt als Nichtkonsumenten. Betrachtet man diesen Zusammenhang genauer, erkennt man, dass es nicht der Drogenkonsum an sich ist, der die Opferwahrscheinlichkeit erhöht, sondern bestimmte *Formen* des Drogenkonsums: Je mehr verschiedene Drogen Schüler konsumieren, desto öfter werden sie Opfer. Dieser Faktor verliert aber in einer schrittweisen multiplen Regressionsanalyse im Vergleich zu den oben vorgestellten Drogenkonsummustern an Einfluss. Betrachtet man diese, so zeigt sich, dass alle bis auf drei Konsummuster keine Auswirkung auf die Opferwahrscheinlichkeit haben: Schüler, die harte Drogen oder alles bis auf harte Drogen und/oder Cannabis konsumieren, werden häufiger Opfer von Gewalt.

Wie dies zu interpretieren ist, ist allerdings unklar: Unsere Ergebnisse deuten darauf hin, dass diese Form von Drogenkonsum Ausdruck einer allgemein prekären Soziallage eines kleinen harten Kerns von Schülern ist, die besonders häufig Gewalt ausüben, damit aber auch leichter Opfer von Gewalt werden.

Tab. 10.17: Drogen und Opferwahrscheinlichkeit 2004
(Pearson's r; Fallzahl n in Klammern)

Drogen	Opfer-Index: Schüler ist Opfer von ...				
	physischer Gewalt	Gewalt gegen Sachen	psychischer Gewalt	verbaler Gewalt	Gewalt insgesamt
Drogenkonsum	0,1	0,1	0,1	0,1	0,1
Anzahl aktuell konsumierter Drogen	0,3	0,2	0,2	0,2	0,3
Drogenkonsummuster					
Nikotin	–	–	–	–	–
Bier, Wein	–	–	–	–	–
Nikotin, Bier, Wein	–	–	–	–	–
Spirituosen, Bier, Wein	–	–	–	–	–
Cannabis, Nikotin, Bier, Wein	–	–	–	–	–
Nikotin, Spirituosen, Bier, Wein	–	–	–	–	–
Amphetamine, Nikotin, Spirituosen, Bier, Wein	–	–	–	–	–
Cannabis, Nikotin, Spirituosen, Bier, Wein	–	–	–	–	–
Alles bis auf Cannabis und harte Drogen	–	0,1	0,1	0,1	0,1
Alles bis auf harte Drogen	0,1	–	–	0,1	0,1
Auch harte Drogen	0,3	0,2	0,2	0,1	0,2
	(4.237)	(4.236)	(4.236)	(4.239)	(4.236)

extrem geringe Zusammenhänge sind mit „–"gekennzeichnet;
Signifikanzniveau α < 0,01 für alle angegebenen Zusammenhänge.

Gewaltopfer

Tab. 10.18: Schwänzen und Opferwahrscheinlichkeit 2004
(Pearson's r; Fallzahl n in Klammern)

Drogen	Opfer-Index: Schüler ist Opfer von ...				
	physischer Gewalt	Gewalt gegen Sachen	psychischer Gewalt	verbaler Gewalt	Gewalt insgesamt
Geschwänzte Tage im laufenden Schuljahr	0,2 (4.254)	0,1 (4.251)	0,1 (4.254)	0,1 (4.258)	0,2 (4.254)
in den vergangenen zwei Wochen	0,2 (4.269)	0,1 (4.266)	0,2 (4.268)	0,1 (4.273)	0,2 (4.268)
Gründe fürs Schwänzen Angst vor der Schule	0,1	0,1	0,1	0,1	0,1
Schule zu schwer und Schüler kommt nicht mit	0,1	0,1	0,1	0,1	0,1
Ärger mit Lehrer	0,3	0,2	0,2	0,1	0,2
Mitschüler schwänzen ebenfalls	0,2	0,1	0,1	0,1	0,2
Angst, in der Schule bedroht oder verprügelt zu werden	0,2	0,2	0,2	0,1	0,2
Eltern lassen Schüler nicht die Schule	0,1	0,1	0,1	-	0,1
	(4.495)	(4.491)	(4.495)	(4.499)	(4.495)

extrem geringe Zusammenhänge sind mit „-"gekennzeichnet;
Signifikanzniveau α < 0,01 für alle angegebenen Zusammenhänge.

Der letzte Aspekt des abweichenden Verhaltens, der gemäß unseres theoretischen Modells eng mit der Opferwahrscheinlichkeit verknüpft ist, ist das Schwänzverhalten (vgl. hierzu auch Kapitel 9). Wie Tab. 10.18 illustriert, lässt sich allgemein festhalten, dass Schüler, die schwänzen, auch eher Opfer von Gewalt werden. Unklar ist hierbei, ob Schüler Opfer werden, weil sie aus prekären Verhältnissen kommen (in denen Schwänzen „dazugehört"), oder ob sie schwänzen, weil sie Angst haben, (erneut) Gewalt ausgesetzt zu werden. Ein Indikator hierfür sind die *Motive* für das Schwänzen. Untersucht man im Rahmen einer multiplen schrittweisen Regressionsanalyse den Einfluss des Schwänzens auf die Opferwahrscheinlichkeit zusammen mit anderen

Aspekten abeichenden Verhaltens, so zeigt sich, dass weniger wichtig ist, wie viele Tage ein Schüler im vergangenen Jahr geschwänzt hat. Aussagekräftiger ist das Schwänzverhalten der letzten zwei Wochen und die Ursachen hierfür. Schüler, die schwänzen, weil ihre Eltern sie nicht in die Schule lassen oder weil ihnen die Schule zu schwer ist und sie deshalb nicht mitkommen, unterscheiden sich in ihrem Opferstatus nicht von ihren Klassenkameraden. Dagegen findet man unter den Gewaltopfern verstärkt solche Schüler, die schwänzen, weil ihre Mitschüler ebenfalls schwänzen, weil sie Ärger mit dem Lehrer haben oder weil sie die Schule im Allgemeinen oder speziell fürchten, in der Schule bedroht oder verprügelt zu werden. Dies untermauert die These des Einflusses von Peergruppen auf das Gewaltverhalten (und damit auch die Opferwahrscheinlichkeit) sowie unser Modell des kleinen harten Kerns.

Tab. 10.19: Devianz als Einflussfaktor für die Opferwahrscheinlichkeit 2004

Einflussfaktoren	Varianzaufklärungspotenzial (korrigiertes r^2)	
	Minimal	Maximal
Schwänzen	5,0%	10,0%
Waffenbesitz	2,8%	8,0%
Drogenumgang	1,7%	7,1%
Ärger mit der Polizei	0,6%	3,6%
Gesamterklärungspotenzial des Bereichs Devianz	17,5%	

n = 4.014; α < 0,01 für das Gesamtmodell.

Betrachtet man das Devianzverhalten von Schülern als Ganzes, erklärt dies 17,5% der Unterschiede in ihrer Opferwahrscheinlichkeit. Dabei determinieren das Schwänzverhalten zwischen 5% und 10%, Waffenbesitz zwischen 3% und 8% und Drogenkonsummuster zwischen 2% und 7% des Opferstatus. Ob ein Schüler schon einmal Ärger mit der Polizei hatte, erklärt maximal 4% der Varianz und verschwindet fast völlig, wenn man die anderen Einflussfaktoren berücksichtigt. Lässt man diese Variable außer Acht, erklärt das Devianzverhalten immer noch 17,2% der Unterschiede zwischen seltenen und häufigen Gewaltopfern. Dies spricht für die oben formulierte Vermutung, dass Ärger mit der Polizei nur Ausdruck allgemeinen abweichenden Verhaltens ist.

10.6 Gewaltaffinität

Der letzte Bereich, dessen Einfluss auf den Opferstatus wir untersuchen, ist die Gewaltaffinität. Sie ist in gewisser Hinsicht eine intermediäre Variable, da sie theoretisch vor allem auf die Wahrscheinlichkeit wirkt, dass ein Schüler *Täter* wird. Da es

Gewaltopfer

sich bei Gewalthandeln an der Schule um eine Interaktionsbeziehung handelt, ist es aber durchaus möglich, dass Gewaltaffinität auch direkt auf die Opferwahrscheinlichkeit wirkt, insofern, als gewaltaffine Personen Konfliktsituationen schlechter erkennen und sie deshalb eher eskalieren lassen. Kommt es zu gewaltsamen Ausbrüchen, können sie dann durchaus die Unterlegenen, also Opfer, sein. Die genaue Beziehung zwischen Gewaltaffinität, Täterschaft und Opferwerdung wird weiter unten im Rahmen der Überprüfung des Gesamtmodells geklärt.

Tab. 10.20: Affektkontrolle und Opferwahrscheinlichkeit 2004
(Pearson's r; Fallzahl n in Klammern)

Affektkontrolle	Opfer-Index: Schüler ist Opfer von ...				
	physischer Gewalt	Gewalt gegen Sachen	psychischer Gewalt	verbaler Gewalt	Gewalt insgesamt
Ich sage immer, was ich denke.	– (4.432)	– (4.428)	– (4.432)	0,1 (4.436)	0,1 (4.432)
Ich bin manchmal ärgerlich, wenn ich meinen Willen nicht bekomme.	– (4.434)	– (4.429)	– (4.433)	0,1 (4.437)	0,1 (4.433)
Ich bin immer gewillt, einen Fehler, den ich mache, auch zuzugeben.	-0,1 (4.403)	– (4.400)	– (4.403)	-0,1 (4.406)	-0,1 (4.403)
Ich habe gelegentlich mit Absicht etwas gesagt, was die Gefühle des Anderen verletzen könnte.	0,1 (4.442)	0,1 (4.440)	0,1 (4.441)	0,1 (4.445)	0,1 (4.441)

extrem geringe Zusammenhänge sind mit „–"gekennzeichnet;
Signifikanzniveau $\alpha < 0,01$ für alle angegebenen Zusammenhänge.

Wie Tab. 10.20 belegt, werden Schüler, die ihre Affekte kontrollieren können, deutlich seltener Gewaltopfer, insbesondere von verbaler Gewalt: Wer immer sagt, was er denkt, Fehler nicht zugibt oder ärgerlich wird, wenn er seinen Willen nicht bekommt, wird wesentlich häufiger beleidigt, beschimpft oder angeschrien. Wer einen Fehler auch einmal zugeben kann, wird zudem seltener Opfer tätlicher Angriffe. Wer mit Absicht Dinge sagt, die andere verletzen, provoziert Vergeltungsmaßnahmen, egal welcher Gewaltform. In der multiplen schrittweisen Regressionsanalyse erweist sich allerdings die Affektkontrolle gegenüber anderen Aspekten der Gewaltaffinität als nebensächlich. Mit anderen Worten: Man darf durchaus klar seine Meinung sagen und auch einmal wütend werden, sofern man bestimmte Grenzen nicht überschreitet und rechtzeitig wieder einlenkt, bevor eine Situation eskaliert.

Tab. 10.21: Gewaltaffinität und Opferwahrscheinlichkeit 2004
(Pearson's r; Fallzahl n in Klammern)

Unabhängige Variable	Opfer-Index: Schüler ist Opfer von ...				
	physischer Gewalt	Gewalt gegen Sachen	psychischer Gewalt	verbaler Gewalt	Gewalt insgesamt
Schwere Gewalt fügt einem Menschen Schaden zu	-0,1	-0,1	-0,1	-0,1	-0,1
Leichte Gewalt fügt einem Menschen Schaden zu	–	–	–	–	–
Schwere Gewalt fügt mir selbst Schaden zu	-0,1	-0,1	-0,1	-0,1	-0,1
Leichte Gewalt fügt mir selbst Schaden zu	–	–	–	–	–
	(4.495)	(4.491)	(4.495)	(4.499)	(4.495)
Gewaltbereitschaft	0,4 (4.280)	0,2 (4.278)	0,3 (4.279)	0,3 (4.283)	0,4 (4.279)
Transgressionsbereitschaft	0,3 (4.441)	0,2 (4.436)	0,2 (4.440)	0,3 (4.444)	0,3 (4.440)

extrem geringe Zusammenhänge sind mit „–"gekennzeichnet;
Signifikanzniveau $\alpha < 0,01$ für alle angegebenen Zusammenhänge.

Tab. 10.21 zeigt den Zusammenhang weiterer Aspekte der Gewaltaffinität mit der Opferwahrscheinlichkeit. Zu nennen ist zunächst das Gewaltbild: Nach unserem theoretischen Modell muss unterschieden werden zwischen dem allgemeinen Verhältnis zu Gewalt, also den Vorstellungen, welche Taten Menschen im Allgemeinen schaden können, und zwischen den Ansichten, was einem selbst Schaden zufügen kann. Mit Hilfe einer Faktorenanalyse lässt sich zeigen, dass die allgemeinen Gewaltvorstellungen mit den Vorstellungen, was einem selbst Leid zufügen kann, eng verknüpft sind, aber dennoch klar getrennt werden können (vgl. Tab 10.22 bis 10.25).

Tab. 10.22: Übersicht Index: Schwere Gewalt kann einem Menschen Schaden zufügen

Folgende Handlungen können einem Menschen Schaden zufügen:	Cronbach's α = 0,8
Mit einer Waffe bedrohen	
Mit einem Stock schlagen	
Vergewaltigen	
Am Boden Liegende treten	
Zu mehrere Verprügeln	

Tab. 10.23: Übersicht Index: Leichte Gewalt kann einem Menschen Schaden zufügen

Folgende Handlungen können einem Menschen Schaden zufügen:	Cronbach's α = 0,8
Anschreien	
Beleidigen	
Lügen verbreiten	
Schläge androhen	
Bedrohen, um Geld oder Kleidung wegzunehmen	
Eine Ohrfeige geben	
In den Schwitzkasten nehmen	

Gleichzeitig unterscheiden Schüler zwischen schweren und leichten Formen der Gewalt. Zu schwerer Gewalt gehört in den Vorstellungen von Schülern, einen am Boden Liegenden zu verprügeln, jemanden zu vergewaltigen, jemanden zu mehreren zu verprügeln, jemanden mit einem Stock zu schlagen oder mit einer Waffe zu bedrohen (vgl. Tab 10.22 und 10.24). Leichte Gewalt übt man dagegen aus, wenn man jemanden anschreit, beleidigt, Lügen über ihn verbreitet, ihn in den Schwitzkasten nimmt, ihm eine Ohrfeige gibt oder ihm droht, ihn zu schlagen oder Geld oder Kleidung wegzunehmen (vgl. Tab 10.23 und 10.25). Damit ergeben sich empirisch vier Konstrukte, die jeweils die Vorstellung erfassen, ob…:
- … schwere Gewalt einem Menschen Schaden zufügen kann (Tab. 10.22);
- … ob leichte Gewalt einem Menschen Schaden zufügen kann (Tab. 10.23);
- … ob schwere Gewalt einem selbst Schaden zufügen kann (Tab. 10.24);
- … ob leichte Gewalt einem selbst Schaden zufügen kann (Tab. 10.25).

Tab. 10.24: Übersicht Index: Schwere Gewalt kann einem selbst Schaden zufügen

Folgende Handlungen würden mir Schaden zufügen: Cronbach's $\alpha = 0,8$
Mit einer Waffe bedroht werden
Mit einem Stock geschlagen werden
Vergewaltigt werden
Am Boden liegend getreten werden
Zu mehrere verprügelt werden

Tab. 10.25: Übersicht Index: Leichte Gewalt kann einem selbst Schaden zufügen

Folgende Handlungen würden mir Schaden zufügen: Cronbach's $\alpha = 0,8$
Angeschien werden
Beleidigt werden
Wenn Lügen über mich verbreitet werden
Schläge androht bekommen
Bedrohung, um Geld oder Kleidung wegzunehmen
Eine Ohrfeige bekommen
In den Schwitzkasten genommen werden

Für jedes dieser Konstrukte gibt es Schüler, die glauben, dass diese Gewaltform der betreffenden Personengruppe schaden kann, und solche, die glauben, dass dies nicht der Fall ist. Wie Tab. 10.21 zeigt, haben die Ansichten zu leichter Gewalt keinerlei Einfluss auf die Opferwahrscheinlichkeit. Je stärker Schüler schwere Gewalt als potenziell schädlich ansehen – gleichgültig, ob gegen sie selbst oder gegen andere Personen –, desto seltener werden sie Opfer von Gewalt seitens ihrer Mitschüler. Wie eng die allgemeine Haltung zur Gewalt und der Vorstellung, was einem selbst schaden könnte, miteinander verwoben sind, zeigt sich darin, dass bei der schrittweisen multiplen Regressionsanalyse die Vorstellung, das schwere Gewalt einem selbst schaden könnte, sich als nebensächlich (genauer gesagt: untergeordnet) gegenüber der Vorstellung herausstellt, dass schwere Gewalt einem anderen Menschen Schaden zufügen kann.

Dies verweist erneut auf die These, dass Schüler, die Gewalt ablehnen, potenziell gefährliche Situationen früher erkennen und diese vermeiden können. Ebenso spricht dies allerdings für die Aussage, dass Schüler, die eine Handlung als schädlich für sich selbst und andere sehen, selbst versuchen zu vermeiden, anderen Gewalt anzutun, und dass sie – weil sie seltener Täter sind – auch seltener Opfer werden.

Ein weiteres Indiz hierfür ist der enge Zusammenhang zwischen Opferwahrscheinlichkeit und Gewaltbereitschaft. Hierzu greifen wir auf den in Kapitel 4 gebildeten Index zur Gewaltbereitschaft zurück (vgl. Tab. 4.10). Es zeigt sich, dass Schüler, denen Gewalt einfach Spaß macht, auch wesentlich häufiger Opfer von Gewalt werden als ihre friedfertigeren Mitschüler. Der Zusammenhang zwischen Gewaltbereitschaft und insbesondere physischer Gewalt ist einer der stärksten in unserem Datensatz.

Tab. 10.26: Übersicht Index: Transgressionsbereitschaft

Transgressionsbereitschaft	Cronbach's α = 0,7
Ich kann mir vorstellen, dass ich mal was klauen werde.	
Häufig finde ich die Regeln der Erwachsenen schlecht und habe keine Lust, mich daran zu halten.	
Manchmal habe ich richtig Lust, etwas Verbotenes zu tun.	

Eng zusammen mit der Gewaltbereitschaft hängt die Transgressionsbereitschaft, d. h. die Bereitschaft, gesellschaftliche Normen zu übertreten (vgl. Tab. 10.27): Manche Schüler können sich vorstellen, einmal etwas zu klauen. Sie haben manchmal richtig Lust, etwas Verbotenes zu tun. Die Regeln der Erwachsenen finden sie schlecht und haben keine Lust, sich immer an sie zu halten. Solche Schüler kennen also – im Gegensatz zu denen, die schwere Gewalt als solche nicht erkennen – durchaus gesellschaftliche Normen und damit auch potenziell konflikthafte Situationen. Sie lassen diese Situationen aber teilweise bewusst eskalieren. Bei anderen Schülern ist das Gegenteil der Fall. Je stärker Schüler gewillt sind, Normen zu brechen, desto eher werden sie auch Opfer von Gewalt, wahrscheinlich, weil sie gleichzeitig Täter sind.

Tab. 10.27: Gewaltaffinität als Einflussfaktor für die Opferwahrscheinlichkeit 2004

Einflussfaktoren	Varianzaufklärungspotenzial (korrigiertes r^2)	
	Minimal	Maximal
Gewaltbereitschaft	4,2%	12,2%
Transgressionsbereitschaft	2,9%	10,5%
Schwere Gewalt kann einem Menschen Schaden zufügen	0,3%	0,7%
Gesamterklärungspotenzial des Bereichs Reproduktion der Marginalisierung	15,4%	

n = 4.236; α < 0,01 für das Gesamtmodell.

Gleicht man die verschiedenen Aspekte der Gewaltaffinität gegeneinander ab, so erklärt die Gewaltbereitschaft zwischen 4% und 12%, die Transgressionsbereitschaft zwischen 3% und 11% der Differenzen zwischen Schülern mit hohem und niedrigem Opferrisiko. Ob ein Schüler glaubt, dass schwere Gewalt einem Menschen Schaden zufügen kann, hat dagegen nur ein Varianzaufklärungspotenzial von unter 1%. Zusammen determinieren die verschiedenen Aspekte der Gewaltaffinität von Schülern 15,4% der Unterschiede bezüglich ihrer Opferwahrscheinlichkeit. Die Gewalt- und Transgressionsbereitschaft allein erfassen $r^2 = 15{,}0\%$ der Varianz ($\alpha < 0{,}01$). Aus diesem Grund messen wir die Gewaltaffinität im Folgenden nur noch mit diesen beiden Faktoren.

10.7 Gesamtmodell

Bislang haben wir die fünf Bereiche, die theoretisch einen Einfluss darauf haben könnten, ob ein Schüler Gewaltopfer wird oder nicht (eigenes Täterverhalten, Schulkontext, soziale Marginalisierung, Devianzverhalten, Gewaltaffinität), getrennt analysiert.

Dabei haben sich bereits eine Reihe von möglichen Einflussfaktoren als irrelevant oder im Vergleich zu anderen als eher nachrangig bis nebensächlich herausgestellt. Hierzu gehören:

- *aus dem Bereich „Schulkontext":* ob ein Schüler aufs Gymnasium geht; die Zahl der Schüler an einer Schule; die Klassengröße; der Ausländeranteil in der Klasse; die Zahl der Freunde, die ein Schüler in seiner Klasse hat; die Bequemlichkeit und Sauberkeit der Schule; die Qualität der Aufenthaltsmöglichkeiten in einer Schule; ob ein Schüler die Schule gegen seinen Willen wechseln musste; sowie ob der Schüler Mitglied einer Clique ist, die schon einmal Probleme mit der Polizei hatte.
- *aus dem Bereich „soziale Marginalisierung":* das Selbstwertgefühl; ob ein Schüler schon einmal sitzen geblieben ist und ob ein Schüler im Vergleich zu seinen Freunden und Bekannten besonders gute oder schlechte Arbeitsmarktchancen zu haben scheint.
- *aus dem Bereich „Devianzverhalten des Schülers":* ob ein Schüler Drogen konsumiert und wie viele Drogen er konsumiert; alle Drogenkonsummuster bis auf die härteren Konsummuster (Konsum aller Drogen bis auf harte Drogen und/oder Cannabis; Konsum harter Drogen). Weiterhin ist unbedeutend, wie viele Tage ein Schüler im vergangenen Schulhalbjahr geschwänzt hat und ob er geschwänzt hat, weil er in der Schule schwer oder gar nicht mitkommt oder weil seine Eltern ihn nicht in die Schule lassen. Ob ein Schüler schon einmal Ärger mit der Polizei hatte, ist lediglich Ausdruck allgemein devianten Verhaltens.
- *aus dem Bereich „Gewaltaffinität des Schülers":* die Haltung des Schülers gegenüber leichten Gewaltformen (gleichgültig, ob gegen Menschen allgemein oder sich selbst) und die Meinung, wie stark schwere Gewaltformen einem selbst schaden können. Es macht auch keinen Unterschied, ob Schüler immer sagen, was sie denken; ob sie ärgerlich werden, wenn sie ihren Willen nicht bekommen; wie stark sie gewillt sind, Fehler zuzugeben; und ob sie gelegentlich mit Absicht etwas sagen, das die Gefühle anderer verletzen könnte.

Gewaltopfer

Die übrigen Faktoren, die danach als relevant erscheinen, sind stark miteinander verknüpft. Sie beeinflussen sich gegenseitig, so dass es bisweilen schwer ist auszumachen, was Ursache und was Wirkung ist. Dieses Problem verschärft sich, wenn man die Bereiche nicht getrennt, sondern das Gesamtmodell betrachtet. Um dieses zu überprüfen, haben wir zunächst eine schrittweise multiple lineare Regressionsanalyse durchgeführt. *Beachtet man den Gesamtkontext, erweisen sich eine Reihe weiterer Faktoren als unbedeutend:*

- *Hauptschüler* sind nicht deshalb stärker betroffen von schulischer Gewalt als Realschüler, Berufsschüler und Gymnasiasten, weil sie die „schlechtere" Schule besuchen, sondern weil sich an Hauptschulen einige ungünstige Rahmenbedingungen addieren. Insbesondere verlassen Hauptschüler gerade in dem Alter die Schule, in dem die Opferwahrscheinlichkeit abnimmt. Vergleicht man die verschiedenen Schulformen untereinander, so lässt sich festhalten, dass nicht etwa Gymnasien eine „privilegierte" Schulform sind, insofern, als ihre Schüler besonders wenig schulischer Gewalt ausgesetzt wären. Vielmehr werden Berufsschüler am seltensten Opfer.
- Weder *Mitglieder stark organisierter Cliquen* noch *Mitglieder von Cliquen mit einem hohen Ausländeranteil* werden über- oder unterdurchschnittlich häufig Opfer von Gewalt, wenn man andere Faktoren mitberücksichtigt. Vielmehr sind diese Cliquen Ausdruck einer prekären sozialen Situation. Insbesondere aber sind solche Cliquen meist Jungencliquen – und diese scheinen besonders gewaltaffin zu sein (sowohl was die Opfer- als auch Täterschaft betrifft). Mitglieder von gemischtgeschlechtlichen Cliquen und reinen Mädchencliquen werden dagegen seltener Opfer von Gewalt.
- Ein *geringes Interesse an der Schule* oder *schlechte Schulleistungen* (gemessen an der Durchschnittsnote der Fächer Mathematik, Deutsch und Englisch) erhöhen nicht an sich die Opferwahrscheinlichkeit. Vielmehr können diese beiden Faktoren Ausdruck einer prekären Situation sein, müssen es aber nicht.
- *Drogenkonsumenten* – mit Ausnahme derjenigen, die alle Drogen außer Cannabis und harten Drogen konsumieren – sind nicht häufiger Opfer von Gewalt, wenn man andere Faktoren einbezieht.
- *Ob ein Schüler irgendwann einmal eine Waffe mitgebracht hat*, spielt ebenfalls keine Rolle. Schüler, die am Befragungstag Waffen bei sich tragen, werden aber durchaus eher Opfer als Schüler ohne Waffen.
- Ebenso wenig ist entscheidend, *wie viele Tage ein Schüler in den vergangenen zwei Wochen geschwänzt hat*. Vielmehr muss man an den Motiven ansetzen, warum Schüler schwänzen: *Schüler, die dies tun, weil sie Angst vor der Schule haben*, besitzen kein erhöhtes Opferrisiko. Dagegen werden Schüler, die schwänzen, weil sie Ärger mit einem Lehrer haben oder weil ihre Mitschüler ebenfalls nicht in die Schule gehen, eher Opfer von Gewalt seitens ihrer Mitschüler. Dass Schwänzen durchaus auch Ausdruck und/oder Motiv einer erhöhten Opferwahr-

scheinlichkeit sein kann, zeigt sich darin, dass Gewaltopfer schwänzen, weil sie Angst haben, in der Schule bedroht oder verprügelt zu werden.

- Bezieht man andere Faktoren in das Modell ein, wird der Bereich *Gewaltaffinität* – namentlich die *Gewalt- und Transgressionsbereitschaft* – völlig wirkungslos bezüglich des Opferstatus. Wer die Wahrscheinlichkeit, dass ein Schüler Opfer von Gewalt wird, beeinflussen will, muss deshalb bei den Ursachen für Täterschaft, dem Devianzverhalten des Jugendlichen, dem schulischen und sozialen Kontext und der Einbindung des Schülers in diesen Kontext ansetzen. Dafür, dass aggressiv aufgeladene Stimmungen und Situationen Ausdruck anderer Faktoren sind, spricht auch, dass (unter Berücksichtigung des Gesamtmodells) *Schüler, die gar nicht zuhören, wenn sie jemand kritisiert*, keine erhöhte Opferwahrscheinlichkeit mehr haben.

Tab. 10.28:   Gesamtmodell für die Opferwahrscheinlichkeit 2004

Einflussfaktoren	Varianzaufklärungspotenzial (korrigiertes r^2)	
	Minimal	Maximal
Eigene Täterschaft	11,3%	30,1%
Schulkontext	4,6%	20,3%
Reproduktion der Marginalisierung (Soziale Akzeptanz)	3,8%	14,1%
Devianz	1,5%	11,6%
Gesamterklärungspotenzial des Bereichs Reproduktion der Marginalisierung	43,0%	

n =3.382; α < 0,01 für das Gesamtmodell.

Von den fünf möglichen Einflussbereichen auf die Opferwahrscheinlichkeit – eigenes Täterverhalten, Schulkontext, soziale Marginalisierung, Devianzverhalten, Gewaltaffinität – hat sich die Gewaltaffinität als nebensächlich erwiesen. Die anderen Bereiche interagieren miteinander, wie sich herausstellt, wenn man eine blockweise multiple Regressionsanalyse durchführt (vgl. Tab 10.29). Es zeigt sich aber auch, dass man diese Bereiche untereinander gewichten, also wichtigere von unwichtigeren Bereichen unterscheiden kann:

Wer austeilt, muss auch einstecken: Die Täterschaft ist mit Abstand der wichtigste Einflussfaktor auf die Opferwahrscheinlichkeit. Berücksichtigt man die anderen drei Bereiche, erklärt die Täterschaft zwischen 11 und 30% der Differenzen zwischen Schülern mit geringem und hohem Opferstatus. Der Schulkontext – also das Interventionsverhalten, das Schul- und Klassenklima und die Integration des Schülers in seine Klasse – erklärt weitere 5 bis 20% der Varianz zwischen den Opfern. Aus dem Bereich

„soziale Marginalisierung" hat sich ein einziger Faktor als ausschlaggebend erwiesen, nämlich wie sehr sich ein Schüler von seiner Umwelt angenommen fühlt und wie sehr er dieser vertraut. Dies erklärt allein 4% bis 14% der Unterschiede in der Opferwahrscheinlichkeit. Das eigene Devianzverhalten schließlich determiniert minimal 1,5%, maximal 12% der Varianz. Zusammen erklärt unser Modell 43% der Unterschiede zwischen Schülern, die häufig und die selten Gewalt seitens ihrer Mitschüler ausgesetzt sind.

10.8 Zusammenfassung: Empfehlungen für die Praxis

Wir haben untersucht, welche Schüler Opfer von Gewalt seitens ihrer Mitschüler werden. Hierzu haben wir diverse mögliche Einflussfaktoren analysiert und gegeneinander abgeglichen. Manchen Faktoren – so die Klassengröße oder ob ein Schüler Sitzen bleibt – haben keinerlei Einfluss auf die Opferwahrscheinlichkeit. Andere Variablen scheinen zwar auf den ersten Blick einen Effekt auf die Opferwahrscheinlichkeit zu haben, relativieren sich aber, wenn man das Gewaltgeschehen an Schulen als Ganzes betrachtet. Der Grund hierfür ist, dass es sich bei Gewaltaktivitäten um komplexe Interaktionsprozesse handelt, bei denen es schwierig ist, Ursache und Wirkung auseinander zu halten. Aus dem Gewirr der möglichen Einflüsse lassen sich vier zentrale Variablen herausfiltern, die zusammen allein 40,8% der Unterschiede zwischen Schülern mit hohem und niedrigem Opferstatus ausmachen (vgl. Tab. 10.29). Im Verhältnis dazu steigt das Varianzaufklärungspotenzial nur auf 43,0%, wenn man alle übrigen Variablen berücksichtigt (vgl. Tab. 10.28):

Tab. 10.29: Die vier wichtigsten Einflussfaktoren 2004

Einflussfaktoren	Varianzaufklärungspotenzial (korrigiertes r^2)	
	Minimal	Maximal
Eigene Täterschaft	19,2%	30,5%
Soziale Akzeptanz	6,2%	13,9%
Klassenstufe	1,7%	2,3%
Gewaltintervention im Pausenhof	1,3%	9,1%
Gesamterklärungspotenzial des Bereichs Reproduktion der Marginalisierung	40,8%	

n =3.951; α < 0,01 für das Gesamtmodell.

- *Die Opferwahrscheinlichkeit sinkt mit dem Alter.* Je älter Schüler werden, desto weniger sind sie schulischer Gewalt ausgesetzt. Ihren Höhepunkt erreicht die schulische Gewalt in der 7. Klasse, um dann ab der 9. Klasse langsam wieder abzusinken. Täterschaft und Opferwerdung an der Schule ist also ein vorrübergehendes Phänomen (vgl. Rostampour 2000). Dies erklärt zum Teil, warum Hauptschüler häufiger Gewaltopfer werden: Sie verlassen die Schule, bevor sie in die „gewaltärmeren" Klassenstufen kommen (können). Dieser Einflussfaktor ist allerdings aus zwei Gründen für die Praxis weniger relevant: Erstens erklärt die Frage, welcher Klassenstufe ein Schüler angehört, konstant etwa 2% der Unterschiede in der Opferwahrscheinlichkeit. Damit ist dieser Faktor von den vier zentralen Einflussbedingungen der unwichtigste. Zweitens können Lehrer am Alter ihrer Schüler nichts ändern und deshalb diesbezüglich das Opferrisiko nicht reduzieren. Dies gilt nicht für die anderen Faktoren:

- *Opfer sind auch Täter.* Schüler, die selbst Gewalt auf andere Schüler ausüben, werden meist selbst wieder Opfer von Gewalt und vice versa. Eigene Täterschaft erklärt zwischen 19% und 31% der Unterschiede in der Opferwahrscheinlichkeit und ist damit der weitaus wichtigste Einflussfaktor auf den Opferstatus. Dies ist wohl der andere Grund, warum Hauptschüler häufiger Opfer von Gewalt werden: Sie sind häufiger Täter. Deshalb gilt: Wer verhindern will, dass Schüler Gewaltopfer werden, muss verhindern, dass Schüler Täter werden. Die Ursachen für Täterschaft haben wir in den anderen Kapiteln dieses Buches ausführlich behandelt. Fiedler (2003), Mühlig (2004) und Neumann et. al.. (2002) diskutieren verschiedene Präventionsmethoden von Schülergewalt. Schubarth (2003) unterstreicht, dass diese Präventionsmaßnahmen nur Erfolgsaussichten haben, wenn sie kontinuierlich und über lange Zeiträume hinweg umgesetzt werden.

- *Gewaltintervention wirkt.* Ein entscheidender Faktor ist, was passiert, wenn sich zwei Schüler im Pausenhof prügeln: Mitschüler können versuchen, die beiden zu trennen. Sie können umgekehrt dabeistehen und zuschauen oder gar die Streithähne anfeuern. Der Lehrer kann eingreifen. Die beiden können zum Direktor oder zu einem Streitschlichter geschickt werden. All diese Formen der Gewaltintervention zusammen genommen erklären zwischen 1% und 9% der Unterschiede in der Opferwahrscheinlichkeit Schulen haben also durchaus einen Einfluss darauf, wie es ihren Schülern ergeht: Wenn Lehrer entweder selbst Gewalt verhindern oder Schüler dazu anregen, ihren Mitschülern in Gewaltsituationen beizustehen, können sie häufig verhindern, dass Schüler Gewaltopfer werden. Brenner (2000) kommentiert Literatur zu konzeptionellen Ansätzen und Praxishilfen zur Streitschlichtung. Telser (2003) diskutiert Deeskalationsstrategien im Umgang mit Jugendlichen.

- *Soziale Akzeptanz und Vertrauen verringern die Opferwahrscheinlichkeit.* Schüler unterscheiden sich sehr stark darin, wie sehr sie sich von ihrer Umwelt angenommen fühlen: Sie werden eher Opfer von Gewalt, wenn sie das Gefühl haben, alleine dazustehen, dass in ihrem Leben Einiges schief geht, andere es besser haben als sie selbst, sie aber niemandem vertrauen können. Ob sich ein Schüler von seiner Umwelt angenommen fühlt, erklärt zwischen 6% und 14% der Unterschiede in der Betroffenheit von Gewalt. Für Lehrer bedeutet dies, dass sie den Zusammenhalt einer Klasse fördern und darauf achten sollten, dass es keine Außenseiter in einer Klasse gibt und dass sie Schülern das Gefühl geben, angenommen zu werden.

Literatur

Adorno, Th. W./Frenkel-Brunswik, E./Levinson, D.J./Sanford, N.R. (1950): The Measurement of Implicit Antidemocratic Trends. In: Adorno, Th. W./Frenkel-Brunswik, E./Levinson, D.J./Sanford, N.R. (1950): The Authoritarian Personality. New York u.a.

Albrecht, Hans-Jörg (1998): Jugend und Gewalt. In: MschKrim, Jg. 81, H. 6, S. 381-398.

Albrecht, Hans-Jörg (2001): Immigration, Kriminalität und Innere Sicherheit. In: Albrecht, Günter/Backes, Otto/Kühnel, Wolfgang (Hrsg.): Gewaltkriminalität zwischen Mythos und Realität. Frankfurt a. M., S. 259-281.

Anfang, Günther/Theunert, Helga (1981): Gewalt im Fernsehen. Erfahrungen und Überlegungen aus einem Projekt. In: Weiterbildung und Medien, Jg. 4, S. 10-13.

Arbeitsgruppe Schulevaluation (1998): Gewalt als soziales Problem in Schulen. Untersuchungsergebnisse und Präventionsstrategien. Opladen.

Baacke, Dieter (1993): Jugend und Jugendkulturen. Darstellung und Deutung. Weinheim.

Backhaus, Klaus/Erichson, Bernd/Plinke, Wulff/Weiber, Rolf (2000): Multivariate Analysemethoden. 9. Auflage. Berlin u. a.

Balser, Hartmut/Schrewe, Hartmut/Schaaf, Nicole (1997): Schulprogramm Gewaltprävention. Ergebnisse aktueller Modellversuche. Neuwied.

Barthelmes, Jürgen/Herzberg, Irene/Nissen, Ursula (1983): Kind und Fernsehen. München.

Bäuerle, Siegfried/Lerchenmüller, Hedwig (1981): Schule und präkriminelles Verhalten – Möglichkeiten der Prävention. In: Kury, Helmut (Hrsg.): Perspektiven und Probleme kriminologischer Forschung. Köln, S. 436-509.

Baumert, Jürgen/Klieme, Eckhard/Neubrand, Michael et al. (Hrsg.) (2001): PISA 2000. Basiskompetenzen von Schülerinnen und Schülern im internationalen Vergleich. Opladen.

Baur, Nina (2003): Wie kommt man von den Ergebnissen der Faktorenanalyse zu Dimensionsvariablen? Eine Einführung in die Dimensionsbildung mit SPSS für Windows. Bamberger Beiträge zur empirischen Sozialforschung. Volume 13. Bamberg.

Baur, Nina (2004): Das Ordinalskalenproblem. In: Baur, Nina/Fromm, Sabine (Hrsg.) (2004): Datenanalyse mit SPSS für Fortgeschrittene. Wiesbaden, S. 191-202.

Behn, Sabine/Brandl, Matthias/de Vries, Heinz (2003): Modellprojekt „Kiezorientierte Gewalt- und Kriminalitätsprävention". In: Arbeitsstelle Kinder- und Jugendkriminalitätsprävention (Hrsg.): Evaluierte Kriminalitätsprävention in der Kinder- und Jugendhilfe. Erfahrungen und Ergebnisse aus fünf Modellprojekten. München, S. 31-66.

Boatcă, Manuela (2003): Die diskursive Macht von Zuschreibungen. Zur Irrfahrt „unumstrittener" Ergebnisse der Gewaltdebatte. In: Fuchs, Marek/Luedtke, Jens (Hrsg.): Devianz und andere gesellschaftliche Probleme: Opladen, S. 111-130.

Boers, Klaus/Kurz, Peter (2000): Schule, Familie, Einstellungen, Lebensstile, delinquentes und abweichendes Verhalten von Schülern. Erste Ergebnisse der Münsteraner Schulbefragung 2000. Münster (Ms.).

Boers, Klaus/Pöge, Andreas (2003): Werteortientierungen und Jugenddelinquenz. In: Lamnek, Siegfried/Boatcă, Manuela (Hrsg.): Geschlecht – Gewalt – Gesellschaft. Opladen,. S. 100-122.

Bortz, Jürgen/Döring, Nicole (2002): Forschungsmethoden und Evaluation. 3. Aufl., Berlin.

Böttger, Andreas (1999): „Die ganze Schule hatte Angst gehabt..." Ergebnisse eines qualitativen Forschungsprojekts zu gewalttätigen Jugendgruppen. In: Böttger, Andreas/Landesstelle Jugendschutz Niedersachsen (Hrsg.): Jugendgewalt – und kein Ende? Hintergründe – Perspektiven – Gegenstrategien. Hannover, S. 47-66.

Brenner, Gerd (2000): Mit Gewalt umgehen. In: Deutsche Jugend. Band 48. Heft 6. S. 269-279.

Brosius, Hans Bernd/Esser, Frank (19959. Eskalation durch Berichterstattung? Massenmedien und fremdenfeindliche Gewalt. Opladen.

Literatur

Bruhns, Kirsten (2003): Mädchen in gewaltbereiten Jugendgruppen: Gewaltbereitschaft als Geschlechterkonstruktion. In: Lamnek, Siegfried/Boatcă, Manuela (Hrsg.): Geschlecht – Gewalt – Gesellschaft. Opladen, S. 215-230.

Bruhns, Kirsten/Wittmann, Svendy (2003): Mädchenkriminalität – Mädchengewalt. In: Mansel, Jürgen/Raithel, Jürgen (Hrsg.): Kriminalität und Gewalt im Jugendalter. Hell- und Dunkelfeldbefunde im Vergleich. Weinheim, S. 41-63.

Brusten, Manfred/Hurrelmann, Klaus (1973): Abweichendes Verhalten in der Schule. Eine Untersuchung zu Prozessen der Stigmatisierung. München.

Buchner, Gabriele/Cizek, Brigitte/Gössweiner, Veronika/Kapella, Olaf/Pflegerl, Johannes/Steck, Maria (2001): Gewalt gegen Kinder. In: Bundesministerium für Soziale Sicherung und Generationen (Hrsg.): Gewalt in der Familie. Wien, S. 75-259.

Bundesministerium des Inneren/Bundesministerium der Justiz (Hrsg) (2001): Periodischer Sicherheitsbericht (PSB), Kap. 5, Jugendliche als Opfer und Täter: Wissenschaftliche Befunde unter besonderer Berücksichtigung der KFN-Schülerbefragung zur Jugendgewalt. http://www.bmi.bund.de/Downloads/5.pd.

Bundesministerium für Familie, Senioren, Frauen und Jugend (BMFSFJ) (2002:): 11. Kinder- und Jugendbericht. Berlin.

Bundesministerium für Familie, Senioren, Frauen und Jugend/Bundesministerium der Justiz (Hrsg.) (2003): Gewaltfreie Erziehung. Eine Bilanz nach Einführung des Rechts auf gewaltfreie Erziehung (wissenschaftliche Beratung: Bussmann, Kai-D.)

Bundesregierung (2005): „Nationaler Aktionsplan für ein kindergerechtes Deutschland 2005 bis 2010" (Drucksache 15/4970, 15.02.2005).

Bundesverband der Unfallkassen (2005): Gewalt an Schulen. Ein empirischer Beitrag zum gewaltverursachten Verletzungsgeschehen an Schulen in Deutschland 1993-2003. München. download unter: http://content.unfallkassen.de/uploads/510/Gewalt_an_Schulen.pdf.

Bundeszentrale für gesundheitliche Aufklärung (BZgA) (2003): Bekanntheit, Lauf und Konsum von Alkopops in der Bundesrepublik Deutschland. 2003. (download unter: www.bzga.de/ studien).

Bundeszentrale für gesundheitliche Aufklärung (BZgA) (2004a): Die Drogenaffinität Jugendlicher in der Bundesrepublik Deutschland 2004. Eine Wiederholungsbefragung der Bundeszentrale für gesundheitliche Aufklärung Köln. Teilband illegale Drogen. November 2004, Köln. (download unter: www.bzga.de/studien).

Bundeszentrale für gesundheitliche Aufklärung (BZgA) (2004b): Die Drogenaffinität Jugendlicher in der Bundesrepublik Deutschland 2004. Eine Wiederholungsbefragung der Bundeszentrale für gesundheitliche Aufklärung Köln. Teilband Alkohol. November 2004, Köln. (download unter: www.bzga.de/studien).

Bundeszentrale für gesundheitliche Aufklärung (BZgA) (2005a): Die Entwicklung des Alkoholkonsums in der Bundesrepublik unter besonderer Berücksichtigung der Konsumgewohnheiten von Alkopops (Alkopops-Studie). Köln. (download unter: www.bzga.de/studien).

Bundeszentrale für gesundheitliche Aufklärung (BZgA) (2005b): Neue Ergebnisse zur Entwicklung des Rauchverhaltens von Jugendlichen. Mai 2005, Köln. (download unter: www.bzga.de/studien).

Busch, Ludger (1998): Aggression in der Schule. Präventionsorientierte und differentielle Analyse von Bedingungsfaktoren aggressiven Schülerverhaltens. Dissertation. Selbstverlag.

Bussmann, Kai-D./Horn, Wiebke (1995): Elternstrafen und Lehrerstrafen. In: Bastian, J. (Hrsg.): Strafe muss sein? 2. Beiheft zur Zeitschrift für Pädagogik. Hamburg, S. 29-41.

Bussmann, Kai-D. (2001): Recht und Praxis gewaltfreier Erziehung – Zu den Chancen eines rechtlichen Gewaltverbots in der Familie aus internationaler und kriminologischer Perspektive. In:

Literatur

BMFSFJ (Hrsg.): Gewaltfreies Erziehen in Familien. Materialien zur Familienpolitik Nr. 8. Berlin, S. 30-46.

Bussmann, Kai-D. (2002): Ergebnisse der Experten- und der Eltern-Studie. http://www.jura.uni-halle.de/download/bussmann/ws01/berlin.pdf.

Butterwegge, Christoph (1994): Jugend, Gewalt und Gesellschaft. In: Deutsche Jugend. Zeitschrift für Jugendarbeit. Jg. 42, H. 9, S. 384-394.

Cierpka, Manfred (2003): Gewalt in der Schule – nein danke! FAUSTLOS – ein Lernprogramm für Kindergarten und Grundschule. Online Familienhandbuch (download unter: http://www.familienhandbuch.de/cmain/f_Aktuelles/a_Schule/s_751.html.)

Connell, Robert W. (1999): Der gemachte Mann. Konstruktion und Krise von Männlichkeiten. Opladen.

Dann, H.-Dietrich/Heubeck, E./Strak, R. (1994): Aggressionen und Störungen im Unterricht. In: unterrichten/erziehen, H. 1, S. 53-57.

DeGEval Deutsche Gesellschaft für Evaluation (2002): Standards für Evaluation. Köln.

Deutsches PISA-Konsortium (Hrsg.) (2001): PISA 2000. Basiskompetenzen von Schülerinnen und Schülern im internationalen Vergleich. Opladen.

Die Drogenbeauftragte der Bundesregierung/Bundesministerium für Gesundheit und Soziales (BMGS) (2004): Drogen- und Suchtbericht, April 2004. Berlin.

Dubet, François (1997): Die Logik der Jugendgewalt. Das Beispiel der französischen Vorstädte. In: Throta, Trutz von (Hrsg.): Soziologie der Gewalt. Kölner Zeitschrift für Soziologie und Sozialpsychologie, Sonderheft 37. Opladen, S. 220-234.

Dubet, Francois (2002): Jugendgewalt und Stadt. In: Heitmeyer, Wilhelm/Hagan, John (Hrsg.): Internationales Handbuch der Gewaltforschung. Wiesbaden, S. 1171-1192.

Durkheim, Emile (1970): Regeln der soziologischen Methode. Neuwied.

Eckert, Roland (2000): Jugendgewalt in Deutschland. In: Foljanty-Jost, Gesine (Hrsg.): Schule, Schüler und Gewalt. München, S. 13-30

Egg, Rudolf/Rautenberg, M (1998): Drogenmissbrauch und Kriminalität – Ergebnisse einer vergleichenden Literaturanalyse. In: Sucht, Jg. 44, H. 6, S. 399-405.

Ehrhardt, G./Hahn, Toni (1993): Verläufe und Verarbeitungsformen von Arbeitslosigkeit. In: MittAB Jg. 26, S. 36-52.

Eisner, Manuel (1997): Das Ende der zivilisierten Stadt? Die Auswirkungen von Modernisierung und urbaner Krise auf die Gewaltdelinquenz. Frankfurt a. M.

Eisner, Mauel/Manzoni, Patrick/Ribeaud, Denis (2000): Gewalterfahrungen von Jugendlichen. Opfererfahrungen und selbst berichtete Gewalt bei Schülerinnen und Schülern im Kanton Zürich. Aarau.

Engel, Uwe/Hurrelmann, Klaus (1994): Was Jugendliche wagen. 2. Aufl., Weinheim.

Felten, Mirjam von (2002): Gewaltwahrnehmungen und Zugehörigkeit zu einer Freundesgruppe. Ergebnisse einer empirischen Untersuchung zur Gewaltperzeption weiblicher Jugendlicher. In: Soziale Probleme. Heft 1. Band 13. S. 27-53.

Feltes, Thomas (2003): Gewalt in der Schule. Ursachen, Risikofaktoren und Interventionsmöglichkeiten. In: Landeszentrale für politische Bildung Baden-Württemberg (Hrsg.): Sicherheit und Kriminalität. Der Bürger im Staat, Jg. 53, H. 1, S. 32-38.

Fend, Helmut et al. (1975): Über Rowdy- und Mogelfaktor, Unordentlichkeits- und andere Syndrome. In: Betrifft Erziehung, 115, S. 45-50.

Feuerlein, Wilhelm (1996): Alkoholismus. Warnsignale, Vorbeugung, Therapie. München.

Fiedler, Hans S. (2003): Jugend und Gewalt. Sozialanthropologische Genese – personale Intervention – therapeutische Prävention. München.

Findeisen, Hans Volkmar/Kersten, Joachim (1999): Der Kick und Die Ehre. München.

Fischer, Arthur/Kohr, K. H. (1980): Politisches Verhalten und empirische Sozialforschung. Leistung und Grenzen von Befragungsinstrumenten. München.
Flick, Uwe (2004): Triangulation. Eine Einführung. Wiesbaden.
Forschungsgruppe Schulevaluation (1998): Gewalt als soziales Problem in Schulen. Untersuchungsergebnisse und Präventionsstrategien. Opladen.
Franz, Marianne/Schlesinger, Hanspeter (1974): Probleme der Arbeit in der Hauptschule. Eine Querschnittsuntersuchung in den Schulen des Schulaufsichtsbezirks 21 Altona/Elbgemeinden (Mskr.; Behörde für Schule, Jugend und Berufsbildung Hamburg).
Frehsee, Detlev (1992): Die staatliche Förderung familiärer Gewalt an Kindern. In: KrimJ, Jg. 24, H. 1, S. 37-49.
Frehsee, Detlev/Bussmann, Kai-D. (1994): Zur Bedeutung des Rechts in Familien. In: Zeitschrift für Rechtssoziologie. S. 153-168.
Frey, Dieter/Schäfer, Mechthild/Neumann, Renate (1999): Zivilcourage und aktives Handeln bei Gewalt: Wann werden Menschen aktiv? In: Schäfer, Mechthild/Frey, Dieter (Hrsg.): Aggression und Gewalt unter Kindern und Jugendlichen. Göttingen, S. 265-284.
Fromm, Sabine (2004a): Multiple lineare Regressionsanalyse. In: Baur, Nina/Fromm, Sabine (Hrsg.) (2004): Datenanalyse mit SPSS für Fortgeschrittene. Wiesbaden, S. 257-281.
Fromm, Sabine (2004b): Faktorenanalyse. In: Baur, Nina/Fromm, Sabine (Hrsg.) (2004): Datenanalyse mit SPSS für Fortgeschrittene. Wiesbaden, S. 226-256
Fuchs, Marek (1997): Ausländische Schüler und Gewalt an Schulen. In: Holtappels, Heinz-Günter/Heitmeyer, Wilhelm/Melzer, Wolfgang/Tillmann, Klaus-Jürgen (Hrsg.): Forschung über Gewalt an Schulen. Weinheim, S. 119-136.
Fuchs, Marek (2004): Kinder und Jugendliche als Befragte. Feldexperimente zum Antwortverhalten Minderjähriger. In: ZUMA-Nachrichten 54, S. 60-88.
Fuchs, Marek/Lamnek, Siegfried/Luedtke, Jens (1996): Schule und Gewalt. Realität und Wahrnehmung eines sozialen Problems. Opladen.
Fuchs, Marek/Lamnek, Siegfried/Luedtke, Jens (2001): Tatort Schule. Gewalt an Schulen 1994 – 1999. Opladen.
Fuchs, Marek/Lamnek, Siegfried/Wiederer, Ralf (2003): Querschläger. Jugendliche zwischen rechter Ideologie und Gewalt. Opladen.
Fuchs, Marek/Luedtke, Jens (2003): Gewalt und Kriminalität an Schulen. In: Mansel, Jürgen/ Raithel, Jürgen (Hrsg.): Kriminalität und Gewalt im Jugendalter. Hell- und Dunkelfeldbefunde im Vergleich. Weinheim, S. 161-181.
Funk, Walter (Hrsg.) (1995): Nürnberger Schüler-Studie 1994: Gewalt an Schulen. Regensburg.
Garbarino, James/Bradshaw, Cathrine P. (2002): Gewalt gegen Kinder. In: Heitmeyer, Wilhelm/ Hagan, John (Hrsg.): Internationales Handbuch der Gewaltforschung. Wiesbaden, S. 899-920.
Glattacker, Manuela/Engel, Eva-Maria/Hilt, Franz/Grüner, Thomas/Käppler, Christoph (2002): Ist Gewaltprävention an Schulen wirksam? Eine erste Bilanz über das Präventionsprogramm „Konflikt-Kultur". In: Psychologie in Erziehung und Unterricht, Jg.49, S. 141-150.
Glogauer, Werner (1990): Aggressivität und Kriminalität bei Kindern und Jugendlichen durch Einwirkungen von Mediengewalt. In: Rolinski, Klaus/Eibl-Eibesfeld, Irenäus (Hrsg.): Gewalt in unserer Gesellschaft. Berlin, S. 123-152.
Greszik, Bethina/Hering, Frank/Euler, Harald A. (1995): Gewalt in den Schulen. Ergebnisse einer Befragung in Kassel. In: Zeitschrift für Pädagogik, Jg. 41, H. 2, S. 265-284.
Greve, Werner/Wilmers, Nicola (2003): Schulgewalt und Selbstwertempfinden. Zum moderierenden Einfluss von Bewältigungsressourcen bei Tätern und Opfern. In: Psychologie in Erziehung und Unterricht. Band 50. S. 353-368.

Literatur

Groebel, Jo (1988): Sozialisation durch Fernsehgewalt: Ergebnisse einer kulturvergleichenden Studie. In: Publizistik Jg. 33, S. 468-480.
Gunckelmann, Martina (1989): Kokain: Die Subetanz und ihre Wierkungsweise. In: Scheerer, Sebastian/Vogt, Irmgard (Hrsg.): Drogen und Drogenpolitik. Ein Handbuch. Frankfurt a. M., S. 354-359.
Halm, Dirk (2000): Tradition, soziale Ungleichheit und Devianz. In: Kriminologisches Journal, Jg. 32, H. 4, S. 286-292.
Hanewinkel, Reiner/Eichler, Dorette (1999): Ergebnisse einer Interventionsstudie zur Prävention schulischer Gewalt. In: Schäfer, Mechthild/Frey, Dieter (Hrsg.): Aggression und Gewalt unter Kindern und Jugendlichen. Göttingen, S. 245-264.
Hanewinkel, Reiner/Knaack, Reimer (1997): Prävention von Aggression und Gewalt an Schulen. Ergebnisse einer Interventionsstudie. In: Holtappels, Heinz-Günter/ Heitmeyer, Wilhelm/Melzer, Wolfgang/Tillmann, Klaus-Jürgen (Hrsg.): Forschung über Gewalt an Schulen. Weinheim, S. 299-314.
Hartwig, Karl-Heinz/Pies, Ingo (1995): Rationale Drogenpolitik in der Demokratie. Tübingen.
Havighurst, Robert J. (1953). Human development and education. New York.
Häußermann, Hartmut (1997): Armut in den Großstädten – eine neue städtische Unterklasse. In: Leviathan, Jg. 25, H. 1, S. 12-27.
Heidrich, Jörg-Johannes (1992): Wird der nächste Krieg im Kinderzimmer vorbereitet? Faszination und Gefährlichkeit der Computerspiele. In: Forum Politikunterricht, o. Jg., H. 2, S. 28-35.
Heiland, Günther (2003): Aktionsmächtige Girls. In: Lamnek, Siegfried/Boatcă, Manuela (Hrsg.): Geschlecht – Gewalt – Gesellschaft. Opladen, S. 231-245.
Heitmeyer, Wilhelm (1992): Desintegration und Gewalt. In: Deutsche Jugend , H. 3, S. 109-122.
Heitmeyer, Wilhelm et al. (1992): Die Bielefelder Rechtsextremismus-Studie. Eine Langzeituntersuchung zur politischen Sozialisation männlicher Jugendlicher. Weinheim.
Heitmeyer, Wilhelm et al. (1995): Gewalt. Schattenseiten der Individualisierung bei Jugendlichen aus unterschiedlichen Milieus. Weinheim.
Heitmeyer, Wilhelm et al. (2002): Gruppenbezogene Menschenfeindlichkeit. Weinheim.
Heitmeyer, Wilhelm/Ulbrich-Hermann, Matthias (1997): Verschärfung sozialer Ungleichheit, soziale Milieus und Gewalt. Zur Kritik der Blickverengung schulbezogener Gewaltforschung. In: Holtappels, Heinz-Günter/Heitmeyer, Wilhelm/Melzer, Wolfgang/Tillmann, Klaus-Jürgen (Hrsg.): Forschung über Gewalt an Schulen. Weinheim, S. 45-62.
Hermann, Dieter/Laue, Christian (2003): Kommunale Kriminalprävention. Ein populäres kriminalpolitisches Konzept. In: Landeszentrale für politische Bildung Baden-Württemberg (Hrsg.): Sicherheit und Kriminalität. Der Bürger im Staat, Jg. 53, H. 1, S. 70-76.
Hissnauer, Wolfgang (1991): Drogen und Schule. Drogenkonsum 12- bis 18-jähriger Schüler in Rheinland-Pfalz. Pfaffenweiler.
Hitzler, Ronald (1999): Gewalt als Tätigkeit. Vorschläge zu einer handlungstypologischen Begriffserklärung. In: Neckel, Sighard/Schwab-Trapp, Michael (Hrsg.): Ordnungen der Gewalt. Beiträge zu einer politischen Soziologie der Gewalt und des Krieges. Opladen, S. 9-19.
Holtappels, Heinz-Günter (1983): Pädagogisches Handeln ohne präventive Orientierung? Pragmatisches Alltagswissen bei Lehrern über abweichendes Verhalten und soziale Kontrolle in der Schule. In: Kury, Helmut/Lerchenmüller, Hedwig (Hrsg.): Schule, psychische Probleme und sozialabweichendes Verhalten – Situationsbeschreibungen und Möglichkeiten der Prävention. Köln, S. 222-267.
Holtappels, Heinz-Günter (1997): Sozialwissenschaftliche Theorien und Konzepte schulischer Gewaltforschung. In: Holtappels, Heinz-Günter/Heitmeyer, Wilhelm/Melzer, Wolfgang/Tillmann, Klaus-Jürgen (Hrsg.): Forschung über Gewalt an Schulen. Weinheim, S. 27-44.

Holtappels, Heinz-Günter (1999): Evaluation als Diagnose und Bilanz. Verfahren und Instrumente zur Weiterentwicklung des Schulkonzepts. In: Journal für Schulentwicklung, H. 1, S. 63-75.

Holtappels, Heinz-Günter (2003): Schulqualität durch Schulentwicklung und Evaluation. Konzepte, Forschungsbefunde, Instrumente. Neuwied.

Holtappels, Heinz-Günter/Maier, Ulrich (1997): Schülergewalt im sozialökologischen Kontext der Schule. In: Empirische Pädagogik, Jg. 11, H. 2, S. 117-133.

Holthusen, Bernd/Lüders, Christian (2003): Evaluation von Kriminalitätsprävention – Eine thematische Einleitung. In: Arbeitsstelle Kinder- und Jugendkriminalitätsprävention (Hrsg.): Evaluierte Kriminalitätsprävention in der Kinder- und Jugendhilfe. Erfahrungen und Ergebnisse aus fünf Modellprojekten. München, S. 9-30.

Honig, Michael-Sebastian (1986): Verhäuslichte Gewalt. Frankfurt a. M.

Honig, Michael Sebastian (1990): Gewalt in der Familie. In: Schwind, Hans-Dieter/Baumann, Jürgen et al. (Hrsg.): Ursachen, Prävention und Kontrolle von Gewalt. Analysen und Vorschläge der unabhängigen Regierungskommission zur Verhinderung und Bekämpfung von Gewalt (Gewaltkommission), Bd. III, Berlin, S. 343-361.

Hopf, Christel (2001); Gewalt, Biographie, Medien. Qualitative Analysen zur subjektiven Bedeutung filmischer Gewaltdarstellung. In: ZSE, H. 2, S. 150-169.

Hopf, Christel (2005): Frühe Bindungen und Sozialisation. Eine Einführung. Weinheim und München.

Hunzinker, P./Lüscher, Kurt/Frauser, R. (1975): Fernsehen im Alltag der Familie. In: Rundfunk und Fernsehen, Jg. 23, S. 3-4.

Hurrelmann, Klaus (1993): Aggression und Gewalt in der Schule. In: Schubarth, Wilfried/ Melzer, Wolfgang (Hrsg.) (1993): Schule, Gewalt und Rechtsextremismus. Opladen, S. 44-56.

Hurrelmann, Klaus/Ulich, Dieter (2002): Gegenstands- und Methodenfragen der Sozialisationsforschung. In: Hurrelmann, Klaus/Ulich, Dieter (Hrsg.): Neues Handbuch der Sozialisationsforschung. 4. völlig neub. Aufl., Weinheim, S. 3-20.

Ingenkamp, Frank-D. (1984): Neue Medien vor der Schultür. Weinheim.

Institut des Rauhen Hauses für Soziale Praxis (ISP) (o. J.): Evaluation von Mediations- und Streitschlichterprogrammen an Schulen. unter: http://www.soziale-praxis.de/

Jahoda, Marie/Lazersfeld, Paul/Zeisel, Hans (1975/[1932]): Die Arbeitslosen von Marienthal. Frankfurt a. M.

Joint Committee on Standards for Educational Evaluation/Sanders, James S. (Hrsg.) (1999): Handbuch der Evaluationsstandards. Opladen.

Kania, Harald (2000): Kriminalitätsdarstellung in den Massenmedien. In: Bundesministerium der Justiz (Hrsg.): Kriminalität in den Medien. Mönchengladbach, S. 78-92.

Karstedt, Susanne (2004): Typen der Sozialintegration und Gewalt: Kollektivismus, Individualismus und Sozialkapital. In: Heitmeyer, Wilhelm/Soeffner, Hans-Georg (Hrsg.): Gewalt. Frankfurt a. M., S. 269-292.

Kavemann, Barbara (2001): Kinder und häusliche Gewalt. In: BMFSFJ (Hrsg.): Gewaltfreies Erziehen in Familien – Schritte der Veränderung. Materialien zur Familienpolitik Nr. 8. Bonn/München, S. 111-125.

Kavemann, Barbara (2002): Gewalt gegen Männer – ein vernachlässigtes Problem? Vortrag zur Fachveranstaltung der FHVR Berlin 18.11.2002. Berlin.

Kersten, Joachim (1997): Risiken und Nebenwirkungen: Gewaltorientierungen und die Bewerkstelligung von „Männlichkeit" und „Weiblichkeit" bei Jugendlichen der underclass. In: Krasmann, Susanne/Scheerer, Sebastian (Hrsg.): Die Gewalt in der Kriminologie. Kriminologisches Journal, 6. Beiheft. Weinheim, S. 103-114.

Literatur

Kersten, Joachim (1998): Sichtbarkeit und städtischer Raum. Jugendliche Selbstinszenierung, Männlichkeit und Kriminalität. In: Breyvogel, Wilfried (Hrsg.): Stadt, Jugendkulturen und Kriminalität. Bonn, S. 112-128.

Kieselbach, Thomas (1988): Familie unter dem Druck der Arbeitslosigkeit. „Opfer durch Nähe" und Quelle sozialer Unterstützung. In: Alter, K./Menne, K. (Hrsg.): Familie in der Krise: Sozialer Wandel, Familie und Erziehungsberatung. Weinheim, S. 47-76.

Kim, Jae-On/Mueller, Charles W. (1978a): Introduction to Factor Analysis. What It Is and How To Do It. Newbury Park/London/New Delhi.

Kim, Jae-On / Mueller, Charles W. (1978b): Factor Analysis. Statistical Methods and Practical Issues. Newbury Park/London/New Delhi.

Klockhaus, Ruth/Habermann-Morbey, Brigitte (1986): Sachzerstörung an Schulen und schulische Umwelt. In: Zeitschrift für Entwicklungspsychologie und Pädagogische Psychologie, Jg. 16, S. 47-56.

Klockhaus, Ruth/Trapp-Michel, A. (1988): Vandalistisches Verhalten Jugendlicher. Göttingen.

Knopf, Hartmut (2000): Gewaltprävention an deutschen Schulen. In: Folianty-Jost, Gesine (Hrsg.): Schule, Schüler und Gewalt. München, S. 82-96.

Knopf, Hartmut/Nolting, Hans-Peter (1998): Gewaltverminderung in der Schule: Viele Vorschläge – wenig Studien. In: Psychologie in Erziehung und Unterricht, Jg. 45, S. 249-260.

Kolbe, Fritz-Ulrich (1996): Schulformspezifische Belastung durch abweichendes Verhalten in bundeslandeigener Problemkonstellation. Ergebnisse einer vergleichenden Schulleiterbefragung. In: Schubarth, Wilfried/Kolbe, Fritz-Ulrich/Willems, Helmut (Hrsg.): Gewalt an Schulen. Ausmaß, Bedingungen und Prävention. Opladen, S. 48-70.

Kraus, Ludwig (2005): Tabak-, Alkohol- und Drogenkonsum bei Schülerinnen und Schülern in Deutschland. In: Die Drogenbeauftragte der Bundesregierung/BMGS (Hrsg.): Deutsch-französische Fachtagung zur Suchtprävention bei Jugendlichen. Dokumentation der Fachtagung vom 7. Juni 2004 in Freiburg/Breisgau. Berlin, S. 25-32.

Kreuzer, Arthur (1987): Jugend – Drogen – Kriminalität. 3. Aufl., Neuwied.

Kreuzer, Arthur (1994): Drogenabhängig im Strafverfahren und Strafvollzug – Realitäten und Perspektiven. In: Reindl, Richard/Nickolai, Werner (Hrsg.): Drogen und Strafjustiz. Freiburg i. Br., S. 27-47.

Kreuzer, Arthur/Römer-Klees, R./Schneider, Hans (1991): Beschaffungskriminalität Drogenabhängiger. BKA-Forschungsreihe, Bd. 24, Wiesbaden.

Kromrey, Helmut (1999): Von den Problemen anwendungsorientierter Sozialforschung und den Gefahren methodischer Halbbildung. In: Sozialwissenschaften und Berufspraxis, Jg. 22, H. 1, S. 58-77.

Kronauer, Martin (2002): Die neue soziale Frage: Armut und Ausgrenzung in der Großstadt heute. In: Walther, Uwe-Jens (Hrsg.): Soziale Stadt – Zwischenbilanzen. Opladen, S. 45-56.

Krumm, Volker (1997): Methodenkritische Analyse schulischer Gewaltforschung. In: Holtappels, Heinz-Günter/Heitmeyer, Wilhelm/Melzer, Wolfgang/Tillmann, Klaus-Jürgen (Hrsg.): Forschung über Gewalt an Schulen. Weinheim, S. 63-79.

Krumm, Volker/Weiss, Susanne (2000): Ungerechte Lehrer. Zu einem Defizit in der Forschung über Gewalt an Schulen. In: psychosozial, Jg. 23, H. 1, S. 57-73.

Kühnel, Wolfgang (1999): Soziale Beziehungen, Gruppenprozesse und delinquentes Verhalten beim Statusübergang von der Schule in die Ausbildung. In: Timmermann, Heiner/Wessela, Eva (Hrsg.): Jugendforschung in Deutschland. Opladen, S. 173-192.

Kunczik, Michael (1993): Gewalt im Fernsehen, in: Media Perspektiven, 30. Jg., S. 98-107.

Kunczik, Michael (1994): Gewalt und Medien. 2. üb. u. aktual. Aufl., Köln.

Lamnek, Siegfried (1995) (Hrsg.): Jugend und Gewalt. Opladen.

Lamnek, Siegfried (1995a): Zur Phänomenologie der Gewalt an Schulen. In: Alemann, Heine von (Hrsg.): Mensch Gesellschaft. VIII. Tagung für Angewandte Soziologie. Opladen, S. 70-88.
Lamnek, Siegfried (1997): Kommunikative (Streit-)Kompetenz und physische Gewalt von Schülern. In: Zeitschrift für Politik, Jg. 44, H. 1, S. 21-45.
Lamnek, Siegfried (1997a): Jason alias Christian E. Schlägt zu. Soziologische Analyse eines Gerichtsurteils. In: DVJJ-Journal 2, S. 201-206.
Lamnek, Siegfried (1998): Jugendkriminalität. Erscheinungen – Entwicklungen – Erklärungen. In: Gegenwartskunde, Jg. 47. H. 3, S. 379-412.
Lamnek, Siegfried (1999): Gewalttätige Schüler 1994 - 1999. In: Böttger, Andreas/ Landesstelle Jugendschutz Niedersachsen (Hrsg.): Jugendgewalt – und kein Ende? Hintergründe – Perspektiven – Gegenstrategien. Hannover, S. 17-46.
Lamnek, Siegfried (2000): Jugendgewalt in unserer Gesellschaft. In: Gegenwartskunde, Jg. 49, H. 2, S. 237-264.
Lamnek, Siegfried/Boatcă, Manuela (Hrsg.) (2003): Geschlecht – Gewalt – Gesellschaft. Opladen.
Lamnek, Siegfried/Fuchs, Marek/Luedtke, Jens (2000): Schüler in Bayern – brav oder brutal? Bericht über das Forschungsprojekt „Gewalt an Schulen". In: Schulverwaltung. Zeitschrift für Schul-Leitung, SchulAufsicht und SchulKultur, Jg. 23, Nr. 5/2000, S. 164-168.
Lamnek, Siegfried/Ottermann, Ralf (2004): Tatort Familie. Häusliche Gewalt im gesellschaftlichen Kontext. Opladen.
Landtag Nordrhein-Westfalen (2001), 13. Wahlperiode, Drucksache 13/632.
Lang, E. (1980): Kind, Familie und Fernsehen. Freiburg.
Lederer, G. (1983): Jugend und Autorität. Über den Einstellungswandel zum Autoritarismus in der Bundesrepublik Deutschland und den USA. Opladen.
Legge, Ingeborg/Bathsteen, M. (2000): Einfluss des Methadonprogramms auf die Delinquenzentwicklung polizeibekannter Drogenkonsumenten/innen. Hamburg.
Lenz, Karl (1990): Mehr Chancen, mehr Risiken: Zum Wandel der Jugendphase in der Bundesrepublik. In: Hettlage, Robert (Hrsg.): Die Bundesrepublik. Eine historische Bilanz. München, S. 215-233.
Lerchenmüller, Hedwig (1982): Soziales Lernen in der Schule unter kriminalpräventiver Zielsetzung. In: Kury, Helmut (Hrsg.): Prävention abweichenden Verhaltens – Maßnahmen der Vorbeugung und Nachbetreuung. Köln, S. 92-105.
Litz, Hans Peter (2000): Multivariate statistische Methoden. München.
Lösel, Friedrich/Bliesener, Thomas/Averbeck, Mechthild (1997): Erlebens- und Verhaltensprobleme bei Tätern und Opfern. In: Holtappels, Heinz-Günter/Heit- meyer, Wilhelm/Melzer, Wolfgang/Tillmann, Klaus-Jürgen (Hrsg.): Forschung über Gewalt an Schulen. Weinheim, S. 137-154.
Lösel, Friedrich/Bliesinger, Thomas/Averbeck, Mechthild (1999): Hat die Delinquenz von Schülern zugenommen? Ein Vergleich im Dunkelfeld nach 22 Jahren. In: Schäfer, Mechthild/Frey, Dieter (Hrsg.): Aggression und Gewalt unter Kindern und Jugendlichen. Göttingen, S. 65-87.
Lüders, Christian/Rosner, Siegfried (1990): Arbeitslosigkeit in der Familie. In: Schindler, Hans/ Wacker, Ali/Wetzels, Peter (Hrsg.): Familienleben in der Arbeitslosigkeit. Heidelberg, S. 75-98.
Luedtke, Jens (1998): Lebensführung in der Arbeitslosigkeit. Differenzielle Problemlagen und Bewältigungsmuster. Pfaffenweiler.
Luedtke, Jens (2001): Drogen und Gewalt in den 90ern – zur Lage an bayerischen Schulen. In: Soziale Probleme, Jg. 10, Heft 2/99, S. 115-143.
Luedtke, Jens (2003): Illegaler Drogenumgang und Beschaffungskriminalität im Jugend- und Heranwachsendenalter. In: Mansel, Jürgen/Raithel, Jürgen (Hrsg.): Kriminalität und Gewalt im Jugendalter. Hell- und Dunkelfeldbefunde im Vergleich. Weinheim.

Literatur

Lukesch, Helmut (2002): Gewalt und Medien. In: Heitmeyer, Wilhelm/Hagen, John (Hrsg.): Internationales Handbuch der Gewaltforschung. Wiesbaden. S. 639-675.

Lukesch, Helmut (2003): Das Weltbild des Fernsehens. Ausgewählte Ergebnisse einer inhaltsanalytischen Studie zu geschlechtsspezifischen Aggressivitäts- und Prosozialitätsdarstellungen im Fernsehen, in: Lamnek, S./Boatcă, M. (Hrsg.): Geschlecht – Gewalt – Gesellschaft. Opladen 2003, S. 295-317.

Mansel, Jürgen (2000): Determinanten für Gewaltbereitschaft und Gewalt im Jugendalter. In: Journal für Konflikt- und Gewaltforschung. Jg. 2, H. 1, S. 70-93.

Mansel, Jürgen (2001): Familiale Erziehung und Gewalterfahrungen. Hintergründe und Folgen der Viktimisierung. In: Zeitschrift für Familienforschung, Jg. 13, H. 3, S. 27-51.

Mansel, Jürgen (2001a): Kriminalitätsberichterstattung und Anzeigeverhalten. Informelle Kontrollstrategien gegenüber kriminalisierbarem Verhalten Jugendlicher. In: Albrecht, Günter/Backes, Otto/Kühnel, Wolfgang (Hrsg.): Gewaltkriminalität zwischen Mythos und Realität. Frankfurt a. M., S. 301-325.

Mansel, Jürgen/Hurrelmann, Klaus (1998): Aggressives und delinquentes Verhalten Jugendlicher im Zeitvergleich. Befunde der „Dunkelfeldforschung" aus den Jahren 1988, 1990 und 1996. In: Kölner Zeitschrift für Soziologie und Sozialpsychologie, Jg. 50, H. 1, S. 78-109.

Matt, Eduard (1999): Jugend, Männlichkeit und Delinquenz. Junge Männer zwischen Männlichkeitsritualen und Autonomiebestrebungen. In: Zeitschrift für Soziologie der Erziehung und Sozialisation, Jg. 19, H. 3, S. 259-276.

Meier, Ulrich/Tillmann, Klaus-Jürgen (2000): Gewalt in der Schule – importiert oder selbstproduziert? In: Praxis der Kinderpsychologie und Kinderpsychiatrie, Jg. 49, S. 36-52.

Melzer, Wolfgang/Ehninger, Frank (2002): Veränderung der Schulkultur als Ansatz schulischer Gewaltprävention. In: Aus Politik und Zeitgeschichte, B 44, S. 38-46.

Melzer, Wolfgang/Rostampour, Parviz (1996): Schulische Gewaltformen und Täter-Opfer-Problematik. In: Schubarth, Wilfried/Kolbe, Fritz-Ulrich/Willems, Helmut (Hrsg.): Gewalt an Schulen. Ausmaß, Bedingungen und Prävention. Opladen, S. 131-148.

Melzer, Wolfgang/Lenz, Karl/Ackermann, Christoph (2002): Gewalt in Familie und Schulen. In: Krüger, Hans-Hermann/Grunert, Cathleen (Hrsg.): Handbuch Kindheits- und Jugendforschung. Opladen, S. 837-863.

Meng, Frank (2004): Ergebnisse einer Schulleiterbefragung zum Thema Gewaltbelastung, Präventionsstrategien und Unterstützungsbedarfe. Untersuchung im Auftrag des Bremer Senats. Akademie für Arbeit und Politik der Universität Bremen.

Merten, Klaus (1993): Darstellung von Gewalt im Fernsehen. Inhaltsanalyse 11.-17.11.1992.

Merten, Klaus (2000): Gewalt durch Gewalt im Fernsehen. Wiesbaden.

Möller, Kurt (2001): Coole Hauer und brave Engelein. Opladen.

Mühlig, Oliver (2004): Die Kontrolle von Schülergewalt durch die Institution Schule. Baden-Baden.

Münchmeier, Richard (1998): „Entstrukturierung" der Jugendphase. In: Aus Politik und Zeitgeschichte, B 31, S. 19-28.

Nedelmann, Brigitte (1997): Gewaltsoziologie am Scheideweg. Die Auseinandersetzung mit der gegenwärtigen und mit der zukünftigen Gewaltforschung. In: Trotha, Trutz von (Hrsg.): Soziologie der Gewalt. Kölner Zeitschrift für Soziologie und Sozialpsychologie, Sonderheft 37. Opladen, S. 59-85.

Neidhardt, Friedhelm (1997): Gewalt, Gewaltdiskussion, Gewaltforschung. In: Bielefelder Universitätsgespräche und Vorträge 7, S. 19-28.

Neumann, Ulf/Perik, Muzaffer/Schmidt, Wilhelm/Wendt, Peter-Ulrich (Hrsg.) (2002): Gewaltprävention in Jugendarbeit und Schule. Konzepte – Praxis – Methoden. Marburg.

Niebel, Gabriele/Hanewinkel, Reiner/Ferstl, R. (1993): Gewalt und Aggression in schleswig-holsteinischen Schulen. In: Zeitschrift für Pädagogik, H. 5, S. 775-798.
Nordlohne, Elisabeth (1992): Die Kosten jugendlicher Problembewältigung. Weinheim.
Nordlohne, Elisabeth/Hurrelmann, Klaus (1993): Arzneimittelkonsum bei Kindern und Jugendlichen. In: Bäuerle, Siegfried (Hrsg.): Der suchtgefährdete Schüler, S. 107-129.
Nunner-Winkler, Gertrud/Nikele, Marion/Wohlrab, Doris (2005): Jugendgewalt und pazifistisches Schulmilieu. In: Journal für Konflikt- und Gewaltforschung, H. 1.
Nunner-Winkler, Gertrud (2004): Überlegungen zum Gewaltbegriff. In: Heitmeyer, Wilhelm/Soeffner, Hans-Georg (Hrsg.): Gewalt. Entwicklungen, Strukturen, Analyseprobleme. Frankfurt a. M., S. 21-61.
Oesterreich, D. (1993): Autoritäre Persönlichkeit und Gesellschaftsordnung. Der Stellenwert psychischer Faktoren für politische Einstellungen – eine empirische Untersuchung von Jugendlichen in Ost und West. Weinheim/München.
Olweus, Dan (1991): Bully-victim problems among schoolchildren: Basic facts and effects of a schoolbased intervention program. In: Pepler, D./Rubin, K. (eds.): The development and treatment of childhood aggression. Hilsday NJ, S. 411-448.
Olweus, Dan (1995): Gewalt in der Schule. Was Eltern wissen sollten – und tun können. Bern.
Olweus, Dan (1997): Täter – Opfer – Programme in der Schule: Erkenntnisstand und Interventionsprogramm. In: Holtappels, Heinz-Günter/Heitmeyer, Wilhelm/Melzer, Wolfgang/Tillmann, Klaus-Jürgen (Hrsg.): Forschung über Gewalt an Schulen. Weinheim, S. 281-298.
Oswald, Hans (1999): Steigt die Gewalt unter Jugendlichen? In: Schäfer, Mechthild/Frey, Dieter (Hrsg.): Aggression und Gewalt unter Kindern und Jugendlichen. Göttingen, S. 43-51.
Petermann, Franz/Jugert, Gert/Tänzer, Uwe/Verbeek, Dorothe (1997): Sozialtraining in der Schule. Weinheim.
Pfeiffer, Christian (1999): Auch Ohrfeigen sind nicht harmlos. In: Die Welt des Kindes, H. 2/99, S. 4-5.
Pfeiffer, Christian/Wetzels, Peter (1997): Kinder als Täter und Opfer. KFN-Forschungsberichte Nr. 68. Hannover.
Pfeiffer, Christian/Wetzels, Peter (1999): Zur Struktur und Entwicklung der Jugendgewalt in Deutschland. Ein Thesenpapier auf Basis aktueller Forschungsbefunde. In: Aus Politik und Zeitgeschichte, B 26/99, S. 3-21.
Pfeiffer, Christian/Wetzels, Peter/Enzmann, Dirk (1999): Innerfamiliäre Gewalt gegen Kinder und Jugendliche und ihre Auswirkungen. KFN-Forschungsberichte Nr.80. Hannover.
POLIS-Institut (1994): Rechtsextremismus und Gewalt: Affinitäten und Resistenzen von Mädchen und jungen Frauen. Studie im Auftrag des Ministeriums für die Gleichstellung von Frau und Mann des Landes Nordrhein-Westfalen, vorgelegt von Hilde Utzmann-Krombholz/polis. Düsseldorf.
Popp, Ulrike (1997): Geschlechtersozialisation und Gewalt an Schulen. In: Holtappels, Heinz-Günther/Heitmeyer, Wilhelm/Melzer, Wolfgang/Tillmann, Klaus-Jürgen (Hrsg.): Forschung über Gewalt an Schulen, Weinheim, S. 207-223.
Popp, Ulrike (2001): Gewalt als Interaktionsprodukt der Geschlechter. In: Mansel, Jürgen/ Schweins, Wolfgang/Ulbrich-Herrmann, Matthias (Hrsg.): Zukunftsperspektiven Jugendlicher. Weinheim, S. 241-255.
Popp, Ulrike (2003): Das Ignorieren „weiblicher" Gewalt als „Strategie" zur Aufrechterhaltung der Konstruktion vom männlichen Täter. In: Lamnek, Siegfried/Boatcă, Manuela (Hrsg.): Geschlecht – Gewalt – Gesellschaft. Opladen, S. 195-211.
Popp, Ulrike/Meier, Ulrich/Tillmann, Klaus-Jürgen (2001): Es gibt auch Täterinnen. Zu einem bisher vernachlässigten Aspekt der schulischen Gewaltdiskussion. In: Zeitschrift für Soziologie der Erziehung und Sozialisation, Jg. 21, H. 2, Risikoverhalten, S. 170-191.

Literatur

Prenzel, Manfred et al. (2005): Vorinformtaion zu PISA 2003: Zentrale Ergebnisse des zweiten Vergleichs der Länder in Deutschland. (download unter: www.ipn.uni-kiel.de/projekte/pisa).
Raithel, Jürgen (2004): Jugendliches Risikoverhalten. Eine Einführung. Wiesbaden.
Raithel, Jürgen (Hrsg.) (2001): Risikoverhalten Jugendlicher. Opladen.
Rauscher, Anton (Hrsg.) (1985): Selbstinteresse und Gemeinwohl. Berlin.
Reißig, Birgit (2001): Schulschwänzen – ein Phänomen macht Karriere. Ergebnisse einer bundesweiten Erhebung bei Schulverweigerern. Werkstattbericht. München/Leipzig, DJI, Arbeitspapiere 5/2001.
Reißig, Birgit (2001a): Außerschulischer Lernort für schulmüde Jugendliche. In: Schreiber-Kittl, Maria (Hrsg.): Lernangebote für Schulabbrecher und Schulverweigerer. Praxismodelle, Band 7. 2. Aufl., München/Leipzig, S. 88-95.
Reuband, Karl-Heinz (1990): Vom Haschisch zum Heroin? Sozialkulturelle Determinanten der Drogenwahl. In: Suchtgefahren, Jg. 36, S. 1-17.
Reuband, Karl-Heinz (1994): Soziale Determinanten des Drogengebrauchs. Opladen.
Ricking, Heinrich (1997): Einleitende Bemerkungen zur Schulpflicht und zum Schulabsentismus. In: Sonderpädagogik, Jg. 24, H. 4, S. 229-242.
Ricking, Heinrich/Neukäter, Heinz (1997): Schulabsentismus als Forschungsgegenstand. In: Heilpädagogische Forschung, Band 23, H. 2, S. 50-69.
Rostampour, Parviz (2000): Schüler als Täter, Opfer und Beteiligte. Veränderungen der Rollen im sozialen und biographischen Kontext. In: Psychosozial. Heft 1 79. Band 23. S. 17-23.
Rostampour, Parviz/Schubarth, Wilfried (1997): Gewaltphänomene und Gewaltakteure. Befunde aus einer Schülerbefragung in Sachsen. In: Empirische Pädagogik, Jg. 11, H. 2, S. 135-150.
Schäfer, Mechthild/Albrecht, Astrid (2004): „Wie du mir, so ich dir?" Prävalenz und Stabilität von Bullying in Grundschulklassen. In: Psychologie in Erziehung und Unterricht, Jg. 51, S. 136-150.
Schäfer, Mechthild/Frey, Dieter (1999): Subjektive und objektive Empirien zur Einschätzung und Diskussion von Aggression und Viktimisierung. In: Schäfer, Mechthild/Frey, Dieter (Hrsg.): Aggression und Gewalt unter Kindern und Jugendlichen. Göttingen, S. 11-18.
Scheithauer, Heribert/Hayer, Tobias/Petermann, Franz (2003): Bullying unter Schülern. Göttingen.
Scherr, Albert (2004): Körperlichkeit, Gewalt und soziale Ausgrenzung in der „postindustriellen Wissensgesellschaft". In: Heitmeyer, Wilhelm/Soeffner, Hans-Georg (Hrsg.): Gewalt. Frankfurt a. M., S. 202-223.
Scheungrab, Michael (1993): Filmkonsum und Delinquenz. Ergebnisse einer Interviewstudie mit straffälligen und nicht-straffälligen Jugendlichen. Regensburg.
Schindler, Hans/Wetzels, Peter (1990): Familiensysteme in der Arbeitslosigkeit. In: Schindler, Hans/Wacker, Ali/Wetzels, Peter (Hrsg.): Familienleben in der Arbeitslosigkeit. Heidelberg, S. 43-74.
Schmals, Klaus M. (2000): Entstrukturierung von Raum und Zeit im Jugendalter. In: Clemens, Wolfgang/Strübing, Jörg (Hrsg.): Empirische Sozialforschung und gesellschaftliche Praxis. Opladen, S. 261-278.
Schneewind, Klaus/Beckmann, Michael/Engfer, Anette (1983): Eltern und Kinder. Umwelteinflüsse auf das familiäre Verhalten. Stuttgart.
Schreiber-Kittl, Maria (2001): Alles Versager? Schulverweigerung im Urteil von Experten. München, DJI-Arbeitspapier 1/2001.
Schreiber-Kittl, Maria/Schröpfer, Haike (2002): Abgeschrieben? Ergebnisse einer empirischen Untersuchung über Schulverweigerer. Übergänge in Arbeit, Bd. 2. München.
Schroer, Markus (2004): Gewalt ohne Gesicht. Zur Notwendigkeit einer umfassenden Gewaltanalyse. In: Heitmeyer, Wilhelm/Soeffner, Hans-Georg (Hrsg.): Gewalt. Frankfurt a. M., S. 151-173.
Schroers, Artur/Schneider, Wolfgang (1998): Drogengebrauch und Prävention im Party-Setting. Berlin.

Schubarth, Wilfried (1999): „Jugendprobleme" machen Karriere. Zum Verhältnis von Medienöffentlichkeit, Politik, Wissenschaft und Praxis am Beispiel der Gewaltdebatte. In: Timmermann, Heiner/Wessela, Eva (Hrsg.): Jugendforschung in Deutschland. Eine Zwischenbilanz. Opladen, S. 81-94.
Schubarth, Wilfried (2000): Gewaltprävention in Schule und Jugendhilfe. Neuwied.
Schubarth, Wilfried (2000a): Gewaltprävention durch Öffnung von Schule. In: psychosozial. Jg. 23, H. 1, S. 101-112.
Schubarth, Wilfried (2003): Gewaltprävention nach Erfurt und PISA. In: Sozialwissenschaften und Berufspraxis, Jg. 26, H. 2, S. 199-212.
Schubarth, Wilfried et al. (2002): Konfliktvermittlung an Schulen in Meckelenburg-Vorpommern: Konzepte – Erfahrungen – Wirkungen. Eine Evaluationsstudie zur Schulmediation. Greifswald.
Schubarth, Wilfried (2003): Formen, Möglichkeiten und Grenzen der Gewaltprävention. Schulische und außerschulische Präventionskonzepte und deren Beitrag zur Entwicklung der Konfliktfähigkeit bei Jugendlichen. In: Raithel, Jürgen/Mansel, Jürgen (Hrsg.) (2003): Kriminalität und Gewalt im Jugendalter. Hell- und Dunkelbefunde im Vergleich. Weinheim, S. 300-316.
Schubarth, Wilfried/Darge, Kerstin/Mühl, Manuela/Ackermann, Christoph (1997): Im Gewaltausmaß vereint? Eine vergleichende Schülerbefragung in Sachsen und Hessen. In: Holtappels, Heinz-Günter/Heitmeyer, Wilhelm/Melzer, Wolfgang/Tillmann, Klaus-Jürgen (Hrsg.): Forschung über Gewalt an Schulen. Weinheim, S. 101-118.
Schulze, Gisela/Wittrock, Manfred (2000): Schulaversives Verhalten – Vorstellung und erste Ergebnisse eines Forschungsprojektes. In: Warzecha, Birgit (Hrsg.): Institutionelle und soziale Desintegrationsprozesse bei schulpflichtigen Heranwachsenden. Münster, S. 311-326.
Schümer, Gundel/Tillmann, Klaus-Jürgen/Weiß, Manfred (2002): Institutionelle und Soziale Bedingungen des Lernens. In: Deutsches PISA-Konsortium (Hrsg.): PISA 2000 – Die Länder der Bundesrepublik im Vergleich. Opladen, S. 203-218.
Schuster, Beate (1999): Gibt es eine Zunahme von Bullying in der Schule? Konzeptuelle und methodische Überlegungen. In: Schäfer, Mechthild/Frey, Dieter (Hrsg.): Aggression und Gewalt unter Kindern und Jugendlichen. Göttingen, S. 91-104.
Schwind, Hans-Dieter/Baumann, Jürgen et al. (Hrsg.) (1990): Ursachen, Prävention und Kontrolle von Gewalt. Analysen und Vorschläge der unabhängigen Regierungskommission zur Verhinderung und Bekämpfung von Gewalt (Gewaltkommission), Berlin.
Schwind, Hans-Dieter (1995): Gewalt in der Schule - am Beispiel Bochum. In: Lamnek, Siegfried (Hrsg.): Jugend und Gewalt. Opladen, S. 99-118.
Schwind, Hans-Dieter (1999): Kriminologische Lagebeurteilung und kriminalpolitische Aktivitäten: Geht die innere Sicherheit unseres Landes verloren? In: Bundeskriminalamt (Hrsg.): Moderne Sicherheitsstrategien gegen das Verbrechen. BKA-Forschungsreihe, Bd. 49. Wiesbaden, S. 41-70.
Schwind, Hans-Dieter/Roitsch, Karin/Ahlborn, Wilfried/Gielen, Birgit (1995): Gewalt im Rahmen der Schule – am Beispiel Bochum. Mainz.
Sikorski, Peter B./Thiel, Rolf-Dietmar (1995): Gewalt an Schulen. Ergebnisse einer Befragung von Schulleitern in Baden-Württemberg zur Gewaltentwicklung und zu möglichen Interventionsmaßnahmen. (Landesinstitut für Erziehung und Unterricht im Auftrag des Ministeriums für Kultus und Sport in Baden-Württemberg). Stuttgart. (Ms., 82 S.).
Silbereisen, Rainer K. (1999): Entwicklungspsychologische Aspekte von Alkohol- und Drogengebrauch. In: Höfling, S. (Hrsg.): Kampf gegen Sucht und Drogen. München, S. 217-238.
Silbereisen, Rainer K./Reese, A. (2001): Substenzgebrauch: Illegale Drogen und Alkohol. In: Raithel, Jürgen (Hrsg.): Risikoverhaltensweisen Jugendlicher. Opladen, S. 131-153.

Literatur

Silbereisen, Rainer/Walper, Sabine (1987): Familiäre Konsequenzen ökonomischer Einbußen und die Bereitschaft zu normverletzendem Verhalten bei Jugendlichen. In: Zeitschrift für Entwicklungspsychologie und Pädagogische Psychologie, Jg. 19, S. 228-248.

Silkenbeumer, Mirjam (1999): Mädchen ziehen an den Haaren, Jungen nehmen die Fäuste – oder? In: Böttger, Andreas/Landesstelle Jugendschutz Niedersachsen (Hrsg.): Jugendgewalt – und kein Ende? Hintergründe – Perspektiven – Gegenstrategien. Hannover, S. 67-86.

Simon, Roland/Sonntag, Dilek/Bühringer, Gerhard/Kraus, Ludwig (2004): Cannabisbezogene Störungen: Umfang und Behandlungsangebot in Deutschland. München.

Smith, Peter K. (1999): Aggression und Bullying in Schulen. In: Schäfer, Mechthild/Frey, Dieter (Hrsg.): Aggression und Gewalt unter Kindern und Jugendlichen. Göttingen: Hogrefe, S. 19-40.

Sofsky, Wolfgang (1994): Die Gewalt der Meute. In: Brednich, Rolf W./Hartinger, Walter (Hrsg.): Gewalt in der Kultur. Vorträge des 29. Deutschen Volkskundekongresses in Passau. Passauer Studien zur Volkskunde, Bd. 9. Passau, S. 721-731.

Sofsky, Wolfgang (1996): Traktat über die Gewalt. Frankfurt a. M.

Spaun, Karin von (1995): Gewalt an Schulen. München.

Steffen, Wiebke (2001): Ausländerkriminalität zwischen Mythos und Realität. In: Albrecht, Günter/Backes, Otto/Kühnel, Wolfgang (Hrsg.): Gewaltkriminalität zwischen Mythos und Realität. Frankfurt a. M., S. 282-300.

Steffen, Wiebke (2003): Polizeilich registrierte Gewalttaten junger Menschen – Grund zu Furcht und Sorge? In: Sozialwissenschaften und Berufspraxis, Jg, 26, H. 2, S. 135-148.

Straus, Murray (2001): Physical Aggression in the Family. In: Martinez, Manuela (ed.): Prevention and control of aggression and the impact of its victims. New York, p. 1-20.

Straus, Murray A./Gelles, Richard J./Steinmetz, Susanne K. (1980): Behind Closed Doors. Garden City, N. Y.

Sturzbecher, Dietmar (Hrsg.) (1997): Jugend und Gewalt in Ostdeutschland. Lebenserfahrungen in Schule, Freizeit und Familie. Göttingen.

Sturzbecher, Dietmar (Hrsg.) (2001): Jugend in Ostdeutschland: Lebenssituationen und De- linquenz. Opladen.

Sturzbecher, Dietmar/Dietrich, Peter (1993): Schulverweigerung von Jugendlichen in Brandenburg. Potsdam, Institut für angewandte Kindheits-, Familien- und Jugendforschung, Forschungsberichte 1993/1.

Sturzbecher, Dietmar/Dietrich, Peter/Kohlstruck, Michael (1994): Jugend in Brandenburg 93. Potsdam.

Telser, Christine (2003): Deeskalationsstrategien im Umgang mit Jugendlichen. In: Gehl, Günter (Hrsg.) (2003): Gewalt an Schulen. Prävention und Strategien im europäischen Vergleich. Weimar, S. 67-78.

Tertilt, Hermann (1996). Turkish Power Boys. Ethnographie einer Jugendbande. Frankfurt/M.

Tertilt, Hermann (1997): Turkish Power Boys. Zur Interpretation einer gewaltbereiten Subkultur. In: ZSE, Jg. 17, H. 1, S. 19-29.

Tertilt, Hermann (1996):

Teschke, Rudolf (1989): Alkoholwirkung im menschlichen Organismus. In: Scheerer, Sebastian/Vogt, Irmgard (Hrsg.): Drogen und Drogenpolitik. Ein Handbuch. Frankfurt a. M., S. 107-120.

Thimm, Karlheinz (2000): Schulverweigerung. Zur Begründung eines neuen Verhältnisses von Sozialpädagogik und Schule. Münster.

Tillmann, Klaus-Jürgen (1997): Gewalt an Schulen: öffentliche Diskussion und erziehungswissenschaftliche Forschung. In: Holtappels, Heinz-Günter/Heitmeyer, Wilhelm/Melzer, Wolfgang/Tillmann, Klaus-Jürgen (Hrsg.): Forschung über Gewalt an Schulen. Erscheinungsformen und Ursachen, Konzepte und Prävention. Weinheim, S. 11-26.

Tillmann, Klaus-Jürgen/Holler-Nowitzki, Birgit/Holtappels, Hans-Günter/Meier, Ulrich /Popp, Ulrike (1999): Schülergewalt als Schulproblem. Verursachende Bedingungen, Erscheinungsformen und pädagogische Handlungsperspektiven. Weinheim.

Trotha, Trutz von (1982): Zur Entstehung von Jugend. In: Kölner Zeitschrift für Soziologie und Sozialpsychologie. Jg. 34, S. 254-277.

Trotha, Trutz von (1997): Zur Soziologie der Gewalt. In: Trotha, Trutz von (Hrsg.): Soziologie der Gewalt. Kölner Zeitschrift für Soziologie und Sozialpsychologie, Sonderheft 37. Opladen, S. 9-56.

TUDrop Projektgruppe (1984): Heroinabhängigkeit unbetreuter Jugendlicher. Weinheim.

Überla, Karl (1977): Faktorenanalyse. Eine systematische Einführung für Psychologen, Mediziner, Wirtschafts- und Sozialwissenschaftler. 2nd edition. Berlin/Heidel- berg.

Uhlig, Steffen (2002): Handlungsstrategien im Umgang mit Schulverweigerern – Versuch einer Systematisierung. In: Simon, Titus/Uhlig, Steffen (Hrsg.): Schulverweigerung. Muster – Hypothesen – Handlungsfelder. Opladen, S. 43-70.

Wagner, Ulrich/van Dick, Rolf (2000): Der Umgang mit Aggression und Gewalt bei Kindern und Jugendlichen. Einige psychologische Anmerkungen. In: Aus Politik und Zeitgeschichte, B 19-20/2000, S. 34-38.

Warzecha, Birgit (2000): From social exclusion to social inclusion? Institutionelle und soziale Desintegrationsprozesse bei schulpflichtigen Heranwachsenden. In: Warzecha, Birgit (Hrsg.): Institutionelle und soziale Desintegrationsprozesse bei schulpflichtigen Heranwachsenden. Münster, S. 344-358.

Warzecha, Birgit (2001): Schulschwänzen und Schulverweigerung. Eine Herausforderung an das Bildungssystem. Münster.

Wegener, Claudia (1994): Reality TV. Fernsehen zwischen Emotion und Information? Opladen.

Welz, Eberhard/Dussa, Ulla (1998): Mädchen sind besser – Jungen auch. Konfliktbewältigung für Mädchen und Jungen. Bd. I: Dokumentation eines Modellversuchs (hrsg. v. d. Senatsverwaltung für Schule, Jugend und Sport Berlin). Berlin.

Wenzke, Gerhard (1995). Gewalt unter Schuljugendlichen: Paneluntersuchung in Frankfurt/Oder und Slubice. Eine Grenzlandstudie. In: Arbinger, Roland/Jäger, Reinhold (Hrsg.): Zukunftsperspektiven pädagogisch-empirischer Forschung. Landau, S. 128-137.

Werneck, Harald (1999): „Also sprach in ernstem Ton der Papa zu seinem Sohn" – Väter im Erziehungsalltag. „Wehe, wehe, wenn ich an das Ende sehe" – Psychische Gewalt am Kind (Wien, Bundesministerium für Umwelt, Jugend und Familie).

Wetzels, Peter/Enzmann, Dirk/Mecklenburg, Eberhard/Pfeiffer, Christian (1998): Gewalterfahrungen und Kriminalitätsfurcht von Schülerinnen und Schülern in Stuttgart. Hannover.

Wetzels, Peter/Enzmann, Dirk/Mecklenburg, Eberhard/Pfeiffer, Christian (1999): Gewalt im Leben Münchner Schüler. Abschlussbericht über die Ergebnisse einer repräsentativen Dunkelfeldbefragung von Schülern der 9. Jahrgangsstufe und des Berufsvorbereitungsjahres. Hannover.

Wetzels, Peter/Mecklenburg, Eberhard/Wilmers, Nicole/Enzmann, Dirk/Pfeiffer, Christian (2000) Gewalterfahrungen, Schulschwänzen und delinquentes Verhalten Jugendlicher in Rostock. Hannover.

Wilfried/Melzer, Wolfgang (Hrsg.): Schule, Gewalt und Rechtsextremismus. Opladen, S. 188-193.

Wilmers, Nicole/Enzmann, Dirk/Schaefer, Dagmar/Herbers, Karin/Greve, Werner/Wetzels, Peter (2002): Jugendliche in Deutschland zur Jahrtausendwende: Gefährlich oder gefährdet? Interdisziplinäre Beiträge zur kriminologischen Forschung, Bd. 23. Baden-Baden.

Wilmers, Nicole/Grewe, Werner (2002): Schwänzen als Problem. Psychologische Perspektiven zu den Bedingungen und Konsequenzen von Schulabsentismus. In: Report Psychologie, Jg. 27, H. 7/2002, S. 404-413.

Zenke, K. G./Ludwig, G. (1985): Kinder arbeitsloser Eltern. In: MittAB, Jg. 18, S. 265-278.

Abbildungsverzeichnis

Abb. 1.1: Gemeldete Raufunfälle je 1000 versicherter Schüler nach Schularten 1986-2003 28
Abb. 1.2: Theoretisches Modell zur Analyse von Gewalt an Schulen 48
Abb. 2.1: Rücklaufcharakteristik (bezogen auf die ausgewählten Klumpen) .. 64
Abb. 3.1: Opferindizes 1994 – 1999 – 2004 93
Abb. 3.2: Opferindizes nach Alter 1994 – 1999 – 2004 97
Abb. 4.1: Sich-Verstehen mit den Eltern 2004 112
Abb. 4.2: „Meine Eltern haben mich sehr gerne" 2004 (Intensität der Zustimmung) 113
Abb. 4.3: Meine Eltern haben mich sehr gerne 2004 nach der ökonomischen Lage 114
Abb. 4.4: Elterliche Erziehung aus Sicht der Schüler 1994 – 1999 – 2004 ... 115
Abb. 4.5: Der elterliche Erziehungsstil 2004 nach der ökonomischen Lage .. 116
Abb. 4.6: Elterliche Sorge um die Kinder in der Schule 2004 118
Abb. 4.7: Anzahl genannter Aussagen zur elterlichen Sorge um die Kinder in der Schule 2004 120
Abb. 4.8: Verstehen mit den Eltern 2004 nach elterlicher Sorge um die Schule 122
Abb. 4.9: Gewalt in der Familie 2004: Einzelaussagen 124
Abb. 4.10: Prügel bei Dummheiten 1994 – 1999 – 2004 128
Abb. 4.11: Schläge bei schlechten Noten 1994 – 1999 – 2004 129
Abb. 4.12: Gewalt in der Familie 2004 131
Abb. 4.13: Gewalt an Schulen 2004: Anteile der durch die familiale Gewalt erklärten Varianz (r^2) 140
Abb. 4.14: Einstellung zur Gewalt 2004 146
Abb. 4.15: Scatterplot: Haltung zur Gewalt nach der Gewalterfahrung in der Familie 2004 150
Abb. 4.16: Gewalt 2004: Varianzerklärung durch die Haltung zur Gewalt...... 152
Abb. 4.17: Durchschnittliche Gewaltaktivität 2004 nach der Haltung zur Gewalt 153
Abb. 5.1: Fernsehkonsum pro Tag 2004 nach Geschlecht 165
Abb. 5.2: Medienkonsum („täglich gesehen") 1994 – 1999 – 2004 167
Abb. 5.3: Medienkonsum („täglich gesehen") nach Geschlecht 1994 – 1999 – 2004 170
Abb. 5.4: Verarbeitung von Mediengewalt durch die Schüler 2004 174
Abb. 5.5: Stärke des Zusammenhangs zwischen dem Anschauen bestimmter Sendungen und der physischen Gewalttätigkeit (Eta^2) 1994 – 1999 – 2004 178
Abb. 5.6: Stärke des Zusammenhangs zwischen dem Anschauen bestimmter Sendungen und der Gewalttätigkeit (Eta^2) bei Schülern 2004 179

Abbildungsverzeichnis

Abb. 5.7:	Stärke des Zusammenhangs zwischen dem Anschauen bestimmter Sendungen und der Gewalttätigkeit (Eta^2) bei Schülerinnen 2004	180
Abb. 5.8:	Ausübung physischer Gewalt 2004 in Abhängigkeit von der Gewaltverarbeitung	186
Abb. 5.9:	Stärke des Zusammenhangs (Eta^2) zwischen dem Anschauen bestimmter Sendungen und der Gewalttätigkeit (Gesamtgewaltindex) 1994 – 1999 – 2004	189
Abb. 6.1:	Staatsangehörigkeit der Schüler 2004	193
Abb. 7.1:	Jedweder Waffenbesitz am Befragungstag 1994 – 1999 – 2004 nach Alter	213
Abb. 8.1:	Verbreitung des Drogenkonsums 2004 unter bayerischen Schülern	229
Abb. 8.2:	Durchschnittliche Konsumhäufigkeit 2004 nach Geschlecht	235
Abb. 8.3:	Zugehörigkeit zu Cliquen, in der Mitglieder Probleme mit der Polizei hatten 2004	249
Abb. 8.4:	Haltung zur Gewalt 2004 nach dem Drogenkonsummuster	256
Abb. 8.5:	Gewaltanwendung 1994 – 1999 – 2004; Anteil der Varianz, der durch die Drogenkonsummodi erklärt wird	258
Abb. 9.1:	Schwänzen im Schuljahr 2003/04: 5-Monatsprävalenz	270
Abb. 9.2:	Schwänzen in den vergangenen zwei Wochen 2004	272
Abb. 9.3:	Transgressionsbereitschaft 2004 nach den Schwänztagen in den letzten fünf Monaten	281
Abb. 9.4:	Haltung zur Gewalt 2004 nach der Häufigkeit des Schwänzens in den letzten fünf Monaten	284
Abb. 10.1:	Klassenstufe (Alter) und Opferwahrscheinlichkeit 2004	297
Abb. 10.2:	Notendurchschnitt und Opferwahrscheinlichkeit 2004	306

Tabellenverzeichnis

Tab. 1.1: Grenzen der Reichweite von Aussagen empirischer Studien zur Gewalt an Schulen 15
Tab. 1.2: Repräsentative (Längsschnitt-)Selbstberichtstudien zur Gewalt an Schulen: Bundesländer bzw. Stadtstaat 20
Tab. 1.3: Hintergründe für Gewalt an Schulen 31
Tab. 2.1: Grundgesamtheit der Schulen und Schüler 1994 – 1999 – 2004 57
Tab. 2.2: Rücklaufquoten für Schulen (Klumpen) und Schüler nach Schulart 65
Tab. 2.3: Grundgesamtheit der Schüler und Netto-Stichprobe (ungewichtet) nach Schulart 1994, 1999 und 2004 67
Tab. 2.4: Verteilung der Gewichtungsfaktoren (gruppiert) 1994 – 1999 – 2004 68
Tab. 2.5: Grundgesamtheit der Schüler und Netto-Stichprobe (gewichtet) nach Schulart 1994 – 1999 – 2004 69
Tab. 3.1: Häufigkeit der Gewaltausübung in diesem Schuljahr 2004 74
Tab. 3.2: Häufigkeit der Gewalt im laufenden Schuljahr 1994 – 1999 – 2004 78
Tab. 3.3: Gewaltindizes 1994 – 1999 – 2004 81
Tab. 3.4: Gewaltindizes nach Schulart 1994 – 1999 – 2004 83
Tab. 3.5: Veränderung (Differenzen) der Gewaltindizes nach Schulart 1994 – 2004 84
Tab. 3.6: Gewaltindizes nach Geschlecht 1994 – 1999 – 2004 86
Tab. 3.7: Häufigkeit von Gewaltvorkommnissen in diesem Schuljahr 88
Tab. 3.8: Häufigkeit von Gewaltvorkommnissen in diesem Schuljahr (Mittelwerte 1994 – 1999 – 2004) 92
Tab. 3.9: Opferindizes nach Schulart 1994 – 1999 – 2004 94
Tab. 3.10: Opferindizes nach Geschlecht 1994 – 1999 – 2004 96
Tab. 3.11: Täter-Opfer-Status 1999 – 1999 – 2004 100
Tab. 3.12: Der Täter-Opfer-Status von Schülerinnen und Schülern 1994 –1999 –2004 101
Tab. 3.13: Täter-Opfer-Status 2004 nach dem Lebensalter 103
Tab. 3.14: Täter-Opfer-Status 2004 nach der Schulart 105
Tab. 3.15: Anteil des kleinen harten Kerns am Gewaltaufkommen 1994 –1999 – 2004 106
Tab. 4.1: Intensität der Gewalterfahrungen 2004 nach ökonomischer Lage der Familie 126
Tab. 4.2: Intensität der Gewalterfahrungen 2004 nach dem Erziehungsstil ... 127
Tab. 4.3: Sich-Verstehen mit den Eltern 2004 nach familialer Gewaltbelastung (gruppiert) 133
Tab. 4.4: Gewalt in der Familie: Varianzerklärung 2004 135
Tab. 4.5: Gewalt in der Schule (Mittelwerte) nach dem elterlichen Erziehungsstil 1994 – 1999 – 2004 137

Tabellenverzeichnis

Tab. 4.6:	Zugehörigkeit zum „kleinen harten Kern" 2004 nach dem Erziehungsstil	138
Tab. 4.7:	Häufigkeit der Gewalt (Täter- und Opferstatus) 2004 nach der Gewaltbelastung in der Familie	141
Tab. 4.8:	Gewalt in der Schule in Abhängigkeit von Schlägen nach schlechten Noten 1994 – 1999 – 2004	143
Tab. 4.9:	Gewalt in der Schule in Abhängigkeit von Prügeln nach einer Dummheit 1994 – 1999 – 2004	144
Tab. 4.10:	Übersicht Index: Gewaltbereitschaft	148
Tab. 4.11:	Varianzanalyse für die Haltung zur Gewalt 2004 (Haupteffekte)	151
Tab. 4.12:	Varianzanalyse: Täter-Gesamtgewaltindex 2004	155
Tab. 5.1:	Dauer des Fernsehkonsums pro Tag 2004 nach Schulart	166
Tab. 5.2:	Dauer des Fernsehkonsums pro Tag 2004 nach Alterskategorien	166
Tab. 5.3:	Konsumhäufigkeit verschiedener Medieninhalte 1994 – 1999 – 2004	167
Tab. 5.4:	Häufigkeit des Konsums verschiedener Medieninhalte 1994 –1999 –2004	168
Tab. 5.5:	Häufigkeit des Medienkonsums 2004 nach Schulart	171
Tab. 5.6:	Häufigkeit des Medienkonsums 2004 nach Alter	172
Tab. 5.7:	Verarbeitung von Gewalt in den Medien 1994 –1999 –2004	175
Tab. 5.8:	Verarbeitung von Gewalt in den Medien nach Geschlecht 1994 – 1999 – 2004	175
Tab. 5.9:	Verarbeitung von Gewalt in den Medien nach Alter 1994 – 1999 – 2004	176
Tab. 5.10:	Stärke des Zusammenhangs (Eta^2) zwischen dem Konsum von Kriegs-, Horror- und Sexfilmen und der Anwendung von Gewalt 1994 – 1999 – 2004	182
Tab. 5.11:	Filmkonsum und Gewalttätigkeit 2004 nach der Schulart (Eta^2)	184
Tab. 5.12:	Filmkonsum und Gewalttätigkeit 2004 nach dem Alter (Eta^2)	185
Tab. 6.1:	Gewaltindizes nach 2004 Staatsangehörigkeit	194
Tab. 6.2:	Gewaltindizes nach 2004 Schulart und Staatsangehörigkeit	195
Tab. 6.3:	Gewaltindizes nach Staatsangehörigkeit 2004 kontrolliert für den Einfluss von Schulart, Geschlecht und Alter	197
Tab. 6.4.:	Varianzerklärung von soziodemografischen und von sozialen Hintergrundvariablen für die Gewaltindizes 2004 bei deutschen und nicht-deutschen Staatsangehörigen	199
Tab. 6.5:	Gewaltindizes nach 2004 Migrationshintergrund	201

Tab. 6.6:	Varianzerklärung von soziodemografischen und von sozialen Hintergrundvariablen für die Gewaltindizes 2004 bei Schülern mit und ohne Migrationshintergrund	203
Tab. 6.7:	Gewaltindizes nach Migrationshintergrund 2004	206
Tab. 7.1:	Waffenbesitz am Befragungstag 1994 –1999 –2004	209
Tab. 7.2:	Waffenbesitz am Befragungstag 2004 nach Geschlecht	210
Tab. 7.3:	Jedweder Waffenbesitz am Befragungstag nach Schulart 1994 – 1999 – 2004	212
Tab. 7.4:	Jeglicher Waffenbesitz am Befragungstag in Abhängigkeit von einer Bedrohung mit einer Waffe 1994 –1999 –2004	214
Tab. 7.5:	Bedrohung mit der Waffe nach jedwedem Waffenbesitz am Befragungstag 1994 –1999 –2004	215
Tab. 7.6:	Gewalttätigkeit (Indexwerte) nach jedwedem Waffenbesitz am Befragungstag 1994 –1999 –2004	216
Tab. 7.7:	Gewalttätigkeit (Indexwerte) der jedweden Waffenbesitzer am Befragungstag nach Geschlecht 1994 –1999 –2004	217
Tab. 8.1:	Konsumentenanteile 2004 (aktueller Konsum im Halbjahr) nach Altersklassen	230
Tab. 8.2:	Anteil an Konsumenten verschiedener Drogen 1994 – 1999 – 2004	232
Tab. 8.3:	Durchschnittliche Konsumhäufigkeit 1994 – 1999 – 2004	234
Tab. 8.4:	Drogenkonsum 2004 (ausgewählte Drogen) nach Alter	237
Tab. 8.5:	Konsumfrequenz ausgewählter Drogen 2004 nach Schulart	239
Tab. 8.6:	Drogenkonsum 2004 nach der Nationalität (deutsch/nicht-deutsch) der Schüler	240
Tab. 8.7:	Drogenkonsum 2004 nach der ökonomischen Lage der Familie	241
Tab. 8.8:	Drogenkonsummuster 1994 – 1999 – 2004	243
Tab. 8.9:	Aktuelle Konsumhäufigkeit 2004 nach der Gewaltbelastung in der Familie bzw. der Erziehung	245
Tab. 8.10:	Häufigkeit des aktuellen Drogenkonsums 2004 nach der elterlichen Sorge um die Schulleistungen	247
Tab. 8.11:	Häufigkeit des Drogenkonsums 2004 in Abhängigkeit von Problemen von Cliquemitgliedern mit der Polizei	250
Tab. 8.12:	Drogenkonsum 2004 nach der Häufigkeit des Schwänzens in den letzten zwei Wochen	252
Tab. 8.13:	Haltung zur Gewalt nach der Häufigkeit des Drogenkonsums	254
Tab. 8.14:	Gewalt an Schulen 2004 nach dem Drogekonsummuster	257
Tab. 8.15:	Gewaltanwendung nach Drogenkonsummustern 1994 – 1999 – 2004	259
Tab. 8.16:	Varianzanalyse: Täter-Gesamtgewaltindex	261

Tabellenverzeichnis

Tab. 9.1:	Schwänztage der letzten zwei Wochen 2004 nach den Schwänztagen in den letzten fünf Monaten	273
Tab. 9.2:	Einstellung zur Schule 2004 nach den Schwänztagen in den letzten fünf Monaten	274
Tab. 9.3:	Schwänzen in den letzten fünf Monaten nach der elterlichen Sorge um die Schulleistungen 2004	277
Tab. 9.4:	Schwänztage in den letzten fünf Monaten 2004 nach elterlichem Erziehungsstil	278
Tab. 9.5:	Schwänztage in den letzten fünf Monaten 2004 nach der familialen Gewaltbelastung (gruppiert)	279
Tab. 9.6:	Polizeikontakt von Cliquenmitgliedern 2004 nach dem Schwänzen in den letzten fünf Monaten	280
Tab. 9.7:	Haltung zur Gewalt 2004 nach der Dauer des Schwänzens und Merkmalen der Schüler	285
Tab. 9.8:	Gewalt in der Schule 2004 nach den Schwänztagen in den letzten fünf Monaten	287
Tab. 9.9:	Gesamtgewalt 2004 nach der Dauer des Schwänzens und nach Merkmalen der Schüler	287
Tab. 9.10:	Varianzanalyse: Täter – Gesamtgewaltindex 2004	289
Tab. 10.1:	Täterschaft und Opferwahrscheinlichkeit 2004	295
Tab. 10.2:	Schulstruktur und Opferwahrscheinlichkeit 2004	296
Tab. 10.3:	Übersicht Index: Bequemlichkeit und Sauberkeit	299
Tab. 10.4:	Übersicht Index: Aufenthaltsmöglichkeiten	299
Tab. 10.5:	Klassenstruktur und Opferwahrscheinlichkeit 2004	300
Tab. 10.6:	Übersicht Index: Gewaltintervention im Pausenhof	301
Tab. 10.7:	Übersicht Index: Klassenklima	301
Tab. 10.8:	Soziale Integration in die Klasse und Opferwahrscheinlichkeit 2004	303
Tab. 10.9:	Schulkontext als Einflussfaktor für die Opferwahrscheinlichkeit 2004	304
Tab. 10.10:	Reproduktion der Marginalisierung und Opferwahrscheinlichkeit 2004	305
Tab. 10.11:	Übersicht Index: Interesse an der Schule	307
Tab. 10.12:	Übersicht Index: Selbstwertgefühl	308
Tab. 10.13:	Übersicht Index: Soziale Akzeptanz	308
Tab. 10.14:	Reproduktion der Marginalisierung 2004 als Einflussfaktor für Opferwahrscheinlichkeit	309
Tab. 10.15:	Ärger mit der Polizei und Opferwahrscheinlichkeit 2004	310
Tab. 10.16:	Mitgebrachte Waffen und Opferwahrscheinlichkeit 2004	311
Tab. 10.17:	Drogen und Opferwahrscheinlichkeit 2004	312
Tab. 10.18:	Schwänzen und Opferwahrscheinlichkeit 2004	313

Tab. 10.19: Devianz als Einflussfaktor
für die Opferwahrscheinlichkeit 2004 314
Tab. 10.20: Affektkontrolle und Opferwahrscheinlichkeit 2004 315
Tab. 10.21: Gewaltaffinität und Opferwahrscheinlichkeit 2004 316
Tab. 10.22: Übersicht Index:
Schwere Gewalt kann einem Menschen Schaden zufügen 317
Tab. 10.23: Übersicht Index:
Leichte Gewalt kann einem Menschen Schaden zufügen 317
Tab. 10.24: Übersicht Index:
Schwere Gewalt kann einem selbst Schaden zufügen 318
Tab. 10.25: Übersicht Index:
Leichte Gewalt kann einem selbst Schaden zufügen 318
Tab. 10.26: Übersicht Index: Transgressionsbereitschaft 319
Tab. 10.27: Gewaltaffinität
als Einflussfaktor für die Opferwahrscheinlichkeit 2004 319
Tab. 10.28: Gesamtmodell für die Opferwahrscheinlichkeit 2004 322
Tab. 10.29: Die vier wichtigsten Einflussfaktoren 2004 323

Gewalt in der Schule

- Schülerbefragung 2004 -

Katholische Universität Eichstätt-Ingolstadt
Lehrstuhl für Soziologie II
Prof. Dr. Siegfried Lamnek

Antwortvordruck

Mit Genehmigung des Bayerischen Kultusministeriums vom 6. Februar 2004
Aktenzeichen: III.5 – 5 O 4106 – 6.802

Aus Gründen der Vereinfachung und der Übersichtlichkeit verwenden wir die Anrede "du". Wir bitten die älteren Befragten hierfür um Verständnis. Wenn von "Schülern", "Lehrern" usw. die Rede ist, dann sind Schülerinnen und Lehrerinnen selbstverständlich auch gemeint.

Bitte mit Kuli oder Bleistift so ● ausfüllen (ausmalen), NICHT so ⊗ (nicht ankreuzen)

Fragen zur Schule

1. Wie zufrieden bist du <u>mit deinem Leben</u> im Allgemeinen?
   - O Ich bin sehr zufrieden
   - O Ich bin zufrieden
   - O Ich bin unzufrieden
   - O Ich bin sehr unzufrieden

2. Wie zufrieden bist du <u>mit deiner Klasse</u>?
   - O Ich bin sehr zufrieden
   - O Ich bin zufrieden
   - O Ich bin unzufrieden
   - O Ich bin sehr unzufrieden

3. Welche Schule besuchst du?
   - O Hauptschule
   - O Berufsschule
   - O Realschule
   - O Gymnasium

4. In welcher Klassenstufe bist du?
   - O 5. Klasse   O 10. Klasse
   - O 6. Klasse   O 11. Klasse
   - O 7. Klasse   O 12. Klasse
   - O 8. Klasse   O 13. Klasse
   - O 9. Klasse

5. Welche Noten hattest du im letzten Halbjahreszeugnis? (bitte ohne + und -)

	sehr gut	gut	befriedigend	ausreichend	mangelhaft	ungenügend	habe ich nicht
Deutsch	O	O	O	O	O	O	O
Mathematik	O	O	O	O	O	O	O
Englisch	O	O	O	O	O	O	O

6. Wie viele Schüler sind in deiner Klasse?

   _____ Schüler

7. Wie viele davon sind Ausländer?

   _____ Schüler

8. Wie viele ausländische Schüler gibt es an deiner Schule alles in allem ungefähr?

   _____ Schüler

9. Inwiefern stimmen folgende Aussagen über deine Schule?

	stimmt völlig	stimmt	teils/teils	stimmt nicht	stimmt überhaupt nicht
Wir haben ein schönes Klassenzimmer.	O	O	O	O	O
Die Tische und Stühle sind bequem.	O	O	O	O	O
Unsere Schule hat genügend Aufenthaltsmöglichkeiten.	O	O	O	O	O
Auf dem Schulhof gibt es genügend Platz.	O	O	O	O	O
Die Pausenhalle/Aufenthaltsräume sind gemütlich.	O	O	O	O	O
Unsere Schule ist sauber.	O	O	O	O	O
Die Toiletten sind sauber.	O	O	O	O	O
An unserer Schule sind zu viele Schüler.	O	O	O	O	O

10. Wie kommst du im Allgemeinen mit deinem Lehrer /deinen Lehrern aus?
    - O sehr gut
    - O gut
    - O teils/teils
    - O schlecht
    - O sehr schlecht

11. Inwiefern stimmen folgende Aussagen über deine Klasse?

	stimmt völlig	stimmt	teils/teils	stimmt nicht	stimmt überhaupt nicht
Die meisten Schüler in meiner Klasse sind gerne zusammen.	O	O	O	O	O
Wenn jemand aus der Klasse traurig ist, gibt es immer jemanden, der sich um ihn kümmert.	O	O	O	O	O
Viele Mitschüler wären gerne in einer anderen Klasse.	O	O	O	O	O
Es gibt viele Schüler in meiner Klasse, die sich nicht mögen.	O	O	O	O	O
Die meisten Schüler in meiner Klasse sind nett und hilfsbereit.	O	O	O	O	O

12. Wie groß ist nach deiner Meinung deine Chance, nach Schule und Ausbildung einen Arbeitsplatz zu finden?
    - O sehr groß
    - O groß
    - O klein
    - O sehr klein

13. Wenn du dich einmal mit <u>deinen Freunden und Bekannten</u> vergleichst, hast du dann deiner Meinung nach bessere Chancen auf einen Arbeitsplatz, schlechtere Chancen oder etwa die gleichen Chancen auf einen Arbeitsplatz?
    - O bessere Chancen
    - O etwa die gleichen Chancen
    - O schlechtere Chancen

14. Inwiefern stimmen folgende Aussagen bei dir?

	stimmt völlig	stimmt	teils/teils	stimmt nicht	stimmt überhaupt nicht
Zur Schule gehen ist langweilig.	O	O	O	O	O
Die Zeit im Unterricht vergeht schnell.	O	O	O	O	O
Ich gehe gern zur Schule.	O	O	O	O	O
Es wäre sehr schön, wenn ich mit der Schule aufhören könnte.	O	O	O	O	O
Ich mache die Schule nur fertig, weil ich den Abschluss später brauche.	O	O	O	O	O
Die Schule ist zu anstrengend für mich.	O	O	O	O	O

15. Was würdest du sagen: wie erfolgreich warst du in deinem Leben bisher alles in allem?

    überhaupt   sehr
    nicht erfolgreich   erfolgreich

    O O O O O O O O O O O
    -5 -4 -3 -2 -1 0 +1 +2 +3 +4 +5

16. Welche der folgenden Ereignisse hast du bisher erlebt?

	ja	nein
Umzug, wobei ich die gewohnte Umgebung und meine Freunde größtenteils verloren habe.	O	O
Schulwechsel, den ich nicht wollte.	O	O
Sitzenbleiben in der Schule.	O	O
Tod eines Familienangehörigen.	O	O
Tod eines(r) wichtigen Freundes/Freundin.	O	O
Scheidung oder Trennung der Eltern.	O	O
Neue Partnerin / neuer Partner eines Elternteils.	O	O
Abbruch einer wichtigen Freundschaft.	O	O
Arbeitslosigkeit eines oder beider Elternteile.	O	O
Schwierige finanzielle Situation der Familie.	O	O
Streitigkeiten in der Familie.	O	O
Ärger mit Behörden oder Polizei.	O	O

17. Welche der aufgeführten Handlungen können einem Menschen Schaden zufügen? (Du kannst mehrere Antworten markieren.)
    - O Anschreien.
    - O Beleidigen.
    - O Lügen verbreiten.
    - O Schläge androhen.
    - O Mit einer Waffe bedrohen.
    - O Bedrohen, um Geld oder Kleidung wegzunehmen.
    - O Eine Ohrfeige geben.
    - O In den Schwitzkasten nehmen.
    - O Mit einem Stock schlagen.
    - O Vergewaltigen.
    - O Am Boden Liegende treten.
    - O Zu mehreren verprügeln.

18. Welche der angeführten Handlungen würden dir Schaden zufügen? (Du kannst mehrere Antworten markieren.)
    - O Angeschrien werden.
    - O Beleidigt werden.
    - O Wenn Lügen über mich verbreitet werden.
    - O Schläge angedroht bekommen.
    - O Mit einer Waffe bedroht werden.
    - O Bedrohung, um Geld oder Kleidung wegzunehmen.
    - O Eine Ohrfeige bekommen.
    - O In den Schwitzkasten genommen werden.
    - O Mit einem Stock geschlagen werden.
    - O Vergewaltigt zu werden.
    - O Am Boden liegend getreten werden.
    - O Von mehreren verprügelt werden.

19. Inwieweit treffen die folgenden Aussagen zu?

	trifft völlig zu	trifft zu	teils/teils	trifft nicht	trifft überhaupt nicht zu
Ich kann mir vorstellen, dass ich mal was klauen werde.	O	O	O	O	O
Häufig halte ich die Regeln der Erwachsenen schlecht und habe keine Lust, mich daran zu halten.	O	O	O	O	O
Manchmal habe ich richtig Lust, etwas Verbotenes zu tun.	O	O	O	O	O

20. Inwiefern stimmen folgenden Aussagen bei dir?

	stimmt völlig	stimmt	teils/teils	stimmt nicht	stimmt überhaupt nicht
Wenn Leute, die ich kenne, zusammenstehen, habe ich oft das Gefühl nicht dazuzugehören.	O	O	O	O	O
Man muss immer aufpassen, damit einen andere nicht hintergehen.	O	O	O	O	O
Es ist gefährlich, sich auf andere zu verlassen.	O	O	O	O	O
Andere haben es viel besser als ich.	O	O	O	O	O
Irgendwie fühle ich mich richtig wohl in meiner Haut.	O	O	O	O	O
Mein Leben könnte um Einiges besser sein.	O	O	O	O	O
Ich glaube, dass mich niemand richtig gerne hat.	O	O	O	O	O
Andere akzeptieren mich so, wie ich bin.	O	O	O	O	O
Wenn mich jemand kritisiert, höre ich gar nicht zu.	O	O	O	O	O
Ich weiß genau, was ich im Leben erreichen will.	O	O	O	O	O
Wenn es darauf ankommt, stehe ich meist alleine da.	O	O	O	O	O

21. Hier stehen einige Aussagen, mit denen Leute sich selbst beschreiben. Sage mir bitte zu jedem Satz, ob er auch in Bezug auf dich selbst zutrifft oder nicht zutrifft.

	trifft zu	trifft nicht zu
Ich sage immer, was ich denke.	O	O
Ich bin manchmal ärgerlich, wenn ich meinen Willen nicht bekomme.	O	O
Ich bin immer gewillt, einen Fehler, den ich mache, auch zuzugeben.	O	O
Ich habe gelegentlich mit Absicht etwas gesagt, was die Gefühle des Anderen verletzen könnte.	O	O

22. Wie häufig hast du in diesem Schuljahr bei den nachstehenden Handlungen schon selber mitgemacht?

	sehr oft	oft	gelegentlich	selten	nie
Einen Mitschüler so angeschrien, dass er weinen musste.	o	o	o	o	o
Einen Mitschüler geschlagen, der provoziert hat.	o	o	o	o	o
Aus einer Rauferei mit einem Mitschüler eine Schlägerei gemacht.	o	o	o	o	o
Mit der Clique laut über eine andere Clique hergezogen.	o	o	o	o	o
Einen Mitschüler beschimpft.	o	o	o	o	o
Unsere Clique hat sich mit einer anderen Clique geprügelt.	o	o	o	o	o
Mitschülern Geld, Kleidung, Schultasche, Fahrrad, etc. weggenommen.	o	o	o	o	o
Mit der Clique einen Mitschüler verprügelt.	o	o	o	o	o
Mich so mit einem Schüler geprügelt, dass uns weder Lehrer noch Mitschüler trennen konnten.	o	o	o	o	o
Auf einen Mitschüler eingetreten, der in einer Prügelei zu Boden gegangen war.	o	o	o	o	o
Fahrräder, Schultaschen, Bücher etc. von Mitschülern beschädigt.	o	o	o	o	o
Mit einer Clique einen ausländischen Mitschüler verprügelt.	o	o	o	o	o
Einen Schüler gezwungen, Geld oder etwas (Wertvolles) zu überlassen (Jacke).	o	o	o	o	o
Einem Mitschüler Prügel angedroht, damit er macht, was ich sage.	o	o	o	o	o
Zusammen mit anderen eine Mitschülerin angemacht.	o	o	o	o	o
Einem Lehrer Luft aus den Reifen gelassen.	o	o	o	o	o
In der Schule Mauern, Türen usw. bemalt.	o	o	o	o	o
In der Schule Türen, Fenster, Toiletten etc. beschädigt.	o	o	o	o	o
Einem Lehrer die Reifen am Auto oder Fahrrad etc. zerstochen.	o	o	o	o	o
Einen Lehrer bedroht, damit er das macht, was du willst.	o	o	o	o	o
Einen Lehrer geschlagen.	o	o	o	o	o
Einen Mitschüler mit einer Waffe bedroht.	o	o	o	o	o
Einen Mitschüler so geschlagen, dass er zum Arzt gehen musste.	o	o	o	o	o

23. Was passiert normalerweise in deiner Schule, wenn sich zwei Schüler auf dem Pausenhof prügeln?

	immer	manchmal	nie
Ein Lehrer greift ein.	o	o	o
Die beiden müssen zum Direktor.	o	o	o
Mitschüler versuchen, die beiden zu trennen.	o	o	o
Mitschüler stehen dabei und schauen zu.	o	o	o
Mitschüler feuern die beiden an.	o	o	o
Die beiden müssen zu einem Streitschlichter.	o	o	o

24. Wie häufig sind dir in diesem Schuljahr die folgenden Ereignisse selber schon zugestoßen?

	mehrmals in der Woche	einmal in der Woche	einmal im Monat	selten	nie
Ein Mitschüler hat mich so angeschrien, dass ich weinen musste.	o	o	o	o	o
Bei einem Streit mit einem Mitschüler haben wir uns beide angeschrien.	o	o	o	o	o
Nach einem 'starken Spruch' von mir hat mich ein Mitschüler geschlagen.	o	o	o	o	o
Aus einer Rauferei mit einem Mitschüler wurde eine Schlägerei.	o	o	o	o	o
Es kam zu einer Prügelei mit einem Mitschüler, bei der uns keiner trennen konnte.	o	o	o	o	o
Eine andere Clique zog laut über meine Clique her.	o	o	o	o	o
Ich wurde von einem Mitschüler beschimpft.	o	o	o	o	o
Ich wurde von deutschen Mitschülern verprügelt.	o	o	o	o	o
Eine andere Clique fiel über unsere Clique her.	o	o	o	o	o
Ich wurde beschimpft.	o	o	o	o	o
Mehrere Jungen haben unanständige Bemerkungen über mich gemacht.	o	o	o	o	o
Es wurden Gegenstände beschädigt, die mir gehören (Fahrrad, Schultasche, Bücher, etc.).	o	o	o	o	o
Mir wurde etwas weggenommen (Geld, Kleidung, Schultasche, Fahrrad, etc.).	o	o	o	o	o
Mehrere Mitschüler haben mich gezwungen, ihnen mein Geld oder (wertvolle) Kleidungsstücke (Jacke) zu geben.	o	o	o	o	o
Mehrere Mitschüler haben mich verprügelt.	o	o	o	o	o
Ich wurde von einem Mitschüler getreten, obwohl ich bereits am Boden lag.	o	o	o	o	o
Mitschüler haben mich mit einer Waffe bedroht.	o	o	o	o	o
Mitschüler haben mir Prügel angedroht, wenn ich nicht mache, was sie sagen.	o	o	o	o	o
Mitschüler haben mich so geschlagen, dass ich zum Arzt musste.	o	o	o	o	o

25. Welche der nachfolgenden Gegenstände hast du schon einmal in die Schule mitgenommen und welche hast du heute dabei? (Du kannst mehrere Antworten markieren.)

schon einmal		heute
o	keinen	o
o	Schlagring	o
o	Messer	o
o	Gaspistole	o
o	Kette	o
o	Tränengas	o
o	Schlagholz	o
o	Wurfstern	o
o	Pistole, Revolver	o
o	Sonstige Waffe:	o

26. Wie häufig passiert es in einer typischen Woche (Montag bis Freitag), dass der Lehrer bei euch im Klassenzimmer eine Rangelei zwischen Schülern schlichtet?

_____ mal

27. Wie stehst du zu folgenden Aussagen über Männer und Frauen?

	stimmt völlig	stimmt	teils/teils	stimmt nicht	stimmt überhaupt nicht
Frauen sind ihrem Wesen nach für andere Aufgaben bestimmt, als Männer.	O	O	O	O	O
Eine Frau braucht einen starken Mann an ihrer Seite.	O	O	O	O	O
Eine Frau findet in der Familie mehr Erfüllung als im Beruf.	O	O	O	O	O
Männer sind den Frauen überlegen.	O	O	O	O	O
Vor Männern habe ich mehr Achtung als vor Frauen.	O	O	O	O	O

28. Was sagst du zu folgenden Aussagen?

	stimmt	stimmt nicht
Wenn man an die Zukunft denkt, kann man sehr zuversichtlich sein.	O	O
Früher waren die Leute besser dran, weil jeder wusste, was er zu tun hatte.	O	O
In der heutigen Zeit blickt man nicht mehr durch, was eigentlich passiert.	O	O
Den meisten Menschen fehlt ein richtiger Halt.	O	O
Das Leben der Menschen ist in der heutigen Zeit klar und geordnet.	O	O
Moralische Grundsätze gelten heute nicht mehr.	O	O
Heute ändert sich alles so schnell, dass man oft nicht weiß, woran man sich halten soll.	O	O
Es ist heute alles so in Unordnung geraten, dass niemand mehr weiß, wo er eigentlich steht.	O	O

29. Wie stehst du zu den folgenden Aussagen?

	stimmt völlig	stimmt	teils/teils	stimmt nicht	stimmt überhaupt nicht
Gehorsam und Achtung vor der Autorität sind die wichtigsten Eigenschaften, die Kinder lernen sollten.	O	O	O	O	O
Es ist gut, dass die Menschen heute größere Freiheiten haben, so zu leben, wie sie möchten.	O	O	O	O	O
Wir sollten dankbar sein für führende Köpfe, die uns genau sagen können, was wir tun sollen und wie.	O	O	O	O	O
Disziplin und Tugend sind die wichtigsten Eigenschaften im Leben.	O	O	O	O	O
Die Zeiten, in denen sich die Menschen unterordnen und Befehle ausführen sind zum Glück vorbei.	O	O	O	O	O

Fragen zu den Eltern

30. Wie verstehst du dich mit deinen Eltern?
    O sehr gut
    O gut
    O befriedigend
    O schlecht
    O sehr schlecht

31. Wie erziehen dich deine Eltern?
    O Hart, streng, manchmal nicht gerecht.
    O Hart, aber gerecht.
    O Liebevoll, fast weich.
    O Wechselhaft, ziemlich uneinheitlich.

32. Wie verhalten sich deine Eltern?

	ja	nein
Meine Eltern achten darauf, dass ich meine Hausaufgaben mache.	O	O
Meine Eltern machen mir Mut, eine gute Ausbildung zu erlangen.	O	O
Meine Eltern interessieren sich sehr für meine Leistungen in der Schule.	O	O
Wenn ich Probleme in der Schule habe, helfen mir meine Eltern.	O	O
Meine Eltern besuchen fast immer die Elternabende.	O	O
Meine Eltern fragen mich oft, wie es in der Schule geht.	O	O

33. Inwieweit treffen die folgenden Aussagen auf dich zu?

	stimmt völlig	stimmt	teils/teils	stimmt nicht	stimmt überhaupt nicht
Ich lasse mir nicht alles gefallen! Wenn es sein muss, sage ich meinen Eltern auch laut und deutlich die Meinung.	O	O	O	O	O
Wenn meine Eltern und ich miteinander Probleme haben, reden wir darüber.	O	O	O	O	O
Wenn ich eine Dummheit gemacht habe, kriege ich Prügel.	O	O	O	O	O
Meine Eltern haben mich sehr gern.	O	O	O	O	O
Wenn ich in der Schule schlechte Noten habe, bekomme ich Schläge.	O	O	O	O	O
Wenn meine Eltern sich streiten, schlagen sie sich.	O	O	O	O	O
Ich bin zu Hause gleichberechtigt.	O	O	O	O	O
Wenn ich zu Hause nicht gehorche, bekomme ich schon mal eine Ohrfeige.	O	O	O	O	O
Meine Eltern verstehen meine Probleme recht gut.	O	O	O	O	O
Ich bin zu Hause schon mal mit einem Stock oder Gürtel geschlagen worden.	O	O	O	O	O

Fragen zur Freizeit

34. Wie viele Stunden am Tag schaust du ungefähr fern?
    O bis ½ Stunde
    O bis 1 Stunde
    O bis 1½ Stunden
    O bis 2 Stunden
    O bis 2½ Stunden
    O über 2½ Stunden

35. Wie häufig siehst du folgende Sendungen im Fernsehen oder auf Video?

	täglich	mehrmals in der Woche	einmal in der Woche	einmal im Monat	nie
Nachrichten	O	O	O	O	O
Politische Sendungen	O	O	O	O	O
Dokumentarfilme	O	O	O	O	O
Comics	O	O	O	O	O
Krimis	O	O	O	O	O
Heimatfilme	O	O	O	O	O
Abenteuerfilme	O	O	O	O	O
Western	O	O	O	O	O
Science Fiction	O	O	O	O	O
Kriegsfilme	O	O	O	O	O
Horrorfilme	O	O	O	O	O
Sexfilme	O	O	O	O	O

36. Was hältst du von den folgenden Aussagen?

	stimmt völlig	stimmt	teils/teils	stimmt nicht	stimmt überhaupt nicht
Für mich sind die Helden in Action-Filmen und Kriegsfilmen Vorbilder. Sie zeigen, wie man Probleme wirklich lösen muss.	O	O	O	O	O
Filme, in denen Schlägereien und Morde vorkommen, zeigen doch bloß, wie es wirklich zugeht.	O	O	O	O	O
In guten Video-Spielen muss der Held viele Abenteuer bestehen und viele Feinde besiegen.	O	O	O	O	O

37. Bist du in einer festen Clique?

   O   ja
   O   nein, → weiter mit der Frage 42

38. Hat eure Clique ... (mehrere Antworten möglich)

   O   einen Namen,
   O   einen Anführer,
   O   ein Erkennungszeichen
   O   nein nichts davon

39. Sind in deiner Clique ...

   O   nur Jungen
   O   mehr Jungen als Mädchen
   O   gleichviele Jungen und Mädchen
   O   mehr Mädchen als Jungen
   O   nur Mädchen

40. Sind in deiner Clique ...

   O   nur Deutsche
   O   mehr Deutsche als Ausländer
   O   gleich viele Deutsche und Ausländer
   O   mehr Ausländer als Deutsche
   O   nur Ausländer

41. Hatten Freunde aus deiner Clique schon mal Schwierigkeiten mit der Polizei?

   O   nein
   O   ja, aber das war ein Einzelfall
   O   ja, das kommt schon mal vor
   O   ja, wir haben häufiger Ärger mit der Polizei

42. Wie stehst du zu folgenden Aussagen?

	stimmt völlig	stimmt	teils/teils	stimmt nicht	stimmt überhaupt nicht
Ich bin grundsätzlich gegen Gewalt.	O	O	O	O	O
Gewalt macht mir Angst.	O	O	O	O	O
Eine normale Rauferei finde ich völlig in Ordnung.	O	O	O	O	O
Es gibt Situationen, da kann man nur mit Gewalt etwas erreichen.	O	O	O	O	O
Wenn es etwas zu klären gibt, dann hilft eine Schlägerei oft mehr als reden.	O	O	O	O	O
Gewalt macht einfach Spaß.	O	O	O	O	O

43. Wie viele richtige gute Freunde/Freundinnen hast du in deiner Klasse, denen du voll vertrauen kannst?

   O   niemand in der Klasse
   O   1 Freund/Freundin
   O   2 Freunde/Freundinnen
   O   3 bis 5 Freunde/Freundinnen
   O   6 bis 10 Freunde/Freundinnen
   O   mehr Freunde/Freundinnen

44. Hast du schon einmal ... (du kannst mehrere Antworten markieren)

   O   Zigaretten geraucht
   O   Bier, Wein getrunken
   O   Branntwein, Schnaps getrunken
   O   Haschisch, Marihuana geraucht
   O   Aufputschmittel genommen
   O   Beruhigungsmittel genommen
   O   LSD genommen
   O   Heroin gespritzt
   O   Kokain geschnupft
   O   Crack genommen
   O   Lösungsmittel 'gesnifft'
   O   Etwas anderes genommen:_____

45. Wie oft hast du in diesem Schuljahr ...

	täglich	mehrmals in der Woche	einmal in der Woche	einmal im Monat	nie
Zigaretten geraucht	O	O	O	O	O
Bier, Wein getrunken	O	O	O	O	O
Branntwein, Schnaps getrunken	O	O	O	O	O
Haschisch, Marihuana geraucht	O	O	O	O	O
Aufputschmittel genommen	O	O	O	O	O
Beruhigungsmittel genommen	O	O	O	O	O
LSD genommen	O	O	O	O	O
Heroin gespritzt	O	O	O	O	O
Kokain geschnupft	O	O	O	O	O
Crack genommen	O	O	O	O	O
Lösungsmittel 'gesnifft'	O	O	O	O	O
Etwas anderes genommen	O	O	O	O	O

46. Wie viele Tage hast du in diesem Schuljahr die Schule geschwänzt?

   O   keinen
   O   1 Tag
   O   2 bis 4 Tage
   O   5 bis 9 Tage
   O   10 Tage und mehr

47. Wie viele Tage hast du in den vergangenen zwei Wochen geschwänzt?
   - ○ keinen Tag
   - ○ 1 Tag
   - ○ 2 bis 4 Tage
   - ○ 5 Tage und mehr

48. Warum hast du die Schule geschwänzt? (du kannst mehrere Antworten markieren)
   - ○ Ich habe nicht geschwänzt.
   - ○ Weil ich Angst vor der Schule habe.
   - ○ Weil die Schule so schwer ist und ich nicht mitkomme.
   - ○ Weil ich Ärger mit dem Lehrer habe.
   - ○ Weil Mitschüler ebenfalls nicht in die Schule gehen.
   - ○ Weil ich Angst davor habe, in der Schule bedroht oder verprügelt zu werden.
   - ○ Weil meine Eltern mich nicht lassen.
   - ○ Aus einen anderen Grund, nämlich: _____

Fragen zur Sozialstatistik

1. Bist du
   - ○ männlich
   - ○ weiblich?

2. Wie alt bist du?

   Ich bin ____ Jahre

3. Wo wurdest du geboren?
   - ○ in Bayern
   - ○ woanders in Deutschland
   - ○ in einem anderen Staat: _____

   Seit wann bist du in Deutschland? Seit ____ (Jahr)

4. Sind deine Eltern oder Großeltern aus einem anderen Land als Ausländer oder Aussiedler nach Deutschland gekommen?

	nein	Ausländer	Aussiedler
Vater	○	○	○
Mutter	○	○	○
Großeltern (Eltern des Vaters)	○	○	○
Großeltern (Eltern der Mutter)	○	○	○

5. Was ist deine Staatsangehörigkeit? Welchen Pass hast du?
   - ○ Deutsch
   - ○ Russisch
   - ○ Kasachisch
   - ○ Türkisch
   - ○ Serbisch/Kroatisch/Bosnisch
   - ○ Andere Staatsangehörigkeit: _____

6. Als was fühlst du dich selbst?
   - ○ als Deutscher
   - ○ als Bayer
   - ○ als Türke/Russe/Italiener usw. je nachdem was deine Herkunft ist
   - ○ als etwas anderes: _____

7. Hast du zuhause ein eigenes Zimmer?
   - ○ ja
   - ○ nein
   - ○ bin schon ausgezogen

8. Wie viele Einwohner hat die Stadt oder der Ort, in dem du wohnst, ungefähr?

   _____ Einwohner.

9. Wie steht es bei euch zu Hause in der Familie mit dem Geld ? (bitte nur <u>eine</u> Antwort markieren)
   - ○ Wir sind wohlhabend, Geld spielt keine Rolle.
   - ○ Wir sind nicht reich, kommen aber gut zurecht.
   - ○ Manchmal wünschte ich, wir hätten mehr Geld, aber es reicht für alles Nötige.
   - ○ Das Geld reicht nicht aus, häufig müssen wir auf Sachen verzichten, obwohl sie nötig wären.
   - ○ Das Geld ist sehr knapp, manchmal reicht es am Ende des Monats nicht für die Lebensmittel.

10. Was sind dein Vater und deine Mutter?

Vater		Mutter
○	Arbeiter	○
○	Angestellter	○
○	Beamter	○
○	Selbstständiger	○
○	Landwirt	○
○	Hausmann/-frau	○
○	arbeitslos	○
○	weiß nicht	○

11. Welchen Schulabschluss haben deine Eltern?

Vater		Mutter
○	Hauptschule	○
○	Mittlere Reife	○
○	Abitur	○
○	Hochschulabschluss	○
○	Sonstiges	○
○	weiß nicht	○

Vielen Dank für deine Mitarbeit! Wenn wir aus deiner Sicht etwas Wichtiges vergessen haben, kannst du uns das auf dem verbleibenden Platz noch hinschreiben.